L'épreuve de l'abandon

et l'état d'insécurité affective

Catalogage avant publication de Bibliothèque et Archives Canada

Rivest, Claudette, 1948-

L'épreuve de l'abandon et l'état d'insécurité affective

(Psychologie)
Comprend des réf. bibliogr.

ISBN 2-922050-53-X

1. Carence maternelle. 2. Enfants abandonnés - Psychologie. 3. Enfants - Psychothérapie. 4. Abandon d'enfant. I. Titre. II. Collection: Collection Psychologie (Éditions du CRAM).

BF723.M35R58 2005 155.45'67 C2004-942183-2

Les Éditions du Cram Inc.
1030, rue Cherrier, bureau 205
Montréal, Québec, Canada, H2L 1H9
Téléphone (514) 598-8547
Télécopie (514) 598-8788
www.editionscram.com

Dépôt légal - 1er trimestre 2005
Bibliothèque nationale du Québec
Bibliothèque nationale du Canada

ISBN 2-922050-53-X

Imprimé au Canada

Claudette Rivest

L'épreuve de l'abandon

et l'état d'insécurité affective

Du même auteur, chez le même éditeur :
Collection psychologie
- *L'insécurité affective*
- *L'empreinte de l'abandon*
- *Les souvenirs occultés et la maladie*
- *Aimer et comprendre son enfant*
- *Le roman familial*

Conception graphique et couverture
Alain Cournoyer (Camyo)

Révision
Pierre Lavigne (Éditions du Cram)

Gouvernement du Québec - Programme de crédit d'impôt pour l'édition de livres - Gestion SODEC.

Société de développement des entreprises culturelles
Québec

Les Éditions du CRAM sont inscrites au programme de subvention globale du Conseil des arts du Canada.

Conseil des Arts du Canada
Canada Council for the Arts

Distribution et diffusion

Pour le Québec:
Diffusion Prologue
1650 Lionel-Bertrand
Boisbriand (Québec)
J7H 1N7
Téléphone: (450) 434-0306
Télécopieur : (450) 434-2627

Pour la Suisse:
Diffusion Transat SA
Route des Jeunes, 4ter
Case postale 125
CH-1211 Genève 26
Téléphone: 022/342.77.40
Télécopieur : 022/343.46.46

Pour la France:
D.G. Diffusion
Rue Max Planck B.P. 734
F-31683 Labege
Téléphone: 05.61.00.09.99
Télécopieur : 05.61.00.23.12

Pour la Belgique:
Vander SA
Avenue des Volontaires 321
B-1150 Bruxelles
Téléphone : 032/2/761.12.12
Télécopieur : 032/2/761.12.13

Merci,

À Michel pour son immuable constance et sa fidèle collaboration au cours de ces huit années d'association dans l'écriture.

Merci,

À Julie et à Jasmin avec qui j'ai vécu l'exquise tendresse du lien symbiotique. Je n'ai jamais été si heureuse que lorsque je vous portais dans mes bras.

Merci,

À mon petit Guillaume qui m'a offert des moments de son enfance et qui, sans le savoir, de par la prodigalité de son sourire et de ses rires, m'a permis de revivre l'amour gratuit que savent donner les tout-petits.

Merci,

À Denise et à Lyne pour leur écoute chaleureuse et leur indéfectible amitié.

Table des matières

Introduction

Bien que la majorité des observations sur les enfants abandonnés aient été recueillies dans des institutions d'après-guerre, nombre d'enfants de notre époque vivent aussi des états d'abandon. L'abandon dont je traite dans cet essai ne concerne pas uniquement les nourrissons abandonnés à leur naissance et donnés en adoption, mais aussi les bébés qui manifestent de l'insécurité quand leur mère se sépare d'eux et les jeunes enfants qui protestent lorsqu'ils sont laissés en garderie sans préparation suffisante. Cet essai concerne également tous les adolescents abandonnés à eux-mêmes qui n'ont ni la maturité ni le soutien nécessaires pour s'intégrer à des groupes de pairs.

Il est vrai que les problématiques d'abandon sont moins visibles qu'au temps des enfants de Duplessis, mais le sentiment d'être abandonné existe encore. Je propose une compréhension de ce qu'est la difficulté de vivre des enfants aux prises avec des séparations, des ruptures, des blessures et tourmentés par des insécurités issues de leur passé d'abandon.

Mes expériences de thérapie avec les mères et leurs enfants m'ont convaincue que l'insécurité affective et les difficultés d'adaptation que manifestent les plus jeunes individus de notre société découlent de dilemmes reliés à des expériences de séparation et d'abandon. J'ai pu observer que le comportement de plusieurs enfants est profondément marqué par la séparation précoce et par la rupture de leur relation d'attachement. Après quelques ouvrages à réfléchir sur la relation mère enfant, j'ai pu observer que tous les enfants ressentent le non-désir de grossesse de leur mère et plusieurs deviennent malades de ne pas savoir. Tôt ou tard, les silences finissent par faire du bruit. Ce qui n'a pas été dit sur les sentiments de la mère envers l'enfant est symboliquement déstructurant. Reconnaître le non-désir et permettre à l'enfant de sceller de nouveaux liens avec une autre mère est sans doute ce qu'il y a de mieux à faire. Aussi, même s'il y a quelques maladresses, il vaut mieux reparler de la petite enfance que de laisser planer la violence continuelle du silence. J'ai acquis la certitude que les enfants et les adolescents à la personnalité abandonnique* et aux réactions troublées par l'insécurité ont été impuissants à se servir de leur mère comme objet de satisfaction et ont, en grandissant, été piégés par les attitudes sociales des adultes qui les ont pris en charge. Je ne sais toujours pas la manière parfaite d'élever les enfants, mais je pense que le noyau de leurs difficultés est à rechercher dans les séparations survenues dans le cours du processus d'attachement; je suis maintenant convaincue que plusieurs inadaptations sont reliées au sentiment d'abandon.

Il y a quelques décennies, l'enfant avait un seul père et une seule mère, quatre grands-parents, des oncles, des tantes et des cousins et cousines qu'il connaissait bien. L'enfant actuel a deux maisons, une maman, une seconde maman, un papa, un second papa, six grands-parents, des frères, des sœurs, des demi-frères et des demi-sœurs qu'il connaît parfois beaucoup plus que ses cousins et ses cousines. À cause des manières de vivre et des désunions plus fréquentes des parents, les enfants doivent s'adapter à des situations familiales qui exigent d'eux plusieurs compromis. Devant ce constat, pour mieux comprendre la personnalité abandonnique de l'enfant et de l'adolescent, il faut tenir compte des déséquilibres causés par les séparations précoces et les situations insécurisantes de sa vie familiale et se préoccuper des conflits psychiques qui ont pu survenir au cours du processus d'attachement.

Dans la société actuelle, la relation entre la mère et l'enfant est souvent vue comme un détournement regrettable d'une activité de travail productive sur le plan social et rentable sur le plan économique. Ainsi, pendant que leur mère est dans la course du retour au travail, plusieurs enfants entre 0 et 5 ans sont privés de l'expérience légitime de l'intimité avec elle; plusieurs enfants vivent toute leur petite enfance à la garderie parce que leurs deux parents sont au travail. Pendant que leur mère participe à la compétition pour la carrière et l'avancement social, plus d'un enfant est obligé de vivre très tôt sans sa mère et est ainsi privé de la satisfaction de la présence maternelle. Ces enfants de la garderie entrent à la maternelle après avoir connu cinq ou six gardiennes, parfois plus, et sans avoir eu le temps d'intégrer une sécurité affective. Malheureusement, pour eux, l'important processus de l'attachement a été écourté par la séparation et ils ont dû vivre trop tôt de multiples adaptations.

Aujourd'hui comme hier, pour ne pas se sentir abandonné, le jeune enfant a besoin d'avoir près de lui la seule personne qu'il connaît vraiment et avec qui il a un lien affectif. Pour s'adapter à son environnement, l'enfant immature dépend entièrement de la disponibilité émotive et de la présence affectueuse de sa mère et ensuite du soutien des adultes qui en prennent soin. Pour développer l'estime de lui-même et trouver la meilleure solution aux petits et grands problèmes qui parsèment, au quotidien, son histoire d'enfant, il a besoin d'être aidé affectueusement. Les enfants d'aujourd'hui ne sont pas différents de ceux d'hier et aujourd'hui comme hier, il y a des conséquences psychologiques à vivre les tensions d'une précoce séparation.

Pour les enfants des garderies et des maternelles, il y a une demande croissante de psychologues et d'éducateurs spécialisés, et des services d'assistance dispensent de plus en plus de cours et d'aide aux parents. Malgré le constat que de plus en plus d'enfants de garderie et de maternelle ont des difficultés de socialisation et d'adaptation et qu'ils vivent mal avec l'autorité et avec leur groupe de pairs, les dirigeants du Québec continuent d'offrir des programmes qui privilégient les garderies. Dans les écoles secondaires, on constate une délinquance juvénile toujours plus importante et de plus en plus de solutions palliatives voient le jour. On commande des études gouvernementales pour tout et pour rien et pourtant, lorsqu'il s'agit des enfants, on ne tente même pas d'explorer les effets psychologiques qu'ont sur eux des expériences de séparation et de socialisation précoce.

L'hypothèse première de cet essai est que, sans un processus d'attachement et de séparation réussi, le petit être humain ne peut qu'être empreint du sentiment d'être abandonné par sa mère; la seconde hypothèse est que le moment optimal, où le tout petit enfant a cette tendance à se laisser imprégner des caractéristiques de l'objet de son attachement, se produit au cours de la «période critique» qu'est la relation symbiotique. Ces hypothèses prennent appui sur certaines caractéristiques fondamentales des théories de Lorenz (1970) et de Hess (1973) portant sur l'empreinte. Ces théories expliquent qu'une telle empreinte ne peut avoir lieu qu'au cours d'une très courte période, qu'ils appellent période critique. Pour Lorenz et Hess, les événements marquants, s'ils surviennent dans une période sensible, s'impriment de manière indélébile et, une fois imprégnées, les caractéristiques de cette empreinte ne peuvent être oubliées et ses effets sont permanents et irréversibles. Pour ma part, même s'il est possible qu'il traîne dans la mémoire un relent d'abandon, j'ai tendance à croire que, lorsque l'enfant devient conscient qu'un événement traumatisant a précocement marqué sa personnalité, cette empreinte devient réversible.

L'objectif que je poursuis est de démontrer que, lorsque l'attachement avec la mère n'a pas eu lieu, les enfants vivent une carence affective et sont troublés par la peur inconsciente, mais permanente, d'être abandonnés. Les rapports harmonieux avec l'objet narcissique premier qu'est la mère, constituent la base même du sentiment de sécurité affective, alors qu'au contraire des rapports troubles à un moment critique constituent la base du sentiment d'abandon et des réactions d'insécurité, de tristesse et d'agressivité, qui y sont liées inextricablement. Sensible aux difficultés d'adaptation et d'apprentissage des enfants incapables de se conformer aux attentes des adultes en autorité, j'ai résolument décidé d'examiner les empreintes laissées par leurs expériences de séparations. Pour le petit enfant, exister et grandir ne sera bienfaisant et joyeux que s'il se sent en sécurité physique et en communication affective avec sa mère. Ce qui a lieu ou n'a pas lieu dans le temps de la communication affective et des désirs narcissiques peut empêcher certains enfants de réaliser un véritable attachement.

Chapitre 1

L'attachement premier et le sentiment de sécurité

1.1 La symbiose et les soins maternants

L'enfant ne peut dépasser la relation symbiotique avant d'avoir aimé consciemment une autre personne et de l'avoir vue capable de reconnaître et d'accepter consciemment son amour. (SEARLES)

La relation entre le bébé et les parents commence dès la conception à travers les désirs des futurs parents ; cette communication «volitive»* est la voie qui prépare le fœtus à l'environnement parental.

Pendant la vie utérine, le fœtus «entend par la peau», grâce aux vibrations que la voix de sa mère provoque dans l'eau. L'enfant est au début de sa vie un être vibratoire.

Pour Catherine Dolto-Tolitch :

Le toucher étant notre sens le plus archaïque, le son porteur de sens s'inscrit par le biais de la peau parmi les ressentis les plus anciens, c'est ce qui lui donne une importante toute particulière. [...] Cette peau intelligente se révèle très tôt comme un organe de communication actif et subtil, permettant la discrimination. Le premier contact peau à peau associé au regard et à la parole, c'est la différence fondamentale entre la vie intra-utérine et la naissance.

Les signaux maternels que le foetus reçoit dans l'utérus et qui se poursuivent au cours des neuf mois de conditionnement intra-utérin façonnent ses réactions et le prédisposent à devenir un bébé sensible aux messages de sa mère après sa naissance. Puisque c'est entre lui et sa mère qu'au cours de la grossesse, il y a eu la première communication affective et que, c'est avec elle qu'il y a eu le premier contact peau à peau et que c'est encore avec elle que s'installent les échanges fusionnels pendant le temps de la symbiose, soit de quatre semaines à cinq mois, le petit bébé reste particulièrement sensible à l'expérience sensorielle et aux conversations avec sa mère. Il importe donc que ce soit cette mère qu'il connaît qui prenne soin de lui au cours de cette période.

Emde, Brackbill et leur groupe (1958) ont démontré qu'au cours des premiers mois de sa vie, le petit bébé met en mémoire la représentation sensorielle du visage de sa mère. Les premières interactions silencieuses apprennent déjà au bébé que tout comportement en appelle un autre : la voix de sa mère est en colère, l'enfant pleure ; sa mère lui sourit, il lui sourit. Il apprend bien vite que le visage souriant de sa mère n'est pas le même objet que le visage renfrogné et en colère. Avec le temps, chacune des représentations sensorielles est mémorisée et répertoriée et bientôt, il sourit à sa mère et attend ensuite qu'elle lui rende son sourire. Le simple fait de répondre socialement chaque fois qu'un enfant sourit, en souriant en retour, en gazouillant avec lui, en le regardant, en le prenant et en le cajolant, suffit pour établir le contact émotionnel. Les expériences effectuées par Emde, Brackbill et leur groupe rapportent également que lorsque l'enfant est petit, il est en communication si étroite avec sa mère que l'on arrive à modifier ses états émotionnels en corrigeant ceux de sa mère ; avec la répétition de ces expériences, ils ont pu accroître le comportement du sourire chez des nourrissons de trois mois. La sensibilité du nourrisson aux messages maternels est tellement affirmée que, même s'ils sont silencieux, la mère et le bébé sont dans un état continu de communication ; leur conversation silencieuse est constituée de la simultanéité des éléments comme la mimique et le geste. Il est tout à fait possible que les manifestations vocales et les mimiques du nouveau-né puissent être l'expression d'un processus phylogénétiquement déterminé.

De plus en plus d'intervenants conviennent aujourd'hui qu'à quelques mois de vie, devoir se séparer de sa mère pour aller en pouponnière ou en garderie ne permet pas à l'enfant de ressentir l'amour de sa mère et d'établir un lien d'attachement avec elle ; la majorité des intervenants conviennent qu'une séparation est un difficile moment et que plusieurs enfants se sentent émotionnellement abandonnés. Lorsque l'on côtoie régulièrement des enfants, on peut remarquer que le sentiment d'abandon fait partie de la dynamique qui les accompagne au quotidien. De mon point de vue, le temps de présence est trop souvent minimisé et le retour rapide des mères dans le milieu du travail met en péril le développement harmonieux des relations mère enfant ; la détérioration des conditions de présence et de disponibilité indispensables à l'enfant met en péril le processus de l'attachement et crée des difficultés d'adaptation. La manière de préparer l'enfant à se séparer de son objet d'amour, le moment et la durée de la première séparation d'avec la mère génèrent des conflits qui ont une grande influence sur le cours progressif du développement. Trop souvent, l'intégration en service de garde se passe comme s'il fallait bannir entre la mère et l'enfant tout message émotif ; trop souvent, les comportements jugés irrationnels dans le couple mère-enfant ne sont pas écoutés.

Louise J. Kaplan (1978) explique en ces termes ce à quoi ressemble, au commencement de la vie, une communication affective entre l'enfant et sa mère. Quand la mère et l'enfant se contemplent mutuellement, ils établissent une conversation. Le visage maternel que le bébé observe est son miroir ; il est le premier espace capable de lui refléter un sentiment d'exister. Le nourrisson, pour apprivoiser son environnement, n'a qu'un tout petit morceau du monde : il a le visage de sa mère. Un visage maternel où la mimique est absente est un reflet négatif pour un tout-petit. Le journal de Kamala rapporte qu'à long terme, un visage maternel immobile ou figé introduit le risque de faire de l'enfant, un enfant apathique ou même sauvage. La première communication humaine, bien qu'elle soit primitive à son point de départ, est une expérience sensorielle dont on ne peut priver l'enfant, si l'on veut voir apparaître, ultérieurement, une évolution dans la maîtrise d'un langage plus complexe. Le visage de tous les enfants sauvages est d'une immobilité saisissante.

Pendant les premiers mois, pour établir une communication, la mère et l'enfant peuvent seulement se contempler. La mère n'a pas à parler à haute voix, car le nourrisson vient d'un monde où il était à l'abri de plusieurs bruits et il ne craint pas le silence. Le dialogue muet entre le bébé et sa maman n'est pas du tout dommageable à son bien-être affectif. Pendant les deux premiers mois de la vie, le seul contact des yeux et du sourire suffit ; entre l'enfant et sa mère, les conversations silencieuses du corps à corps suffisent. Cette communication sensorielle est sa seule sécurité. Dans le silence des gestes, la mère qui prend son enfant dans ses bras le rassure et apprend à mieux le connaître et, au fil des jours, de nombreux dialogues muets viennent s'insérer dans le quotidien : le dialogue du repas, le dialogue du changement de couche, le dialogue du bain, le dialogue du bercement et du dodo.

Au cours de cette période de la vie, il y a entre la mère et l'enfant une inégalité évidente quant aux moyens de communication. Pour mieux connaître sa mère, le tout petit bébé n'a d'autre moyen que de sentir sa présence ; il la regarde, il la touche et il la ressent silencieusement. En examinant sa mère avec une grande attention, l'enfant ressent l'impression qu'elle lui communique et réagit de façon de plus en plus marquée à ses expressions faciales ; les yeux et le visage de sa mère lui parlent. En fouillant son regard de sa mère, le petit bébé y découvre les sentiments intenses qui s'y cachent ; en l'espace d'un instant, il peut y lire sa tendresse, sa tristesse ou son indifférence.

Pour Kaplan (1978), mordre le sein et griffer sont des badinages qui préparent l'esprit du bébé aux complexités multiples de l'attachement et de la séparation. Elle explique que le bébé qui bientôt jouera à coucou le fera à la condition précise que le contact qui le relie à sa mère soit suffisamment sûr. J'ajouterai que pour oser évoluer dans ses jeux, il lui faut encore davantage : il lui faut être certain qu'après s'être éloigné de sa mère, il pourra revenir en toute sécurité dans ses bras. Pour que bébé ait du plaisir à jouer aux jeux de suivre, s'enfuir, pourchasser, attraper, il faut non seulement que le bébé ait quelqu'un près de lui qui partage ces jeux, mais il faut que ce soit sa mère qui joue avec lui. Pour jouer à laisser tomber les objets et pour jouer ensuite avec d'autres, il faut que sa mère ait répondu à ses initiatives et ait rapporté ce qu'il a laissé tombé ou ce qu'il a lancé. Si sa mère n'est pas là à la période des «coucou», des «attrape-moi» et des «rapporte-moi l'objet», l'enfant ne saura pas jouer quand il sera séparé d'elle.

Pour Winnicott (1975)

[...] le regard de la mère donne à l'enfant la possibilité de se situer par rapport à elle et d'organiser, par la suite, sa structure interne. Autour de deux mois, le bébé prend conscience qu'il est tenu par des bras et protégé de ce qui arrive au-delà de son propre corps. À trois mois, pour gazouiller, le contact des bras ne lui suffit plus ; pour qu'il ait le désir de dialoguer, il lui faut rencontrer le regard et le sourire de sa mère. La conversation que le bébé échange avec sa mère devient une sensation tellement satisfaisante qu'elle dépasse bientôt toute autre sensation ; il est désormais lié à elle.

Après que les dialogues silencieux sont bien établis et que les premiers jeux ont été maintes fois répétés, le bébé a encore besoin de savoir que sa mère sera là lorsqu'il appellera à l'aide. Bientôt, il pourra être laissé seul dans son berceau ou dans sa chaise, le son de la voix maternelle suffira à lui faire savoir que, même loin de son regard, sa mère ne l'abandonne pas. Ce que le bébé découvre sur le visage de sa mère, dans l'intimité de sa présence et ensuite dans les premiers jeux avec elle, aucun jouet et aucune autre personne que sa mère ne peut le lui apprendre.

Pour Bigras (1986), il n'y a pas que le regard et le sourire qui peuvent toucher un enfant. Il explique que le bébé communique en utilisant toutes les capacités sensorielles qu'il possède et qu'il n'y a aucune raison biologique, médicale ou psychologique pour qu'un contact affectif avec la mère ne puisse s'établir. Si je réfère à Bigras, c'est que j'aime la façon tendre dont il parle des enfants nés sourds ou malentendants. Il a fait la démonstration qu'avec ces enfants, même si on ne peut utiliser la parole, le regard, le sourire et les mimiques sont d'efficaces moyens de communication. Une mère sourde ou malentendante n'est pas obligée de se priver d'une maternité qu'elle désire, car avec son bébé elle peut développer des interactions à partir des postures, des gestes, des odeurs et des saveurs. Cette mère peut regarder son enfant, lui sourire, hocher la tête, lui presser sa main, le caresser, le sentir de manière olfactive et être sentie. Même les bébés qui entendent mal et ne voient qu'imparfaitement, ressentent les vibrations aimantes du dialogue silencieux. Les mères peuvent utiliser les vocalisations avec tous les bébés, car même si le bébé est sourd, il en ressent les vibrations. Pour Bigras, il n'y a pas non plus de raison pour qu'une mère aveugle ou mal voyante ne puisse, elle aussi, nourrir son bébé d'interactions saines. Pour lui démontrer son affection, cette mère peut vocaliser, parler, chanter, sentir son odeur, le caresser et le bercer contre son cœur. Il est ainsi toujours possible pour une mère qui aime son enfant d'établir avec lui une relation symbiotique. On a l'habitude d'entendre que ce qui met l'enfant en contact avec lui-même et lui donne sa sécurité première, c'est le regard et le sourire affectueux de sa mère, mais, dit Bigras, «[...] un bébé n'est pas que des yeux ou des oreilles».

Je pense ici à l'histoire relationnelle d'Hélène Keller qui, sourde, muette et aveugle, a été éduquée silencieusement et avec amour. Comme tous les enfants, pour communiquer avec le monde, elle dépendait de ses sens et l'élément kinésique a pris toute la place ; même si elle vivait dans un monde silencieux et obscur, par le sens du toucher, elle est parvenue à être en relation avec sa mère. Si ce précieux sens lui avait aussi manqué, elle aurait été plongée dans l'isolement le plus total et rien ni personne n'aurait pu parvenir jusqu'à elle. Nos sens sont vraiment le pont entre le monde et nous. Hélène Keller en a fait la preuve puisqu'elle est parvenue à développer ses capacités intellectuelles.

Je suis d'avis que c'est à cette période des échanges silencieux avec sa mère que l'enfant apprend ce qu'il peut attendre des êtres humains. La nature de cette expérience sensorielle silencieuse influence de façon invisible, mais déterminante le cours des apprentissages affectifs et des interactions sociales qu'aura l'enfant. Un enfant qui a des yeux et des oreilles fonctionnelles et qui ne sait ni donner ni rendre un sourire, a certainement été un bébé qui a manqué cette expérience d'association sensorielle avec sa mère. Le sourire d'un bébé est en quelque sorte la preuve qu'il y a eu avec la mère, des interactions harmonieuses et une communication stimulante. Un bébé capable de sourire démontre qu'il a intériorisé, de façon suffisante, l'image d'une mère aux yeux et à la bouche souriante. De toute évidence, un jeune enfant souriant a déjà confiance en sa maman et le bien-être intérieur d'un enfant qui ne sourit pas est certainement à questionner. Certes, le processus de formation des liens affectifs évolue de façon très rapide et c'est bien sûr durant la période du regard et du sourire qu'il est plus spectaculaire, mais rien n'est jamais définitif chez un petit enfant. La formation des liens affectifs ne se limite pas aux 3 premiers mois de vie, elle évolue simplement moins rapidement aux autres étapes de la vie qu'à la phase symbiotique.

Médéric, 11 mois et Janique, 21 ans

Les yeux et le visage de maman disparaissent et réapparaissent derrière le foulard. Médéric ne réagit pas au coucou de sa maman. Médéric qui devrait avoir le visage réjoui et s'empresser d'avancer vers sa mère qui l'appelle, se dirige à quatre pattes vers un jouet. Il n'est ni enthousiaste ni excité que sa maman le suive pas à pas ; il s'arrête et s'assoit en mettant le jouet dans sa bouche. On dirait qu'il n'a pas de plaisir à ces jeux de coucou et de poursuite avec sa mère.

Maman Janique assure que Médéric est un enfant sage : «Il lance rarement ses jouets hors de son parc et ne jette pas sa nourriture par terre comme font certains enfants que je connais. On peut laisser Médéric seul, il ne s'éloigne pas. On peut le mettre au lit à n'importe quel moment, il s'endort gentiment.»

Pour la majorité des enfants de l'âge de Médéric, les allées et venues de la mère sont le centre de leur univers. Médéric, lui, ne sourit pas à sa mère et ne joue pas avec elle. Pour jouer au jeu de coucou, il faut être brave puisqu'il y a le risque de perdre sa mère. Ce n'est pas le fruit du hasard si à onze mois Médéric est incapable d'oser jeter ses jouets par terre et ne semble pas avoir le goût d'explorer ; il ne semble pas avoir intégré que sa mère rapportera les jouets en souriant. Médéric n'a même pas le goût d'être tenu dans les bras de sa mère ; il ne semble pas avoir établi avec elle un lien d'attachement sur lequel il sait pouvoir compter. Je pense qu'à l'époque du langage silencieux, il a dû y avoir un moment de déception entre lui et la personne qu'il aime le plus. L'enfant qui a été privé du regard admiratif et du sourire heureux de sa mère ne sait faire face qu'en fuyant, à son tour, le regard et le sourire. Si Médéric ne sourit pas à sa mère, c'est sans aucun doute qu'il craint que le sourire ne lui soit pas rendu et, s'il ne joue pas au coucou et à la poursuite, c'est qu'il craint d'être déçu. Sa mère devra, à tous les instants, lui prouver sa fidélité par sa présence.

Il arrive que certaines mères soient tellement envahies par leurs propres sentiments lors de la venue de l'enfant qu'elles voient leur enfance blessée, leur douleur, leur haine et leur peur d'enfant resurgir. Ces jeunes mères qui croyaient que leurs sentiments s'étaient tus à tout jamais ne savent pas supporter l'ambiguïté de leurs sentiments d'amour et de haine et, par ricochet, ne savent pas combler les désirs de regard et de sourire dont leur enfant a besoin. Mêlés à leur sentiment d'amour, quelques sentiments «meurtriers» parviennent jusqu'à leurs enfants.

En voici un exemple. Lors d'une fête d'enfant, j'ai rencontré une collègue de travail avec sa petite fille.

Annie, 13 mois et Christiane, 28 ans

La mère d'Annie était une femme aimable et sociable. La petite Annie était très mignonne et j'ai été attirée par son expression timide. Je lui ai présenté ma fille qui a tout de suite mis un biscuit au chocolat sur la tablette de sa chaise haute que Christiane s'est empressée de dérober.

Avec sa fille, ma collègue de travail était très animée. En basculant la tête d'un côté et de l'autre, Annie détournait rapidement les yeux pour éviter de rencontrer le regard de sa mère. Avec des expressions faciales et vocales soutenues, Christiane semblait chercher à capter l'attention de sa fille. La petite Annie, assise dans une chaise haute, fermait carrément les yeux. Ce jeu d'évitement avec sa mère dura au moins cinq minutes avant que, visiblement fatiguée de tant de stimulation, la petite fille cache ses yeux dans le coussin de sa chaise haute. Le contact visuel était enfin rompu et je dois dire que j'en étais moi-même assez soulagée. Je n'étais qu'une observatrice, pas une amie, et je ne me suis pas permis d'intervenir, mais j'éprouvais un réel malaise.

Christiane ne semblait pas comprendre que ce geste d'évitement lui était adressé et elle continuait de poursuivre sa fille en la chatouillant. La petite Annie, les sourcils froncés, était visiblement très agacée et son visage esquissait parfois des grimaces. À la fin de ce long exercice de cache-cache, une petite fille qui devait avoir environ l'âge de la mienne dit, en toute candeur, à la mère d'Annie : «Prête-moi ton bébé pour jouer.» La tête reculée dans le coin de sa chaise, Annie la bouche serrée, les sourcils toujours froncés, tenta une percée. Sans considérer cette demande, Christiane croyant l'enfant boudeuse, la plaça bien en face d'elle, et sur un ton très contrarié, dit à sa fille: «Si t'as pas le goût de sourire et si tu ne veux regarder personne, on va s'en aller chez nous et tu vas aller au lit.»

Cette scène démontre bien que la communication yeux sourire entre la mère et la fille était mal constituée. D'un premier coup d'œil, je ne pense pas que la motivation à la base du comportement de Christiane ait été de l'hostilité, mais la stimulation était visiblement vécue par l'enfant comme excessive. La petite Annie était, de toute évidence, irritée de l'insistance de sa mère. Du point de vue de cette enfant de treize mois, le comportement de sa mère était réellement agressant. De mon point de vue, Annie n'avait pas un comportement déviant, elle avait seulement le tort d'avoir une maman qui ne se rendait pas compte de son attitude intrusive et peut-être «destructrice».

À la période fusionnelle, le bébé saisit facilement les sensations, les humeurs et les rythmes du corps de sa mère, aussi en est-il facilement troublé. Dans les premiers temps de sa vie, il ne devrait pas avoir à vivre les humeurs maternelles. Un petit enfant ne peut qu'être confus, même terrorisé par des expériences de stimulation trop intense, car il lui est impossible de fuir. Un tout-petit ne tient qu'à sa mère, il ne voit qu'elle et il ne connaît qu'elle ; même s'il est choqué d'avoir été envahi par l'amour intrusif de sa mère, il ne peut, par ailleurs, que l'adorer. L'enfant qui ne réussit pas à être compris par sa mère ressent un vide intérieur qui le garde fragile.

Il faut savoir que, quel que soit son âge, un enfant garde ce besoin d'être compris par sa mère et qu'il espère toujours parvenir à être accueilli et reconnu dans sa fragilité. Quand c'est sa mère qui le fait se sentir embarrassé, inquiet, honteux, coupable ou abandonné, vers qui le tout petit enfant peut-il se tourner pour compenser sa frustration ? Ce n'est pas à l'enfant de comprendre la mère, mais bien à la mère de comprendre son enfant.

En écrivant sur la relation symbiotique, un souvenir m'est revenu.

Dans mon expérience de mère, la période de la symbiose m'a été de beaucoup plus stimulante que l'expérience de la grossesse. Cette brève période où les bébés sont en totale dépendance a été, pour moi, une expérience harmonieuse plus que toutes les autres que j'ai vécues par la suite avec mes enfants. Pourtant, avec l'un de mes enfants, cette expérience harmonieuse a été compromise et a compté quelques moments douloureux.

À un moment de notre relation, il m'a été très difficile de consoler mon bébé. Je savais qu'il ne pleurait pas de faim et qu'il n'était pas malade, mais je ne comprenais pas pourquoi son petit corps pleurait si fort. Il ne m'était pas difficile de déchiffrer son message. Ces cris ne provenaient pas d'un caprice passager ou d'un moment d'inconfort ; ces cris-là ne provenaient pas d'une digestion ou d'un rot difficile. Non, on aurait dit que quelques visions effrayantes ou incongrues venaient secouer tout son être et déranger son bien-être intérieur. Ces cris ressemblaient à de vrais cris de souffrance. Mon bébé semblait éprouver une frayeur dont je ne connaissais pas l'origine. Ni la berceuse ni la sucette ni le lait chaud n'arrivaient à le calmer. Je me sentais torturée et bien imparfaite et j'entretenais mille doutes sur ma capacité à consoler mon bébé, car j'avais la certitude que j'étais la seule mère qui ne savait répondre intuitivement aux besoins de son enfant ; je me sentais coupable de ne pas savoir répondre à la détresse psychologique de mon enfant.

Même si j'ai dû accepter de ne pas comprendre ses cris de frayeurs, je me suis difficilement résignée à ne pas pouvoir soulager son trouble. Aujourd'hui, j'en suis certaine, ces cris-là ne dépendaient aucunement des soins. À travers ces moments de crise, il se manifestait et me manifestait qu'il avait déjà sa façon à lui de contester et qu'il aurait sa manière à lui de dire son malaise intérieur et de grandir. Déjà mon bébé avait sa propre vie et déjà, sans sa mère, il combattait avec ses propres énergies. Mon bébé commençait l'éducation de sa mère ; il m'apprenait déjà ce qu'il était et ce qu'il serait. Peut-être bien que c'est dans l'alternance des moments d'heureuse fusion et de frayeur que le bébé commence l'apprentissage de la séparation éventuelle avec sa mère.

La relation symbiotique avec mon enfant a été, à la fois, le plus douloureux et le plus profond sentiment de bonheur de ma vie de mère. De cette expérience, j'ai gardé beaucoup de sympathie pour les mères qui n'ont pas connu la sensation merveilleuse de la fusion symbiotique et j'ai surtout gardé beaucoup de sympathie pour les enfants qui n'ont pas ressenti la sympathie et l'empathie de leur mère dans leurs moments de frayeur. Je crois aujourd'hui que c'est l'absence d'empreinte de ces moments heureux de fusion symbiotique qui crée, chez l'enfant, le sentiment d'abandon, le vide et le désespoir. Aujourd'hui, en me rappelant cette expérience lointaine, je comprends que si la mère n'oublie pas l'expérience de la symbiose avec son enfant, l'enfant ne l'oublie pas davantage.

Pour Freud, pendant les premiers mois, le nourrisson n'a aucune conscience de la personnalité avec qui il forme une entité psychologique si étroite et parce qu'il n'a non plus aucune conscience de son Moi et de son individualité, il ne sait que la ressentir. Selon Freud, dès la naissance tous les objets sont perçus par le nourrisson comme une nourriture incorporable et, de la même manière, son objet d'amour est, lui aussi, un objet incorporable. La mère est la première source de plaisir assimilable et ce plaisir fait partie du processus naturel et fondamental de l'identification. Lorsque le nourrisson prend le sein, bien sûr il se nourrit, mais il a aussi le désir d'incorporer sa mère, et puisqu'il perçoit sa mère comme n'importe quelle nourriture qu'il incorpore, il la croit incorporable. Le nourrisson ne se sent satisfait que lorsque l'objet nourricier, soit la personne de sa mère aimée, est incorporé. Pour lui, cette incorporation qui a l'air d'un amour destructeur semble être un plaisir incomparable.

Depuis l'état fœtal, l'enfant ne connaît que l'objet maternel et il se fond complètement en lui ; à la condition de nourrir l'enfant d'une présence corporelle constante, n'importe quelle femme peut être considérée comme l'objet nourricier. La théorie freudienne explique qu'à défaut d'une mère biologique, à cette étape du développement du petit enfant, un autre substitut maternant peut être considéré comme objet d'amour. La grand-mère ou toute personne dont la présence est stable et maternante et qui joue intégralement le rôle de nourrice peut donc satisfaire son besoin de mère. S'il n'est pas difficile à satisfaire dans les premiers mois de sa vie, l'enfant met néanmoins plusieurs mois à se différencier de son objet d'amour et tant qu'il ne s'en distingue pas, il s'aime à travers celle qui le nourrit.

Ce que l'enfant acquiert à cette première étape de son développement réfléchit nécessairement la constance de la présence maternelle ou son absence. Il n'y a aucun doute dans mon esprit que c'est à partir de cette étape de l'incorporation de la mère nourriture que l'enfant s'imprègne d'une image d'objet nourrissant ou, au contraire, d'un sentiment d'abandon et d'insécurité. Puisque c'est à partir de cette étape d'incorporation que l'enfant apprend peu à peu à s'identifier à sa mère, sa présence stable est donc essentielle, puisque c'est à force de présence que le bébé apprend à distinguer sa mère du reste de son entourage familier et des étrangers et à s'attacher à elle ; la constance des soins est donc tout aussi importante. Tout au long de la période de symbiose, soit de quatre semaines à cinq mois, le bébé commence déjà à subir des frustrations. Quelques fois, il doit attendre sa nourriture, parfois sa mère ne comprend pas ses cris d'amour ou, pour de petits moments, elle s'éloigne de lui et sort de son champ de vision ; plus frustrant encore, elle le quitte des jours entiers. Mais, par delà les expériences frustrantes, il apprend qu'elle reste disponible pour lui. Malgré toutes les frustrations subies, sa mère reste son objet d'amour privilégié. Même s'il apprend à connaître le monde qui l'entoure, le petit bébé est complètement amoureux de sa mère. Si les soins sont suffisamment bons, elle reste sa source première de sécurité ; si les soins sont réellement très mauvais ou qu'elle est constamment absente, elle devient alors sa principale source d'insécurité. Pour les freudiens, la mère nourriture et la mère objet d'amour étant une même entité psychologique, si le bébé perd même momentanément sa mère nourriture, cela entraîne automatiquement la perte de la mère objet d'amour ; ils expliquent encore que l'enfant perçoit sa mère sous une double image : la bonne mère, source de plaisir et de sécurité affective et la mauvaise mère, source de frustration et d'insécurité affective. Pour eux, la période symbiotique est le début de l'identification dite primaire.

Considérant cette théorie freudienne, et sachant que la qualité des expériences symbiotiques avec la mère laisse son empreinte dans la vie affective et dans les traits de la personnalité, il est facile d'imaginer qu'un tout petit bébé qui vit la phase symbiotique et tout le processus d'attachement dans un orphelinat, dans une crèche ou dans une garderie où les visages changent constamment, aura de la difficulté à s'identifier à un objet d'amour particulier et, qu'en conséquence, il développera un sentiment de frustration, d'insécurité et une personnalité abandonnique.

Voici un exemple d'empreinte que peut laisser, au stade oral, un manque de présence et d'expériences symbiotiques.

Jérôme, 10 mois et Pénélope, 4 ans

Dès qu'il pleure, Pénélope se précipite pour sortir bébé Jérôme de son berceau. Aline lui explique doucement qu'elle est trop petite pour prendre son frère, mais elle tire sur le pyjama du bébé jusqu'à ce que sa mère lui permette de le prendre.

Pénélope fait souvent pleurer son petit frère. Elle le réveille, lui prend son biberon, lui enlève sa sucette, le fait sursauter, lui tire les cheveux, le pince. Aline ne réussit plus à langer Jérôme et à le faire boire sans que Pénélope ne le bouscule et sans qu'il ne pleure. Devant le comportement de Pénélope, Aline doit exercer une surveillance constante de son nouveau-né.

Aline se dit que Pénélope réagit jalousement à la venue du bébé et qu'il lui faut passer le plus de temps possible avec elle. Aussi quand bébé pleure, elle prend le temps d'installer Pénélope devant un jeu intéressant avant d'aller le voir. Après tout, étant en sécurité dans son lit, il peut attendre un peu. Aline croit avoir trouvé la bonne manière d'agir avec Pénélope puisqu'elle ne demande plus à prendre son petit frère et que, pendant les soins de Jérôme, elle reste dans le séjour à jouer sagement.

Puis, un jour qu'Aline réchauffe les céréales de Jérôme qui pleure, Pénélope jette la chaise haute par terre et frappe sur le bébé en lui disant : «Tais-toi ! Tais-toi ! Vilain !» Aline console Jérôme et interdit à Pénélope de toucher le bébé. Aline doit de plus en plus souvent mettre la clé dans la porte de la chambre de Jérôme, car Pénélope le réveille constamment.

Aline doit bientôt se préparer à retourner au travail. Aussi, décide-t-elle d'envoyer Pénélope à la garderie deux jours par semaine, ce qui permet de sevrer Jérôme.

Pénélope s'adapte très mal à la garderie ; elle se mêle peu aux autres enfants, elle leur enlève leurs jouets, elle les pousse et les frappe. Aline comprend que la réaction agressive de sa fille signifie qu'elle s'ennuie de sa mère. Elle retire donc Pénélope de la garderie et passe beaucoup de son temps à jouer avec elle. Bébé Jérôme passe alors plus de temps seul dans sa chambre et il pleure souvent entre les repas.

Depuis le retour au travail d'Aline, Jérôme a une gardienne à la maison et Pénélope se fait garder chez sa grand-maman paternelle qui lui donne toute l'attention qu'elle désire. Pourtant, à son retour à la maison, elle continue de brusquer son petit frère. À la prématernelle, son professeur dit d'elle qu'elle est une petite fille décidée qui ne s'en laisse pas imposer, pas même par les plus grands. Pénélope a dit à son professeur qu'elle n'avait ni frère ni soeur, et sur ses dessins, il n'y a jamais d'autres enfants qu'elle avec sa mère.

Au service d'aide aux employés du ministère où je travaille, Aline vient en consultation pour parler de la boulimie et des fréquentes masturbations de son fils maintenant adolescent.

> *ALINE : Autour de ses quatre ans, il ne s'endormait qu'après une masturbation. Jérôme se masturbe toujours, mais aujourd'hui, il ferme sa porte à clé lorsqu'il se masturbe.*
>
> *PSY : Est-ce que Jérôme a eu, au primaire, des difficultés à apprendre, des difficultés d'attention ? Ses bulletins actuels sont-ils bons ?*
>
> *ALINE : Non. Il a beaucoup de difficultés à se mettre au travail, mais il garde la moyenne dans toutes les matières.*

PSY : Est-ce que vous diriez de Jérôme qu'il était un enfant actif entre le moment où il a appris à marcher et le moment où il est entré à l'école ?

ALINE : Les seuls moments où il manifestait un peu d'excitation, c'était lorsqu'on lui offrait des chocolats et des friandises ; autrement, il jouait à des jeux plutôt tranquilles. Ce qu'il aimait le mieux c'était d'écouter des films d'enfants à la télé. Il n'allait pas volontiers vers les gens. Il était déjà solitaire.

PSY : Étant bébé, après le sevrage, a-t-il eu des activités orales comme sucer son pouce ou sucer une sucette ?

ALINE : Il n'a jamais eu de sucette et il n'a jamais sucé son pouce. Mais il a eu longtemps un biberon avant de se coucher et il se ronge les ongles jusqu'au sang.

Pour Jérôme, les débuts de l'identification primaire ont été difficiles. De ce qu'Aline m'a raconté, il semble que le manque de plaisir oral se soit traduit chez lui par une résignation et une apathie*. Jérôme n'a pas pu compenser le plaisir oral que procure le sein ou le biberon. Pour bien comprendre sa réaction, il faut retourner à cette période où il était un nourrisson et que Freud nomme «la phase orale active». Privé trop tôt des attentions et des stimulations de sa mère, Jérôme a manqué de ces sollicitudes qui lui auraient montré qu'il était aimé d'elle. Jérôme a souvent été frustré dans ses besoins de présence et dans ses désirs narcissiques. Sa mère, son premier objet affectif, lui a vraiment manqué. Pour le petit bébé qu'il était alors, le fait de devoir réagir au manque de présence maternante constituait un traumatisme. Jérôme a vécu une relation symbiotique carencée en présences, en regards et en sourires maternels. Les frustrations et la solitude que sa mère lui imposait ont créé, dès lors, une brisure dans son processus d'attachement.

Très tôt dans sa phase orale, Jérôme a dû subir la frustration de l'attente et les intrusions de sa sœur. Très tôt, il a appris qu'il n'avait pas la priorité auprès de sa mère et qu'il était inutile d'exiger sa présence. À cause du comportement intrusif et jaloux de sa sœur, il a été sevré très tôt, sans avoir été totalement satisfait dans ses besoins physiologiques ; il a été sevré trop rapidement et trop brutalement. Jérôme n'a pas eu tous les contacts dont il aurait eu besoin, et puisqu'on ne répondait pas à ses demandes, il a compris qu'il ne devait pas attendre de satisfaction narcissique de la part de son objet d'amour. Il a dû se résigner à être raisonnable dans son besoin d'amour, à inhiber tout élan d'agressivité et à vivre passivement et silencieusement les abandons de sa vie de petit bébé.

Pour Jérôme, le sevrage ne s'est pas fait sans heurts, car d'un coup il a perdu sa mère nourriture et sa mère objet d'amour. Dans ce contexte familial où l'aînée prenait beaucoup de place et où le père était peu présent, il n'a pas trouvé de substitut capable de lui faire oublier qu'il venait de perdre sa mère. Jérôme n'a pas seulement été privé d'une satisfaction orale, il a aussi été mis à l'écart et privé de l'attentive et sécurisante présence maternelle. Il faudra de nombreuses démonstrations de tendresse pour lui faire oublier la rupture affective et l'abandon précoce vécus dans sa petite enfance.

Si l'on songe que déjà, pour les enfants sans trop de carences, l'approche de l'adolescence est une période de déséquilibre et de conflits, Jérôme aurait très bien pu abandonner la lutte. Compte tenu de ce qu'il a vécu de désintérêt dans son enfance, il aurait pu devenir opposant et, à l'extrême, devenir carrément antisocial et délinquant. Le besoin incontrôlé de manger et les fréquentes masturbations sont devenus les objets de compensation par lesquels il se donne de bons soins ; avoir de l'intérêt pour la masturbation et le plaisir sexuel, c'est déjà sublimer ses énergies de belle façon. Tout compte fait, il aurait pu liquider ses frustrations d'une manière bien plus violente. Dans la perspective où Jérôme a été, dans ses premiers mois de vie, privé de la relation symbiotique avec sa mère, il est normal qu'il ait choisi des activités solitaires ; sachant cela, il serait malsain d'ajouter la culpabilité aux sentiments de solitude et d'abandon. À mon avis, les parents doivent respecter l'expression de sa sexualité et ils doivent lui éviter les moqueries sur son poids, car elles pourraient être perçues comme de nouvelles attaques à son intégrité déjà fragile. Sa carence affective est suffisamment grande pour que la famille ne le provoque pas et ne le pousse pas au retrait, à la mélancolie ou à l'agressivité envers lui-même. Les quelques satisfactions de type oral du début de sa vie n'ont, de toute évidence, pas réussi à combler le vide symbiotique. Aussi, pourquoi se désintéresserait-il des activités qui lui procurent un réel plaisir à vivre ? Pourquoi devrait-il trouver des voies nouvelles pour manifester sa libido quand ce jouet est sa propriété et qu'il peut l'utiliser sans contraintes et sans restrictions ? Cet objet, ni sa soeur ni personne d'autre ne le lui ravira. Pourquoi Jérôme aurait-il envie de renoncer aux satisfactions agréables de manger et de se masturber, puisque rien ne lui assure plus d'affection de la part de ses parents ?

Nous avons vu que la plupart des tenants de l'école freudienne sont d'avis que c'est la présence stable de la mère et la constance des bons soins qui donnent à l'enfant la possibilité d'avoir confiance en l'objet de distribution d'amour et d'avoir, ensuite, confiance aux autres.

Plusieurs d'entre eux conviennent qu'à la suite d'un manque de présence et de soins survient une brisure dans le développement affectif, et qu'une véritable désorganisation de la personnalité s'installe, laquelle se traduit tôt ou tard par des attitudes de dépendance. Ils s'entendent aussi pour dire que les enfants brisés restent fixés à des comportements de «type oral de caractère captatif, c'est-à-dire de sadisme oral». Chez l'individu, cette fixation peut se décrire comme une sorte de besoin narcissique profond de s'occuper de soi, c'est-à-dire une sorte de susceptibilité ou de sensibilité parfois des plus provocatrices, des plus arbitraires et quelques fois, des plus suicidaires. Le bébé qui n'a pas eu la possibilité d'harmoniser son état émotif à l'état émotif de sa mère a été privé d'une relation harmonieuse avec elle et une impression de frustration s'imprègne en lui ; en fait, n'ayant pas pu apprendre à se fier à sa mère, l'individu est privé d'un état d'harmonie avec les autres et avec la vie. Cet état d'harmonie s'apprend en lisant l'affection sur le visage de sa mère ; privé de cet état, l'enfant ressent un sentiment d'abandon. Voici un exemple d'harmonisation symbiotique qu'Emde et Brackbill (1958), ont nommée «résonance émotionnelle».

Bélinda, 5 mois et France, 23 ans

Bélinda, âgée de cinq mois, ne parvenait pas à atteindre un poids normal. France était très inquiète pour la santé de sa fille. Dès que celle-ci se réveillait, elle la prenait dans ses bras et lui donnait un biberon de lait. France était sincèrement convaincue que sa fille ne buvait pas assez. Bélinda s'agitait jusqu'à régurgiter, puis elle s'endormait profondément dans les bras de sa maman. Le pédiatre n'a cependant décelé aucun problème physique.

À cette période, j'étais aux études en psychologie, j'avais une fille de trois ans et je gardais des enfants chez moi, deux jours par semaine. J'ai proposé à France de prendre une fin de semaine de repos et de me confier Bélinda. En mère attentionnée, elle avait préparé dix-huit biberons.

Chez moi, Bélinda a dormi dans un petit berceau dans la même chambre que ma fille. Au petit matin, j'entendais ma fille lui parler et Bélinda babiller. Ma fille insista pour lui donner le biberon ; elle ne but pas plus de deux onces et demie, mais elle ne régurgita pas.

Quelle émotion pressait France de gaver ainsi sa fille ? Elle m'a raconté que son frère jumeau, à cause d'un problème à l'œsophage, était décédé d'une sorte d'anorexie et que sa mère ne s'était jamais pardonné la perte de ce fils. Les échanges et les conversations entre France et sa mère étaient bloqués à cette tragique peur installée depuis la mort de son frère. Pour France, le frère jumeau revivait à travers Bélinda. France était, en quelque sorte, prise dans l'état émotif qui reliait sa mère à son jumeau, et par symbiose, bébé Bélinda était prise dans les sentiments négatifs de sa mère. Dans ses pires cauchemars, France voyait sa fille agoniser par manque de nourriture. Après quelques discussions, France a pris conscience de l'émotion qu'il y a avait entre elle et sa mère et parvint à l'idée que Bélinda aussi faisait sienne son émotion confuse.

Voici d'autres exemples qui confirment l'importance d'une relation symbiotique harmonieuse entre la mère et l'enfant. Salvador Dali savait qu'il avait remplacé un autre Salvador, mort en bas âge. Dans une entrevue, il racontait que, se sentant sans cesse menacé par les sentiments que sa mère continuait d'entretenir envers son frère mort, ses excentricités lui permettaient d'affirmer, de manière outrancière, sa présence et son identité. Il expliquait que l'exubérance de ses comportements servait à exorciser son angoisse permanente de la comparaison et de la mort. Comme Dali, Vincent Van Gogh est né un an après la mort d'un autre Vincent. Chaque matin, lorsqu'il quittait la cure de pasteur où habitait son père, il passait devant le cimetière où il lisait son propre nom sur une pierre tombale. C'est une réelle difficulté pour un enfant que de devoir faire oublier à sa mère la mort d'un autre enfant.

Pour Winnicott (1957), il y a trois mouvements dans la relation symbiotique entre la mère et l'enfant. Le premier est cette phase où, à travers les soins physiques, la mère organise un environnement sécuritaire pour l'enfant et où il vit une fusion et une dépendance absolue avec elle. Les soins que la mère prodigue deviennent la base de la communication entre elle et son enfant. Le deuxième mouvement est fait des tendres échanges qui conduisent l'enfant à une ébauche d'attachement psychologique. Le troisième est celui qui couronne la naissance psychologique, soit l'entrée de l'enfant dans le monde élargi de la famille ; ce dernier mouvement amorce un détachement progressif entre l'enfant et la mère et confère à l'enfant un début d'identité sociale.

Pour Spitz (1964), l'expression de la mimique et des yeux est l'instrument privilégié des premiers échanges et des premiers contacts humains. Ces échanges humains ouvrent la voie de l'attachement à l'objet d'amour et président à tous les processus psychiques. Pour lui, c'est de ces échanges affectifs survenus à la période symbiotique que dépend l'humeur de l'enfant. Pour désigner la totalité des énergies ou des forces affectives qui influencent cette humeur, Spitz parle d'un «climat affectif» ; ce climat découlant des premiers échanges affectifs est le fondement des mouvements qui conduisent à une humeur heureuse et à d'heureuses relations d'attachement.

Dans un film intitulé, *Shaping the personality*, René Spitz (1953) explique que ce sont les contacts avec des humains qui distinguent l'homme de l'animal dont les relations sont fondées sur des agents chimiques et physiques, sur l'odorat, le goût et le toucher ; il démontre que toutes les relations interpersonnelles et sociales sont fondées sur les mouvements symbiotiques. Dans ce film, Spitz affirme que pour qu'une relation d'attachement existe, il est primordial que les échanges symbiotiques aient lieu avec un être humain.

L'allaitement est parmi les échanges qui distinguent les humains des animaux ; l'observation des vertébrés montre que l'allaitement des bébés ne se fait face à face que chez ceux qui ont perfectionné la vocalisation, c'est-à-dire chez les oiseaux, les primates et les hommes. Ce n'est d'ailleurs que lorsque l'enfant se tient debout que la vocalisation apparaît.

Dans une discussion sur le concept de déraillement des relations objectales où sont inscrits la coprophagie*, le balancement et l'eczéma, Spitz (1964) mentionne que : «Jour après jour, l'effet d'expériences affectives cumulatives sera responsable des conséquences pathologiques.» Au cours de toute la période symbiotique, l'humeur de l'enfant suit l'humeur de la mère et avec empathie, elle se doit de tenir à distance tout ce qui peut troubler la tranquillité de son bébé. Pour Spitz, l'échange contagieux entre l'humeur de la mère et celle de l'enfant est inévitable et spécifique au stade de développement symbiotique ; cet échange est tout à fait essentiel pour qu'existe un processus d'attachement satisfaisant.

Pour expliquer ce qui influence l'état émotionnel ou l'humeur de l'enfant à la période symbiotique, Winnicott (1948) écrit que :

La mère aime d'abord son enfant sous une forme physique ; selon ses besoins, elle lui assure de la chaleur, des mouvements ou des contacts. C'est au cours de cette période que le petit bébé obtient, grâce à sa mère ou à son substitut, la satisfaction physique et émotionnelle. Dans la période symbiotique, la mère est là pour être sentie de toutes les façons possibles. C'est à la suite de cet amour physique, fait de plus de satisfactions que d'insatisfactions, que surgit l'humeur heureuse d'un enfant.

Au cours de sa première année, la fusion du bon et du mauvais objet n'est pas encore complète et l'objet libidinal n'est pas établi ; pour un si petit enfant, devoir se séparer de sa mère et perdre, même brièvement, l'objet investi de libido, c'est une perte qui ne peut être ressentie que sous une forme émotionnelle et donc influer sur son humeur. C'est seulement après que la période fusionnelle a été couronnée de succès que se forme l'objet libidinal proprement dit et que l'enfant peut assumer, minimalement, la perte émotionnelle d'être temporairement séparé de sa mère.

Au Children's Hospital de Boston, Brazelton a fait la démonstration que les bébés étaient déjà des personnes intelligentes équipées des instruments perceptifs nécessaires pour reconnaître leur mère.

[...] il prend le bébé, une main sous la tête, l'autre sous le siège et le présente ainsi à la mère, enjoignant cette dernière d'appeler le bébé par son prénom, en même temps que lui. Invariablement, à la suite de deux ou trois appels, le bébé tourne le visage vers sa mère ! Il projette à un bébé de quatre mois, simultanément, deux films, éloignés l'un de l'autre de huit centimètres. Sur l'un des films, on montre un visage émettant les sons qui accompagnent les gestes du jeu de coucou. On entend une voix qui dit, en enlevant les mains qui couvrent le visage : «Coucou le voilà !». Sur l'autre film, on voit une main qui bat en rythme un tambour. Le bébé choisit du regard, le film où le son s'accorde au visage humain.

La démonstration de Brazelton a fait la preuve que le bébé fait volontairement le choix d'organiser ses premiers échanges et ses premiers contacts relationnels avec sa mère. Entre la main qui bat le tambour et la main qui découvre un visage humain, le bébé a choisi la voix humaine ; entre la voix du médecin et celle de sa mère, le bébé a choisi la voix qu'il connaît déjà, celle de sa mère. Dès l'instant de sa naissance, le bébé a déjà ce savoir extraordinaire de reconnaître la voix de sa mère.

Pour Brazelton, le bébé qui a passé neuf mois dans le ventre de sa mère a déjà la capacité de communiquer et de traduire ses comportements. Pour lui, dès sa naissance, le bébé aspire déjà à la fusion avec cette mère dont il reconnaît la voix, et dès les premiers instants de leur rencontre, la mère doit faire l'effort de susciter des expériences sensorielles avec son bébé. Brazelton soutien que c'est très tôt que s'organise la structure de l'interaction psychologique et sociale qui conduit l'enfant au bien-être et que le début de communication affective avec la mère ne peut se poursuivre que si la communication n'est pas rompue. Cette première communication affective avec la mère, Brazelton l'appelle «concordance transmodale». Ce premier échange symbiotique avec la mère est la prémisse du processus d'attachement et il précise que les parents doivent faire un effort de compréhension envers leur bébé, car, dit-il, le bébé n'est pas une plante et les meilleurs soins ne suffisent pas au bonheur d'un petit être humain.

Sullivan (1953) se montre très explicite sur la primauté des soins à la période symbiotique. Pour lui, il est primordial de satisfaire les besoins physiologiques et les besoins psychologiques du petit enfant. «Les premiers besoins entrent dans la catégorie du besoin de tendresse, ils sont des besoins qui résultent de l'existence commune nécessaire entre une mère et un enfant et les deuxièmes besoins sont de l'univers physico-chimique.» Sans ce premier niveau de satisfaction des besoins, il n'y a pas de relation affective possible, mentionne-t-il. Il ne faut donc pas sous-estimer le déséquilibre que peuvent causer les négligences et les absences de la mère au début de la vie. Il faut se rappeler que le tout petit enfant n'est pas épargné par la naissance, ce difficile passage à la vie ; il est soumis à une énorme pression, il est compressé, oppressé et parfois même, il suffoque en plus du déplaisir de devoir respirer. La petite enfance est elle aussi parsemée de frustrations que l'on dit «normales» : celle d'avoir soif et faim et plus tard, celle d'être sevré. Même si l'on admet que les sensations désagréables et les frustrations «normales» ont cette utilité d'obliger le petit enfant à entreprendre les adaptations nécessaires aux fonctions de la vie, il faut tout de même reconnaître qu'il a son lot de contraintes, de tensions et de déplaisir.

Pour Searles (1977), ce qui se passe de plaisir et de satisfaction physique, entre la mère et l'enfant à la période symbiotique, a un puissant impact sur son développement affectif. Le tout petit enfant dépend entièrement de sa mère pour ses besoins ; aussi, même si les demandes d'un tout-petit sont très exigeantes, il est primordial pour son développement physique et psychologique qu'il soit satisfait dans la relation symbiotique avec sa mère.

En bref, ce n'est qu'en vivant des échanges symbiotiques plaisants et en faisant front avec ses parents, aux frustrations normales de sa vie, que l'enfant deviendra de plus en plus capable de supporter les frustrations et les déplaisirs dans ses échanges avec le monde extérieur. J'entends par frustrations normales, non pas des privations, mais bien les désagréments qui se trouvent, de façon naturelle, sur le parcours de la croissance, au cours de l'enfance. La mère qui prétend aimer son enfant est celle qui en prenant soin de lui, physiquement, satisfait ses besoins de dépendance physique et émotionnelle et qui, tout au long de la période symbiotique, lui évite le plus de frustrations possible.

L'expérience de Harlow (1958), sur les singes rhésus, a démontré qu'un développement satisfaisant n'est possible qu'à travers l'équilibre des expériences de frustrations «normales» et des expériences symbiotiques plaisantes. Sans une expérience symbiotique satisfaisante avec leur mère, ces deux singes n'ont jamais montré la moindre activité mature, ni sociale, ni sexuelle.

[…] le comportement des mères a fait que deux petits singes élevés ensemble se sont attachés l'un à l'autre. Sans leur mère, ils ont passé leur temps accrochés l'un à l'autre, en système clos, n'acceptant aucune ingérence venue de l'extérieur, qu'elle soit de nature plaisante ou déplaisante et ne communiquant pas avec l'entourage.

Pour Thérèse Benedek (1956), au cours des mois de son existence, l'enfant semble exclusivement centré sur le plaisir et le déplaisir ; le sourire, le babillage et les pleurs en sont les expressions. Vers le sixième mois, commence le début des relations aux choses, les réponses par le sourire se spécifient dans la mémoire et le nombre de stimulus s'accroît et s'associe. C'est au cours de cette relation symbiotique que les expériences affectives de plaisir et de déplaisir sont les plus dominantes ; à côté d'elles, les autres expériences de la petite enfance sont dotées de quantités minimes d'affects. C'est à l'occasion d'événements plaisants et déplaisants que des traces mnémoniques* s'emmagasinent ; après que cette empreinte soit gravée dans la mémoire, l'enfant pleure non seulement lorsqu'il perd sa sucette, mais également quand son premier objet d'intérêt le quitte. Pour Benedek, une crise de larmes peut avoir pour cause, non pas un besoin physique ou physiologique, comme la faim ou la douleur, mais l'échec d'une tentative de communication symbiotique et de satisfaction émotionnelle. Pour décrire cette satisfaction émotionnelle ressentie à la période symbiotique, elle a forgé la belle expression «symbiose affective».

J'ai beaucoup de considération pour les travaux de la psychanalyste pour enfant, Margaret S. Mahler et pour ceux de Louise J. Kaplan qui a poursuivi son œuvre. C'est d'ailleurs leur compréhension du développement humain et leurs théories concernant le processus de la naissance psychologique qui ont modelé mes hypothèses quant aux troubles liés à l'abandon.

Mahler (1948) explique ce qu'est pour elle, la sympathie et l'empathie qui existe entre une mère et son enfant.

La sympathie d'un bébé de deux ou trois mois, dont les frontières ne sont pas encore formées, est illimitée, et c'est la raison pour laquelle il partage si totalement les états d'âme de sa mère. Dans la sympathie, les frontières entre deux personnes se dissolvent. Pourtant, la mère pour être efficace et amener le monde à son bébé doit, en même temps qu'elle est sympathique, être tourné vers la réalité. L'empathie a deux faces : celle qui reçoit ce que son bébé lui communique et accepte son message et celle qui lui donne une interprétation perceptible et réaliste du monde. L'empathie permet de répondre efficacement aux messages de son bébé. La sympathie sans l'empathie, crée une expérience de symbiose incomplète.

Mahler (1961), qui a forgé ce beau terme de «constancy», affirme que la sympathie et l'empathie sont des qualités maternelles indispensables à la communication symbiotique. Si ces qualités sont absentes au cours des trois premières années de la vie de l'enfant, non seulement la communication symbiotique sera incomplète, mais l'expérience de la seconde naissance n'aura pas lieu : le petit enfant ne naîtra pas en tant qu'être psychologique possédant une individualité propre, c'est-à-dire une identité séparée de celle de sa mère.

À la phase de disponibilité émotionnelle optimale, l'objet d'amour qu'est la mère devient l'objet de désir. S'attacher et se lier à cet objet d'amour, c'est recevoir un amour profondément désiré. C'est essentiellement la satisfaction de son désir qui habilite l'enfant à surmonter la part d'angoisse de séparation qui fait son entrée au moment où une représentation différenciée de l'objet apparaît.

Pour décrire la capacité de la mère à deviner les besoins physiques et à comprendre les besoins psychologiques de son enfant, Winnicott (1957) a utilisé le terme de «préoccupation maternelle primaire». Il a défini ce terme comme la capacité qu'a la mère de s'identifier avec sympathie à son enfant, de centrer son attention sur lui pour le comprendre avec empathie et de le satisfaire dans ce dont il a besoin comme soins. Sans une sympathique préoccupation, la mère ne développe pas une attitude empathique, c'est-à-dire l'aptitude à se mettre à sa place et à entrer dans l'émotion de son enfant. Pour lui, comme pour Mahler, une expérience fusionnelle réussie dépend des sympathiques et empathiques capacités de la mère. Il importe qu'au cours de la période symbiotique, la mère ait ces préoccupations, car pour que le bébé puisse conserver en lui l'illusion d'être aimé affectivement, il importe qu'il ait pu éprouver la compréhension sympathique et empathique de sa mère.

Voici comment Kaplan (1978) explique la première naissance, la naissance affective vécue à la période de la fusion symbiotique.

Durant les premiers mois de la vie, du point de vue de l'enfant, il n'y a rien qui le sépare de sa mère, c'est la fusion sans frontière entre lui et la mère. Ils ne font qu'un. C'est dans ce moule de la symbiose avec sa mère que l'enfant commence sa naissance psychologique. Et pourtant, tout n'était pas harmonieux au cours de ces premiers mois : tensions, sensations de chaleur et de froid, troubles digestifs ; tout cela nous éloignait de la béatitude et de la symbiose où notre corps était soudé au sien.

Lorsqu'il a cinq mois, la présence maternelle éclaire le chemin qui le mène vers le petit univers familier situé à l'extérieur de leur orbite ordinairement partagée. Par sa méfiance vis-à-vis des étrangers et sa manière de se retourner vers sa mère pour vérifier sur son visage qu'elle est là pour le rassurer, l'enfant de huit mois nous enseigne qu'il est toujours prudent à l'égard de la séparation. À douze mois, ses déplacements par rapport à sa mère sont plus audacieux. L'enfant se tient debout et marche. Avec ces pas, qui lui permettent de se déplacer tout seul, le couple corps/esprit de l'enfant atteint sa perfection. Le monde lui appartient, il est le puissant conquérant de tout ce qu'il contemple. Sa joie et sa puissance se manifestent dans sa façon enthousiaste de grimper, de désigner du doigt et de regarder.

Cependant, au faîte de cette joyeuse période de sa vie, l'enfant n'est pas encore capable de comprendre que lui et sa mère sont des êtres séparés. Son enthousiasme est en partie fondé sur l'illusion que le monde, c'est sa mère et que sa présence domine le monde. Ce n'est qu'à l'âge de dix-huit mois environ, quand son couple corps/esprit s'unit à un système de réflexion encore imparfait, que l'enfant prend pleinement conscience du fait que sa mère a une existence différente de la sienne. Il est alors confronté à la crise de la seconde naissance et précipité dans un tourbillon. L'humeur joyeuse des derniers mois va céder la place à la déception, à la colère et à la tristesse. L'enfant souhaiterait retourner à l'état idyllique et inconditionnel de la symbiose, mais maintenant il ne peut plus renoncer à son besoin de séparation, à son désir irrésistible de revendiquer un corps et un esprit qui lui soient propres. Il commence alors la quête qui lui permettra de comprendre les conditions de l'amour véritable. Pendant un ou deux ans, il apprendra qu'il est possible d'être séparé sans renoncer à son sens du bien-être et de l'intégrité, qu'il peut conserver l'amour de ses parents et son amour pour lui-même, tout en possédant malgré tout son propre esprit et son propre corps. Vers l'âge de trois ans, l'enfant acquiert un début de notion de séparation et d'identité.

Tous les moments de la relation symbiotique ne sont pas parfaits et il arrive que la mère ne puisse pas accéder aux demandes de l'enfant et qu'alors, il se sente frustré. Mais il reste cependant vital pour les adaptations futures, que dans la période de symbiose, l'enfant vive le moins possible de frustrations et qu'il puisse éprouver, le plus souvent possible, des sentiments positifs envers sa mère ; aussi, il est vital, qu'en cette période fusionnelle, la mère soit présente et que tout au long du processus d'attachement, elle laisse l'amour de son enfant s'exprimer, quelle qu'en soit la forme. Sans le sentiment d'être satisfait de présence maternelle et sans le sentiment d'être satisfait d'amour, l'enfant ne peut dépasser sereinement l'expérience symbiotique.

Pour Kaplan, jusqu'à un début d'identité, l'enfant n'est pas capable de supporter de ne pas être pris et compris de façon affectueuse, car il est incapable d'accepter d'être séparé de sa mère. Aussi longtemps que, de façon générale, la présence de sa mère et ses soins amènent un minimum de stabilité et de cohésion, même un tout petit bébé peut accepter que son biberon tarde à venir, mais ce n'est que vers trois ans, et à la condition d'avoir suffisamment éprouvé à l'intérieur de lui ce qu'est la présence maternante et la constance des soins, que l'enfant est capable d'accepter de rester séparé de sa mère, plus de vingt-quatre heures. C'est à partir de la constance symbiotique que l'enfant devient progressivement conscient de la présence compréhensive de sa mère hors de lui, dans le monde extérieur. Sans ce maternage, il ne sait pas ce qu'est la compassion.

Pour Bowlby (1978), la mère qui a l'humeur triste, celle qui s'absente et qui prive le petit enfant de son besoin de présence, d'échange et de compassion crée un climat d'insécurité qui suspend le développement normal de la fusion entre le bon et le mauvais objet. La plupart des enfants qui ont vécu une expérience symbiotique hachurée par la mauvaise humeur maternelle ou rupturée par son absence se rétablissent et reprennent un cours de développement normal ; cependant, commente Bowlby, quelques-uns ne s'en remettent pas et manifestent plus tard, des difficultés à s'attacher et à établir des relations affectueuses avec les adultes de leur entourage. Passée l'étape de la fusion entre le bon et le mauvais objet, parce qu'il a la parole, l'enfant réagit à l'absence différemment du petit bébé qu'il était. Ainsi, à n'importe quel stade ultérieur, alors que le bon et le mauvais objet fusionnent, le changement dans l'humeur de la mère ou son absence affecte moins l'enfant, car il peut, par la parole, réagir à l'absence d'échanges et à l'humeur de sa mère.

L'étape de la communication symbiotique est donc une étape importante dans le processus de développement psychique de l'enfant. L'expérience symbiotique de l'enfant avec sa mère est le plus précoce sentiment de sécurité pour un petit être humain. Pour le bébé, s'identifier à sa mère passe, sans contredit, par le sentiment d'insouciante dépendance acquis à la phase des échanges fusionnels. L'état général de sécurité, de confiance et de bonheur ne dérive pas de la quantité des soins ou de la nourriture, ni même de la quantité des démonstrations d'amour, mais plutôt de la qualité de la présence maternante et des échanges de compassion survenus au cours de la période symbiotique. Sans la certitude de la sympathique préoccupation et de l'empathique compréhension de sa mère, le bébé ne sera pas stimulé intérieurement et ne sera pas motivé à croître ; le bébé qui n'a pas la certitude qu'inconditionnellement, il peut compter sur la présence, la protection et la compassion de sa mère, ne saura pas qu'elle est attachée à lui ; sans cette certitude d'être inconditionnellement accueilli, il ne saura pas qu'il peut revenir vers elle et ne saura pas davantage supporter d'être séparé d'elle.

Nos dirigeants politiques mettent à leur programme l'ouverture de nouvelles places en garderie ; sans se questionner sur la conséquence de ce choix ? Lorsqu'on est un petit bébé sans maturité, devoir vivre sans sa mère, c'est se sentir mal aimé et cela demeure une peine insurmontable. Peut-être devraient-ils se souvenir que l'équilibre d'un petit bébé est fragile et que la moindre séparation d'avec sa mère peut venir tout déstabiliser et tout compliquer. Les enfants qui ont été séparés de leur mère commencent leur vie démunis et restent des enfants vulnérables à tout éventuel manque de présence et à tout éventuel abandon. Peut-être devraient-ils se souvenir que l'empathie, la sympathie et la permanente préoccupation de la mère est ce qui façonne la couche profonde de la sécurité et de la capacité d'adaptation. Le bébé qui n'a pas ressenti suffisamment ce qu'est la présence réconfortante d'une mère, inconditionnellement protectrice et aimante, reste avec le sentiment qu'il a été dépouillé de l'assistance d'une mère à laquelle il avait droit. Des séparations subies à cette période de fragilité émotive façonnent une susceptibilité à la peur. Le bébé privé des gestes aimants et des bras secourables de sa mère est appauvri de sa première expérience d'association.

Pour Ronald Lang, avant d'être soi le petit enfant commence toujours par être la mère ou son image, et c'est à cette époque des soins maternels que se constitue le début de l'attachement ; ce n'est qu'une fois l'objet d'amour intériorisé que l'enfant peut utiliser l'image de sa mère jusqu'à son retour et qu'il peut accepter, pour une courte période, d'être avec quelqu'un d'autre sans exiger la présence de sa mère.

La théorie analytique suggère qu'au stade des échanges fusionnels entre le bon et le mauvais objet, la perte de la figure maternelle menace l'enfant de la perte de son Moi ; elle suggère également qu'aucune personne n'est plus sûre que la mère lorsqu'il s'agit de décharger ses pulsions agressives. Aussi, privé de la présence physique et du support affectif de sa mère, l'enfant retourne souvent ses pulsions agressives contre lui-même. Les manifestations agressives envers la mère sont alors courantes. La théorie analytique propose également que chez l'enfant privé trop précocement de son objet d'amour, après quelques mois de manifestations agressives telles que crier, frapper ou mordre, elles décroissent et le laissent alors sans «identification primaire».

Selon Thérèse Benedek (1938), pour ces enfants qui, depuis leur jeune âge, ont fait l'expérience douloureuse de voir l'objet de leur amour se dérober à leur demande de présence, se lier à quelqu'un d'autre que la mère, c'est courir le risque de se retrouver à nouveau dans une profonde solitude ; ces enfants ne savent que quêter agressivement leur amour perdu. Les études cliniques rapportent que les bébés qui ont manqué la présence de leur mère sont de ceux qui dorment mal et assimilent mal la nourriture ; ils sont aussi de ceux qui se rongent les ongles jusqu'à en saigner ou qui se tournent la couette jusqu'à s'arracher les cheveux ou qui ne semblent pas souffrir de leurs blessures. Les travaux de Benedek rapportent que, lorsque ces enfants agressifs envers eux-mêmes peuvent vivre des expériences positives avec leur objet d'amour, ils deviennent vivants, mais aussi plus intolérants et plus agressifs envers l'autorité. Il m'est personnellement moins dérangeant de voir un jeune enfant qui se rebelle, réplique et s'impose, qu'un jeune enfant parfaitement «sage comme une image» ; ne pas diriger ses pulsions agressives contre lui est déjà moins destructeur. Les études cliniques soulignent que l'inhibition de la décharge des pulsions agressives désorganise le psychisme et le physique et que c'est alors que les premiers symptômes somatiques et névrotiques visibles apparaissent.

Je suis d'avis que la présence de la mère joue un rôle capital dans le rétablissement physique, psychologique et social d'un jeune enfant ; vivre du bon temps avec sa mère peut réparer l'agressante séparation et la permanente insatisfaction qui l'a empêché de s'adapter. Il importe que la mère soit présente dans le pire comme dans le meilleur et qu'elle offre à son enfant la possibilité d'une issue positive à ses pulsions agressives. Vivre des expériences de compassion avec sa mère peut recréer un climat affectif capable de maintenir les pulsions agressives à un niveau acceptable et de réparer du même coup un attachement mal établi.

Plusieurs théoriciens, dont Provence et Lipton (1962), se sont intéressés à l'attachement des enfants élevés en institutions. Pour évaluer les comportements d'attachement, les critères de la présence et de stimulation étaient les plus évidents. Elles rapportent qui suit.

Dans un groupe de soixante-quinze enfants placés temporairement en institution dès l'âge de cinq semaines à l'âge de douze mois, il n'y avait pas encore de signe d'un comportement d'attachement dirigé. Sur un groupe de vingt-sept enfants, quatre étaient retardés quant à l'attachement. Les mères de ces vingt-sept enfants laissaient régulièrement leurs nourrissons pendant de longues périodes ; elles partageaient le maternage avec d'autres mères et avec l'institution, même lorsqu'elles étaient disponibles. Quand les vingt-sept mères ont été notées pour la quantité de soins qu'elles donnaient à leurs enfants, il s'est avéré que les mères classées dans les catégories les plus basses étaient les mères des quatre enfants qui ne semblaient pas avoir développé de l'attachement envers elles.

Les résultats de cette étude suggèrent que les enfants qui ont moins de présence et de stimulation provenant de la figure maternelle sont plus lents à développer un comportement d'attachement et à le démontrer.

Schaffer et Emerson (1964) ont observé que, chez les bébés de douze mois qui aimaient les baisers et les câlins de maman, l'intensité de l'attachement était plus élevée. Les chercheurs ont identifié un groupe de neuf nourrissons sur un échantillon de trente-sept qui, à l'âge de douze mois, d'après leurs mères, résistaient de façon active à leur cajolerie. Ils ont constaté qu'en grandissant, ces bébés qui sont trop insécures pour quitter leur mère et qui ne semblaient plus aimer les baisers et les câlins de maman, aimaient cependant s'accrocher et se coller à elle, se promener dans ses bras et s'endormir en se berçant le visage caché dans son cou. L'étude de Shaffer et Emerson souligne qu'autour de douze mois, le contact physique joue un rôle un peu moins important et qu'après cette période, les bébés développent d'autres manières de démontrer leur attachement. De mon point de vue, après douze mois, l'interaction souriante de l'enfant avec sa mère et l'autonomie en présence d'autres personnes en dit tout autant sur l'attachement de l'enfant à sa mère que le comportement de protestation et d'agrippement lorsque sa mère le quitte ou revient. Ce que je crois aussi, c'est que dépendamment du degré de son développement psychique général, un enfant peut être attaché à sa mère et être serein devant son départ alors qu'un autre, moins mature psychiquement, lui est tout aussi attaché, mais reste affligé par son absence temporaire. Certains enfants ont développé une aptitude à utiliser leur mère comme une base sûre d'où ils peuvent explorer le monde ; les enfants plus matures prennent plaisir à étendre même leur horizon et à y inclure d'autres attachements.

De 1963 à 1967, Ainsworth a étudié les comportements d'attachement et d'insécurité des enfants du Ganda. La dimension qu'elle présente est plus nuancée que celle des études mentionnées précédemment. Les résultats de son étude démontrent que les enfants angoissés qui refusent de laisser leur mère paraissent plus puissamment attachés à elle que ceux qui prennent la séparation sans faire de drame, mais que, dans les faits, les enfants qui acceptent mal de quitter leur mère sont insécures et craignent son non-retour, alors que ceux qui acceptent bien de la quitter sont sûrs de son retour et tout autant attachés à elle. Ces conclusions auxquelles arrive Ainsworth rejoignent davantage ma manière de comprendre le mécanisme de l'attachement, car ils donnent une grande place au temps de présence et aux gestes sécurisants et compatissants.

Bowlby (1978) soutient que dès la naissance, par les pleurs, les cris et l'agrippement, le bébé manifeste son insécurité de n'être pas à proximité de sa mère. Être constamment présente aux côtés de son enfant et vouloir réduire son insécurité est une conséquence positive de l'attachement que la mère porte à son enfant. Au fur et à mesure qu'il tisse des liens avec sa mère, l'enfant commence à craindre les étrangers ce qui amène généralement la mère à poser des gestes pour réduire son sentiment d'insécurité. Pour Bowlby, un grand enfant qui manifeste un comportement insécure indique qu'il a mal vécu les moments d'absence ou de rupture avec sa mère ou son substitut. Il soutien que, parmi les variables qui ont les effets les plus lointains sur le développement du sentiment de sécurité, aucune ne dépasse en influence la constance des premières expériences compatissantes de sa relation avec la figure maternelle.

Comme lui, je crois que l'anxiété ou l'angoisse dénonce qu'une brisure est survenue dans le sentiment de l'enfant d'avoir droit à sa mère et que cela a créé chez lui, une inquiétude des plus envahissante que j'appelle *l'insécurité affective.* S'il y a insécurité affective, c'est qu'il y a eu, chez l'enfant, le sentiment d'avoir été impitoyablement abandonné. Le sentiment d'insécurité est une réaction devant la menace de voir se répéter une autre expérience de séparation semblable à celle qui a été vécue. Le sentiment d'insécurité découle d'une trop précoce solitude ou d'une trop précoce confrontation à l'absence et à l'abandon.

En grandissant, des attitudes défensives comme l'opposition systématique, l'indifférence ou l'inertie affective dénoncent qu'il y a chez l'enfant la présence d'une insécurité affective. Ces réactions, l'enfant les utilise comme une réponse à la peur inconsciente d'un nouvel abandon. Dans leurs rapports aux autres, les enfants qui souffrent d'une insécurité affective manifestent leur détresse par des réactions de dépendance ou de quête d'attention servant à leur procurer la présence qui leur a manqué ; de façon contradictoire, certains enfants réagissent négativement à toute proposition d'expérience symbiotique réparatrice. Voici un exemple de cette contradiction.

Renelle, 14 ans

Il est facile d'entrer en contact avec elle. En foyer d'accueil depuis un mois, elle se montre tout de suite très serviable et elle semble intégrer très facilement les règles de la maison. Renelle vient spontanément à la rencontre des étrangers. Lorsqu'il y a des amis de la famille à table, elle s'installe près d'eux, se joint à leurs conversations et se montre des plus ouvertes à se raconter ; c'est avec très peu de réserve qu'elle force l'invitation.

D'un premier coup d'œil, on pourrait facilement croire que Renelle a tout de suite accepté les autres, mais il n'en est rien. Renelle accepte mal que l'on ne s'intéresse pas à elle, c'est pourquoi il lui est si difficile de ne pas s'immiscer dans les conversations. Si on lui suggère de se retirer d'une conversation intime, elle en est très insultée et se sent tout de suite rejetée. Si l'on tente de s'expliquer, sa réponse peut être un sourire reconnaissant, une étreinte, ou à l'opposé un geste agressif, une panoplie d'arguments et d'injures ou une bouderie interminable. Paradoxalement, Renelle qui a tant besoin d'être aimée, accueille mal les marques d'intérêt et refuse toutes les marques d'attachement qu'elle n'a pas elle-même souhaitées. Ainsi lorsque l'on tente de la consoler ou de l'embrasser, elle pleure et se dit exclue et incomprise.

Dans ses rapports intimes, par un contrôle absolu de la situation ou à l'inverse, par une soumission absolue à l'autre, l'enfant en manque d'expériences symbiotiques, sans qu'il en soit conscient, cherche à réparer le processus de maternage et d'attachement mal fait : ou il prend en charge ou il se laisse prendre en charge. D'une manière comme de l'autre, il se donne l'illusion d'une certaine sécurité. Dans ses rapports avec les adultes, sans qu'il en soit totalement conscient, l'enfant qui a vécu un détriment affectif se sent, selon le moment, incompris, exclu, rejeté, insécure ou abandonné.

Bowlby (1978) explique ainsi les états réactionnels des enfants en manque d'attachement.

[...] dès les premiers instants de vie, il s'installe un besoin de maternage ; si dans ces instants de recherche d'une mère, soit la première année de vie, la mère est absente ou répond mal à la demande de l'enfant, il survient une brisure

dans le processus d'attachement. Dès lors, l'enfant frustré dans son besoin d'attachement, par crainte d'être trop blessé ou réellement abandonné, se crée une imagerie négative qui peut le conduire jusqu'au retrait de la relation.

Au cours de la première année de vie, la réduction de l'anxiété et de l'insécurité semble être la seule réponse positive à donner à l'enfant.

Jérôme Kagan (1977) rapporte une étude comparative faite entre des bébés gardés à la crèche et des bébés qui sont demeurés, dans leur première année de vie, avec leurs parents. Il démontre que le nombre d'heures passées par l'enfant auprès d'une gardienne ou d'une éducatrice n'est pas pour autant déterminant de son attachement à celle-ci. Il affirme que les enfants peuvent être bien avec la personne qui s'occupe d'eux, mais qu'ils préfèrent cependant leur mère pour puiser en elle un réconfort et une consolation lorsqu'ils sont fatigués, intimidés ou malheureux. «Il se passe, quelque chose de tout à fait spécial dans la relation parent-enfant, les parents ont plus de relief que ceux qui se substituent à eux pour prendre soin de leur enfant.»

Pour Louise Kaplan (1978), c'est au cours des trois premières années de vie que la mère ou la personne maternante qui s'y substitue devient l'objet d'attachement et l'ancre de sécurité du bébé. Pour elle, ce sont les tendres soins d'une mère dévouée qui conduisent à un lien d'attachement harmonieux, et par la suite, à une facile adaptation et à une heureuse socialisation. Au cours de cette période, l'enfant apprend que sa mère ne le laissera pas à la dérive et ne l'abandonnera pas et c'est grâce à cette certitude qu'il peut abandonner progressivement le stade fusionnel avec la mère. En grandissant, s'il n'a pas cette certitude que les gestes de sa mère viendront le protéger, il aura peur de tenter l'indépendance et il manquera de confiance en lui : sa mère lui aura manqué. Pour moi, l'absence de la mère au cours de la petite enfance est l'une, sinon la première cause des difficultés d'adaptation de plusieurs jeunes enfants.

La plupart des psychanalystes d'enfants conviennent que la présence compatissante et la disponibilité de la mère au cours de la période symbiotique et de celle du processus d'attachement modèlent profondément la sensibilité que l'enfant aura lors des processus d'adaptation. Tous conviennent que la première séparation avec la mère ou avec le substitut maternel joue un rôle important dans la façon dont l'enfant réagira, dans le futur, à ses brisures relationnelles.

Au long de ce chapitre, j'ai voulu démontrer combien la présence et les échanges symbiotiques sont des expériences importantes. Certes, il serait utopique de croire qu'aucune frustration ne viendra briser l'idyllique symbiose, et il serait exceptionnel qu'un enfant n'ait jamais, au cours de sa petite enfance, à se séparer de sa mère. Cependant, une chose est certaine, le petit être humain, pour passer sainement à une étape ultérieure, a besoin que l'expérience symbiotique soit réussie.

J'ai voulu mettre en lumière que lorsque les premiers liens d'attachement avec la mère ou son substitut ne sont pas tissés solidement, l'enfant se met impérieusement en quête de combler le vide, plus ou moins grand, laissé par l'objet d'amour. Pour dépasser la dépendance et désirer grandir, l'enfant a désespérément besoin de la présence d'une mère aimante et consolante. Lorsqu'un système de défense a dû s'organiser, c'est qu'un désordre s'est produit au cours du processus d'attachement. Une expérience de frustration à un mauvais moment du processus d'attachement peut expliquer la suite des états psychologiques dont les réactions d'insécurité. Il est des êtres humains qui ne se remettent pas des expériences frustrantes de leur petite enfance.

Le caractère stable de la présence maternante et les qualités sympathiques et empathiques des premiers échanges symbiotiques jouent un rôle de premier plan quant aux comportements que l'individu qui grandit adoptera dans ses relations aux autres. Je crois réellement que de bonnes expériences symbiotiques et une solide relation d'attachement avec la mère pendant la première année de vie suffit à éviter de grandes insécurités et de graves difficultés d'adaptation.

1.2 Les besoins narcissiques et les premières communications

Si vous ne ressentez pas d'enthousiasme, faites semblant. Agissez de manière enthousiaste et ce sentiment deviendra authentique pour votre enfant. (ATELIER MÈRE-ENFANT)

Les psychologues d'animaux, dont Lorenz et Tinbergen, affirment que les animaux communiquent à un niveau qu'ils qualifient de «affectif conatif». Bierens de Haan (1929) a qualifié ce type de communication animale d'égocentrique par opposition au langage humain nommé allocentrique*, égocentrique voulant signifier que la communication ne s'adresse pas à un autre animal, mais qu'elle est l'expression d'un processus intérieur.

Pendant les six premiers mois de la vie du nourrisson, l'expérience de la communication égocentrique est étroitement liée au système de perception que les spécialistes ont désigné par les termes de réception cénesthésique*. L'organisation cénesthésique fonctionne dès la naissance, et étant donné que le nourrisson est encore incapable de recevoir les signaux diacritiques*, il ne perçoit que les signaux cénesthésiques. Jusqu'à ce que la communication diacritique soit en fonction, le nouveau-né reçoit les messages de façon totale et il ne sait les interpréter que comme un bien-être ou comme une tension. Durant les mois où le nouvel individu ne peut verbaliser, les sonorités, le ton, le diapason, le tempo, le rythme, la durée, les vibrations, la température du corps, la posture et les contacts de peau à peau sont fortement ressentis. La réception cénesthésique se fait au niveau de la sensibilité profonde, et en terme de tout ou rien ; les réponses à ces signaux expressifs, non verbaux et non dirigés, sont viscérales. Jusqu'à la période de latence, la capacité de la perception cénesthésique est donc entière et l'on pourrait dire que, pareil à n'importe quel animal, l'enfant ressent instinctivement quand son vis-à-vis est un prédateur pour lui ; après la période de latence, cette perception s'estompe graduellement pour conduire par la suite à la perception diacritique et à une forme de réponse moins viscérale. Ce type de réception et cette forme de réponse viscérale correspondent à ce que les éthologistes* nomment «la communication égocentrique*.»

Les enfants sont sensibles aux messages cénesthésiques et ils les ressentent de façon particulièrement intense ; malheureusement, parce que la majorité des adultes sont incapables de les ressentir, peu de gens reconnaissent l'existence de ce système non verbal de communication chez l'enfant. Avec l'âge, la communication non verbale s'atrophie et le mode de communication cénesthésique est remplacé par des signaux d'ordre sémantique. Les quelques individus adultes qui ont encore la capacité de se servir de ce type de perception sont vus comme des hurluberlus ou des gens étranges et inquiétants, mais ceux-là sont généralement compréhensifs et tolérants envers les jeunes enfants et envers les animaux. Les compositeurs, les musiciens, les danseurs, les acrobates, les peintres, les poètes, les vétérinaires, les hypnotiseurs et les médiums ont conservé un peu de cette vaticination* et de ce tempérament sensible et labile qui a passé en eux à la période de la communication égocentrique ; les thérapeutes pour enfants auraient tout avantage à réinvestir ce mode de communication sensible.

La majorité des Occidentaux ont choisi d'ignorer les signaux et les messages cénesthésiques, mais quelques individus adultes de certaines cultures orientales et de certaines sociétés primitives utilisent encore ce mode de perception. Pour arriver à un clivage entre la perception diacritique et la perception cénesthésique, ils utilisent des moyens secondaires comme le jeûne, l'abstinence, la solitude, l'obscurité, la respiration, le yoga, les drogues et l'alcool. Pour l'homme moderne, ce mode de perception est vu comme régressif et il nie l'existence de ce système de perception qui menace l'univers rationnel. Il est donc particulièrement difficile aux parents et aux éducateurs rationnels et évolués d'admettre l'idée que le bébé et le petit enfant fonctionnent selon un mode de communication qui n'est pas le leur. Même si la majorité des adultes rationnels ont quelques réticences à admettre que cet espace de communication existe, en tant que mère et en tant que thérapeute, je suis persuadée qu'entre une mère et un enfant, plusieurs processus de ce type interviennent au cours de la grossesse et au cours de la période de symbiose. Je suis convaincue que la maman qui nourrit son enfant a cette sorte de sensibilité télépathique et qu'elle perçoit des signaux que le père le plus proche et le plus sensible ne perçoit pas.

Dans la mesure où le mode de communication cénesthésique a existé avec sa mère ou son substitut et que les premiers échanges ont été ressentis comme satisfaisants, aimants et protecteurs et que les désirs égocentriques ont été satisfaits, l'individu tentera, à son tour, de satisfaire les demandes qu'on lui adressera dans ses relations ultérieures lesquelles seront, pour la plupart, des sources de satisfaction.

Pour Laplante et Pontalis, égocentrisme et narcissisme vont de pair ; ils qualifient l'amour égocentrique porté à l'image de soi de narcissique. Certains auteurs, dont Moore et Fine, définissent l'égocentrisme comme une façon de s'aimer soi-même, en concentrant l'intérêt psychologique sur le Soi. Mais au-delà de ces définitions personnalisées, on comprend généralement le narcissisme comme un choix d'objet d'amour où l'objet d'amour est le Soi ; le sujet se met égoïstement au centre de ses intérêts, et s'il envisage l'autre, ce n'est qu'en fonction de lui-même. Anne Reich (1960) a établi que certains troubles narcissiques découlaient des tentatives avortées de restauration de l'estime de soi.

La notion de narcissisme a été examinée par Freud en 1914, mais c'est Ferenczi en 1913 qui le premier a introduit cette façon narcissique d'aimer ; il l'avait alors nommée, le *fantasme d'omnipotence.* À la suite de ses recherches sur des patients obsessionnels, Ferenczi a suggéré que «[...] autour de ses deux ans, du fait même de son existence, l'enfant a l'impression d'être réellement tout-puissant et démontre des plus clairement qu'il a besoin de se sentir tout-puissant. L'enfant qui demande avec obstination que ses désirs soient satisfaits, ne fait qu'exiger l'état d'omnipotence et le retour de ce bon vieux temps qu'était la vie utérine.» «[...] le cri d'appel suivi de la satisfaction du besoin est la première étape marquant le début de la communication. C'est la base du sentiment de toute-puissance, c'est le stade archaïque du sens de la réalité.»

Selon Searles (1979), la seule façon qu'a la mère de faire sentir son amour, c'est de se centrer sur les demandes et les attentes égoïstes de son enfant. La mère étant le plus souvent aux côtés de l'enfant durant les premiers stades de son développement, à la période de l'omnipotence infantile, c'est d'elle seule qu'il attend que soient comblés ses désirs narcissiques. La mère est l'instigatrice du sentiment de sécurité de son enfant et elle doit, par sa présence, l'aider à organiser son bien-être lequel, passe par la satisfaction de ses égoïstes désirs narcissiques. Ce travail maternant suppose, dit-il, que la mère ait une identité assez différenciée pour servir d'objet d'amour à son enfant malgré les exigences de l'omnipotence infantile.

L'amour que se porte l'enfant est souvent perçu comme un égoïsme malsain ; pourtant l'amour narcissique que se porte le jeune enfant est tout à fait naturel et tout à fait sain quant au développement de son sentiment de sécurité primaire. À l'âge de la socialisation, les parents qui perçoivent leur enfant comme exagérément égoïste s'acharnent à lui faire comprendre qu'il n'est pas le centre du monde. Mais oui, il est le centre du monde ; il est le centre de son monde, car pour se sentir en sécurité dans le monde, l'enfant doit en venir à penser un moment que sa mère et tout ce monde autour de lui sont faits pour lui.

Quelques adultes n'admettent pas que cet égocentrisme naturel chez le tout-petit n'engage aucunement son processus de socialisation. Les parents qui ne comprennent pas l'utilité de l'égocentrisme infantile se montrent trop souvent pressés d'enlever à l'enfant cette illusion primaire d'être le centre du monde. Il importe que les parents et les adultes qui prennent soin de l'enfant réalisent qu'à cette période de son existence, l'amour qu'a l'enfant pour lui-même est vital pour son développement. Voici à ce propos, l'explication de Louis Corman (1993).

L'enfant a un sentiment de toute-puissance et ne supporte pas que ses désirs ne soient pas satisfaits tout de suite et complètement. C'est la raison pour laquelle certains psychanalystes ont dénommé cette période de la vie narcissisme primaire. Au fur et à mesure de la croissance, un grand élan d'humanité porte l'enfant à abandonner cette position égoïste et une part de plus en plus grande de cet élan de vie devient disponible pour les relations qui s'instaurent avec le monde environnant. Ce sentiment vital d'amour de soi est un stimulant des plus efficaces pour le développement, car il contient en lui la possibilité d'aimer autrui et par ce, la possibilité de relations affectives avec l'entourage. L'amour de soi ne saurait être identifié à la perversion du Narcisse de la légende.

L'amour de soi que se portait Narcisse est désigné par les psychanalystes comme narcissisme secondaire. Il est essentiel que les parents comprennent que pour que se constitue la certitude intérieure qu'il est aimé, le tout-petit a besoin que cette réalité d'être aimé existe à l'extérieur de lui. Il est primordial que ceux qui prennent soin des enfants comprennent que le véritable égoïsme est un narcissisme secondaire. Cette attitude égocentrique et narcissique que prend l'enfant dans ses premières années lui permet d'acquérir la conviction qu'il sera accepté et reconnu pour ce qu'il est et qu'il pourra être lui-même. Dans leurs cours universitaires, les professionnels qui travaillent auprès des enfants devraient avoir appris que pour parvenir à la socialisation, le nouvel être humain doit d'abord se percevoir comme le centre du monde, c'est-à-dire, exactement comme s'il se croyait, par privilège de naissance, le maître du monde.

Winnicott (1975) confirme que le narcissisme primaire est une position essentielle et que le Moi n'instaurera positivement la relation d'objet que si l'environnement maternant a offert des réponses qui ont satisfait les désirs égoïstes du petit enfant. Pour lui, le schéma est celui-ci : le nourrisson est dans une expectative vague qui a son origine dans des besoins et des désirs qu'il ne peut formuler. La mère qui sait anticiper les demandes de son enfant, le deviner et s'y adapter, exécute les mouvements qui sauront le satisfaire. Grâce aux objets que la mère lui offre et grâce aux mouvements qui viennent combler ses demandes, le nourrisson en vient à acquérir la certitude qu'il pourra combler ses besoins et ses désirs. Grâce à son objet maternant et grâce à ce qu'il a introjecté de satisfaction et de bien-être, le petit enfant acquiert l'assurance intérieure qu'il peut vivre en toute sécurité dans le monde extérieur ; les bons soins d'une mère, préoccupée de satisfaire toutes les demandes de son enfant, confèrent à celui-ci le sentiment de confiance en ses processus internes de maturation et de développement.

Pour Alice Miller (1983), la mère qui se laisse investir narcissiquement, c'est-à-dire qui se laisse utiliser en répondant aux désirs égocentriques de son enfant, lui offre le climat de sécurité pour croître en ayant confiance en lui. En comblant, par les soins, les stimulations et les caresses, ses besoins physiques et en répondant à ses désirs les plus narcissiques, la mère évite à son enfant une trop grande frustration et génère chez lui un état de sécurité affective. Si certains enfants ont eu la chance de grandir avec une mère qui s'est laissée utiliser, d'autres ont été élevés dans des circonstances où ils n'ont pu trouver en leur mère une personne capable de répondre à leurs demandes narcissiques. Lorsque qu'on découvre chez un jeune enfant un immense besoin d'approbation, c'est souvent que son objet d'amour n'a pas satisfait ses désirs égoïstes.

Pour bien comprendre ce qu'est cet immense besoin d'approbation, il faut retourner au stade initial des premiers soins alors que le nourrisson ne pouvait que réagir à toute faille dans la constance des soins physiques et psychologiques qu'on lui apportait. À ce stade, tout ce qui déçoit le bébé et l'oblige à réagir crée une interruption dans la continuité du développement du narcissisme primaire ; en grandissant, ce besoin d'approbation est d'ordinaire accompagné d'un manque d'acceptation de soi, d'une faible estime de soi et d'un sentiment d'abandon.

Le fait de devoir réagir à l'incompréhension des demandes narcissiques et à la non-satisfaction des désirs égocentriques constitue une brisure dans le processus d'attachement. C'est à partir de cette étape du narcissisme primaire où le tout-petit enfant apprend qu'il peut obtenir la satisfaction de ses besoins et de ses désirs que les autres expériences seront, par la suite, évaluées et interprétées. Le bien-être psychologique de l'enfant qui grandit dépend des satisfactions données par la mère au cours de cette période des égoïstes demandes.

L'égocentrisme fait partie de la pensée enfantine ; elle est fondée sur les sens et dépourvue de logique. Cette pensée intuitive qui structure le contexte initial de la croissance affective est nommée «pensée magique». Sachant que le tout-petit ne sait ni réfléchir ni doser ni rationaliser, les adultes devraient comprendre que leurs grands discours sur l'égoïsme ou la responsabilité sont inutiles et ne suscitent aucune réflexion. Sachant que l'enfant est complètement illogique et immature, les parents et les éducateurs ne peuvent pas projeter sur lui leur rationalisation et ils ne peuvent pas lui conférer des sentiments matures. Mais, même si l'enfant est une petite personne immature, ce petit être humain est complexe et on se trompe en croyant qu'il ne souffre pas d'être sans cesse semoncé, sermonné et exhorté à réfléchir. Pour le petit enfant, n'être pas satisfait dans ses pensées d'omnipuissance et dans ses demandes égoïstes revient tout simplement à un apprentissage d'impuissance. Puisqu'il ne mérite pas que l'on satisfasse ses demandes, le petit enfant se croit incompétent ; en grandissant, il se croit, impitoyablement, incapable de réussir les tâches qu'on lui propose et il entrevoit, inéluctablement, l'échec des expériences sociales de sa vie.

Lorsque le sentiment d'avoir été incompris ou rejeté dans ses demandes narcissiques a laissé une empreinte, il apparaît un envahissant sentiment d'abandon qui se manifeste par un égoïste besoin d'approbation et une constante quête d'amour ; l'enfant lutte alors de façon permanente contre la peur omniprésente de se voir à nouveau incompris ou rejeté. Dans ce contexte qu'on peut qualifier d'*abandonnisme*, il se forme autour de l'enfant, un cercle vicieux où il est rabroué, rejeté, puni et parfois même maltraité. Plus il est puni, plus il se sent impuissant et plus il se sent mal aimé, plus il devient insatisfait de lui-même. Dès le moment où il se fait confirmer par son entourage qu'il est indigne, l'enfant se sent inadéquat ; certains vont jusqu'à créer des situations familiales, scolaires et sociales justifiant leur statut de mal aimé.

Il arrive que les besoins physiologiques du nouveau-né aient été comblés, mais qu'ensuite ses besoins narcissiques ne l'aient pas été. Si, en grandissant, la figure d'attachement a refusé de répondre aux avances et aux demandes d'attention de l'enfant, si elle l'a repoussé, boudé ou si, à répétition ou même peu souvent, mais avec force, il y a eu la menace d'être laissé seul ou d'être exclu de l'amour parental, il s'est alors installé en lui une image négative qui engendre un sentiment de doute et d'insécurité. Lorsque, au contraire, une image positive a pu s'introduire en lui, l'enfant a cette perception qu'un bon objet alimente son destin ; lorsque surgit l'angoisse d'une frustration ou d'une perte, l'image positive lui permet de faire confiance en son environnement. La croyance en sa propre valeur va permettre à l'enfant de conserver, jusque dans l'âge adulte, un état de sécurité intérieure et il a alors confiance en ses compétences.

En grandissant, l'enfant qui n'a pas été satisfait dans ses désirs narcissiques et qui n'a pas introjecté positivement l'image maternelle se perçoit comme quelqu'un de mauvais. L'enfant qui a introduit en lui la présence d'une image mauvaise aura tendance à projeter sur les autres les sévères jugements qu'il a sur lui-même. Un manque de satisfaction narcissique a toujours comme effet d'accroître, chez l'enfant, la menace que surviennent des situations perçues comme semblablement insatisfaisantes. À la suite d'une insatisfaction de nature narcissique, il s'installe, inconsciemment, la nécessité de répondre à cette peur envahissante d'être affectivement déçu, exclu, rejeté ou même abandonné. Tout se passe comme si, bien inconsciemment, l'enfant alimentait son destin selon cette perception négative et il a de la difficulté à croire en la disponibilité des figures d'attachement ; il doute de sa propre capacité de s'occuper de lui-même. Ainsi, répondre aux désirs égoïstes et au besoin narcissique d'être reconnu comme tout-puissant est d'une grande importance pour le développement de la sécurité intérieure et de la confiance en soi du petit enfant.

Certains de ces enfants qui ont manqué de ces moments précieux de satisfaction narcissique se projettent dans de vagues scénarios qu'ils agrémentent de perspectives irréalistes provenant du plan inconscient de leur période égocentrique ; plusieurs grandissent dans l'incapacité de donner de l'affection, mais paradoxalement, ils exigent d'en recevoir. On pourrait dire qu'il y a en eux une fausse perception. Lorsqu'un enfant insatisfait quant à ses désirs narcissiques est assez grand pour parler de sa vie passée, on remarque qu'il y a plusieurs imprécisions relativement aux personnes et aux lieux. Son récit est quelques fois entaché d'erreurs grossières quant à l'ordre chronologique et quant à la durée des événements ; il en est de même de la perception de son avenir.

Mylène, 20 ans

Mylène veut que son amoureux lui fasse un bébé. Mylène a des projets d'avenir : elle se voit médecin spécialiste à l'étranger. Voyant que les résultats académiques de Mylène sont très faibles, je suis sceptique par rapport à son choix professionnel. Insultée, elle m'assure «tout de go», qu'elle a réussi en peu de temps à obtenir son diplôme d'études secondaires et qu'elle sera acceptée à l'université puisqu'elle a toutes les aptitudes nécessaires ; elle affirme qu'en un court laps de temps, elle aura terminé ses études de médecine et, d'un ton agressif, elle ajoute que je n'ai jamais cru en son intelligence et en ses ressources personnelles. Elle déclare, haut et fort, qu'elle est tout à fait capable de prendre soin d'un enfant, qu'il ne vivra pas comme elle dans les maisons d'accueil et, qu'avec son salaire de médecin, elle sera une mère qui aura les moyens de tout lui donner.

Contrairement à ce qu'elle affirme, son dossier scolaire démontre qu'elle a mis plus de temps que la moyenne à obtenir un diplôme d'études secondaires ; son dossier indique qu'elle n'a pas complété le CÉGEP et qu'il y a eu de nombreuses absences. Elle avoue spontanément avoir horreur des horaires. À l'étude et à la lecture, je préfère les sorties dans les magasins et les promenades dans les rues animées, dit-elle. Mylène ne tient aucunement en compte les réalités scolaires et financières que son projet exige.

Une distorsion dans les perceptions de Mylène l'a empêchée de garder un souvenir réaliste de son passé et d'avoir une perception tout aussi réaliste de son présent et de son futur. Ses projets sont des plus légitimes et dans son désir d'un avenir parfait, tout se passe comme si la vie qui, à l'âge de la position narcissique, l'a privée d'un beau passé lui devait au moins un bel avenir. Ses projets sont des plus sincères, mais dans son désir d'éviter à son enfant un vécu pathogène, elle oublie ses attentes affectives. Dans l'anticipation de son futur professionnel, Mylène minimise les difficultés en leur ajoutant le côté magique de l'amour maternel. Sa toute-puissance est magique, mais son avenir sera-t-il aussi parfait qu'elle l'anticipe ? Saura-t-elle prendre soin d'un enfant et combler ses besoins affectifs ? Son copain plus âgé qu'elle, plus équilibré et plus mature psychologiquement est très embarrassé par les incongruences dans le raisonnement de Mylène ; il sent que son désir d'enfant est là pour combler son sentiment d'incomplétude et d'abandon et il refuse de combler ce désir pour réparer le passé.

Le «syndrome d'abandon» existe, dit Michel Lemay (1979) et il est possible que certaines névroses subsistent jusque dans la vie adulte en tant que séquelle au sentiment d'avoir été narcissiquement abandonné par sa mère.

Dans les psychothérapies des jeunes abandonniques, j'ai toujours retrouvé un système d'interdits qui entraînait une sorte d'écartèlement douloureux entre les besoins primaires de sécurité d'une part et la conviction d'être un objet mauvais, contagieux, étant lui-même le prolongement d'une mère toute-puissante, simultanément gratifiante et dévoratrice.

La disparition ou l'absence de l'image primitive crée un sentiment de béance qui est, par définition, impossible à combler, même partiellement. Tout apport d'affection est certes désiré, mais il est tellement dérisoire par rapport aux attentes profondes, qu'il laisse cruellement insatisfait. Paradoxalement, la relation proposée par l'adulte éveille donc le rappel d'un manque et l'impression douloureuse d'être abandonné. La perte des parents, qu'ils soient les parents biologiques ou les parents substitutifs et que la perte soit réelle ou pas, est toujours un événement dramatique qui laisse habituellement quelques séquelles à tonalité dépressive. Il existe, dans le syndrome d'abandon, des mécanismes compulsifs de répétition qui signent bien l'existence de mécanismes névrotiques. Les phénomènes d'angoisse, les phobies, les idées obsédantes et irréalistes, les somatisations, la recherche de l'échec vont donc se retrouver.

Lemay (1979) avance qu'un sujet qui éprouve un sentiment permanent d'abandon, qu'il nomme béance ne pourra assumer une fonction maternante ou paternante que s'il est progressivement capable d'adopter émotionnellement le langage suivant. Voici ce que, selon Lemay, Mylène devrait se convaincre.

Pour des raisons extérieures à moi-même, je n'ai pas rencontré une mère ou un substitut maternel capable de combler mes attentes narcissiques. La cause de cette absence d'affection est à chercher dans le destin, non dans un facteur qui dépendrait de ma personnalité. Je garderai sans doute jusqu'à la fin de mon existence la nostalgie d'une présence aimante, mais cette femme qui, pour des motifs connus ou inconnus, n'a pas pu assumer sa maternité n'a pas déposé en moi la malédiction. Je ne me sens ni mauvais (e), ni contagieux (se) ; le bébé n'est pas cette partie blessée de moi-même que je cherche tantôt à réparer et tantôt à détruire.

Searles (1979) affirme que la mère qui n'a jamais renoncé à la toute-puissance, qu'elle-même aurait dû avoir à la période de l'égocentrisme infantile, ne pourra permettre à son enfant de vivre sa propre omnipotence. Si cette mère n'a pas suffisamment de force et d'estime d'elle-même pour supporter les demandes narcissiques incessantes de son nourrisson, elle ne pourra lui donner ce qu'il attend d'admiration, et sans l'admiration de sa mère, l'enfant qui grandit ne peut intégrer le sentiment que, dans son enfance, il a été aimé plus que tout. La mère qui a pu vivre un sain narcissisme avec sa propre mère a la capacité de donner à son enfant la même qualité de relation ; cette mère a, généralement, la capacité de se laisser aimer et celle de supporter de se laisser haïr.

Les propos de différents auteurs me convainquent que le sentiment d'abandon ou de béance dont parle Lemay prend racine dans une frustration, une rupture ou une perte vécue dans le temps du narcissisme et de l'égocentrisme infantile. À travers la quête de l'image primitive qui s'est jadis dérobée, l'enfant qui grandit cherche à guérir de cette douleur de se sentir impuissant et abandonné. La saine identité d'un enfant dépend de la satisfaction de ses désirs narcissiques et de la confiance qu'il aura en lui dépend des échanges d'adoration réciproque de la période narcissique. L'ensemble des représentations et des impressions positives ou négatives, intégrées dans le Moi du petit enfant, forment le Soi et construisent l'estime de soi ; ainsi un enfant qui a eu, dans sa période égocentrique, le sentiment d'avoir été satisfait dans ses désirs pourra ressentir de l'estime pour lui-même, pourra prendre plaisir à ses activités et se sentira en sécurité et en confiance dans ses relations avec les autres. Les auteurs auxquels j'ai déjà fait référence sont d'avis que l'enfant qui grandit avec un sentiment d'impuissance et d'abandon vivra ses expériences selon les représentations internes et les impressions douloureuses qu'il a gardées de son passé.

En thérapie avec un jeune enfant qui est en manque narcissique, il faut d'abord lui prouver que ses demandes sont légitimes en satisfaisant la plupart de ses désirs. Pour que le manque de confiance en soi et dans les autres puisse s'atténuer, il faut ensuite permettre à l'enfant de s'exprimer sans complaisance, sans le rabrouer ni le sanctionner. Ce n'est qu'en s'apercevant qu'il peut être égoïstement lui-même sans être réprimandé que l'enfant osera ensuite montrer sa vraie personnalité ; ce n'est qu'à force de satisfaction que l'enfant apprend à se sentir en sécurité. Avant d'être capable d'agir librement selon des valeurs moins égocentriques, il faut que l'enfant ait pu égoïstement être lui-même et apprendre à se reconnaître comme une personne valable et aimable. On aura compris que lorsqu'on rencontre un enfant profondément carencé dans son narcissisme primaire, il est de bon aloi de regarder de près le système familial dans lequel il a grandi et de se demander si ses désirs égocentriques ont été comblés. Les besoins d'approbation exagérés, les sentiments d'incapacité, de dévalorisation, d'incomplétude, d'insécurité et de rejet observés dans la structure de la personnalité d'un jeune enfant sont les conséquences d'une période narcissique perturbée.

Pour la majorité des gens, il y a une différence entre un désir et un besoin ; plusieurs croient qu'à l'étape de l'égocentrisme infantile, ne pas répondre immédiatement au désir du petit enfant ne cause aucune frustration ; au contraire, je crois que c'est une erreur, car à cette période, dans l'esprit immature de l'enfant, désir et besoin sont confondus. Je crois qu'à cette période sensible du développement, une non-réponse, que ce soit à un besoin ou à un désir, crée immédiatement le sentiment d'être privé, lequel provoque une rupture dans le processus de croissance du Soi du petit enfant. À cette étape de l'égocentrisme infantile, si on ne répond pas à ses égoïstes demandes, il se produit une situation d'insécurité et de frustration. Nuttin (1968) précise que, de façon certaine, «[…] à la période narcissique, une série de non-réponses à ses désirs causent une frustration pathologique ou privation qui crée, dans le Soi mal structuré du tout petit enfant, une situation de carence qui équivaut à une situation d'insécurité permanente.»

Quelques professionnels se plaisent à dire que le sentiment d'abandon que proclament certains individus n'est qu'une défaite pour éviter de corriger leurs comportements ; contrairement à eux, en thérapie avec des individus à la personnalité abandonnique, j'accorde beaucoup de valeur à leur insécurité affective. Connaître et savoir appliquer au mieux des techniques n'est jamais qu'un guide ; aussi, même si à un certain âge, il est sans doute valable de dissiper les illusions, je ne néglige jamais de considérer que l'égocentrisme infantile puisse ne pas avoir été satisfait et avoir causé une privation que l'individu cherche à compenser. Avec des enfants à la personnalité abandonnique, il faut, je pense, adjoindre l'attitude admirative et approbatrice qui leur a manqué à l'époque narcissique ; cette attitude ressemble à s'y méprendre à l'attitude bienveillante du parent à l'égard des besoins et des désirs égocentriques de son enfant. Je pense qu'un investissement maternel qui, au temps des demandes narcissiques, satisfait les désirs de l'enfant lui procure une confiance en soi qui n'est, par la suite, remplacée par rien d'équivalent. C'est pourquoi, malgré une attitude admirative et approbatrice, même le thérapeute le plus parfait ne réussit quelquefois à recréer que très imparfaitement les sentiments de sécurité intérieure et de confiance en soi non acquis à la période de l'égocentrisme infantile et du narcissisme primaire.

Pour Alice Miller (1983), une interaction préverbale et ensuite un rapport narcissique satisfaisant entre la mère et l'enfant ont une signification vitale quant à la confiance en soi laquelle se fait ressentir jusque dans l'identité adulte.

Tout le développement émotionnel d'un humain dépend de la manière dont sa mère a vécu, dès les premiers jours et les premières semaines de vie de l'enfant, l'expression de ses besoins, de ses désirs et de ses émotions d'enfant. Pendant les premières semaines et les premiers mois de son existence, il dépend de sa mère, c'est-à-dire qu'il doit pouvoir disposer d'elle, l'utiliser et se refléter en elle. L'enfant éprouve le besoin fondamental d'être considéré pour ce qu'il est soit le centre de sa propre activité. Chaque enfant a le besoin narcissique légitime d'être vu, compris, respecté et pris au sérieux par sa mère.

Dans un rapport narcissique satisfaisant, l'enfant peut égoïstement fusionner à sa mère et en faire un objet d'amour. Parce qu'il est vu et entendu par quelqu'un dont il sait qu'il tentera tout pour combler ses véritables besoins, l'enfant peut se permettre d'exprimer ses désirs ; il peut se coller ou s'opposer à sa mère en toute confiance et sentir son amour. Dans la fusion avec sa mère, l'enfant peut se permettre d'exprimer son vrai Soi ; il peut donc oser hurler sa rage et oser exprimer sa colère. «Si on ne lui permet pas l'expression de ses sentiments authentiques, il ne se permettra pas d'exprimer sa douleur. Adulte, il risquera alors de s'enfermer avec ses peines et de ne pas savoir profiter de sa joie.» Pour Miller, avoir le droit d'exprimer ses vrais sentiments, c'est le début de l'estime de soi. L'enfant, dit-elle, a droit à l'expression de lui-même.

Dans un rapport narcissique trouble, l'enfant ne trouve pas auprès de sa mère cette personne capable de le soutenir dans l'expression de ses sentiments de colère ou de détresse ce qui ne permet pas de fusionner le bon et le mauvais objet ; cela génère des difficultés dans l'organisation psychique du Soi. Certains enfants dont les rapports narcissiques sont embrouillés comprennent qu'il est souhaitable de repousser leurs propres désirs et de répondre, en toute occasion, aux attentes et aux demandes de leur mère ; en grandissant, car ces enfants veulent absolument plaire, ils cherchent à consoler et ils s'oublient pour ceux dont ils veulent être aimés. Lorsque les enfants manquent d'admiration envers eux-mêmes, ou bien ils dépriment et se sentent rejetés et angoissés, ou bien ils réclament l'admiration et ou contestent maladroitement et agressivement l'admiration qui leur manque en exigeant l'attention. Dans un cas comme dans l'autre, les enfants qui n'ont pas été satisfaits dans leurs égoïstes désirs et qui n'ont pas été admirés par leur mère, n'ont pas pu fusionner le bon et le mauvais objet et ils en souffrent. Ces enfants qui n'ont pas pu être satisfaits narcissiquement par leur mère, répètent l'une ou l'autre de ces manières de faire tout au long de leur vie sociale.

Dans le cours des négociations avec sa mère, l'enfant ne demande pas une mère parfaite, il demande simplement que, pour une période de temps, sa mère s'adapte à ses demandes égoïstes avec souplesse ; si elle n'y consent pas, il quémande cette satisfaction narcissique à laquelle il s'attendait, jusqu'à ce qu'il l'obtienne. À travers les erreurs de sa relation avec sa mère, l'enfant peut ressentir de la colère envers elle, mais si à la période narcissique ses demandes ont été majoritairement satisfaites, il reste en lui cette certitude que malgré ses colères, sa mère lui pardonnera et ne l'abandonnera pas. Malgré toutes les erreurs commises de part et d'autre, sa mère reste son objet d'amour. En réagissant aux imperfections de sa mère, l'enfant choisit ce qu'il veut conserver d'elle ; ce faisant, il apprend à se différencier d'elle et acquiert la capacité de s'affirmer.

Il semble bien que chez certains enfants, l'égocentrisme déçu qu'ils ont vécu autour de deux ans continue de dominer leur comportement et qu'alors, la structure de leur sentiment d'estime de soi et de leur identité reste diffuse. Chez certains autres, il semble bien que même à l'âge adulte, en certaines circonstances, une *logique égocentrique* soit à l'origine de leurs troubles relationnels. L'état d'esprit égocentrique présent à l'âge adulte est l'un des aspects les plus éloquents d'une période narcissique non satisfaisante.

L'histoire adulte est, pour une grande part, l'histoire élargie des premiers liens d'attachement. Il est entendu que les relations adultes ne sont jamais expérimentées telles qu'elles ont été dans l'enfance. Cependant, elles reproduisent l'apprentissage qui a été appris à travers les événements et les circonstances des premières relations. Chacun des événements de la vie adulte transforme, de façon singulière, les premiers souvenirs de l'âge narcissique et chacune de ces transformations vient vérifier la fidélité des liens premiers. Au cours de la vie, maintes variations viennent se superposer aux émotions de la première relation, mais le souvenir idyllique ou frustrant continue d'exister. Chaque fois que l'individu est blessé et que son équilibre émotif est en péril, le souvenir premier des événements prédomine et il devient alors tout aussi fragile que lorsqu'il était un tout petit enfant. Voici l'histoire d'une enfant qui, en grandissant, a pris tous les moyens pour satisfaire son désir narcissique d'être vue et reçue. On y retrouve la démonstration de ce qu'est une *logique égocentrique*.

Marise, 31 ans et Paul-André

Marise avait douze ans lorsque, pour la première fois, elle a été amoureuse. Pendant les années de son adolescence, elle a eu plusieurs amoureux qui l'ont tous déçue. À la fin de ces relations amoureuses, après quelques jours de déception et d'ennui, elle se remettait en «chasse» de ces jours d'extase qu'elle vivait à chaque début de relation. Jusqu'à Paul-André, ses relations amoureuses n'ont jamais duré plus de six mois. Elle s'est mariée à Paul-André et leur vie commune a duré pendant près de quatre ans.

> *MARISE : Si ce n'était que de moi, il serait depuis déjà longtemps en dehors de ma vie, mais il y avait les bébés.*
>
> *PSY : Qu'est-ce qui vous a tellement déçue de lui pour que vous en soyez arrivée à vouloir le mettre en dehors de votre vie ?*
>
> *MARISE : C'est son laisser-aller, son peu d'ambition et le peu d'aide qu'il apportait dans les soins des bébés et dans l'entretien de la maison.*
>
> *PSY : Son travail l'accaparait beaucoup ?*
>
> *MARISE : Non. Il était aux études. Il ne travaillait pas. C'est simplement un paresseux.*
>
> *PSY : Parlez-moi des raisons qui vous ont fait laisser vos amoureux précédents ?*
>
> *MARISE : Au bout d'un certain temps, je découvrais qu'ils n'étaient pas à la hauteur de mes attentes. L'un ne voulait pas voyager, l'autre n'avait jamais d'argent pour partager les dépenses, un autre avait de moins en moins envie de faire l'amour. Moi, j'avais envie d'amour passionné et de défis, eux d'ordinateur et de sport. Bref, je n'ai jamais trouvé l'homme idéal avant Paul-André. Lui faisait des études universitaires, tout comme moi, et nous avions tous les deux de beaux projets de famille et de voyage.*

PSY : Vous avez trouvé en Paul-André l'homme idéal ? Qu'est-ce qui est venu briser, si je puis dire, un si bel appareillage ?

MARISE : Plutôt qui ! Un an après notre rencontre, ma première fille est née. Pour elle, j'ai laissé les études. Ça a été difficile ! Ma vie d'étudiante me manquait énormément.

PSY : Qu'est-ce qui vous était difficile dans votre vie avec votre fille ?

MARISE : Ce n'était pas tant le bébé que le fait que Paul-André était toujours là à flâner dans la maison et qu'il ne m'aidait jamais. Je pense que je ne suis pas faite pour vivre à deux. Depuis que j'ai seize ans, je vis en appartement, je reçois qui je veux, je mange et me couche à l'heure qui me plaît. Toutes ces concessions que m'obligeaient à faire la vie à deux et la vie avec un enfant me contredisaient. Ça me tapait sur les nerfs de le voir se traîner les pieds et continuer sa vie d'avant pendant que moi, je cuisinais et m'occupais du bébé. Avant le premier enfant, nous avions le projet d'un deuxième enfant. Je lui ai donné une autre chance. J'ai fait un autre bébé, mais rien n'a changé. J'ai demandé encore et encore qu'il fasse sa part, j'ai attendu six mois après la naissance de ma deuxième fille, puis je lui ai dit de partir, car je n'avais pas envie d'entretenir un troisième bébé. Je n'ai aucune peine de son départ. Mes bébés vont à la garderie et j'ai repris ma vie d'étudiante. Ma mère m'aide avec les bébés. Ma vie est plus facile que lorsqu'il était là… Je fais des stages d'études à l'étranger et je mène la vie amoureuse que je souhaite. Cette vie-là me convient. Je me sens libre. Je trouve la vie très agréable sans lui.

PSY : Vous avez une vie agréable… Votre vie amoureuse vous semble parfaite... Vous avez deux enfants… Il ne semble rien vous manquer ! Vous venez me voir pour discuter de...

MARISE : Je suis «tannée» de sans cesse tomber dans la déception amoureuse au bout de quelques mois.

PSY : Avez-vous essayé de passer quelques mois sans amoureux dans votre vie ?

MARISE : J'ai toujours eu un amoureux dans ma vie. Je le sais, j'ai besoin d'un amoureux qui m'aime et m'approuve totalement. Chaque fois que je ne sens pas l'entière approbation, c'est le désespoir. Je les mets en dehors de ma vie comme une vieille chaussette que l'on met à la poubelle.

PSY : J'aimerais que vous me racontiez comment vous avez réagi après le départ de la vieille chaussette.

MARISE : Après la séparation, j'ai repris ma vie. Après Paul-André, aucun amant n'a habité chez moi plus d'un jour ou deux. Après un départ, j'espère l'extase du prochain amour et j'attends le plaisir de me choisir un autre amant.

PSY : Comment vos filles réagissent-elles aux hommes qui habitent chez vous un jour ou deux ?

MARISE : Ils sont des copains de maman. D'ailleurs, cela se passe plus fréquemment en voyage qu'à la maison.

PSY : Est-ce que vos filles vous accompagnent dans vos voyages ?

MARISE : Ma mère s'occupe très bien des filles lorsque je suis en voyage. Elle dit qu'elles sont mieux avec elle qu'en garderie avec des étrangers qui ne parlent pas leur langue. Elle les a gardées plusieurs mois, elle les a bien éduquées en mon absence. C'est la meilleure gardienne que je pouvais trouver pour elles. Mes filles sont devenues très raisonnables.

PSY : Ont-elles eu le choix d'être raisonnables ?

MARISE : C'est vrai que ma mère est plus sévère que moi dans l'éducation, mais quand on est monoparental, c'est comme ça.

Comme le ferait un enfant de deux ans, dès le moment où son amoureux ne lui donne plus satisfaction, Marise le rejette et l'échange contre un autre plus satisfaisant. Selon que ce soit le début ou la fin de sa relation amoureuse, dépendamment du moment, c'est blanc ou c'est noir, c'est bon ou mauvais, beau ou laid. L'extase et le désespoir amoureux sont tellement excessifs qu'ils filtrent les réalités de sa vie quotidienne. Entre l'extase et le désespoir de ses épisodes amoureux, il devrait y avoir toute une gamme de sentiments. Marise ne semble pas avoir appris la constance et, à cause de cela, elle ne connaît pas les nuances qui lui feraient apprécier les petites tendresses de la vie quotidienne avec ses filles.

Lors d'une rencontre subséquente, j'ai demandé à Marise de me parler de l'éducation dans sa famille et surtout de sa relation avec sa mère.

> *MARISE : Je suis une fille unique. J'ai été matériellement très gâtée par un père très riche que je ne voyais que les fins de semaine. Ma mère était «la mère supérieure» qui organisait tout. Tout était propre et à l'ordre dans la maison. Ma mère préparait des repas nutritifs et réussissait toujours à me convaincre de manger entièrement mon repas ; toutefois les heures de repas étaient ponctuées de pleurs. À l'adolescence, je faisais souvent des scènes. Je ne supportais plus qu'elle décide encore de ce que j'allais manger et porter et, surtout, je ne supportais plus qu'elle me contredise. Les conversations finissaient toujours de la même manière, sans réelle discussion, sans vraie dispute ; elle coupait généralement court au dialogue et quittait la pièce, m'abandonnant quelques instants au beau milieu de la discussion. Je me sentais coupable et, quand elle réapparaissait, je faisais ce qu'elle m'avait demandé de faire. C'était sa manière de m'éduquer. À seize ans, je ne voulais plus la voir et mon père m'a payé des études et un appartement à l'extérieur de ma ville. Aujourd'hui, mes parents se disent très fiers de mes réussites scolaires et de mon autonomie. Jamais ils ne parlent de nos mésententes passées. Je pense que j'ai été bien éduquée.*
>
> *PSY : Discutent-t-ils de vos fréquents départs et de votre comportement envers vos filles et envers vos amants ?*
>
> *MARISE : Jamais. Ils disent à tous ceux qui veulent l'entendre combien ils sont fiers de mes diplômes, de mes bourses de recherche et*

de l'esprit d'indépendance et d'autonomie qui m'a valu des stages rémunérés à l'étranger.

L'identité de Marise porte la marque des contrôles de son enfance et de son adolescence. Au cours de l'enfance, les satisfactions narcissiques auxquelles Marise s'attendait de la part de sa mère étaient toujours floues. Au cours de son adolescence, la relation mère-fille était marquée de trop de contrôle, d'autorité et d'ambiguïté pour permettre à Marise des transformations heureuses. Les relations amoureuses de ses trente ans sont encore toutes aussi ambiguës et insatisfaisantes qu'à la période de son adolescence. L'état d'esprit égocentrique de ses deux ans trace encore les contours de son monde adulte. De toute évidence, Marise pense égoïstement à sa vie amoureuse et ne voit pas qu'elle néglige ses enfants. Bien inconsciemment, elle a modelé son profil relationnel sur le modèle de sa vie d'enfant. Tout comme autrefois, elle perçoit la présence de l'autre comme une intrusion dans sa vie, et quand cet autre ne démontre plus une admiration béate, elle se défend contre cette insatisfaction en l'abandonnant et en l'obligeant à quitter la relation.

À trente et un ans, Marise ne sait toujours pas faire face au manque d'admiration de ses partenaires. Comme le faisait sa mère, les dialogues qui contredisent Marise sont interrompus, et comme à deux ans, ses désirs ont besoin d'être immédiatement satisfaits. Au moindre signe d'abandon, pour s'éviter la colère, la déception ou le désespoir, elle délaisse l'autre. La constance émotionnelle n'a pas pris forme, et comme à deux ans, elle choisit de vivre selon ses seuls désirs égocentriques. Marise ne prend pas le risque de s'engager à long terme, car pour elle l'indépendance est la seule option. Après de nombreuses séparations, elle ne connaît pas le chagrin apaisant, elle ne sait que devenir totalement indifférente à l'autre et le contrôler de manière toute-puissante. Pour ne pas sentir l'humiliation d'être laissée par ses amants, elle a, avec eux, des liaisons brèves et superficielles. Pour ne pas sentir son inadéquation avec ses filles, elle les laisse aux bons soins de sa mère qui, en prônant son indépendance, la garde dans l'illusion d'être une femme travailleuse et autonome et une bonne mère.

Lors d'une autre rencontre, Marise me dit qu'elle trouve très normal d'avoir besoin de se sentir intéressante pour quelqu'un et qu'elle constate qu'elle paie mes services pour rien ; elle se demande pourquoi elle consulte une thérapeute qui la confronte et ne la console pas.

PSY : Vous avez raison, c'est normal de vouloir se sentir intéressante. Je pense vraiment que pour vous sentir intéressante, vous avez absolument besoin que l'on satisfasse tous vos désirs. Peut-être est-ce pour cela que vous venez en thérapie. Mais je dirais que par-dessus tout, vous avez besoin de vous sentir intéressante et d'être admirée par quelqu'un qui n'est pas moi. Tant que vous n'aurez pas trouvé cet être qui vous admirera comme aurait dû le faire votre mère à deux ans, vous ne serez pas satisfaite.

MARISE : C'est pas comme ça que je vois les choses ! Ce que j'ai besoin de sentir, c'est que j'ai de la liberté et de l'espace avec quelqu'un.

PSY : C'est de liberté, de voyages et d'espace dont vous avez besoin, mais est-ce que je me trompe si je dis que vous avez besoin que l'on vous reconnaisse comme suffisamment importante pour acquiescer à vos désirs ? Je pense que le besoin de défi qui vous conduit à l'autre bout du monde ne vous rend pas parfaitement satisfaite de vous.

MARISE : J'ai besoin de défi et j'ai aussi besoin de ressentir le désir de mon partenaire. Lorsque ma vie sexuelle est «plate», je me sens limitée sur tous les plans et je cherche un nouveau défi à relever et une vie sexuelle plus intéressante.

PSY : Vous cherchez un nouveau stage en pensant y trouver un nouvel amoureux qui vous couvrira d'admiration et s'empressera de satisfaire vos moindres désirs ? Je pense qu'à travers les nouveaux amoureux vous compensez et recherchez celle qui aurait dû combler votre besoin d'être cajolée et admirée.

MARISE : Non. Votre interprétation est fausse. Je n'attends pas que ma mère me cajole et je me fous d'être admirée par elle. Je suis une femme indépendante sur tous les plans, dont le plan sexuel et je suis parfaitement satisfaite.

PSY : Vous vous foutez d'être cajolée et admirée par votre mère… C'est ce que je devrais comprendre. Mais ce que je comprends de votre besoin de vous sentir intéressante, c'est que vous supportez mal de n'être pas totalement approuvée par un partenaire sexuel. Ce que je comprends, c'est que vous avez tellement bien réussi à cacher votre vulnérabilité que personne autour de vous ne comprend que vous avez un besoin impératif d'être entourée de l'admiration qui vous a manqué. J'aimerais que vous reconsidériez mon interprétation, même si elle vous apparaît fausse.

MARISE : Encore la petite fille de deux ans. Ma mère m'aime et m'admire ! Vous voulez absolument que j'en doute ? Elle me le prouve encore en s'occupant de mes filles.

PSY : Êtes-vous certaine que toute petite vous avez eu toute l'admiration à laquelle vous vous attendiez ? Peut-être bien que je fais fausse route à propos de votre mère, mais ce dont je suis convaincue, c'est que vous ne voyez pas que vos filles souffrent de vos nombreux départs et de vos nombreuses séparations.

MARISE : Je ne suis pas ici pour parler des filles. C'est la dernière fois que je viens ici.

PSY : Vous êtes totalement libre d'y être ou de ne pas y être. Mais, même si je ne dois plus vous revoir, j'aimerais que vous réfléchissiez à ces questions : est-ce que d'être admirée et adorée passionnément par ma mère m'a manqué, et qui est la mère de mes enfants ?

Je n'ai effectivement plus revu Marise et je ne suis pas particulièrement fière de mon impatience envers elle. Je n'ai pas pris soin de sa carence narcissique, je pensais davantage au sentiment d'abandon de ses enfants qu'à son besoin d'être approuvée. En la confrontant trop rapidement, je l'ai fait fuir. Avant de confronter Marise à son manque, j'aurais dû être d'abord maternante et satisfaire son désir narcissique d'être complètement approuvée.

Les personnes qui, comme Marise, sont en manque d'apport narcissique n'arrivent à assumer ni la distance ni la proximité et leur vie est réglée autour d'une insatisfaction permanente qu'elles ne peuvent admettre. Dans leurs relations avec les autres, les individus en manque d'apport narcissique ont toujours deux ans et ils restent constamment avides de connaître l'adoration. Malheureusement, leur partenaire amoureux n'est qu'une personne ordinaire, qui finit inévitablement par contrecarrer leurs insatiables désirs. Lorsqu'ils rencontrent l'être totalement affectueux, ils idéalisent la relation et se servent de leur partenaire pour compenser leur blessure narcissique. L'amoureux parfait est alors utilisé pour connaître l'orgueil et le plaisir d'être admirée et adorée passionnément. Cette quête incessante de satisfaction narcissique qui brise la réciprocité des relations amoureuses dissimule une grande blessure narcissique.

Les adultes égocentriques n'arrivent pas à accepter de n'avoir pas réussi leur première fusion, et dans leurs relations amoureuses ils n'ont qu'un besoin, celui de supprimer cette frustration douloureuse de ne plus être fusionné. Au fil du temps, ils se rendent compte qu'ils ne peuvent pas contrôler totalement leur partenaire et ils ont alors besoin de s'assurer que le partenaire n'aura aucun pouvoir de les faire souffrir. Le partenaire idéal devient dès lors l'intrus qu'il faut éloigner et ils deviennent indifférents à ce partenaire qui, hier, paraissait presque parfait. Après l'avoir monté aux nues, ils le démunissent de son importance et le dénudent de toutes ses valeurs. Et à nouveau, le terrain est libre jusqu'à l'arrivée du prochain partenaire qui les satisfera, momentanément, de façon parfaite. Quel comportement contradictoire !

L'histoire des amours de Marise n'est en fait qu'une réaction servant à combler son besoin de vivre la béatitude de l'âge narcissique. Comme Narcisse, Marise recherche sa propre image, celle que, depuis toujours, elle a souhaité voir dans les yeux de sa mère ; ce que Marise veut voir dans les yeux de son partenaire, c'est l'image d'un visage qui a été regardé, aimé et adoré.

L'admiration de la mère au cours de la petite enfance et ensuite la certitude d'avoir été adoré permettent à l'enfant de construire sa propre capacité à apprécier l'autre et à lui faire confiance. C'est l'assurance d'avoir été admiré et adoré qui rend capable de s'aimer d'abord, d'aimer l'autre ensuite et de lui être fidèle dans les relations amoureuses. Marise est la preuve que si l'on n'a pas été aimé d'un amour totalement admiratif par une mère dévouée, protectrice, désintéressée et tendre, on quête sans cesse cet amour chez les autres. Il y a un lien certain entre l'intérêt que Marise quête de ses amoureux et l'admiration que ses parents ne lui ont pas portée.

Il y a peu d'écrits et peu de diagnostics sur l'investissement narcissique des mères, mais l'échec de la thérapie avec Marise m'a appris que la confirmation affective ne peut se faire dans l'espace traditionnellement neutre proposé par les rôles thérapeutiques masculins. Si les individus en manque narcissique veulent entendre ce que les professionnels disent à leurs propos, ils ne peuvent cependant pas absorber leurs dires avant d'avoir été consolés. Il est devenu essentiel pour moi, de reconnaître qu'une attitude chaleureuse et maternante peut consoler et installer un climat de confiance qui, à son tour, peut engendrer la coopération. Je sais aujourd'hui que pour explorer à profit son manque narcissique, le client doit pouvoir croire en un bon objet et pouvoir dire, sans gêne, que son ou sa thérapeute a d'abord été une bonne mère ou un bon père pour elle.

Selon Dowling (1988), pour avoir de l'estime envers soi, il faut avoir eu le sentiment d'avoir été quelqu'un de grand. «*Le sens de la grandeur du petit enfant est non seulement essentiel au développement du Soi mais aussi au développement du Moi.*»

Étouffer l'enthousiasme et les désirs d'admiration des enfants risque non pas de les rendre plus humbles, mais de les amener à se sentir inaptes. Si les parents brisent trop vite la «bulle de grandiosité», la blessure à l'orgueil provoque l'effondrement de la fierté et laisse l'enfant en proie au manque de confiance. L'absence d'admiration de la part de la mère pousse inévitablement l'enfant à se sentir inadéquat. L'enfant en manque d'admiration est le plus souvent de ceux qui obéissent sagement ; il fait de son mieux ce que l'on attend de lui, et s'il n'y trouve pas l'admiration qu'il attend, il s'évite au moins de se sentir exclu. La douloureuse humiliation de ne pas se sentir le centre de l'amour de sa mère pousse l'enfant à vouloir éviter ses reproches et alors, pour acheter la paix, avec résignation, il fait généralement tout ce qu'elle demande ; mais parfois afin d'éviter les reproches, il procrastine et fuit de façon agressive les choses difficiles à affronter.

Pour Alice Miller (1983), l'expression des pulsions et les occasions de donner et de réparer, qu'une mère admirative et tolérante procure par sa présence régulière, fournissent à l'enfant des occasions d'apprendre à réparer. L'échec de la mère à être disponible physiquement ou à survivre aux exigences de la fusion empêche l'enfant d'exprimer ses pulsions et de vivre avec plus de hardiesse. Souligner toutes les maladresses de l'enfant est une philosophie d'éducation pratiquée par des parents dont le propre narcissisme a été blessé. Ce type de parent n'a, dit Miller, d'admiration pour l'enfant que lorsqu'il est sage comme une image. L'une des conséquences de cette fausse admiration est non seulement l'impossibilité, en tant qu'enfant, de vivre ouvertement et consciemment ses sentiments de colère, de jalousie, d'impuissance, de rejet et d'abandon, mais également l'impossibilité, en devenant parent, de remarquer les efforts et de souligner les succès de ses enfants ; l'une des conséquences de la non-disponibilité de la mère est qu'en devenant parent, elle sera dans l'incapacité de donner de la sollicitude à son enfant.

C'est à Margaret H. Mahler que revient le grand mérite d'avoir cherché à comprendre les répercussions qu'a, dans la période préœdipienne, la satisfaction des besoins narcissiques. Même si Freud a eu une lumineuse interprétation de ce qu'est le complexe d'Œdipe, c'est à Mahler que l'on reconnaît le mérite d'avoir mis en lumière les événements fusionnels qui précèdent les conflits œdipiens. Pour elle, pendant la seconde partie de la deuxième année de son existence, soit la période qu'elle appelle l'*époque du rapprochement*, l'enfant a particulièrement besoin de sentir que sa mère est disponible physiquement et l'admire pour ses efforts d'adaptation. C'est à cette période difficile du négativisme que l'enfant acquiert les caractéristiques affectives de sa personnalité adulte et la confiance en lui.

La théorie et la pratique psychanalytique confirment que l'histoire vécue par l'individu en manque narcissique est l'inlassable recherche d'une personne admirative : une histoire au travers de laquelle tout peut s'évoquer, se substituer et se réparer. Conséquemment, les quêtes agressives d'amour, les inadaptations et les désordres affectifs, du plus petit au plus grand, ne sont que des marques, des incidents et des accidents dus à un manque de satisfaction narcissique. Devant une carence narcissique, le parent, le professeur, le conjoint ou le partenaire peut jouer, pour un moment, le rôle thérapeutique de représenter, d'approuver et d'assurer l'individu dans son sentiment d'être admiré ; il peut, momentanément, se substituer à la personne significative qui lui fait ou qui lui a fait défaut. Dans une perspective thérapeutique, le substitut narcissique peut, dans un rapport positif, se laisser investir de représentations ou de fantasmes comme aurait dû le faire la mère ; dans ce contexte, que ce soit avec un adulte ou avec un enfant, avec ou sans un professionnel, une relation maternante peut devenir une expérience consolante et rendre l'individu capable de combler sa carence narcissique. Une expérience narcissique manquée laisse ses traces jusque dans les relations adultes et, lorsqu'il s'agit de réparer un désordre affectif, on ne devrait pas faire abstraction de l'histoire narcissique.

Chapitre 2

Les manifestations et les conséquences de l'abandon

2.1 Les premières angoisses et les conflits de l'avant naissance

Avant d'être soi, le petit enfant commence toujours par être la mère. (RONALD LANG)

En 1969, Winnicott disait que cette chose, que l'on appelle nourrisson n'existe pas. Durant les années winnicottiennes les recherches sur l'avant naissance suggéraient l'idée qu'à la naissance, l'enfant était démuni et n'avait pas encore développé de mécanismes d'apprentissage.

Les recherches récentes démontrent clairement que le fœtus a déjà des compétences perceptives et auditives dans le ventre maternel ; elles attestent que les moments de la séparation du monde intra-utérin et de la venue au monde ne sont pas seulement régis par un mode sensoriel, mais aussi par un mode affectif. Plusieurs psychiatres d'enfants ont comme hypothèse qu'à travers le monde physique, social et affectif de la mère, des conflits angoissants peuvent déjà construire une grande partie du monde intérieur de l'enfant ; cette hypothèse suppose que la perception de ces conflits angoissants et traumatisants vécus à travers la mère est gardée en mémoire et que, de ce fait, l'enfant peut déjà en souffrir affectivement. Si la mère a mal vécu sa grossesse, si l'accouchement s'est mal passé, si un défaut d'identification s'est produit dans son propre processus d'attachement à sa mère, cela peut créer un trouble dans son rapport symbiotique avec son bébé et dans son aptitude à s'y attacher.

Actuellement, l'ensemble des recherches confirme que malgré l'immaturité et le développement encore faible des réseaux de relations entre les neurones, les foetus âgés de huit mois de gestation ont déjà des compétences auditives. Grâce à des études sur le bruit, on sait maintenant que des dégâts sévères sont causés à la cochlée* de jeunes animaux lorsqu'on les expose à des bruits continus. Il est heureux qu'enfin, dans les hôpitaux, on se préoccupe de l'ambiance physique et sonore entourant les nourrissons. À la pouponnière de l'hôpital Ste Justine, un petit bébé cardiaque portait des écouteurs pour le couper des bruits continus et fréquents qui risquaient de le faire sursauter. Les travaux de Pujol et Uziel (1987) ont démontré que, lorsque des bébés prématurés étaient maintenus dans des incubateurs dont le bruit de fond était de soixante-dix décibels, cela était suffisant pour causer des dégâts auditifs similaires à ceux qui avaient été observés chez les jeunes mammifères dont l'ontogenèse des structures auditives était comparable. Depuis ces travaux, diverses études expérimentales faites sur les animaux ont prouvé que le dernier trimestre de la grossesse et la période néo-natale sont des moments où le foetus et le nouveau-né sont particulièrement sensibles à certains antibiotiques. On sait aujourd'hui que l'administration de certains médicaments, dont les aminoglycosides*, peut avoir des effets sur les bébés prématurés. Je suis heureuse de constater que près de vingt ans après Winnicott, «cette chose qu'on appelle nourrisson» existe.

Scientifiquement parlant, on en connaît de plus en plus sur les conditionnements agissant sur la vie biologique d'avant la naissance. Les chercheurs ont maintenant la preuve que l'on peut arriver à conditionner le foetus au cours des deux derniers mois de la vie intra-utérine. Pour arriver à ce constat, ils ont d'abord établi que, pour que le fœtus ait la capacité d'être attentif à son environnement auditif et que des interactions existent, son cerveau devait avoir atteint un certain niveau de développement. Pour que les conditionnements entre la mère et le fœtus agissent sur les systèmes physiologiques, il faut que les centres cérébraux du fœtus soient suffisamment matures pour pouvoir intervenir. Il est indiscutable qu'avant ce stade précis de développement foetal, le cerveau ne peut ni enregistrer les stimuli ni ressentir les attitudes émotionnelles venant de la mère. Les recherches ont scientifiquement prouvé qu'à partir du dernier trimestre de la grossesse, les émotions de la mère influencent minimalement le début de la vie psychologique du fœtus et que, avant ce stade, les émotions de la mère n'ont pas d'influence sur le développement psychologique du bébé après la naissance.

Pour les psychanalystes convaincus que l'environnement abstrait des états affectifs de la mère s'imprime sur les émotions de l'être en construction, l'état dépressif de celle-ci au cours de la grossesse peut créer, chez le foetus, une prédisposition à la tristesse ; pour eux, au dernier trimestre de la grossesse, la dépression de la mère peut créer une dépression chez le bébé. Il faut sans doute relativiser quelque peu : tous les nourrissons de mère déprimée au cours de leur grossesse ne deviennent pas déprimés ; néanmoins, il faut préciser qu'il y a un risque que, par une sorte d'osmose, le vide dépressif de la mère se transmette à l'enfant. Pédopsychiatres et généticiens se rejoignent sur le fait d'un certain marquage embryonnaire.

La plupart des spécialistes adhèrent à l'idée que les problèmes physiques et psychiques qui affectent la mère durant la grossesse peuvent avoir une influence sur les attitudes qu'elle adoptera à la naissance de son enfant, de même qu'une influence sur le comportement que son enfant adoptera envers elle. Au cours de leur grossesse, plus d'une mère est convaincue que le fœtus subit des conditionnements physiologiques venant de son corps et qu'ils influent déjà sur les compétences précoces de leur bébé. Plus d'une mère a également observé que dans le troisième trimestre de sa grossesse, le foetus réagissait physiquement à ses propres malaises physiques et était influencé psychologiquement par ses attitudes émotionnelles. Plus d'une mère est convaincue qu'il y a plus qu'une vie biologique chez le fœtus. Même s'il est maintenant incontestable que certains stimuli font réagir les foetus et que les fortes émotions de la mère provoquent chez le foetus une forte activité physique, il reste toutefois délicat de dire à une mère que ses attitudes émotionnelles négatives durant la grossesse ont pu provoquer des désordres affectifs chez son enfant.

Plusieurs psychanalystes et plusieurs thérapeutes avancent l'idée qu'en naissant, il y a des engrammes* inscrits dans la mémoire ; ils avancent également cette idée que, dans les étapes précoces du développement de l'enfant, les empreintes affectives souffrantes et les expériences d'angoisse inscrivent des traces profondes dans la mémoire. Il y a des fœtus qui meurent au cours du dernier trimestre de leur vie utérine ; serait-ce que ceux-là ne pouvaient plus soutenir les émotions énormes induites en eux ? Il y a des bébés qui meurent dès leur naissance et de jeunes enfants qui meurent sans avoir vécu leur vie d'enfant ; est-ce à dire qu'ils éprouvaient déjà tant de peine à vivre les émotions engrammées dans leur mémoire, qu'ils préféraient la mort à la vie ?

En 1945, Phylis Greenacre a constaté que le foetus réagissait à des situations désagréables comme des sons et de l'air introduit par accident dans l'utérus. Partant de l'existence de ces réactions de type réflexe aux stimuli internes ou externes, elle a pu observer une forme primitive d'angoisse, dans le comportement du fœtus. Pour Greenacre, cette sorte d'angoisse de type purement réflexe semblait naître à la fois de la constitution fragile du fœtus et des conditions qui précèdent la naissance ; elle la nommait «angoisse» de source. Sa thèse laisse à penser que certaines naissances prématurées et certaines naissances difficiles auraient comme source les émotions instables et l'angoisse transmise par la mère.

Selon la seconde thèse, N. Fodor (1949) avance que, par un processus symbiotique, les traumatismes et les chocs physiques et psychologiques subis par la mère, en cours de grossesse, se répercutent sur le foetus et s'inscrivent en lui pour ensuite s'évacuer dans ses rêves prénataux et, plus tard, dans ses rêves d'enfant. Il soutient que des reliquats de la vie prénatale s'exprimeraient dans le sommeil des fœtus par ce qu'il a appelé «le rêve prénatal». Il aurait retrouvé, au cours des thérapies psychanalytiques, certaines manifestations de la vie prénatale. Les rêves ramèneraient des contenus positifs comme des sentiments de bonheur et de plénitude, mais également des contenus négatifs qui sont souvent les reflets de divers traumatismes vécus par la mère tels des chocs désagréables et inquiétants comme peuvent l'être, au cours de la période prénatale, les rapports sexuels violents. Pour Fodor, «*[...] le désir d'enfant et l'acceptation de sa condition immature vont favorablement influencer la personnalité alors que le non-désir va, au contraire, l'inquiéter et l'isoler dès avant la naissance.*» Les thèses de Greenacre et de Fodor admettent toutes deux la réalité de la transmission d'une mémoire sensorielle et font toutes deux mention de l'influence possible des attitudes psychologiques de la mère sur l'enfant au cours de la période prénatale.

Après eux, Prechtl (1956) a fait cette observation : selon qu'à l'état fœtal les bébés occupaient une position avec la tête vers le haut ou la tête vers le bas, ils ne présentaient pas, aux premières heures de leur naissance, les mêmes pourcentages de réponses réflexes à des stimulations légères ou plus accentuées de la sole plantaire. Il pourrait être intéressant de reprendre cette étude de Prechtl en la complétant par ce que la technologie et la psychologie ont aujourd'hui acquis de savoir-faire.

Dans une étude plus ancienne, Rank (1929) a élaboré une théorie quant aux traumatismes subis à la naissance. Elle mettait en lumière l'importance du choc de la naissance et les conséquences possibles sur le développement ultérieur de la personnalité de l'enfant. La théorie de Rank mettait l'accent sur le fait que, par la naissance, l'enfant se sépare d'un milieu sécurisant et que, de cette séparation, naît un premier traumatisme psychologique. Sa théorie soutient qu'à la suite du trauma de la naissance, tout sevrage, toute séparation ou toute menace d'éloignement de la mère peut revêtir un caractère traumatique. Rank affirme que la naissance, par son caractère dramatique, provoque automatiquement une insécurité puissante, source de toute angoisse ultérieure et de toutes les névroses enfantines. Il prétend que l'enfant qui a vécu un lourd traumatisme à la naissance aspire, encore à l'âge adulte, au retour au sein maternel voulant, en cela, retrouver la situation sécurisante qu'il a connue et a perdue.

Comme Rank, certains pédopsychiatres sont d'avis que, sur le plan clinique, l'enfant né par césarienne ne subit pas le choc traumatique de la naissance et qu'il se trouve ainsi psychologiquement moins fragile. De ce que j'ai observé, la vulnérabilité psychologique de ces enfants à la séparation ne se distingue aucunement de celle des enfants nés par les voies naturelles de l'accouchement. Contrairement à ce que Rank propose, j'ai plutôt tendance à croire que l'origine des névroses n'est justement pas dans le choc traumatique de la naissance, mais bien dans les expériences négatives, les frustrations et les privations vécues après la naissance, c'est-à-dire, dans le cours des périodes symbiotique et narcissique.

Dans les années winnicottiennes, plusieurs psychanalystes croyaient que, parce qu'ils se produisaient au cours de la période préverbale de la vie, les tout premiers manques affectifs étaient inaccessibles à l'investigation ; ils croyaient que les toutes premières blessures narcissiques n'altéraient en rien l'évolution psychologique de l'enfant. Aujourd'hui, la plupart des psychanalystes s'entendent sur le fait que les attitudes émotionnelles de la mère pendant les derniers mois de la grossesse et au cours des premiers mois après la naissance déterminent une part réelle de la personnalité que l'enfant aura ; ils s'accordent aussi à dire qu'une mère qui a été frustrée dans ses désirs et dans ses besoins narcissiques au cours de sa grossesse souffre de frustrations profondes qui viennent altérer, plus ou moins consciemment, la relation quelle a avec son bébé. Il est assez probable que ce type de mère aura quelques difficultés à satisfaire les désirs et les besoins narcissiques de son enfant.

Il faut convenir que dans la tête d'un petit bébé naissant, il n'y a que sa mère puisqu'il ne connaît qu'elle. Le tout-petit fait couple avec cette figure significative qu'il connaît depuis sa conception, et dans sa tête d'enfant, la présence de sa mère est la vie ; devoir en être séparé, c'est la mort. La notion de vie et de mort, telle que les adultes la conçoivent, mûrit très lentement dans la pensée des petits enfants. Quand avec la maturité, ils arrivent à se représenter la vie et la mort, c'est encore à travers l'image de l'objet maternel qu'ils les appréhendent. À cause de cette représentation intérieure dont la mère fait toujours partie, les petits enfants ont peur que leur mère les abandonne et même si on les croit matures, la majorité conserve au fond d'eux un relent de cette peur intense. Je crois que les tout-petits gardent longtemps en eux ces sentiments insécurisants de rejet et de rupture et qu'à la suite de leurs attitudes négatives et de leurs pulsions agressives, ils ont très peur que leur mère les quitte, les abandonne et ils angoissent. Pour certains, les réprimandes répétées de leur mère, aussi banales puissent-elles être, sont vécues comme intolérables car subjectivement, leur pensée immature et encore mal structurée ne peut que les ressentir comme des rejets et des ruptures.

Les situations de séparation d'avec la mère ou la perte d'une personne signifiante dans son monde affectif est souvent à l'origine des mouvements agressifs et dépressifs du jeune enfant. Pour le jeune enfant, toute rupture dans le sentiment affectif et toute séparation mal préparée sont source d'angoisses. En grandissant, toute situation conflictuelle qui se répète, sans que l'enfant arrive à la maîtriser et sans qu'il puisse exprimer sa tristesse, risque d'entraîner chez lui un sentiment d'incomplétude et d'inadéquation ; si cette situation conflictuelle persiste, elle le rend vulnérable et le met dans un état de réaction épuisante. Des événements comme un changement de gardienne, le départ d'un copain, un conflit avec un ami ou un éducateur, un déménagement, l'entrée ou le changement d'école ou plus exigeant encore, les attentes des parents pressenties par l'enfant comme trop lourdes, peuvent générer dans sa tête d'enfant immature, un sentiment de culpabilité et d'angoisse.

Pfeffer (2000), a étudié l'angoisse et les pensées de mort chez des enfants de six à douze ans. Il a effectué son étude sur trois groupes identiques quant à la répartition des âges, des sexes et des races. Il a observé cent un enfants hospitalisés en service de pédopsychiatrie, cent un enfants ont été vus en consultation pédopsychiatrique et cent un enfants ont été recrutés à l'école.

Des idées de suicide, y compris des idées de précipitation, de défenestration, de pendaison, de phlébotomie existent chez 25,5 % des hospitalisés, chez 15,9 % des consultants et chez 8,9 % des enfants recrutés à l'école. Des tentatives ou menaces de suicide existent chez 54 % des hospitalisés, chez 9 % des consultants et chez 3 % des non patients. La sévérité des comportements suicidaires est comparable chez les garçons et les filles dans les trois groupes. Un diagnostic de dépression peut être porté chez 40 % des hospitalisés, 30 % des consultants, mais aussi chez 14 % des enfants recrutés à l'école. Dans les trois groupes d'enfants, le degré de psychopathologie récente, les préoccupations pour la mort et les épisodes de dépression sont significativement associés aux conduites suicidaires.*

Pfeffer a rapporté que chez certains enfants la pensée magique vagabonde entre des sentiments de *grandiosité* et d'invulnérabilité. Il n'a pas rencontré de troubles maniaques avant l'âge de douze ans ; le comportement maniaque correspond à une agitation motrice excessive, à un haut niveau d'euphorie et à des investissements mentaux déraisonnables. Il a précisé: «Autour de l'adolescence, l'état maniaque donne l'impression inverse d'une dépression alors que la présence de ce comportement dénonce l'existence masquée d'une dépression.»

Pfeffer a expliqué que le divorce de ses parents était une source d'angoisse intense et l'un des conflits psychologiques les plus douloureux à supporter pour un jeune enfant. L'enfant est attaché à ses deux parents aussi, supporte-t-il mal d'être éloigné de l'un d'eux et plus encore d'entendre l'un d'eux abîmer l'image de l'autre. Afin qu'il ne se croie pas responsable de la séparation de ses parents, sans faire de l'enfant un confident, il importe que ses deux parents le rassurent et dédramatisent la séparation ou le divorce ; il est nécessaire de lui prouver que, malgré la séparation ou le divorce, maman et papa resteront ses parents et qu'ils seront là pour jouer leur rôle protecteur auprès de lui. Quelle qu'en soit la raison et quel que soit l'âge de l'enfant, devoir se séparer de l'un de ses parents cause toujours une grande souffrance ; il est rare qu'un divorce n'ait pas de conséquence sur le développement cognitif et affectif d'un jeune enfant. J'estime que lors de la séparation ou du divorce des parents, l'âge de l'enfant a son importance quant au niveau d'angoisse qu'il déclenche. Plus l'enfant est jeune, plus les conflits entre les parents risquent de causer des réactions dépressives importantes ; plus l'enfant est jeune, plus il est dépassé par la discorde des parents, moins il est capable de faire face à la situation perturbante et plus il est désespéré et angoissé.

L'angoisse des jeunes enfants s'accompagne fréquemment de symptômes somatiques ; ils s'imaginent des maladies, des accidents, ils évoquent des départs, la mort d'un camarade ou des morts d'animaux. Les événements dramatiques que l'enfant déprimé imagine visent à ramener l'amour des parents, car de son point de vue, c'est la seule chose capable de réparer son angoisse et son désespoir. Il arrive que la relation parentale soit tellement conflictuelle qu'une distanciation s'impose. Je pense qu'alors, avec discrétion, l'éducateur ou l'enseignant doit être mis au courant du divorce des parents et de tous les conflits que l'enfant vit dans sa famille. L'enfant est fragile psychiquement et une dépression infantile peut être écartée si les adultes de l'entourage réagissent immédiatement et le soutiennent dans les difficultés qu'il vit. Chez les adolescents, les faits réellement dramatiques de leur existence s'avèrent être cachés, un peu plus loin, sous les pensées troubles qu'ils évoquent. Les plans qu'ils imaginent et construisent parlent toujours de leur propre détresse et quelques fois, un envahissement psychique associé à des idées de mort parle de leur propre mort. Perdre l'amour d'un parent est la pire épreuve qui soit, aussi la présence d'une personne compatissante et des explications claires peuvent épargner la souffrance psychique de se sentir seul et incompris.

Pour le psychanalyste D. Stern, la transmission de l'angoisse et de la déprime existe. Dans une situation familiale difficile, entre une mère et son enfant, la tristesse est contagieuse et plus l'enfant est jeune, plus il est affecté par les émotions de sa mère.

Il existe très précocement, dans la relation du bébé avec sa mère, une sorte d'ajustement réciproque de leur état affectif, un accordage affectif. [...] si parent et bébé ne peuvent pas parler ensemble de leurs états subjectifs, ils trouvent cependant les moyens nécessaires pour partager certains états affectifs liés à leur vie intérieure.

Plusieurs jeunes mères font des dépressions postnatales. Le plus souvent, ces dépressions latentes s'expriment par des moments de grande lassitude et de grande fatigue ; les attentions, les gestes d'affection et l'empathie qu'elles peuvent alors donner à l'enfant, diminuent. Du coup, un cercle vicieux s'installe : les attitudes apathiques de la mère provoquent des mouvements de retrait et de tristesse chez le nourrisson et ceux-ci accroissent encore la dépression de la mère ; elle se met alors à douter de ses compétences à materner et les échanges avec son enfant se raréfient encore davantage. L'entourage qui perçoit que l'état de fatigue de la mère s'aggrave se doit d'éviter qu'une discontinuité s'installe dans le processus d'attachement maternel et provoque une rupture dans la représentation du bébé. Pour parvenir à renverser l'état de déprime postnatale, il faut que la jeune mère ait une certaine disponibilité mentale et pour cela, il faut d'abord, qu'autour d'elle on lui facilite la vie quotidienne. Il est des plus aidant pour la jeune mère que les femmes de son entourage, qui ont été des mères ou sont des grand-mères, soient présentes et l'aident quotidiennement dans les tâches domestiques. Il importe que, dès la naissance de l'enfant, la mère soit entourée de soins par le papa et par les femmes qui l'aiment ; ce n'est qu'à travers cette présence aidante que l'on pourra faire prendre conscience à la mère que des attitudes apathiques envers son enfant s'installent.

L'enfant a besoin des gestes affectueux de sa mère, ses progrès physiques tout autant que psychiques en dépendent. Malgré l'indisponibilité psychique de la mère, pour que l'enfant puisse garder une image vivante et continuer de se remémorer, en esprit, sa mère durant ses absences, il faut le priver le moins possible de l'image et de la voix de sa mère. Afin que pour l'enfant, il ne se produise pas de carences, le lien de présence doit être maintenu. Lorsque, par exemple, la dépression est si majeure que la mère doive s'absenter, un enregistrement de sa voix peut être un moyen de parer, en partie, à la privation de présence. Si l'état dépressif de la mère est si profond qu'il empêche l'enfant d'établir une identification positive avec elle, il vaut mieux lui fournir, pour un moment, une mère substitut, stable et affectueuse. Dépendamment du moment où survient la déprime, et selon le stade du développement psychologique de l'enfant, la tristesse l'affectera d'une façon différente, mais il faut savoir que l'humeur triste du bébé est généralement réversible lorsque l'on reconnaît promptement l'état dépressif de la mère et que, s'il y a lieu, on lui fournit une bonne mère substitut.

Depuis Spitz et Anna Freud, la tristesse et la dépression du nourrisson sont cliniquement reconnues, cependant la tristesse et la dépression de l'enfant un peu plus vieux sont encore aujourd'hui ignorées et inexpliquées. Pourtant, la tristesse, celle qui n'est pas momentanée, mais prégnante, existe aussi chez l'enfant d'âge préscolaire. Les adultes rattachent la plupart des comportements au mauvais caractère de l'enfant plutôt qu'à un état dépressif. Les symptômes de l'enfant trompent et n'attirent pas l'attention des parents et des éducateurs, puisqu'ils sont fréquemment camouflés sous des comportements d'opposition, de provocation et d'agitation. Si l'on observe bien l'enfant, la tristesse et le vide se voient sur son visage ; la souffrance paraît toujours. Si la tristesse et la dépression du jeune enfant ne sont pas traitées, elles peuvent gêner son développement affectif et cognitif et déranger ses apprentissages, disent les pédopsychiatres.

La tristesse d'un jeune enfant est souvent due à une cause familiale, je ne veux pas dire par là, qu'il n'y a que les attitudes parentales qui peuvent le rendre triste ; certains événements, tels la maladie grave ou le décès d'une personne significative ou la maltraitance verbale ou les incohérences d'un éducateur sont aussi des facteurs qui peuvent entraîner la tristesse chez un jeune enfant. Il croit tout ce que son parent lui dit. Si, par exemple, sa maman lui dit sans cesse qu'il n'est pas aimable et qu'il n'aura pas d'amis, il la croit et bien inconsciemment, parce qu'il ressent que son objet d'amour n'a pas d'affection pour lui, il s'isole et il déprime ; si maman lui dit qu'il la rend malade à force d'être désobéissant, l'enfant se sent immensément coupable et il angoisse.

La dépression infantile est rarement nommée de manière ouverte, mais on doit savoir que l'enfant qui a des conduites impulsives accompagnées d'excès de colère, d'agressivité ou de violence, annonce qu'il a connu des situations et des expériences affectives ou éducatives insatisfaisantes qu'il a été impuissant à régler. La souffrance et l'impuissance, quelles qu'elles soient, ne sont jamais banales et contrairement à ce que plusieurs croient, il y a davantage de souffrance lorsque l'enfant est petit puisqu'il ne peut pas dire spontanément ses malaises. Certains enfants expriment leur souffrance par des attitudes de tristesse et de repli, d'autres ne savent l'exprimer que par la colère, des attitudes de provocation ou une agitation extrême. Ces petits enfants devraient toujours être accompagnés et soutenus, car ils ne savent pas, sans l'aide d'un adulte compatissant, comment reprendre le contrôle d'eux-mêmes. Il est impératif que l'adulte qui en prend soin les aide à sortir des attitudes opposantes, provocantes ou passives dans lesquelles ils sont enfermés.

Les jeunes enfants dont on ne reconnaît pas la souffrance peuvent s'enfermer dans une tristesse qui peut les retenir prisonniers dans des processus inhibiteurs qui les conduisent à des difficultés relationnelles, à des troubles d'apprentissages et par voie de conséquence, à des échecs scolaires et sociaux quelques fois, à une véritable phobie de l'école et à l'extrême, à une envie de mourir. Les jeunes enfants envahis par la tristesse sont plus susceptibles aux troubles somatiques que les enfants heureux. Ces troubles masquent toujours un conflit psychique.

La tristesse et la dépression d'un jeune enfant ne sont pas toujours causées par un conflit psychique ; elles peuvent être entretenues par une douleur, un défaut visible ou un handicap physique important. L'état dépressif peut aussi être lié à une maladie somatique tels une affection cancéreuse ou un traumatisme physiologique majeur. Que la cause soit psychique, physique ou psychosomatique, le jeune enfant en vient à haïr son corps. Il importe que l'enfant qui souffre trouve un support affectif à sa douleur et qu'il soit en contact régulier avec une personne connue, de qui il se sent aimé.

Généralement, l'enfant accompagné dans sa douleur se sent entendu, et se sentant écouté, il se sent compris et soulagé. Même si certains événements paraissent impossibles à éviter, ils seront moins dommageables, s'il y a près de l'enfant quelqu'un qui lui est acquis et à qui il peut confier ses secrets en toute sécurité. Quand cette dynamique d'aide et de dialogue ne suffit pas à résoudre la déprime de l'enfant et quand les adultes perçoivent l'enfant particulièrement angoissé, particulièrement agité ou, au contraire, particulièrement replié sur lui-même, peut-être qu'alors sa souffrance est suffisamment grande pour penser à consulter un professionnel.

Selon moi, les propos d'un étranger, même s'il est un professionnel des plus empathiques, risquent de paraître intrusifs pour l'enfant. Parce qu'inconnu de l'enfant, le pédopsychiatre ou le psychologue qui entreprend la thérapie, va mettre plus de temps à convaincre l'enfant de se raconter et de lui faire confiance. Les enfants ne savent pas fuir la tristesse, mais s'ils sont en confiance et qu'on leur permet d'en parler, ils expriment les raisons qui les rendent malheureux. L'enfant déprimé a besoin, plus que jamais, de la patiente et tolérante affection de quelqu'un qui le connaît bien et qui l'aime. Ainsi, dans l'idéal, le rôle du pédopsychiatre devrait être de conseiller la personne qui accompagne l'enfant sur la manière de le faire parler de sa douleur secrète. Les parents qui demandent l'aide d'un professionnel ne doivent pas se croire incompétents, bien au contraire. Pour que le traitement psychologique ou médical suggéré soit efficace, l'enfant doit sentir l'implication et la confiance de ses parents ; il ne faut surtout pas qu'ils aient des attitudes défaitistes ou de reproche envers l'enfant, car il le ressentirait et la thérapie et serait peu utile.

Le psychanalyste pour enfant René Spitz, qui s'est intéressé au développement de l'enfant durant ses deux premières années de vie, alléguait qu'en l'absence d'échanges affectueux, le bébé pleurait, perdait du poids, faisait de l'insomnie, développait une propension aux affections respiratoires, et qu'à long terme, sa croissance physique et psychique prenait du retard ; «[...] cela témoigne d'une profonde souffrance.» Autour de 1938, Spitz en décrivant une attitude d'indifférence ou d'apathie vis-à-vis de l'entourage évoquait déjà la réaction de désespoir chez le nourrisson séparé de sa mère.

Les recherches effectuées sur des singes séparés de leur mère ont démontré que les animaux avaient des réactions d'apathie et de désespoir lors de la séparation d'avec leur mère et que la perte d'un des leurs les rendait tristes. L'observation de jeunes singes a montré que les comportements apathiques s'atténuaient et disparaissaient lorsqu'on leur donnait une médication d'antidépresseur. Certes, les paramètres complexes du fonctionnement psychique de l'homme engendrent certaines différences quant aux réactions d'apathie et de désespoir, mais les nombreuses recherches auront fini par démontrer que, lors de toute rupture de lien social ou affectif significatif, les réactions dépressives observées chez l'animal sont également visibles chez l'homme. Les connaissances des bases neurophysiologiques cérébrales ont considérablement progressé et la thérapeutique moderne dispose maintenant de nouveaux médicaments capables de contrer bon nombre d'états dépressifs chez les enfants.

«Pour éviter à un enfant fragile psychiquement une souffrance et une dépression infantile, il faut lui faire vivre des expériences affectives positives et satisfaisantes, car des expériences de l'ordre de l'affaiblissement ou de la perte de liens d'attachement laissent des séquelles», dit Spitz. À cette période clé de l'existence où la structure personnelle n'est pas encore établie, il est nécessaire, dit-il, que la mère assure les soins physiques du jeune enfant et comble ses besoins affectifs. Spitz n'a pas semblé considérer que l'amour maternel n'est pas spontané et que toutes les mères ne manifestent pas automatiquement de l'amour envers leur enfant. Pour une mère, la sensibilité aux fonctions maternantes n'est pas innée, elle est simplement la manifestation de la compassion et de l'attachement qu'elle porte à son enfant. Il est une réalité : l'amour n'est pas un instinct et toutes les mères ne sont pas empathiques.

Pour les freudiens, dès la naissance, des pulsions destructrices sont à l'oeuvre et dès lors, le Moi de l'enfant réagit à des périodes d'angoisse dites persécutives. Pour eux, les craintes fantasmatiques, l'anxiété et la tristesse d'un jeune enfant sont les manifestations les plus courantes de la névrose infantile. La tristesse et la dépression d'un jeune enfant proviennent souvent de la culpabilité et de l'autopunition. Toujours chez les freudiens, certaines conduites à risques tels les comportements imprudents, agressifs ou violents sont des conduites défensives qui visent à protéger l'enfant contre une situation conflictuelle à laquelle il ne voit pas d'issue.

L'enfant déprimé qui, par des conduites dangereuses, tente de mettre radicalement fin à sa vie démontre clairement qu'il lui a été impossible d'assumer seul les difficultés de sa jeune vie. L'enfant qui fait une tentative de suicide et qui avoue avoir envie de mourir a réellement besoin que quelque chose change dans sa vie. Dans ce contexte, les parents, tout autant que l'enfant, ont besoin d'être compris et ils devraient oser demander d'être accompagnés par un pédopsychiatre. Le désir de mourir d'un enfant est toujours lié à des expériences de souffrance profonde, lesquelles sont le plus souvent liées à une affection perdue. C'est à travers cette perspective d'une situation sans issue que j'ai essayé de comprendre l'état dépressif et le désir de mourir chez l'enfant. Les conduites agressives du jeune enfant sont toujours des tentatives de dire à ses parents qu'une situation conflictuelle et angoissante existe. Les conduites agressives ou dangereuses de l'enfant tendent à vérifier la fiabilité et la fidélité de l'amour parental et n'ont absolument rien d'un chantage émotif ou d'une revendication manipulatrice.

Plus d'un jeune enfant donne l'impression d'être indifférent à la mort d'un grand père, de son chat ou de son chien alors qu'il est profondément marqué et que ses pensées sont complètement envahies par la tristesse. Les pensées de mort que l'enfant ne sait articuler sont des inquiétudes et des menaces qu'il peut transférer aux personnes qu'il aime et à lui-même. Par contrecoup ou par projection la notion de mort, qui se trouve emmagasinée dans son esprit encore mal structuré, peut lui donner la conviction que quelqu'un qu'il aime va mourir ou qu'il va, lui aussi, mourir. Conséquemment aux nombreux plans construits et imaginés à propos de la mort, il arrive qu'un enfant soit si profondément touché qu'il ait le désir de mourir. Ainsi, même si l'on croit que l'enfant n'a pas été touché par la mort d'un proche ou de son animal domestique, il peut entretenir des idées précaires sur la mort ; aussi est-il est important qu'il puisse discuter ouvertement de cette mort et des pensées qu'il entretient.

On dit que les tentatives de suicides sont rares avant l'âge de six ans et on estime qu'entre dix et quinze ans, à cause du niveau bas de sérotonine, le taux de suicide connaît une hausse constante chez les ados. Dans l'étude de Pfeffer (2000), on y cite les travaux remarquables de Mary Asberg sur le lien entre le suicide et les taux de marqueurs biologiques comme la baisse du taux de sérotonine dans le liquide céphalo-rachidien de patients adultes ayant fait des tentatives de suicide violentes. Asberg a mis en relation les taux bas de ce marqueur biologique, la moindre tolérance à l'anxiété, le nombre de tentatives de suicides et un degré de violence. Elle a complété ses travaux en évaluant l'aménagement des conflits psychologiques par le test de Rorschach. Le suivi, durant cinq ans, de déprimés au taux particulièrement bas de sérotonine intrarachidienne a relevé jusqu'à 25 % de décès par suicide.

Asberg considère les actes suicidaires par arme à feu, par précipitation et par pendaison comme des formes impulsives de l'acte suicidaire. Les résultats des travaux entrepris par Asberg mentionnent que contrairement aux adultes, où la tentative de suicide peut provenir d'un trouble psychiatrique en cours ou survenir à la suite d'une dépression, la cause du geste suicidaire des enfants entre dix et quinze ans est toujours impulsive et toujours en lien avec le taux bas de sérotonine. En résumé, il faut retenir que, par delà le conflit psychologique, des facteurs biologiques peuvent jouer un rôle déterminant dans la notion de souffrance psychique liée à l'angoisse, à la tristesse, à la dépression et à l'envie de mourir.

Asberg a noté que chez plusieurs enfants qui semblaient bien adaptés à leur réalité, apparaissaient à la période de latence ou plus tard à la puberté, une tristesse et une angoisse profonde. Elle a aussi observé que se sentant interpellé par la souffrance chez leur enfant, plus d'un parent, ne souhaitant pas dramatiser la situation, cherchait à la banaliser et que, de la même manière, les éducateurs esquivaient la souffrance en camouflant les signes de tension et les conduites perturbées qu'ils percevaient. Comme elle l'a souligné dans son étude, les parents ne sont pas nécessairement responsables de l'état de tension de leur enfant ; néanmoins, s'il ne faut pas dramatiser la situation, il ne faut cependant pas minimiser l'angoisse et l'agressivité. Comprendre pourquoi ont lieu les gestes agressifs et tenter d'expliquer les situations angoissantes à l'enfant, c'est le premier soulagement qu'un parent ou un éducateur puisse lui apporter. Pour que l'agressivité et l'angoisse ne se poursuivent pas dans des tentatives plus destructrices, les parents et les éducateurs doivent tenter, non seulement de comprendre, mais aussi de préciser et de remédier aux situations qui ont conduit l'enfant à cet état dépressif et destructeur.

Les pédopsychiatres, qui pour la majorité adhèrent à la conception freudienne du fonctionnement psychique, considèrent que les parents et les éducateurs qui par trop de tentatives intransigeantes visent trop précocement et trop autoritairement à contenir et à réprimer les conduites agressives, peuvent conduire les petits enfants à l'angoisse, et pour certains à des névroses obsessionnelles qui, si elles ne sont pas écoutées, peuvent mener à leur tour à de réelles psychoses. La psychanalyse avance que l'angoisse primitive nommée aussi *angoisse de source*, proviendrait de la peur de perdre les objets d'amour intériorisés, et qu'en cours de développement le Moi a pour mission de transformer cette angoisse première en anxiété névrotique. On considère que c'est au cours de la formation du Soi, composé des pulsions opposées d'amour et de haine, qu'apparaissent les premières angoisses. Selon cette conception du fonctionnement psychique, si cette première angoisse ne subit aucune transformation, elle conduit à une angoisse psychotique.

Freud, (1926) et Bühler (1934) ont estimé que le premier comportement d'angoisse se présente autour de huit mois. À cet âge, l'enfant peut envoyer volontairement des signaux d'appel à l'aide à son entourage afin qu'il satisfasse ses besoins. Quand les besoins d'être nourri, d'être propre ou d'être pris dans les bras ont été assouvis, il s'ensuit que l'expérience s'associe dans la mémoire à une réponse positive, mais quand la réponse à ses appels a été un rejet, une crainte ou une insécurité s'installent chez l'enfant, laquelle mène à l'angoisse. C'est René Spitz qui, vers la fin des années quarante, a été le premier à étudier en profondeur l'angoisse du nourrisson. Il a nommé la réaction de tension du nourrisson «angoisse de séparation». Il explique qu'autour de huit mois, pour se sentir en sécurité dans d'autres bras que ceux de sa mère, le petit enfant doit pouvoir, en regardant autour de lui, apercevoir sa mère. Face à un étranger ou à une situation inconnue, une certaine angoisse est anticipée et le bébé réagit alors par un subtil besoin de vérification de la présence de la mère.

Pour parler du comportement de l'enfant devant l'étranger, Freud (1926) a préféré utiliser le mot «peur» plutôt que le mot «angoisse». Pour lui, la réaction de retrait du huitième mois est différente de ce que Spitz décrit, elle est une réelle peur et l'angoisse ne peut survenir qu'après avoir connu la peur. «[...]bien que les réactions de déplaisirs des premiers mois aient toutes les caractéristiques des états de tension psychologique, elles ne sont pas de l'angoisse au sens où nous l'entendons généralement, car elles n'ont encore aucune référence psychologique ; les états de tension ne sont que des réactions de peur». Pour Freud, dans la peur, il y a objet réel de déplaisir, et l'enfant qui a peur ne fait pas qu'appréhender qu'il y aura une expérience de déplaisir, il se rappelle une réelle expérience de déplaisir.

Il faut se rappeler que du troisième au sixième mois, le bébé manifeste du déplaisir lorsque son objet d'intérêt disparaît ; au huitième mois, il a bien évolué et devant un étranger, le visage et la voix étant différents des images et des sons inscrits dans sa mémoire, il se souvient et s'inquiète du fait que ce ne soit pas sa mère. Avant huit mois, les réactions de tension du bébé répondent donc à l'inquiétude de percevoir l'inconnu comme différent des visages et des voix qu'il connaît alors qu'après huit mois, il a réellement peur de se retrouver en présence d'un visage et d'une voix étrangère parce qu'il se souvient qu'ils sont non souhaitables. Freud estime que les états de tensions des premiers mois ne sont que des inconforts et que ce n'est que vers le troisième mois que des traces mnémoniques, de plus en plus nombreuses, commenceraient à être codées dans le psychisme ; pour lui, ce n'est qu'après le quatrième mois que certains événements particulièrement déplaisants et frustrants inscrits dans la mémoire peuvent être amplifiés et ce n'est qu'alors seulement, que se manifestent des réactions de retraits. Pour Freud, la réaction de peur devant l'étranger est le prototype physiologique de l'angoisse ultérieure.

La majorité des psychanalystes s'entendent sur le fait que ce sont les sentiments d'angoisse vis-à-vis de l'objet aimé qui engendrent l'état dépressif. Au cours des premiers six mois, la vie de l'enfant est dominée par des pulsions persécutrices, phénomène que la psychanalyse a nommé *position paranoïde*. Les psychanalystes sont d'avis que c'est entre la naissance et le cinquième mois, alors que l'enfant introjecte des aspects négatifs de l'objet d'amour, que la position paranoïde s'installe. La phase qui va du sixième au huitième mois est décrite comme la *position dépressive*. Ils avancent que, lorsque la séparation d'avec la mère survient au moment où la position dépressive a cours, la souffrance vécue par l'enfant laisse une tristesse profonde.

Autour de six mois apparaissent, de manière exacerbée, des phases de fantasmes sadiques et destructeurs. Il semble que ce soit dans la seconde moitié de la première année, lorsqu'il aperçoit le second objet d'amour, soit le père, que le jeune enfant a le sentiment d'être angoissé, et c'est autour de huit mois que l'angoisse que le jeune enfant ressent se transforme en peur des étrangers. Si, dans la seconde moitié de la première année, l'objet d'amour maternel disparaît fréquemment ou pour une longue période et que le jeune enfant craint de lui avoir fait du mal ou pire encore, s'il craint de l'avoir détruit, il s'en sent coupable. Les expériences de réparation offertes au cours de la relation mère-enfant ont donc beaucoup de pouvoir en regard de l'angoisse et de la culpabilité présentes dans la dépression infantile. La mère est vraiment le premier objet d'amour et de réparation pour l'enfant et sans sa présence et ses gestes d'affection inconditionnelle, il ressent de l'angoisse. Il n'est pas question de mettre le blâme sur l'objet distributeur de sécurité et d'amour qu'est la mère, mais seulement faire prendre conscience que les expériences avec elle sont primordiales puisqu'elles peuvent marquer positivement le processus affectif de l'enfant ou au contraire, créer des désordres dans son développement affectif.

Mélanie Klein a désigné sous les termes de dépression anaclitique*, les symptômes qui surviennent chez le jeune enfant lors de la séparation d'avec la mère ; pour elle, la douleur chez l'enfant s'accumule, car le tout-petit ne sait pas sans sa mère voir le bout de l'obscur tunnel. Pour Klein, la perte de l'objet d'amour est la cause première de «l'humeur chagrine» et des comportements émotifs d'un jeune enfant, mais elle soutient que lorsque l'objet d'amour est restitué dans un délai de trois à cinq mois, la guérison de l'enfant est rapide.

Anna Freud (1949) écrivait que le jeune enfant vit la séparation d'avec sa mère comme une perte émotionnelle et qu'en son absence, la mélancolie s'abat sur lui. Elle nomme, *phase pré objectale* (quatre semaines à huit mois), la période qui coïncide dans le temps avec la situation symbiotique ; cette phase pré objectale débute dès le moment où l'objet maternant apporte les soins qui comblent les besoins physiques de l'enfant et soulagent ses tensions internes. Le point critique de la phase séparation individuation se produit aux environs du huitième mois, moment où se complique habituellement la situation symbiotique et où débute généralement le processus de séparation et d'individuation. Parce que le petit enfant ne connaît que sa mère, si à cette période critique des quatre derniers mois de la première année se pointe le danger de perdre l'objet symbiotique, il ne peut que réagir par une humeur chagrine. Anna Freud considère que l'enfant met entre six à trente mois avant d'être prêt à se séparer de son objet symbiotique et à devenir indépendant et que ce n'est qu'autour de dix-huit mois qu'il commence à prendre du plaisir à sa nouvelle autonomie.

Comme nous l'avons vu, Louise Kaplan (1978) utilise le terme de «symbiose» pour décrire la période de la première enfance qui, selon elle, va de quatre semaines à cinq mois. Cette brève période en est une de transformations fondamentales, car le bébé y expérimente deux métamorphoses qui vont l'enrichir de ses caractères humains essentiels, mentionne-t-elle.

Tandis que la mère interprétait le monde pour lui, elle donnait au bébé l'illusion de ne faire qu'un avec elle et avec les explications qu'elle lui traduisait. L'abondance de ces interprétations presque parfaites donnent une cohérence au bébé et commencent à l'ancrer dans le monde de la réalité. Le bébé découvre que la présence de sa mère le satisfait et lui conserve son intégrité. Chaque fois qu'elle le berce, le nourrit, le dorlote, lui parle, son intérêt pour elle s'accroît. Le bébé se met alors à associer la sécurité et la cohésion à la présence de sa mère. L'harmonie entre les gestes de l'enfant et la présence réconfortante de sa mère suffit à entretenir chez lui l'illusion qu'il fait un avec sa mère.

Kaplan précise que le bébé entretien l'illusion que le corps de sa mère lui appartient et que, grâce à l'illusion qu'il fait un avec elle, il est libéré des préoccupations relatives aux événements extérieurs et aux événements qui se produisent à l'intérieur de son corps. Dans cette illusion, le bébé suppose que tout ce qu'il voit, touche et entend lui appartient également. C'est la première métamorphose symbiotique.

[...] il s'érige un des attachements essentiel de la vie de l'homme : l'attachement privilégié de l'enfant à sa mère. Cet attachement spécial constitue la seconde métamorphose de l'enfant. Le lien établi entre la mère et son enfant va mettre dans les mains de celui-ci les rênes qui lui permettront de trouver sa place dans le monde. Lorsque l'enfant de cinq mois sera prêt à quitter l'orbite de la symbiose mère-enfant, il va emporter avec lui deux acquisitions fondamentales : une relation qui le lie aux détails ordinaires de la vie et la capacité de recréer les illusions de l'harmonie et de la béatitude parfaite. L'enfant acquiert les deux sources de son humanité. La façon dont il apprend à réconcilier les contradictions entre celles-ci, constitue l'histoire de sa seconde naissance.

Pour Kaplan, tenir de façon maternelle le nourrisson dans ses bras, l'autoriser à prendre le sein, le déposer dans son berceau lorsqu'il a besoin de se reposer et d'être seul, installe chez lui une impression d'intégration et d'intégrité. Quand l'environnement ne correspond pas aux demandes du bébé, c'est le bébé qui supporte l'environnement, dit-elle. Puisque c'est le premier environnement qui donne à n'importe quel autre son caractère sécurisant, la mère doit faire l'effort d'être présente et d'organiser l'environnement de son enfant de manière à rendre sûr et harmonieux le monde qui l'entoure.

C'est autour de la deuxième année, lorsque la mère a été suffisamment présente, cohérente et aimante, que se produit l'intégration des images de la bonne et de la mauvaise mère. Plusieurs psychiatres d'enfants dont Anna Freud, 1952, Mahler et Gosliner, 1955 et Loewald, 1951 reconnaissent que moins la phase symbiotique aura été satisfaisante et plus elle aura été parasitaire, plus il y aura d'ambivalence et plus la réaction négativiste de la deuxième année sera intense. Malher et Mc Devitt (1968) ont nommé *conflits intra psychiques* les réactions exagérément opposantes des jeunes enfants de deux ans.

Je considère normal qu'un enfant de deux ans, qui a vécu une souffrante obligation d'une séparation physique et psychologique qu'il n'était pas prêt à assumer, ait des réactions d'accrochage et de protestation en quittant sa mère. L'enfant souffre ! Il n'est aucunement anormal qu'un enfant de deux ans puisse être temporairement perdu sans sa mère ; même si ces réactions paraissent régressives ou agressives, elles ne sont certainement pas suffisantes pour évoquer une terreur psychotique. Pour dire qu'il y a, dans le comportement d'un enfant, des réactions exagérées ou un «conflit intra psychique» dû à la séparation, il faut qu'à ces réactions d'accrochage et de protestation s'ajoute un manque de plaisir à fonctionner en dehors de la présence de sa mère, de même qu'une diminution de la capacité à sublimer les surplus d'agressivité.

La plupart des praticiens s'entendent aussi pour dire que le conflit psychique relié à la séparation devient symptomatique lorsque, après deux ans, les moments de détresse ou de panique perdurent ou que l'enfant recourt continuellement à l'agressivité envers son objet d'amour. Ces réactions signifient que pour l'enfant l'objet d'amour ne se distingue pas encore de lui-même et qu'il n'est absolument pas prêt à vivre sans sa mère. Chez l'enfant qui a un comportement symptomatique, il existe très certainement l'échec d'une séparation survenue à la période symbiotique ; l'échec de l'investissement de l'image intérieure représentant la bonne mère a pour conséquence, une panique qui l'empêche de faire la distinction entre l'objet d'amour et le monde extérieur. Le degré de détresse, de panique et d'agressivité fait la différence entre un comportement normal et un comportement symptomatique et il faut alors agir afin de soulager l'enfant des symptômes qui l'empêchent d'évoluer.

À propos du comportement symptomatique, Spitz (1945-1946) avance que :

[...] pendant leur première année, si l'on prive des enfants de toute relation objectale pour une période dépassant cinq mois, ils présenteront les symptômes d'une grave détérioration qui ira en empirant. Les victimes de relations objectales perturbées pendant la première année, qu'elles soient déviées, impropres ou insuffisantes menacent la fondation même des relations sociales futures ; elles

seront incapables de créer une relation, car elles ne sont pas équipées pour les formes plus complexes d'échanges personnels et sociaux. Les victimes peuvent s'adapter à la société, mais elles sont des infirmes émotionnels parce qu'on ne leur a jamais donné l'occasion d'entretenir des relations libidinales et de réaliser l'objet d'amour anaclitique. Même leur capacité de transfert est compromise de sorte qu'elles sont également handicapées lorsqu'il s'agit de bénéficier d'une thérapie.

Pour désigner l'état de désintérêt dans lequel un petit enfant paraît s'enfermer lorsqu'il est séparé de sa mère, Spitz (1968) a utilisé comme Klein les termes de dépression anaclitique. Il a souligné qu'une dépression anaclitique n'existe que si, antérieurement à la séparation, l'enfant a pu entretenir des relations avec sa mère.

Nous n'avons pas observé un seul cas de dépression anaclitique chez les nourrissons ayant eu des relations manifestement mauvaises avec leur mère. Dans ces cas, il semblerait que n'importe quel substitut fasse aussi bien l'affaire que la mère biologique insatisfaisante. Au cours de nos travaux ultérieurs, nous nous sommes rendus compte que les dépressions anaclitiques cachaient divers désordres psychotoxiques et que ces désordres n'étaient pas nécessairement dus à la perte de l'objet, mais qu'ils s'étaient plutôt produits en conséquence de mauvaises relations précédant la séparation. Les troubles que l'enfant présente sont de nature différente lorsque, avant la séparation, la relation avec la mère a été mauvaise.

Voici le résumé d'une des premières études menées par Spitz en 1945 et 1946. La pouponnière dont il est question était située dans un hospice d'enfants abandonnés, hors des États-Unis, et abritait 91 nourrissons.

[...] Dans cette institution ou hospice, les enfants étaient nourris au sein pendant les trois premiers mois par leur propre mère ou par une autre si la leur n'était pas en mesure de le faire. Pendant ces trois mois, les nourrissons avaient l'apparence des enfants normaux moyens de la même ville et obtenaient les mêmes résultats qu'eux au cours des tests. Après le troisième mois, la mère et l'enfant étaient séparés. Les enfants demeuraient dans l'hospice où tous leurs besoins corporels étaient adéquatement satisfaits ; l'alimentation, l'hygiène, les soins médicaux, l'administration de médicaments, etc., étaient aussi satisfaisants, sinon supérieurs à ceux qu'il nous a été donné d'observer dans

n'importe quelle autre institution. Mais comme une seule infirmière devait s'occuper de huit enfants, ils subissaient une carence affective. En deux mois, ils recevaient approximativement un dixième des provisions affectives normalement fournies par la relation mère-enfant.

Après avoir été séparés de leurs mères, ces enfants traversaient les étapes de détérioration progressive caractéristiques de la carence partielle. Les symptômes de la dépression anaclitique se succédaient rapidement et bientôt, après la période relativement brève de trois mois, un nouveau tableau clinique faisait son apparition : le retard moteur devenait pleinement évident et les enfants devenus complètement passifs restaient étendus sur le dos dans leurs berceaux. Ils ne réussissaient pas à acquérir le contrôle moteur nécessaire pour se mettre sur le ventre, ils gisaient le visage vide d'expression, la coordination oculaire était déficiente et leur expression souvent imbécile. Lorsqu'après un temps la motricité réapparaissait, elle se manifestait sous forme de «spasmus nutan» chez certains et sous forme de mouvements bizarres des doigts rappelant les mouvements athétosiques* ou décérébrés chez d'autres. Au cours des tests, ils accusaient un déclin progressif de leur quotient de développement. Vers la fin de la deuxième année, ceux-ci étaient à 45 % de la normale : c'est le niveau qu'atteint l'idiot.*

Dans la pouponnière, nous observions en moyenne 55 enfants par an. Sur une période de quatre ans, nous avons donc suivi 220 enfants dont 186 pendant plus de six mois à partir de leur naissance et la moitié de ceux-ci pendant plus d'un an. Parmi eux, nous n'avons enregistré que deux morts dues à des maladies intercurrentes.

Il y a une différence capitale entre la Pouponnière et l'Hospice des Enfants Abandonnés : dans cette première institution les enfants étaient soignés par leur mère, mais non pas dans la seconde. Cette carence affective expose les enfants à des risques croissants d'infection et, lorsque la carence affective se poursuit pendant la deuxième année, leur taux de mortalité s'élève de façon spectaculaire.

Ces propos de Spitz ne sont pas spécialement réjouissants pour l'avenir des enfants qui ont été privés de leur objet d'amour. Ces observations ont mis en évidence ce que Mélanie Klein a mentionné, à savoir qu'il est plus difficile de remplacer un objet d'amour satisfaisant qu'un objet insatisfaisant auquel on n'est pas attaché.

Une mère qui, à la période symbiotique a été entièrement dévouée à son enfant et qui le quitte soudainement, peut freiner son développement psychique ; une mère qui ne répond plus aux demandes de présence affective est insécurisante pour le petit enfant. Comme Klein l'a précisé, dans les dépressions anaclitiques, la guérison est rapide lorsque l'objet d'amour est rendu à l'enfant dans un délai de trois à cinq mois, mais dans le cas d'une carence affective où l'enfant, pendant toute sa première année, a été privé de relation objectale, les choses s'avèrent différentes. Ces enfants présentent une grave détérioration qui semble, tout au moins, partiellement irréversible. De leurs observations, on peut déduire que l'absence de la mère est, de toute évidence, une privation sensorielle et un stress affectif suffisamment significatif pour installer des désordres somatiques chez l'enfant.

J'ai la conviction que l'autonomie prônée par notre société oblige trop rapidement les mères à laisser leurs enfants en garderie et qu'un enfant poussé trop précocement à l'indépendance est perturbé et a de la difficulté à fonctionner en groupe. Avant trois ans, ce que le petit être humain désire avant tout n'est pas d'être en présence d'autres enfants, mais bien d'être materné ; aussi, ne peut-il qu'avoir l'humeur triste. Il est impensable de séparer un enfant de sa mère avant qu'il ait pu s'attacher solidement à elle.

Harlow (1961) qui lui aussi s'est intéressé à l'absence de la mère et à l'absence des soins maternels, déclare que l'animal, dans ses relations et dans ses réponses sociales, exprime sa carence principalement par un désordre dans son fonctionnement émotionnel.

Chez les oiseaux et les canards par exemple, la guérison après une carence sensorielle et affective prolongée est rapide et aisée. Chez les oies cendrées et chez les mammifères inférieurs, les effets de la carence affective deviennent difficilement réversibles. Mais, lorsqu'on en arrive aux singes rhésus, les conséquences de la carence affective deviennent à jamais irréversibles.

Quelques années plus tard, suite à une autre expérience sur les singes rhésus, Harlow et son équipe (1966) concluent que :

Les singes auxquels il n'était pas permis de se faire des amis dans leur enfance et qui n'apprenaient pas à jouer avec des frères et soeurs ou des camarades, à toutes sortes de jeux libres et non sexuels, étaient ceux qui, plus tard, ne pouvaient fonctionner sexuellement de manière adéquate. La phase de jeu avec des semblables est une condition préalable à l'apprentissage de l'attraction et de la réaction sexuelle adéquate envers le sexe opposé. Nous croyons que le rôle de l'affection dans la socialisation des primates ne saurait être compris qu'en concevant l'amour comme un certain système d'affection et non comme un affect unique.

Pour faire l'étude du fait social de l'abandon des enfants, le Père Saint-Seine (1950) a lui aussi examiné le comportement typique de certains animaux orphelins. Pour lui, aucune compréhension profonde de l'abandon n'est possible sans comparaison explicite avec les sociétés animales, à tout le moins, avec celles des mammifères supérieurs. C'est, dit-il, à des phénomènes d'absence que nous relions des cas de frustration qui affectent les animaux supérieurs et l'homme. Voici quelques-uns des faits qu'il rapporte concernant quelques agneaux orphelins.

Cas 1 : Les éleveurs savent qu'un jeune animal, par exemple un agneau isolé précocement de sa mère et du troupeau et élevé au biberon, manifeste par la suite un très mauvais ajustement à la vie sociale de son groupe : l'agneau se tient à l'écart jusqu'à la période de maturité sexuelle où il fait preuve d'un comportement sexuel normal, mais pour quitter à nouveau le troupeau dès la fin de la saison du rut.

Cas 2 : Un agneau ayant perdu sa mère au moment du sevrage, revint journellement auprès du cadavre en décomposition ; peu à peu il l'a remplacée, symboliquement, par un objet immobile : un rocher. L'agneau ne se mêla jamais plus au troupeau et ne montra plus aucun comportement reproducteur normal.

Comme Saint-Seine, je crois que les comportements des agneaux orphelins sont, à bien des égards, superposables au comportement de plusieurs enfants abandonnés bien que, malgré une enfance sans attachement, il est possible pour l'enfant de se propulser hors des limites de ce passé frustrant. Bien sûr, l'enfant qui a vécu un abandon a une bonne raison d'avoir l'humeur chagrine et bien sûr, il y aura toujours des retours en arrière, mais si l'on ne peut changer l'humeur inquiète et chagrine du début de la vie sans la mère, avec l'aide des bras consolant d'une personne maternante, on peut du moins faire que, pour l'enfant qui grandit, cette humeur inquiète et chagrine ne soit pas de tous les instants. Grâce à la présence affective stable et constante de cette personne compréhensive et compatissante, il aura la possibilité d'élaborer les mouvements d'une moins douloureuse association et de croire en un nouveau commencement. Il est certain qu'on ne peut balayer du revers de la main les moments d'absence et les difficiles ruptures vécues par l'enfant, mais on peut du moins tenter de faire l'effort de s'occuper de lui composer un environnement aimant et de lui éviter d'autres frustrations et d'autres difficiles adaptations.

Dans un atelier où le thème était l'absence des mères, une mère participante m'a raconté avoir été tellement bouleversée par l'humeur triste de son enfant qu'elle laissait en pleurs derrière la porte de la pouponnière(0-2 ans), qu'elle a décidé de ne pas retourner au travail. J'ai demandé à cette mère quelle émotion la traversait alors qu'elle laissait son enfant en larmes ? Elle m'a répondu : «Ses pleurs m'appelaient. C'était un appel au secours. Je suis ici, derrière la porte, où es-tu maman ? Sans moi, je le sentais et les gardiennes me le disaient, il ne prenait pas plaisir à jouer et ne retrouvait la joie qu'à mon retour. Même si j'avais souhaité reprendre le travail, je travaillais mal et je ne pouvais plus supporter de le réveiller tous les matins et d'écouter ses pleurs d'enfant abandonné. Sa fatigue, ses pleurs et son humeur triste faisaient appel à ma compassion. Il me suppliait de ne pas le laisser là, de rester avec lui.» Il est réellement touchant de constater le tendre attachement d'un tout petit enfant pour sa mère. Quoiqu'elles ne le disaient pas tout aussi clairement, toutes les mères trouvaient pénible de s'absenter pour leur travail et de devoir se séparer de leur bébé. Au cours des neuf semaines d'atelier, je n'ai pas connu de mère qui n'ait eu son histoire de séparation, de pleurs et de tristesse.

L'histoire qui suit est aussi l'une de celles qui m'a amenée à reconsidérer les sentiments d'abandon des enfants qui vivent l'angoisse d'être séparé de leur mère. Elle illustre bien ce qu'est, pour un petit bébé, le besoin de mère.

Abandonné dans la nuit

Un nouveau bébé recroquevillé a un effet magique sur moi. Tout ce que j'ai de tendresse est alors prêt à éclater. Lorsque mon premier petit enfant est venu au monde, j'étais auprès de ma fille pour accueillir son fils et participer à sa joie. Ce petit être incroyablement complet m'attendrissait dans mes recoins les plus humains. J'avais le cœur au bord des larmes tellement j'ai aimé le prendre dans mes bras.

Le beau moment est arrivé où l'on m'a confié, pour un jour et une nuit, cet adorable bébé. Sa lourde tête, ses petites oreilles, ses si petits doigts et sa peau si douce soulevaient tout ce qu'il y avait en moi d'élan d'amour. Il semblait si fragile et occupait une si petite place que je n'avais que l'envie de le protéger et de le câliner. Sa tête au creux de ma main, son visage contre le mien, je me sentais une grand-mère capable d'assurer temporairement le rôle tendre de remplacer sa maman. Je lui chuchotais à l'oreille qu'il était le beau bébé qu'on attendait et qu'on l'aimait bien avant qu'il soit dans nos bras. Je savais déjà que l'on s'aimerait beaucoup lui et moi et j'étais prête à assumer cet amour.

Pendant trois mois, j'eus le bonheur d'être sa nounou, une journée et une nuit par fin de semaine. Dans ses yeux sombres et dans ses gazouillis, je reconnaissais cette lueur paisible qui accompagne la prise de contact. Quand il s'endormait calmement au creux de mes bras, je ressentais son bien-être. Persuadée d'avoir fait tout ce qu'il fallait, je jouissais de ces moments de maternage tranquille que la vie me permettait à nouveau en tant que grand-maman.

Pendant tous les mois d'été, j'ai eu le plaisir d'être près de lui en tant que gardienne. Lui et moi passions de longs moments ensemble au jardin, à écouter les oiseaux et à dormir, l'un contre l'autre dans le hamac.

Avec tous, il était un enfant souriant, mais la nuit, seul dans son petit lit, il pleurait comme un petit oiseau hors du nid. «Comme un chat qu'on a abandonné», disait ma fille. Se crispant de toute sa taille, sans interruption, le petit malheureux pleurait jusqu'à ce que sa mère vienne apaiser ses pleurs. Malgré les douces paroles et les câlins, lorsque sa maman le croyant endormi le mettait au lit, ses pleurs reprenaient. C'était tellement touchant qu'elle empoignait son petit, le remettait contre son ventre et l'emmenait dormir dans son lit. Chaque nuit se répétaient les mêmes pleurs désespérants et la même nécessité d'être réconforté dans les bras de sa maman.

En soupirant, ma fille m'a dit, comme pour s'excuser et me convaincre que son geste était justifié: «J'ai fait plusieurs tentatives, mais je me sens tellement coupable et il semble tellement malheureux que je ne me résigne pas à l'abandonner et à le laisser pleurer seul dans son lit. Il n'y a aucune doudou, aucun toutou, aucune musique capable d'arrêter ses pleurs. Dès que je m'approche, il se calme et m'accueille avec joie et force sourire. Cela n'en finit plus, tant il est heureux de ne plus se retrouver seul. Je le prends près de moi, je mets ma main sur son ventre et il s'endort aussitôt.»

J'étais déjà convaincue que son bébé était terrifié à l'idée de dormir sans elle puisque, elle, sa mère, n'avait pu supporter d'être abandonnée seule dans son lit. Cependant, ce sont des choses qui ne se disent pas au risque d'être jugée comme une grand-mère trop sensible. Pourtant, plusieurs enfants ont réussi à convaincre leur mère qu'il était hors de question qu'ils dorment loin d'elle ne fut-ce qu'une nuit.

Plusieurs mères m'ont confié que leurs bébés avaient eu besoin du contentement permanent d'être pris dans les bras durant le jour et d'être près d'elles durant la nuit et ce, pendant presque toute la première année de leur vie. La majorité a mentionné que si elles laissaient leurs bébés en pleurs à la garderie, elles ne les laissaient pas pleurer lorsqu'elles étaient avec eux, que ce soit de jour ou de nuit. Intuitivement, elles traduisaient que les comportements des bébés démontraient un besoin impérieux d'être près de leurs mères à tous les instants. «Puisque je ne laisse pas pleurer mon bébé pendant le jour, je ne le laisse pas davantage pleurer durant la nuit. N'est-il pas terrifiant pour un tout-petit de se sentir seul, surtout quand c'est la totale noirceur et qu'il ne peut reconnaître son environnement ? Croyez-vous qu'un enfant remarquablement sage et heureux durant le jour devient automatiquement capricieux la nuit venue ?» Pourquoi un bébé qui pleure peu durant le jour s'épuiserait-il à lancer des appels au secours pendant la nuit ? La majorité de ces mères étaient d'avis qu'avec un petit bébé qui ne demande pas de fermeté durant le jour, on ne devait pas davantage user de fermeté et le laisser pleurer sans le consoler lorsqu'il fait nuit.

Est-il si étonnant que les petits pleurent à s'en fendre l'âme quand ils ont le sentiment d'être abandonnés par la seule personne dont ils connaissent la voix, les yeux et le sourire ? Elles avaient tout à fait raison de consoler leurs petits, car le Moi du jeune enfant ne sait se défendre que par des pleurs et des cris. Je pense qu'on ne peut pas demander à un tout petit attaché à sa mère de se détacher d'elle parce qu'il fait nuit. La réponse de la mère à l'appel de son bébé dans la nuit est pour l'enfant une preuve de son attachement fidèle. D'ailleurs, chez la plupart des mammifères, dont les chats, les chiens et même chez les oiseaux, il est parfaitement normal que le bébé couche dans le lit de sa maman.

Des propos de ces mères, j'ai retenu que dans la première année de leur vie et jusqu'à ce qu'une véritable relation à l'objet ait été intérieurement intégrée, les tout-petits ont une peur profonde de la solitude et donc un besoin permanent de la présence de la seule personne qu'ils aiment. Pour moi, il n'est pas digne d'une mère de refuser sa présence et ses bras à son petit qui crie sa peur de la séparation et son sentiment d'abandon.

2.2 Les frustrations et l'humeur triste

La mère est vraiment le premier objet affectif pour l'enfant. (ANONYME)

Freud (1926) a écrit que :

Nous avons appris à mieux voir et sommes maintenant tentés de considérer la névrose infantile non comme l'exception, mais comme la règle : il semblerait que, sur le chemin menant du plan primitif à celui du civilisé adapté à la vie sociale, la névrose de l'enfant est, pour ainsi dire, inévitable.

Même si j'adhère à cette idée que les difficultés d'adaptation des enfants sont, pour une bonne partie, d'origine névrotique, il se peut que la névrose cache tout de même un état dépressif.

Dans la littérature psychanalytique, il est mentionné qu'à long terme les situations anxiogènes et traumatisantes suscitent quelques fois des mécanismes de défense si puissants qu'elles conduisent certains enfants à des troubles psychotiques. Pour ces derniers, l'objet maternant leur apparaît si frustrant et si menaçant qu'ils inhibent toute relation avec le réel ; la panique devient si puissante qu'elle écrase tout désir de s'opposer ou de s'affirmer avec agressivité. Certes, il y a plus d'angoisse dans le trouble psychotique que dans le trouble névrotique, mais malgré un bon potentiel d'intelligence, la majorité des enfants névrotiques ont de grandes difficultés à apprendre.

De façon concrète, l'enfant soumis à un trouble névrotique a de grandes difficultés à apprendre parce que son comportement est presque systématiquement opposant. Parce que ses représentations intérieures lui font voir sa mère comme un objet destructeur, l'enfant soumis à un trouble psychotique est incapable d'utiliser l'objet maternel comme un investissement maternant et met toutes ses énergies à tenter de l'écarter.

Les pédopsychiatres considèrent que l'enfant psychotique a intégré le mauvais objet et que, n'ayant pas de bon objet intérieur, il n'a donc aucun soutien interne pour soulager ses pulsions instinctuelles. Ils sont aussi d'avis qu'un des traits qui caractérise un symptôme prépsychotique est l'alternance rapide entre une extrême envie fusionnelle et une totale répulsion envers l'objet d'amour ; ce type d'enfant demande la présence de son objet d'amour et l'instant d'après, il lutte contre lui de façon spectaculaire. L'anxiété et l'agressivité dont on ne s'est pas occupé dans les deux premières années peuvent se transformer en trouble pré psychotique au cours de la troisième année et s'amplifier jusque pendant la période de latence et de l'adolescence.

Rank (1955) a remarqué qu'il y avait chez les mères et les pères de personnalité soit dépressive, soit hautement narcissique, un indice élevé d'enfants psychotiques ; pour lui, une mère émotionnellement perturbée induit automatiquement une psychose chez son enfant. Je ne crois pas qu'il soit aussi facile que Rank le prétend, de discerner une interaction pathologique entre la personnalité des parents et celle de l'enfant ; je ne crois aucunement que la psychose découle uniquement de l'attitude dépressive d'un parent. Personnellement, une psychose infantile est la rencontre d'une prédisposition due à des facteurs constitutionnels et à des événements accidentels dans la vie de l'enfant ; pour qu'un enfant développe une psychose, il faut nécessairement qu'il ait un Moi hypersensible et vulnérable et que, au moment précis de la phase séparation-individuation, sa mère réagisse à ses demandes de manière réellement nuisible. Au moment critique de la deuxième année, alors que l'enfant tend à s'opposer à sa mère, à s'affirmer et à s'individuer, l'attitude d'une mère particulièrement parasitaire ou autoritaire prédispose l'enfant à des réactions excessives. Par exemple, la mère hyper anxieuse qui n'accepte pas que l'enfant se détache d'elle et qui ne supporte pas de s'en séparer risque de devenir des plus infantilisante et de nuire à l'épanouissement de l'enfant ; de même, la mère dictatrice qui n'accepte pas que l'enfant la défie ou désobéisse et qui se fait sans cesse punitive et culpabilisante devient réellement agressante et destructrice pour l'enfant.

Pour un enfant «normal», la mère est utilisée comme point milieu entre l'environnement externe et l'environnement intérieur, ce qui a comme conséquence une structuration du Moi et une différenciation entre le monde intérieur et le monde extérieur. Au contraire, dans le syndrome pré psychotique, la mère ne sert pas de pôle d'intégration et il y a confusion entre l'intérieur et l'extérieur. Quand les soins maternants ont été intégrés de façon confuse et destructrice, la mère n'est pas perçue comme principe maternant venant soulager sa tension interne et le Moi de l'enfant a de la difficulté à fixer les limites de ses pulsions confuses et à faire face aux nombreuses et menaçantes stimulations venant de l'extérieur.

L'enfant pré psychotique a besoin d'être souvent rassuré verbalement et d'être protégé contre ses pulsions destructrices et contre les stimulations excessives de l'environnement physique. Avec un tel enfant, la communication et la tâche éducative peuvent être très complexes et conjointement avec la personne ressource, un encadrement thérapeutique peut s'avérer utile. Il est toujours bienfaisant d'inciter ce type d'enfant à raconter ses expériences manquées, car il faut y remédier. Pour le faire parler, la personne ressource doit faire preuve d'une grande dose d'empathie ; elle peut introduire dans ses jeux des histoires d'enfant qui lui ressemblent et des objets inanimés comme des marionnettes qui, en parlant à sa place, l'aideront à calmer ses réactions excessives. L'enfant pré psychotique a besoin d'une personne empathique à ses côtés et pour un moment, il peut avoir besoin de l'encadrement régulier d'une équipe de professionnel.

La mère de l'enfant psychotique s'avère habituellement douée pour expliquer le sens de certaines conduites de son enfant ; paradoxalement, tout en paraissant sensible aux indices psychotiques, elle est incapable d'empathie et ne sait pas comment répondre avec sollicitude aux réactions de son enfant. C'est souvent lorsque la mère s'aperçoit que ses efforts de communication échouent et que deviennent prédominants des signes moteurs aussi primitifs que ronger ses ongles jusqu'au sang, grincer des dents, marcher sur la pointe des pieds, faire sans cesse, tourner des objets sur eux-mêmes, se balancer continuellement ou encore, se frapper la tête contre le mur, qu'elle consulte pour son enfant. Dans le syndrome psychotique, plusieurs traits appartiennent à la phase symbiotique, mais il y a parfois des traits autistiques dont je n'ai pas parlé ici, car les cas à prédominance autistique imposent une action thérapeutique assez spécifique.

Pour Jung (1962), les manifestations émotives ou les perturbations suscitées par l'ensemble des frustrations pathologiques influencent l'organisation psychique à un haut degré. Le sujet vit comme s'il vivait en fonction d'un immuable préjugé originel. Des frustrations pathologiques sont susceptibles d'empêcher la maturation du Moi ; elles sont celles qui, par leur intensité ou par leur accumulation, excèdent les possibilités d'adaptation du sujet, avance-t-il.

Certaines expériences négatives sont bien sûr inévitables mais, à la condition qu'elles soient supportables, on peut dire qu'elles sont des frustrations normales et nécessaires à la maturation du Moi. Néanmoins, un cumul d'expériences agressantes, punitives et culpabilisantes dans les premières années de la vie peut faire que les expériences ultérieures paraissent automatiquement comme de graves frustrations. Le moment où l'enfant a dû vivre de telles expériences a une incidence quant à la chronicité et à l'intensité des inadaptations. Pour Jung, dans le syndrome psychotique, il y a des frustrations pathologiques.

D'après Ernest Jones (1927), le jeune enfant considère toujours que les frustrations lui sont imposées délibérément par les personnes de son entourage. Ainsi, entre deux et quatre ans, lorsque sa mère le prive de sa présence ou lui refuse souvent ce qu'il désire, le jeune enfant se sent toujours en état de frustration et de manque ; vivre un sentiment de frustration a toujours une incidence sur la capacité d'adaptation. De nombreuses petites frustrations deviennent des «frustrations pathogènes» et les perturbations générées par l'ensemble des frustrations pathologiques conduisent à des émotions intenses et parfois à des comportements désorganisés.

Voici ce que sont pour Louis Corman (1993) la frustration normale et la frustration pathogène.

Si l'une des nourritures dispensées par l'amour maternel vient à faire défaut, il résulte pour l'enfant une privation ou une frustration pathologique qui conduit à une carence. Il y a frustration pathologique quand la mère est morte ou absente ou qu'elle prive son enfant des soins physiques et psychologiques qui lui sont indispensables. La différence entre la frustration normale et la frustration pathologique est que cette dernière est la privation d'un élément primordial à la vie, tandis que la frustration normale est le manque d'un élément que l'enfant désirait ou escomptait.

Il est des cas extrêmes où la frustration pathologique est facile à différencier de la frustration normale, mais dans la plupart des cas, il est plutôt difficile de tracer la ligne entre une frustration normale et une frustration pathogène.

Pour déceler si pendant sa petite enfance un jeune enfant a souffert d'une frustration pathogène, je me pose toujours ces deux questions : A-t-il manqué de présence, de soins physiques ou de soins psychologiques élémentaires et a-t-il été un bébé heureux avec sa mère ? Il importe de prendre en considération ce que l'on dit à propos de l'humeur de l'enfant au cours de ses deux premières années et l'album photo en dit long sur cet aspect. Le bébé qui a été heureux a manifesté sa bonne humeur alors que celui qui a souffert d'une privation majeure a eu la mine triste, l'enfant qui a présenté de façon passagère un mélange de tristesse et de bonne humeur a simplement été «d'humeur aqueuse». Ainsi, lorsque l'on observe chez l'enfant qui grandit de longues périodes de tristesse accompagnées de nombreuses et imprévisibles explosions d'agressivité ou d'émotion, c'est qu'il y a eu dans son passé de grandes frustrations ; lorsque l'on perçoit dans ses comportements des réactions agressives accompagnées de plusieurs composantes dépressives, c'est que l'humeur triste de sa petite enfance existe toujours.

Si on ne peut établir de manière sûre que les traits dépressifs des enfants sont en lien avec les tendances dépressives des parents, on peut du moins convenir qu'un parent qui n'a pas fait le deuil de sa propre privation suscite une dynamique conflictuelle, laquelle fait naître, inconsciemment, un sentiment de tristesse chez l'enfant. Chez ces parents qui ont connu des privations dans leur enfance, l'affect dépressif fait généralement ressurgir une difficulté ancienne enfouie dans la mémoire ; ce qui les a affectés au temps de la petite enfance est totalement étranger à la situation et au comportement présent, mais Jung affirme que l'affect dépressif latent peut sommeiller dans l'inconscient jusque dans l'âge d'être parent. De mon point de vue, une chose est certaine, quand à la fin de l'enfance une humeur triste est manifeste, c'est que des frustrations pathologiques ont affecté les premières années de vie.

Toutes les images, toutes les impressions, tous les souvenirs, tous les sentiments et toutes les sensations inexpliquées qui parviennent involontairement à la mémoire affectent l'organisation psychique de l'enfant. Ces moments involontaires d'émotions soudaines qui découlent de frustrations pathologiques s'expriment spontanément sous les formes d'une impression de tristesse, d'une explosion soudaine de larmes ou de colère, d'opinions catégoriques, pour ces enfants, c'est de préjugés, de lapsus, d'aspirations irréalistes ou même d'hallucinations ; Jung les appelle «affects». Parce que de provenance lointaine et inconnue, l'affect est ressenti comme un sentiment incongru avec lequel on ne sait trop comment conjuguer. L'irruption d'un affect pousse parfois à un comportement insensé. L'affect fait de l'individu sa chose et le réduit à la passivité. À l'apparition d'un affect, pour un moment, ce n'est plus le Moi qui est le maître de la place, mais le comportement impulsif, alors que des paroles et des gestes agressifs peuvent surgir de façon incontrôlée. Que l'élément déclencheur soit social ou qu'il y ait la présence de matériel affectif, c'est l'être tout entier qui se met dans un état de grande agitation et cette agitation soudaine est bien souvent un signe que l'enfant se défend contre une grande frustration.

Dans le langage usuel des adultes, l'affect s'exprime par des expressions courantes comme : «Ses paroles m'ont fait sortir de mes gonds.» «Il y a de ces choses qui me mettent en colère et me rendent fou.» «Depuis tel événement, il est devenu un autre homme, on ne le reconnaît plus.» Ces phrases montrent avec quelle facilité un affect ébranle la conscience du Moi. Sous une apparence extérieure des plus normale, tel individu adulte est un végétarien convaincu ou un abstinent intransigeant, tel autre appartient avec excès de zèle à une association ou se complaît à des actions particulièrement dévouées. Ce mode de vie qui le tranquillise et qui lui apporte une réelle satisfaction, peut lui sauver la vie. L'adulte en proie à un affect éprouve une grande sécurité à prouver que tout ce qu'il fait relève de l'absolue raison.

La survenue d'un affect fait partie de la construction normale de la personnalité, mais si les perturbations n'arrivent pas à être saisies et remaniées, elles peuvent revêtir une permanence et une chronicité qui peuvent, à leur tout, engendrer des modifications durables de la conscience. Si les frustrations n'arrivent pas à être intégrées par le Moi, il y a le risque que le tout prenne des proportions pathogènes et que, hélas, il en résulte des perturbations durables du caractère. Quand les perturbations éprouvées par l'enfant sont de courte durée, quelques minutes, quelques heures, elles n'ont pas nécessairement de conséquences défavorables sur son développement, mais quand elles le figent dans de longues périodes d'agressivité ou de tristesse, alors elles lui sont nuisibles. En présence d'affects, il ne faut pas forcer brutalement l'examen de conscience des enfants, il ne faut pas les frustrer davantage qu'ils ne le sont.

Des études cliniques ont rapporté que chez les adultes, les affects ont, quelques fois, fait disparaître des pans entiers de leur vécu, parfois pour des années. Extérieurement, l'impulsivité apparaît disproportionnée ou étrangère à l'événement en cours ; cependant, il ne faut pas croire que la raison de cette émotion et de cette agressivité soudaine soit banale. Ces études mentionnent que lorsqu'un adulte est en proie à un affect, il peut percevoir avec une plus grande acuité l'émotion qui est en lui et que, le plus souvent, c'est au cours de ce moment d'émotion intense qu'il prend conscience des éléments frustrants pouvant être les causes de ses comportements perturbés. Chez l'enfant, tout comme cela est chez l'adulte, un affect peut altérer, de la façon la plus sensible qui soit, son état d'équilibre psychologique ; pareil à l'adulte, durant un affect, l'enfant manifeste un caractère radicalement opposé à celui qu'on lui connaissait l'instant d'avant. Chez l'enfant comme chez l'adulte, l'affect dépressif a toujours un lien direct avec un événement frustrant et douloureux de la vie : séparation, perte, maladie, etc. L'enfant n'ayant pas le niveau de conscience de l'adulte, il faut l'aider à améliorer ses comportements perturbés pour qu'ils n'affectent pas trop son état d'équilibre psychologique.

Kanner et Einsberg (1955) précisent que trop de comportements perturbés signalent que le conflit est symptomatique. Pour eux, les comportements exacerbés et exagérés sont le signe que la représentation de l'objet maternel est sans doute si distordue que l'enfant ne peut utiliser «la bonne mère». Par exemple, un enfant de deux ans qui de façon répétitive se jette tête première contre un meuble pour forcer sa mère à rester près de lui aurait, de toute évidence, des pulsions agressives «anormales». Kanner et Einsenberg qui ont observé de nombreux enfants psychotiques ont émis l'hypothèse que trop de comportements destructeurs, trop d'accès de colère ou trop de moments de tristesse au cours des deuxième, troisième et quatrième année de vie, sont des réactions anormales et qu'une frustration pathologique affecte la personnalité de l'enfant. Pour ces cliniciens, toute pulsion exagérée et destructrice signale le début d'une psychose. Ils signalent qu'il y a une variété de types de mère et une variété d'atmosphères familiales et que, pour entreprendre une thérapie qui restaurera le Moi fragile des enfants désorganisés par une psychose, il est nécessaire de savoir quel type de maternage a eu la mère avec son enfant à la période symbiotique.

Certains psychanalystes, dont Winnicott, ont prétendu qu'aucun jeune enfant ne dispose d'un Moi assez fort pour réagir à la frustration qu'impose la séparation d'avec sa mère. Je pense que si le jeune enfant est capable de survivre physiquement à la privation de soins maternels, il n'est pas pour autant capable de s'adapter psychologiquement aux moments d'absence de sa mère. Ce que je crois également, c'est que tant et aussi longtemps que la mère n'a pas installé en l'enfant le sentiment de sécurité que lui confèrent sa présence et son attachement, elle crée, si elle s'en sépare, une dynamique de privation ou de frustration pathologique. Sans la présence sécurisante et sans l'attachement auquel il a droit, la séparation laisse une trace dans la mémoire et affecte, inévitablement, le processus d'individuation et le comportement d'adaptation de l'enfant.

Pour comprendre les réactions exagérées et les difficultés d'adaptation que présentent les enfants, il s'avère donc important d'examiner les premières frustrations qu'il a dû subir.

2.3 L'angoisse d'abandon de l'enfant adopté

Toujours, je crains de craindre ! Je suis malheureuse parce que j'ai le sentiment qu'il manque quelque chose à ma vie. (ATELIER MÈRE-ENFANT)

Les enfants de père et de mère inconnus sont toujours les enfants légitimes et naturels de quelqu'un. La mère et le père adoptif sont des intermédiaires importants pour ce qui est d'introjecter des parents symboliques. Dans le cadre d'une relation avec une mère adoptive prête à s'investir en tant qu'objet maternant, il est possible pour l'enfant d'effectuer un transfert et de réparer, en grande partie, la défaillance de l'environnement maternel premier. Même si l'enfant n'a pas de souvenirs de ce qui lui est caché, sa mémoire affective ressent qu'un secret lui est caché aussi, je suis d'avis qu'il faut faire la lumière sur l'histoire de l'enfant. Pour que l'enfant soit en mesure d'adopter une nouvelle famille, une nouvelle histoire et une nouvelle identité, il est nécessaire qu'il sache la vérité sur sa propre histoire et de sa propre identité. Même si les parents adoptifs ne savent pas le tout début de sa vie, l'enfant doit au moins savoir la vérité sur ses origines. Lui dire les débuts de sa vie, c'est lui reconnaître le droit d'être et d'avoir une existence. Priver l'enfant de ce qui est connu sur ses origines, c'est le priver de sa vérité et c'est lui faire violence.

Un enfant qui ne sait pas n'a pas de racines affectives, il est figé comme une chose et ces choses qui, dans la vie de l'enfant, sont de l'ordre du destin vont se répéter dans les histoires de famille. Il n'y a que les adultes qui peuvent lui dire les choses de sa vie d'avant ses souvenirs et mettre de l'ordre dans son destin. Que l'on ait ou pas quelque chose à reprocher à sa mère, se sentir abandonné est une dure épreuve ; pour un enfant, c'est dramatique de grandir sans croire qu'une mère l'a aimé avec sollicitude. Peut-être bien qu'un passé sans sollicitude et sans racines affectives n'est jamais totalement ou définitivement compensé.

Lors d'un atelier mère-enfant dont le thème était la névrose d'abandon* chez l'enfant, l'une des mères a raconté que, même si à l'âge adulte elle avait la capacité de devenir ce qu'elle est et qu'elle savait maintenant où elle voulait aller, ne pas savoir de quelle mère elle venait, continuait de la hanter. Il semble qu'en grandissant, l'enfant qui a été réellement abandonné ou qui a vécu dans une crèche ou dans un orphelinat garde au fond de lui l'immense frustration de ne pas avoir de réponse au problème de son origine et de son manque initial. Il n'est pas irréaliste de penser qu'être séparé de sa figure d'attachement suscite une insécurité et une détresse intense dont on se souvient, sensoriellement, même à l'âge adulte.

L'angoisse du jeune enfant qui se sent abandonné, se présente généralement sous la forme d'une dépendance à la fois excessive et agressive envers l'objet d'amour. Parce que la dépendance est souvent accompagnée de comportements agressifs envers l'objet d'amour, cela rend l'angoisse plus difficile à détecter. Cette dépendance névrotique*, c'est ce que la majorité des auteurs définissent comme une insécurité face à la séparation ou une angoisse d'abandon. De façon récurrente, le jeune enfant angoissé a le sentiment intérieur d'un danger, celui de perdre la permanence de son objet d'amour. Mahler soutien que :

[…] dans le cours normal du processus d'attachement et de séparation, l'angoisse est une réaction asthénique inévitable. Autour de la fin de la deuxième année et au début de la troisième, la crainte de perte d'amour s'articule autour de l'angoisse de castration. L'enfant réagit à la différence anatomique des sexes, habituellement à l'apogée de l'entraînement à la propreté et à un moment où cette réaction d'angoisse se complique de craintes anales.*

Mahler a remarqué que vers l'âge de six mois, la majorité des nourrissons élevés dans leur famille manifestent ouvertement leur attachement à leur mère alors que, dans le cas des enfants abandonnés qui ont été élevés en institution, ceux-ci développent plus tardivement leur comportement d'attachement. On peut facilement imaginer que dans le cas des enfants abandonnés, pour un bon moment, un certain degré de peur va persister ; il est difficile pour des bébés adoptés de répondre à un nouveau visage, à une nouvelle texture de peau, à une nouvelle odeur corporelle, à un nouveau langage non verbal, à de nouvelles intonations, et parfois même, à une langue totalement différente de celle qu'ils étaient habitués d'entendre dans leur ancien milieu. Qu'il ait été maltraité, négligé, rejeté ou abandonné, un enfant dont l'attachement initial a été occulté mettra, sans nul doute, plus de temps à manifester son intérêt devant le comportement d'affection de ses nouveaux parents. En raison d'un passé difficile, le bébé dont la mère biologique est disparue de sa vie sans qu'il ait été prêt et sans qu'il n'ait eu le temps d'apprendre à se détacher d'elle, ne réagit pas instantanément aux gestes affectueux de sa nouvelle maman. Malgré cette réalité, l'enfant qui est adopté ne perd pas pour autant son désir et sa capacité de s'attacher à d'autres personnes et, si angoissant qu'ait été le début de sa vie, l'enfant peut encore établir des relations d'attachement.

Dans leur étude sur les enfants abandonnés, Schaffer (1963) et Emerson (1964) ont observé que :

S'il y a plusieurs interactions au cours du milieu ou de la seconde moitié de sa première année de vie, le nourrisson développe rapidement un attachement dès qu'il lui en est donné l'occasion. […] ni la durée de l'absence ni l'âge du retour ou de l'adoption ne paraissent significatifs. Les capacités perceptives et interac-

tives de l'enfant existent toujours et les parents adoptifs se doivent de les solliciter avec patience.

Je suis convaincue que, même si le bébé adopté n'oublie jamais totalement la vie intra-utérine vécue dans le ventre de sa mère biologique et qu'il en conserve, de façon partiellement consciente, certaines références, à la condition que sa nouvelle mère soit capable d'être une bonne mère pour lui, l'enfant adopté sera capable de construire un tendre attachement pour elle. Il est primordial d'induire chez l'enfant qui a été orphelin, la certitude que la mère de remplacement sera toujours là pour lui. Pour la mère adoptive, c'est un contrat à temps plein, la nuit comme le jour, car ce n'est que par la constance de sa présence que l'enfant orphelin peut échapper à la peur de la séparation. Adopter un enfant et prendre la responsabilité de devenir sa mère et son père adoptif reste la décision de personnes adultes et ce n'est pas en quelques jours que, entre des parents adoptifs et un enfant orphelin, peuvent se forger des liens d'attachement mutuel. Dans les faits, qu'un bébé ait été adopté ou non, s'il a été mal séparé de sa mère, il reste susceptible à la peur de toute nouvelle séparation et il lui faudra du temps pour se convaincre qu'il ne sera pas abandonné à nouveau. Quand l'enfant a vécu une séparation ou une perte, à un moment critique de sa vie, il y a une angoisse d'abandon et les parents adoptifs doivent s'attendre à ce que le processus d'attachement soit plus long à s'effectuer.

Ludovic, 30 mois et Carmen, 31 ans

Ludovic vit dans une institution depuis sa naissance. Dans les premiers mois de son séjour, Ludovic semble très bien s'adapter ; il est un enfant expressif et sociable. Au cours du quatrième mois, il s'attache à une infirmière attentive et affectueuse qui prend tous les jours, soin de lui. À l'instant où elle apparaît, son visage s'anime. Dès qu'elle lui tend les bras, il s'agrippe à elle et, lorsqu'elle lui parle, il glousse de plaisir.

À l'âge de huit mois et demi, cet attachement est brusquement rompu. Ludovic part vivre en famille d'adoption. Pendant plusieurs jours, il se montre désespéré et complètement perdu dans son nouveau milieu. Il refuse de sourire aux visages étrangers de sa nouvelle famille et il se crispe dès qu'on veut le prendre. Pendant plusieurs semaines, dès qu'on lui adresse la parole, il détourne son regard. Lorsqu'on le met au lit, il regarde quelques instants le mobile, celui qui était accroché à son lit à la crèche puis, il fixe longtemps la porte avant de s'endormir comme s'il s'attendait à voir entrer l'infirmière qu'il aimait. À l'âge du quatre pattes, lorsqu'on le met à l'écart avec des jouets, il regarde autour de lui, pose quelques instants les yeux sur les jouets, en choisit un et semble entrer en lui-même. Ludovic aura bientôt trois ans et il n'a aucun accès de colère ou d'agrippement lorsque sa mère adoptive s'en va, il ne se retourne pas pour vérifier sa présence. À la garderie, il se mêle peu et il n'a aucune réaction de plaisir lorsque sa mère revient le prendre.

Ludovic ne s'est pas encore servi d'objets transitionnels comme une couverture ou un toutou. Avant l'âge de quatorze mois, Ludovic n'a jamais échangé un véritable sourire avec sa maman Carmen. Jusqu'à maintenant, le corps de Ludovic est resté rempli de silence. Jusque-là, tout indique qu'il ne s'est pas encore attaché à sa nouvelle mère. Lorsqu'une mère fera partie de ses représentations symboliques et que, progressivement, Ludovic aura atteint un certain degré de constance émotionnelle, c'est-à-dire lorsqu'il aura fait le choix de son objet d'amour et qu'il aura la certitude de la constance de l'amour de Carmen envers lui, il en viendra à ne plus craindre de perdre cet objet d'amour et je crois qu'alors, il pourra ressentir l'attachement de sa nouvelle mère et arrivera à s'attacher à elle. Pour ce faire, il faudra que Ludovic vive suffisamment longtemps les rythmes apaisants et caressants de la symbiose avec sa mère. Après deux abandons en huit mois et demi, Ludovic va mettre du temps à croire en la présence stable d'un autre objet d'amour. Je crois qu'avec la patiente attention de sa nouvelle mère, Ludovic aura l'occasion de maîtriser l'idée que la prochaine séparation ne sera pas aussi brutale que celle qu'il vient de vivre.

La constance des soins et l'insondable tendresse dont est capable le coeur d'une femme peuvent réussir à pénétrer l'esprit d'un tout-petit et à lui faire oublier la séparation passée. Avec une nouvelle maman constamment présente à ses côtés, l'esprit d'un tout-petit peut réapprendre le plaisir d'être tenu dans les bras. Mais il faut reconnaître que dans le cas des enfants abandonnés et adoptés après huit mois, il est fréquent que le processus d'attachement transitionnel ne se produise pas avec la mère adoptive. Autour de huit mois, les jeunes enfants semblent dans l'impuissance totale de faire le lien entre la mère nourriture et la mère objet d'amour ; l'esprit des enfants de cet âge ne semble pas prêt à affronter les difficultés d'adaptation qu'impose la séparation et encore moins capable d'assumer l'adaptation qu'entraîne l'adoption. Autour de huit mois, la majorité des enfants vivent donc la séparation, non seulement comme une simple inquiétude d'être séparés de leur mère, mais comme un sentiment de perte et d'abandon des plus troublants, et plus encore, s'il y a eu, comme chez Ludovic, un second début d'attachement.

Pour Michel Lemay (1979), la vulnérabilité maximale de l'enfant par rapport à l'abandon des parents se situe entre les âges de six et dix-huit mois. La réactivité propre du sujet, l'âge du premier abandon, la répétition de ruptures relationnelles et l'instabilité des séquences spatio-temporelles lui semblent les grands facteurs traumatisants dans la genèse d'un état carentiel. La durée d'une existence chaotique joue aussi un rôle important.

En observant les réactions des bébés abandonnés dans une institution, Yarrow, (1963) a lui aussi réfléchi à la question de la vulnérabilité maximale. Les résultats de son étude, réalisée sur soixante-quinze enfants âgés entre six semaines et douze mois, ayant changé de foyer et ayant été séparés de la figure maternelle démontrent que, quelques nourrissons de trois mois ont été bouleversés. Quant aux nourrissons de six mois, quatre-vingt-six pour-cent ont manifesté des troubles et chez ceux de sept mois et plus, tous ont réagit soit par la réduction du sourire, du babil, de l'agrippement et des réponses sociales ou par l'accroissement des pleurs et des cris ; certains de ces nourrissons ont manifesté des troubles alimentaires, des troubles du sommeil, une nervosité ou, au contraire, une apathie visible. Ces conclusions infirment l'hypothèse qu'il y a réellement une période critique où le bébé est des plus vulnérable et où il lui est plus difficile de vivre séparé de la figure maternelle. Yarrow a conclu qu'au fur et à mesure que les mois s'écoulent, les difficultés de séparation s'accroissent et il devient difficile pour l'enfant de s'attacher à de nouvelles figures parentales.

Les études de Sander (1969) ont établi que lorsque la mère biologique d'un bébé n'est plus disponible et que, dans les dix jours après la séparation, il était confié à une mère de remplacement, ce bébé montrait des signes de perturbation dès que sa mère adoptive était, à son tour, remplacée par une puéricultrice étrangère. Comme Yarrow, Sander conclut qu'à l'intérieur de ce bref délai, ce bébé s'était donc déjà attaché à une autre personne, en l'occurrence à sa mère adoptive et que si la mère de remplacement est présente dans les moments qui suivent la naissance et qu'elle est chaleureuse, affectueuse et patiente, elle pouvait ranimer le souvenir des informations puissantes reçues à l'état fœtal et insuffler à l'enfant le désir de s'attacher.

Chez certains sujets ayant souffert précocement de rupture avec la mère, il persiste, même à l'âge adulte, des relations chaotiques, notamment des difficultés à établir et à maintenir des relations affectives stables et durables et une réelle inaptitude à s'investir sur le plan amical, sentimental, conjugal ou parental. Malgré cette vulnérabilité certaine que leur impose leur passé, ma vision quant au futur relationnel de ces personnes n'exclut pas qu'à travers des expériences nouvelles, stables, affectueuses et sécurisantes, il y ait une véritable compréhension de leur état affectif et conséquemment une modification de leur comportement.

Pour Shaffer (1963), de nombreux gestes répétitifs peuvent réveiller le bébé troublé par la perte de la figure maternelle: porter souvent le bébé dans ses bras, le bercer et le caresser souvent, forcer le contact de son regard et lui sourire d'un visage expressif et surtout, ne pas le laisser pleurer sans le consoler.

Ces gestes sont plus profitables lorsque le bébé a vécu quelque temps de bons moments avec sa mère biologique, car il est, dit Shaffer, influencé par l'empreinte des stimulations plaisantes qu'il a déjà reçues. Il a souligné, avec justesse, qu'en présence d'un bébé adopté, il demeure essentiel de demander comment était le rapport avec la mère biologique et de s'interroger sur la manière dont la séparation s'est effectuée ; il importe d'observer ensuite les comportements qu'il manifeste en présence de sa nouvelle mère ; ce sont là des repères capables d'informer sur ce qu'il faudra d'interactions pour stimuler et sortir l'enfant d'un état de non-réponse.

Pour Yarrow comme pour Sander et Shaffer, les premiers jours après la naissance sont les meilleurs moments pour confier un enfant à une mère adoptive. Grâce à une habituation précoce, de conditionnements en transferts d'informations, un bébé adopté passe, sans frustration majeure, de sa mère biologique à sa mère de remplacement. Les premiers jours après la naissance restent le moment privilégié de mettre en place l'attachement harmonieux entre une mère et son nourrisson ; il faut donc préserver le plus possible les premiers moments d'intimité entre une mère et son nouveau-né.

Voici ce que Maurice, dans une thérapie par l'écriture, m'a confié à propos de son sentiment d'abandon.

Chaque fois que l'amour m'a frôlé, j'ai eu ce sentiment qu'il me manquait quelque chose pour m'engager. Il m'a toujours manqué une réserve d'amour pour combler mes besoins et mes désirs, nourrir mes projets et surtout pour affronter mes vides. On dit de moi que j'ai été un enfant sauvage. Toute mon enfance, je me suis inventé une mère aimante et toute mon adolescence, j'ai fait le fanfaron et j'ai fui tous ceux qui semblaient m'aimer. Dans la vingtaine, j'ai souvent été seul parce que j'avais peur d'aimer et peur d'être abandonné. J'étais toujours insatisfait de l'amour qu'on me donnait. Il me manquait toujours quelque chose pour être heureux. Aujourd'hui, je pense que ce n'était pas cet amour que je désirais.

Puis, je me suis engagé et j'ai tout donné à celle que j'aimais pour qu'elle ne me quitte pas. Je n'arrivais pas à croire qu'elle puisse m'aimer réellement. Plus je vieillis, plus j'ai peur de perdre ma conjointe et mes filles ; à part les gâter matériellement, je ne sais pas leur dire combien je tiens à elles. Je voudrais comprendre comment on fait pour s'attacher à quelqu'un et comment on s'en détache un peu, sans se sentir rejeté et sans penser en mourir.

Aujourd'hui, à 43 ans, je commence à accéder à l'idée que, le reste de ma vie, je devrai vivre avec ce manque d'être sans mère. Je n'arrive pas à décrocher de ce sentiment d'abandon et je trouve cela de plus en plus souffrant. Je vis encore en cherchant, dans le regard des femmes que je rencontre, le souvenir d'une mère aimante. Je ne peux pas demander à ma conjointe de m'aimer comme une mère, bien qu'en certaines occasions, elle m'a aimé comme une mère l'aurait fait.

J'aimerais avoir des explications sur le comportement des enfants orphelins. Donnez-moi, s'il vous plaît, des références et des informations qui me permettront de dépasser le sentiment d'abandon que je ressens depuis que je suis enfant.

L'histoire de Maurice témoigne que l'enfant abandonné par sa mère craint la séparation et par voie de conséquence, reste un adulte en mal d'attachement. En grandissant, plusieurs enfants privés du regard et du sourire maternel craignent de s'engager amicalement et amoureusement, car ils ont peur d'être séduits et d'être ensuite déçus et abandonnés. Pour Maurice, les amies et les partenaires n'arrivaient pas à combler l'immense vide d'amour laissé par la perte de sa mère. Ayant vécu difficilement l'abandon de sa mère, il a mis beaucoup de temps à se fier à des bras amicaux et ensuite aux bras amoureux d'une partenaire. Dans sa vie adulte, Maurice continue à anticiper son destin de la manière inquiète qu'il a expérimenté sa vie d'enfant ; l'enfant abandonné qu'il a été continue à réagir à l'absence de sa mère. Il m'a été des plus touchant de constater que cet adulte, à l'humeur constamment inquiète, cherchait encore, à 43 ans, à s'expliquer l'abandon de sa mère. Pour le rendre moins inquiet et moins triste, j'ai passé en revue la littérature et je me suis mis consciencieusement à la recherche de théoriciens et d'études qui lui donneraient quelques débuts de réponse et quelques éléments susceptibles de l'aider à mieux vivre avec son sentiment d'abandon. C'est son courriel qui, pour une partie, a motivé l'écriture de ce présent chapitre sur l'angoisse de l'abandon.

À un certain moment, les enfants se questionnent sur le désir qu'avait leur mère de les voir naître et les enfants adoptés n'y font pas exception. Comme tous les enfants, les enfants adoptés sont intuitifs et pressentent que leur mère n'est pas leur mère biologique. Avoir une mère et un père inconnu a des conséquences. Je pense que la plupart des enfants adoptés souhaitent, à un moment ou à un autre, connaître le début de leur vie et leurs parents biologiques. Les parents adoptifs ne peuvent pas refuser d'entendre les demandes de l'enfant et, même si c'est difficile, ils doivent répondre favorablement à cette demande ; c'est en disant la vérité que la mère et le père adoptent vraiment leur enfant. Pour donner un sens à leur vie d'enfant, tous ont besoin d'une bonne mère et d'un bon père symbolique et pour le devenir, les parents adoptifs doivent prendre la responsabilité de dire et ce, même s'ils savent que l'enfant a été conçu dans le non-désir. Mais, s'il faut dire la vérité aux petits enfants, il ne faut pas la leur dire avec brutalité. Il faut prendre bien soin des enfants abandonnés.

Un mode de vie profondément satisfaisant peut reconstruire la capacité d'aimer des enfants abandonnés et leur permettre, au fil du temps, d'édifier et d'entretenir des relations authentiques. Voici un exemple où comprendre la structure de la névrose infantile a pu améliorer les relations de l'enfant avec le réel.

Antoine, 6 ans

La mère d'Antoine, sous la recommandation d'une éducatrice inquiète des dessins ennuyeux et sans couleur d'Antoine, est venue consulter ma collègue. Au service de garde, Antoine présentait des difficultés d'adaptation accompagnées d'accès d'agressivité et d'accès dépressifs et, en classe de pré maternelle, il présentait des difficultés d'apprentissage scolaire.

En bon pédagogue, ma collègue aurait pu inviter la mère et l'enseignante à solliciter les intérêts intellectuels spécifiques de l'enfant et à stimuler un peu plus son imagination, mais son but premier n'était pas de stimuler la curiosité intellectuelle d'Antoine ou d'embellir ses dessins, mais bien de l'aider à triompher de la tristesse qui le déprime et des frustrations qui le rendent agressif.

Pour interpréter la névrose d'Antoine, avec l'aide de sa mère, ma collègue a essayé de comprendre le sens du matériel extérieur et de le rattacher au matériel inconscient. Le Moi frustré et agressant faisait partie du matériel extérieur et ce matériel visible, qui est manifeste dans le comportement est en lien avec l'inconscient, soit l'angoisse et la culpabilité qui, eux, sont au-dedans. En prenant connaissance de l'insécurisante séparation et de l'expérience première, ma collègue a pu remonter à la difficile adaptation d'Antoine et rattacher sa névrose d'enfant à son angoisse passée. À la fin de la thérapie, les dessins répétitifs d'Antoine firent place à une véritable habileté pour les travaux manuels et les sports et ce, sans aucune sollicitation de la part de la mère et de l'éducatrice.

Chez un petit enfant, la névrose prend diverses formes : certains perdent l'appétit, s'endorment tard et s'éveillent tôt, certains autres ont des tics et des manies, d'autres encore ont des comportements excessivement responsables et très raisonnables. Les difficultés alimentaires et les troubles du sommeil qui persistent, les frayeurs nocturnes et les phobies sont des manifestations qui masquent la frustration et la souffrance et peuvent conduire à une maladie névrotique. Tous ces enfants devraient inquiéter leurs parents et leurs éducateurs, malheureusement, loin d'en être alertés, la majorité des adultes considèrent ces difficultés comme passagères. Il est vrai que certaines peurs et certaines angoisses sont simplement dues à la vulnérabilité de l'âge, néanmoins, justement à cause de leur immaturité, les petits enfants sont moins bien adaptés que les adultes et leurs peurs et leurs angoisses sont indiscutablement plus intenses que celles des grands.

Aussi banale que la frustration et la difficulté puissent paraître pour un adulte et si peu grave que soit évalué le degré des peurs et des angoisses, il faut accorder une attention particulière aux symptômes névrotiques des enfants. Parce qu'ils les croient réellement dotés de vie, certains objets font réellement peur aux enfants, de là, ils ont alors peur de toutes les activités liées à ces objets. D'aucuns, lorsque survient l'obligation d'un déplacement, par peur des rues bruyantes et grouillantes de monde, préfèrent ne pas sortir et se priver d'une promenade ou d'un voyage ; pour d'autres, la peur de l'auto occasionne une moindre résistance au stress et une si grande fatigue qu'ils vomissent tout le long du voyage.

Certains psychiatres ont des interprétations particulières à propos des peurs enfantines. Le petit enfant qui cligne des paupières ou ouvre grand les yeux peut vouloir se prouver à lui-même qu'il n'est pas en train de devenir aveugle ; celui qui hurle à la mort quand on le baigne ou qu'on lui lave les cheveux, peut craindre que ce lavage détruise une partie de son corps ou de glisser avec l'eau dans le trou du bain. Les enfants attribuent souvent leurs peurs intenses à leur propre méchanceté, aussi il serait des plus dommageables d'ajouter des mesures éducatives à leur culpabilité. Pour les psychiatres, c'est invariablement parce qu'une peur existe que les enfants manifestent de l'insécurité et de l'angoisse et il ne faut pas ajouter la punition à la peur.

La théorie psychanalytique explique que l'angoisse d'abandon survient après le début de la permanence de l'objet, c'est-à-dire après que l'image maternelle ait été intériorisée. L'angoisse s'est généralement installée après qu'un événement frustrant ait rompu le rythme habituel de la relation parent-enfant ; il peut s'agir d'un événement comme une absence de la mère, un voyage d'affaires impromptu, une hospitalisation. Après un incident survenu à la garderie, si sa frustration et son inconfort ne sont pas compris par sa gardienne et si elle ne le rassure pas, pour le jeune enfant qui attend d'être consolé, le temps est long ; ainsi, même si ce n'est que pour une très courte durée, le jeune enfant qui doit rester des heures sans soutien et sans réconfort, peut réellement craindre de rester seul avec cette gardienne et a réellement peur de ne pas retrouver sa mère. Le petit enfant dont on a forcé la séparation a dû s'y soumettre, mais, il est un fait, s'il n'a pas appris à anticiper positivement la séparation, il en vient à manifester son détriment par des crises d'oppositions et des agressivités. S'il n'est pas rassuré par sa gardienne et par sa mère des symptômes somatiques peuvent venir se lier à son angoisse. S'il n'est pas écouté, l'enfant en vient à réagir par des maux physiques : un mal de ventre, un mal de tête et même, des nausées et des vomissements.

Chez certains enfants, la crainte de devoir se séparer de leur mère se transforme en insécurité permanente et donc en timidité laquelle se camoufle sous un manque de participation aux jeux ou sous une totale répugnance pour certains jeux de groupe ; cette insécurité d'être sans sa mère peut aussi se manifester par une absence totale de persévérance dans les nouveaux apprentissages. L'enfant qui en grandissant méprise tous les jeux de groupe ou celui qui semble dépourvu d'une adresse et d'une persévérance minimale signale qu'il est angoissé ; si l'on ne s'occupe pas de son angoisse sur le champ, une inhibition plus sévère se révélera plus tard. À l'âge scolaire, aux difficultés d'apprentissage peut s'ajouter la phobie scolaire. À l'adolescence, la phobie scolaire comme la crainte des évaluations et des examens, s'associe quelques fois à une phobie sociale comme la crainte de rencontrer ses pairs ou celle de la compétition sportive ; l'angoisse de l'adolescent se manifeste par l'évitement de tout ce qui n'est pas milieu familial. On rapporte que la phobie scolaire atteint 5% de la population des enfants et des adolescents.

Un enfant qui est incontestablement opposant et agressant est ouvertement malheureux ; mais la névrose de cet enfant m'inquiète moins que celle de l'enfant qui se montre constamment ambivalent ou que celle de l'enfant qui a refoulé si profondément ses affects que l'on ne voit plus chez lui aucun signe visible d'émotion ou d'angoisse. De mon point de vue, l'enfant qui n'est plus un tout-petit et qui manifeste encore un attachement très intense à sa sucette, à sa doudou ou à quelque autre objet, peut être en train de dissimuler son angoisse. L'enfant qui ne prend aucun plaisir à jouer avec ses pairs, celui qui n'élargit pas ses intérêts ludiques ou qui ne varie pas ses jeux, celui qui est incapable de faire appel à son imaginaire pour s'accorder d'autres bonheurs, ceux-là, même s'ils semblent bien adaptés, souffrent d'une entrave de leurs besoins épistémophiliques*.

Comme Freud l'a suggéré, presque tous les symptômes névrotiques se forment à partir des frustrations imposées dans les périodes d'éducation. Le Surmoi éducatif n'est pas seulement fait de dressages parentaux et sociaux, dit Freud, mais aussi d'une intussusception* amoureuse, c'est-à-dire de la volonté du parent d'introduire dans son enfant l'amour qu'il ressent pour lui.

L'inadaptation psychologique des enfants névrosés que j'ai rencontrés dénonçait une intolérance aux frustrations liées à la séparation, mais également des difficultés d'éducation ; par difficultés d'éducation, je n'entends pas les difficultés qu'ont à subir les personnes responsables de l'enfant, mais bien les difficultés qu'ont les enfants à se soumettre aux règles de discipline, dites éducatives. Il est difficile d'évaluer la capacité intérieure à supporter la frustration, mais une chose est certaine, assumer le sentiment de malaise qui en découle est particulièrement difficile pour un petit Moi d'enfant. Distinguer une adaptation psychologique satisfaisante d'une mauvaise adaptation est difficile, surtout quand l'enfant cache son état dépressif sous un comportement assuré et agressif ; certains enfants ont, au contraire, une attitude passive et résignée envers la vie, ceux-là démontrent de façon plus évidente qu'ils ne savent pas cacher leur difficulté d'adaptation.

Je pense que, si la thérapie est un moyen efficace de guérir les névroses des adultes, les conseils d'un professionnel peuvent être aidants pour les parents qui aiment leurs enfants et qui remarquent chez eux des symptômes névrotiques. Dès qu'un trouble névrotique s'installe chez un petit, dès que se manifeste une fixation inhabituelle, un manque ludique ou toute autre manifestation d'inadaptation sociale, les adultes qui le remarquent doivent se questionner sur sa capacité d'adaptation aux frustrations et discuter avec un professionnel de sublimations pouvant compenser les difficultés d'éducation.

Si la tristesse et la frustration d'un adulte sont facilement détectables par le langage, celles d'un bébé qui ne sait pas parler est plus difficile à reconnaître, mais ce n'est pas parce qu'elles ne savent pas s'exprimer par le langage qu'elles n'existent pas ; la tristesse et la frustration du tout-petit existent et elles se lisent sur son visage. Il y a dans la vie de chaque petit enfant des déceptions et des peines momentanées ; bien sûr, il ne faut pas conclure que ces états passagers de frustration et de tristesse conduisent toujours à de la dépression, mais il faut savoir que la frustration et la tristesse, l'angoisse et la culpabilité sont toujours des éléments présents dans l'état névrotique d'un jeune enfant.

Rodrigue, 5 ans

Depuis sa naissance, Rodrigue démontre des troubles du sommeil. Depuis ses dix-huit mois, il a des tics de l'œil gauche. Il a de fréquentes crises de colère et de nombreux accès d'agressivité contre sa mère. La nuit, Rodrigue mouille son lit et il finit régulièrement la nuit dans le lit de ses parents.

En écoutant la mère raconter sa grossesse et son accouchement, j'ai compris que depuis la naissance de Rodrigue une relation équivoque existait entre elle et son fils. En écoutant ses récits, j'en suis venue à penser que l'attitude de la mère pouvait constituer le nœud de la colère qui envahissait l'enfant. Je lui ai donc suggéré de prendre le temps nécessaire de trouver les mots qui conviennent pour raconter à Rodrigue les débuts difficiles de sa vie dans son ventre. Après les explications de sa mère et mes interprétations, les tics disparurent presque en totalité mais même si les mouvements agressifs se sont faits moins fréquents, les éveils nocturnes et l'énurésie trahissent encore la présence de la tristesse, de l'angoisse et de la culpabilité.

On ne peut dire avec exactitude ce qui se passe dans la tête des enfants lorsque l'angoisse paraît, mais j'ai remarqué que plusieurs jeunes enfants se sentaient coupables, même de quelque chose dont ils n'étaient pas responsables. Un petit enfant peut ressentir tant d'angoisse qu'il devient hypersensible au plus petit reproche et que chaque mauvaise conduite qui lui est signalée devient génératrice d'angoisse. C'est dans les périodes d'hypersensibilité que les enfants font irruption dans la chambre de leurs parents, sans pouvoir dire que dans leur cauchemar, des sentiments d'intense culpabilité et de repentir les ont réveillés ; dans cette période de culpabilité, les enfants viennent près de leurs parents pour obtenir leur pardon et parce qu'ils souhaitent être consolés. Plusieurs jeunes enfants angoissés s'acharnent à réparer quelque chose d'irréparable ; ils s'acharnent à réparer les bouleversements et les ravages dont leurs parents semblent souffrir. Dans leur logique d'enfant, ils mettent tant d'énergie pour retrouver l'amour de leurs parents qu'ils angoissent, s'épuisent et, quelques fois, en deviennent malades.

Les multiples mauvaises conduites, qui autour de deux et trois ans n'ont pas été acceptées avec empathie et pardonnées avec compassion par les parents, sont inextricablement associées à l'organisation de l'état intérieur. Sous l'angoisse et de la culpabilité, l'enfant est plus fragile et il lui faut trouver le moyen de s'en départir ; c'est dans ces périodes qu'il a des mouvements agressifs, qu'il a des crises de larmes, qu'il est souvent malade, qu'il fait des cauchemars, qu'il a des peurs nocturnes et qu'il a des conduites imprudences qui peuvent le blesser. En quelque sorte, l'enfant se punit lui-même, tout en souhaitant inciter ses parents à un peu de sollicitude à son égard. J'ai le sentiment que les nombreuses affections, contagions et maladies qui épuisent les jeunes enfants sont, pour une grande part, liées à un désir intense de réparer une situation ou un conflit intolérable.

Mélanie Klein explique que les pulsions destructrices et les fantasmes sadiques d'un enfant sont des données importantes dans l'étiologie des névroses dont certaines peuvent se révéler plus spécifiquement lors d'un événement comme le coït parental.

L'analyse montre que le spectacle du coït parental amène le déclenchement de la névrose dans toute son intensité, accroît le sentiment de frustration et renforce démesurément les fantasmes et les pulsions dirigés contre leur satisfaction sexuelle. J'ai découvert qu'un facteur constitutionnel agit dans la genèse des névroses ; il s'agit d'une incapacité partielle du Moi à tolérer l'angoisse créée par les frustrations.

Françoise Dolto considère qu'à sa naissance le bébé est déjà une personne. Voici ses propos concernant les fantasmes et le déclenchement de la névrose des enfants qui ont assisté au coït des parents.

C'est dans l'inconscient, dans l'état d'hypnose du sommeil que les fusions peuvent se faire plus profondément. Du fait de la présence fusionnelle de l'autre dans le sommeil, chacun, n'ayant plus son identité, partage les émois de l'autre. Il arrive même que des enfants fassent le même rêve que l'autre ou fassent des rêves avec des fantasmes qui se complètent. C'est pour cela qu'il est dangereux que les enfants dorment dans le lit de leurs parents avant dix-huit mois. La mère fait un cauchemar et le bébé, près d'elle, s'éveille en sursaut, avec le même sentiment de peur que sa mère. [...] même à dix-huit mois, voir les ébats sexuels des parents peut être grave si l'enfant subit sans comprendre ; c'est grave, parce que, jusqu'à l'Œdipe, l'enfant qui est soumis à des pulsions sadiques les vit au niveau où en est son image du corps.

Dolto ajoute toutefois qu'à la condition qu'on réponde à leurs questionnements et qu'on leur donne de vraies explications dans des mots qu'ils comprennent, après dix-huit mois, les enfants peuvent généralement tout voir, même les ébats sexuels de leurs parents.

Certains psychanalystes prétendent que ce qui a été enregistré et qui est resté gravé dans l'esprit, tels des fantasmes sadiques autour du pénis, peut être une cause lointaine de certains troubles agressifs, de certains troubles sexuels, et en certains cas, de l'homosexualité masculine ; la similitude d'une situation ou d'un événement, vécu comme mauvais ou épeurant, peut éveiller la perspective inconsciente de revoir la scène primitive. Dans la littérature psychanalytique, il est mentionné que, sous hypnose, des impressions peuvent être ravivées et réveiller ainsi ce que l'individu peut avoir vu autour de ses deux. Il y est même rapporté l'histoire de jeunes enfants qui ont assisté au coït de leurs parents au cours de leur vie intra-utérine ; plusieurs ont eu peur du pénis de leur père et par extension, ont cru que leur mère avait, elle aussi, un mauvais pénis. Dans l'esprit de ces enfants, le pénis et le vagin sont perçus comme des animaux dangereux et redoutables ; la haine est inévitable et les enfants ont le désir de détruire l'animal menaçant. Contre qui le petit enfant qui sait à peine vivre, peut-il tourner sa haine sinon contre sa mère et son père. Sachant que des histoires de pulsions destructrices comme celle-ci existent, il n'est pas étonnant que les tout-petits soient habités par l'angoisse et que leurs comportements soient perturbés par l'envie d'agresser leur mère.

Dans *Les pulsions et leurs vicissitudes* (1915), Freud a écrit que la haine précède l'amour. Dans les relations objectales, la haine est plus ancienne que l'amour. Le Moi déteste, abhorre, poursuit avec des intentions destructrices tous les objets qui lui sont une source de sensations pénibles, sans considérer s'ils lui apportent le plaisir sexuel, la frustration ou la satisfaction de son besoin de conservation. Pour les analystes freudiens, dans la tête des enfants qui sont angoissés et qui dressent des défenses contre leurs fantasmes destructeurs, il y a, associée aux pulsions destructrices, la culpabilité des premiers désirs incestueux.

Abraham, dans *Psycho-Analytical Studies on Character-Formation* (1925), a cette version des fantasmes de destruction.

[...] une réaction de haine primitive est d'abord centrée sur l'objet maternel [...]. Et, si le père est un bon objet et la mère un mauvais objet, les pulsions

destructrices contre elle sont renforcées ; pour que ces pulsions de haine destructrices s'atténuent, il faut donc que le père laisse toute la place à la mère dans la phase sadique orale.

Abraham signale que donner au bébé des objets qu'il peut mordre, déchiqueter et détruire est une bonne façon de compenser la frustration des «Non» du mauvais objet maternel. Lorsque maman prend sa place comme seul objet maternant, cette phase où l'enfant utilise des moyens sadiques s'estompe et les fantasmes destructeurs se font moins violents et moins fréquents envers elle. Elle estime que l'enfant garde de cette phase où il attaquait ouvertement et violemment son objet maternel, un sentiment de culpabilité.

Pour Freud (1926) cité dans Hemmung, le concept de névrose repose sur l'angoisse, plus ou moins intense, qui fait souffrir l'individu. Sous le thème Symptômes et angoisse, Freud affirme que l'intensité de l'angoisse est le facteur déclenchant de toutes les névroses.

[...] l'angoisse est libérée par les pulsions destructrices. L'intensification de la haine engendre l'angoisse et provoque la maladie névrotique.

Au cours de la seconde moitié du XX e siècle, Anna Freud a fondé une pouponnière destinée à recevoir les tout-petits en état dépressif parce que séparés brutalement de leurs parents par la guerre. Tout comme Spitz, Anna Freud a constaté que la réaction de tristesse des très jeunes enfants ne survenait que si l'enfant avait établi, préalablement, une relation satisfaisante avec sa mère.

John Bowlby (1951), psychanalyste londonien, qui a fait son cheval de bataille de l'attachement entre la mère et l'enfant a décrit longuement les réactions d'angoisse de l'enfant dans l'âge sensible situé entre cinq mois et trois ans. Pour lui, une expérience de séparation ou de perte survenant à un mauvais moment de la vie de l'enfant, qu'elle soit de courte ou de longue durée, est susceptible de produire des effets à long terme, dont la crainte de l'abandon. Bowlby signale que, lorsque l'enfant sent venir l'imminence d'une séparation apparaît une réaction primaire qu'il nomme, «angoisse d'abandon». Le souci de l'enfant paraît souvent irréaliste, mais sa crainte de l'éloignement est des plus concrète. L'enfant se concentre de façon intensive et permanente sur l'idée qu'il y a le danger de perdre son objet d'attachement et il angoisse.

[...] bien qu'elles aient une analogie avec la dépression, les réactions d'angoisse sont un processus de défense contre le sentiment d'abandon lié à la séparation. Des symptômes d'ordre physique tels : le refus précoce de s'alimenter, mérycisme, c'est-à-dire la régurgitation, l'inertie psychomotrice et l'arrêt de croissance peuvent signifier qu'il y a une dépression. Cliniquement, j'ai remarqué que derrière les symptômes physiques de l'enfant, il y a des symptômes psychologiques, soit : la diminution des conduites de communication, c'est-à-dire des expressions du visage figées ou toujours les mêmes, la fixité du regard ou le détournement de la tête lorsqu'on prend l'enfant dans les bras.*

Les effets des expériences de séparation se font sentir dans le comportement depuis la scène primitive et c'est cette scène primitive qui déclenche la névrose. Dans la névrose, il y a la présence de sentiments d'angoisse et de culpabilité provenant de l'introjection sado-orale de ses objets d'amour auxquels s'ajoute un aspect mélancolique. Pour s'en libérer, les sujets s'identifient à l'objet qu'ils redoutent et y répondent par des fantasmes de nature masochiste.*

Mélanie Klein, dans un article intitulé Le développement d'un enfant, décrit comment elle perçoit les symptômes névrotiques liés à la crainte de l'abandon.

On doit considérer la tendance de certains enfants à se plaindre et leur habitude de tomber, de se cogner et de se faire mal, comme l'expression de peurs variées et d'un sentiment de culpabilité. L'analyse de ces petits accidents répétés ou d'autres plus graves m'a persuadée que l'enfant cherche, par ce moyen, à s'attaquer à lui-même de façon plus sérieuse, voire à se suicider, mais avec des moyens insuffisants. Chez beaucoup d'enfants, les garçons en particulier, une sensibilité excessive à la douleur fait souvent place, de très bonne heure, à une indifférence exagérée à son endroit ; mais cette indifférence ne fait que modifier l'angoisse et constitue, par là même, une défense complexe contre elle.

L'attitude de l'enfant envers les cadeaux est, elle aussi, tout à fait révélatrice. Beaucoup d'enfants se montrent à cet égard vraiment insatiables et aucun présent ne peut leur donner une satisfaction réelle et durable ni leur apporter autre chose qu'une déception. D'autres encore ne désirent à peu près rien et sont indifférents à tout ce qu'on leur offre. À l'analyse, il apparaît clairement que les cadeaux représentent pour l'enfant tous les témoignages d'amour dont il a dû se passer : le lait et le sein de la mère, le pénis du père, l'urine, les selles et les bébés. Les cadeaux atténuent sa culpabilité en symbolisant le don gratuit de ce qu'il a voulu prendre par des moyens sadiques. Dans son inconscient, il considère le fait de ne pas recevoir de présents, au même titre que toutes les autres frustrations, comme le châtiment des pulsions agressives liées à ses désirs libidinaux. Dans d'autres cas, l'enfant se trouve dans une situation encore plus défavorable à l'égard du sentiment intense de sa culpabilité ; s'il n'a pas réussi à le modifier, sa peur de nouvelles déceptions l'amènera alors à réprimer totalement ses désirs libidinaux, si bien que, les cadeaux reçus ne lui feront plus vraiment plaisir.

Pour Mélanie Klein, ces réactions font la démonstration d'une frustration profonde et signent la présence latente d'une névrose. Pour elle comme pour la majorité des tenants de la psychanalyse, les caractéristiques premières de la névrose sont l'agressivité et la culpabilité envers la personne à qui l'enfant est le plus attaché.

2.4 La déprime des enfants et des adolescents

[...] les symptômes de maladie mentale, de dépression et de vide existentiel sont le résultat de la socialisation. (STURDIVAN, 1983)

Ce n'est que depuis 1971, année du IVe Congrès de l'Union européenne des pédopsychiatres à Stockholm, que s'est officialisée la notion d'état dépressif de l'enfant dont avait déjà parlé Mélanie Klein. Jusque-là, on avait tendance à penser que l'enfant était naturellement heureux de vivre. Aujourd'hui, l'état dépressif de l'enfant est cliniquement reconnu comme l'expression de sa souffrance qui n'est jamais bruyante puisqu'il ne sait ni parler de sa douleur physique ni exprimer sa douleur psychologique. Lorsque l'enfant devient en mesure d'en parler, il se croit tout de même responsable de sa douleur et de ses pensées désespérantes.

Pour Mélanie Klein (1968), dès le stade oral, l'enfant peut «somatiser» sa souffrance et la maladie physique d'un enfant peut être la manifestation de son état dépressif. Elle avance que l'enfant a le besoin viscéral et obsessionnel de se libérer des tensions qui apparaissent à chaque poussée d'angoisse et que, s'il ne le peut pas, les pulsions destructrices prennent la voie du corps et de la maladie physique. Il est actuellement établi qu'un facteur psychologique est présent dans un grand nombre d'affections somatiques dont font partie les troubles de l'intestin.

Pour les freudiens, dès l'instant où l'autorité parentale vient faire obstacle aux désirs de l'enfant, il conteste pour se libérer des tensions ; l'imagination fertile des petits enfants tenterait par tous les moyens de réparer les ravages causés par leurs réactions pulsionnelles. Un Surmoi primitif étant déjà présent au stade oral du développement, c'est alors, disent-ils, les freudiens, que l'enfant ressent intensément la peur de perdre l'objet d'amour qu'il a intériorisé, qu'il angoisse et qu'il culpabilise. Selon la théorie freudienne quand, au début de la période de latence, se dessinent des formations réactionnelles, c'est qu'il y a toujours angoisse et culpabilité. «Avec la baisse de l'angoisse et de la culpabilité, les tendances réactionnelles perdent leur caractère compulsif et les forces destructrices perdent de leur caractère violent.»

Jersild et Holmes (1935), lors d'études portant sur la peur des enfants d'âge préscolaire, ont noté que le fait de devoir réagir à la solitude, la séparation, un réel abandon, ou à d'autres facteurs potentiellement alarmants, crée un accroissement de l'angoisse ; ils tiennent comme allant de soi, l'immense différence que représente, pour un enfant, le fait de se trouver en compagnie d'un adulte dans une situation possiblement effrayante. Ils ont remarqué que parmi les enfants considérés comme ayant manifesté de la peur et ayant refusé d'accomplir leur tâche, presque tous, à l'opposé, se montraient disposés à l'accomplir en compagnie d'un expérimentateur qui les encourageait et les rassurait. Ils ont aussi observé que la présence à leur côté d'une personne rassurante en qui ils ont confiance estompe les comportements de peur et ce, que la figure d'attachement ait été temporairement ou définitivement inaccessible ; à l'inverse, quand les enfants sont seuls, la crainte et les sensations d'angoisse s'accroissent. Jersild et Holmes affirment que les comportements de peur des enfants et des adolescents observés ressemblaient, à n'en pas douter, à un reflet de leurs insécurités premières ; ils avaient peur que surviennent des situations insécurisantes semblables à celles qu'ils avaient déjà vécues.

Ces mêmes chercheurs font toutefois une différence entre une expérience de séparation et une expérience d'abandon : dans l'expérience de la séparation, la figure d'attachement est temporairement inaccessible à l'enfant alors que dans l'expérience d'abandon, la figure d'attachement est vécue comme inaccessible de manière permanente. Par un processus de généralisation, l'enfant et l'adolescent dont la figure d'attachement n'est pas disponible, adoptent une attitude de susceptibilité envers toutes situations de séparation ou d'abandon. Les résultats de leurs études concluent que, même à l'âge adulte, la susceptibilité envers les situations est soumise, en grande partie, à la présence ou à l'absence d'une figure d'attachement. Ils affirment que, quel que soit le niveau de la menace, toute non-réponse et toute non-satisfaction du besoin de présence sont ressenties par les adultes comme lorsqu'ils étaient de tout petits enfants, c'est-à-dire comme une menace pour leur sécurité psychologique. Jersild et Holmes expliquent que le comportement de peur de l'adolescent et de l'adulte prouve, de toute évidence, qu'une expérience de séparation ou d'abandon a été mal supportée au cours de l'enfance ; ils concluent également que chez tous les sujets observés, le comportement a été influencé par la présence d'une figure significative.

Étonnamment, peu de professionnels prennent en compte les expériences de solitude, d'insécurité, de séparation ou d'abandon que l'enfant a vécues dans sa petite enfance. Les attitudes de crainte et de méfiance, les expressions de visage effrayé, le cœur qui palpite bat, les tremblements, les cris, y compris les besoins de s'agripper et de se précipiter vers la figure d'attachement et de fuir sont pourtant des signes évidents que l'enfant perçoit une menace et qu'il a peur.

Depuis 1974, dans l'établissement du diagnostic d'état dépressif chez l'enfant, c'est le changement d'humeur qui prime. Les parents et les éducateurs qui participent à la vie des enfants ont la responsabilité de les observer attentivement ; l'observation et l'intuition sont irremplaçables lorsqu'il s'agit de repérer une souffrance affective. Un débordement inattendu et impossible à maîtriser ou encore une peine difficile à consoler sont des manifestations de douleur. Mais, même si sa bouche dit qu'il va bien, la douleur silencieuse se voit dans son regard, dans sa mimique et dans ses gestes ; la profonde authenticité de l'enfant déprimé fait généralement de lui un enfant à l'air sérieux, grave et triste. Pour ce qui est du diagnostic d'état dépressif chez l'adolescent, ce qui prime est un métabolisme ou un rythme psychique plus rapidement instable que celui de l'enfant et de l'adulte ; ce rythme, c'est ce qui fait de l'adolescent un être imprévisible, moins plastique et donc moins souple dans ses adaptations.

Les instabilités d'humeur des enfants n'attirent guère l'attention, car elles sont souvent vues comme une plasticité tout à fait nécessaire pour s'adapter aux fluctuations du milieu de vie. Les variations de l'humeur et de l'irritabilité existent à tous les âges, mais c'est autour de l'adolescence qu'elles sont le plus visibles. Pourtant les troubles dépressifs de l'adolescent passent souvent inaperçus ; parce que camouflé sous le prétexte qu'il passe rapidement de l'euphorie soudaine à la tristesse et qu'il a, du simple fait de l'adolescence, de toute façon, l'humeur irritable. L'état d'irritabilité de l'adolescent paraît être le contraire de l'état dépressif ; néanmoins, il faut se méfier des variations d'humeur excessives car l'irritabilité et l'instabilité dans l'humeur signent la présence probable d'une maladie dépressive. C'est à l'adolescence que le risque de passer à l'acte est aussi le plus présent puisque, chez les adolescents, l'état dépressif envahit rapidement l'ensemble des aspects de leur vie.

À l'irritabilité de l'humeur et au caractère changeant de l'adolescent s'ajoute fréquemment un trouble du sommeil. Pour l'adolescent irrité, les heures de sommeil de la nuit diminuent ; il dort mal, jongle toute la nuit et se construit, en parallèle, une vie diurne agitée. On considère trop souvent son trouble du sommeil comme de la paresse ou comme un évitement social qu'il est souvent le premier refuge. Il vaut mieux prendre au sérieux ce trouble, car s'il dort mal pendant plusieurs nuits, il épuise ses résistances et les fonctionnements affectifs, intellectuels et somatiques sont touchés.

Quelquefois, le manque de sommeil fait apparaître chez certains adolescents un sentiment de puissance qui ressemble à celui de ses deux ans ; il se croit alors invulnérable et parfois, il devient mégalomane. Par exemple, certains en viennent à porter un intérêt inépuisable pour les sports extrêmes, pour les calculs mathématiques, pour les jeux d'ordinateur, pour la séduction sexuelle, etc. Parce qu'on les attribue à l'humeur instable de l'adolescence, ces activités intenses peuvent masquer l'état de déprime.

Si l'humeur instable des adolescents est trompeuse, un trouble social comme l'isolement révèle, à coup sûr, qu'une souffrance psychique existe. Il faut prendre en considération les angoisses intenses qui surgissent lors des étapes de changement comme : l'entrée au secondaire, les changements d'école, les déménagements, les voyages ou la séparation des parents. Un trouble du sommeil où s'ajoutent l'isolement, la mégalomanie et des antécédents familiaux, a beaucoup de poids dans l'aggravation de l'état de déprime. Lorsque tout est frustration et que les moindres détails de la vie prennent la couleur sombre de l'ennui, c'est l'état de déprime et dans ce cas, le risque suicidaire augmente. Il faut savoir qu'au cours des dernières années, le risque suicidaire a pris une plus grande dimension chez les enfants aussi jeunes que neuf ans.

Avec les enfants à la période de latence et avec les grands enfants en période d'adolescence, les parents et les éducateurs doivent rester vigilants afin de percevoir et de prévenir les situations qui risquent de les déséquilibrer. Pour prévenir l'irréparable, il faut soulager la souffrance dès qu'on la perçoit, mais l'amour parental ne réussit pas toujours à démasquer la souffrance. Aussi, pour aider à élucider la douleur profonde et dépasser l'état de déprime, une intervention thérapeutique peut quelques fois s'avérer nécessaire.

À la période de latence et de l'adolescence, nous le mentionnions plus tôt, l'état dépressif et la souffrance psychique peuvent être dissimulés sous des troubles physiques, des douleurs osseuses, des céphalées, des douleurs abdominales, des problèmes d'appétit et de poids, des pulsions d'agressivité soudaine ou des phobies scolaires. Ils peuvent aussi être dissimulés sous des idées farfelues et grandioses, des chantages et des mensonges ; voici un exemple où la situation dépressive était spécifiquement reliée au corps.

Serge, 14 ans

Les professeurs recommandent aux parents de Serge de consulter, en raison du rejet de ses pairs et d'un désintérêt scolaire. Pour l'enfant agité qui n'a pas aimé aller à la garderie, l'école n'était pas davantage intéressante. Serge a, depuis la garderie, des difficultés d'intégration et il n'a jamais été bon élève.

Autour de 4 ans, Serge qui est fils unique, s'est inventé un frère imaginaire. Ses parents vivent ensemble, mais ils vivent en parallèle depuis sa naissance et Serge a toujours eu un mauvais rapport avec sa mère. L'atmosphère familiale est plutôt inhibante et l'évident contrôle maternel a été interprété par la psychologue de l'école comme une des causes de l'écrasement socio affectif de Serge. Les parents et les enseignants ont été conseillés quant à leurs attitudes éducatives et ils ont eu comme consigne de s'appliquer à plus de tolérance et à plus de compréhension envers les problèmes de Serge.

Serge se plaint fréquemment de maux de tête. Les parents en alerte ont alors remarqué des réveils nocturnes qu'ils attribuent à l'adolescence. Serge présente une aggravation soudaine des céphalées, des difficultés d'endormissement et il s'endort de plus en plus souvent au cours de la journée. Au cours des séances de gymnastique, il se plaint régulièrement de troubles d'équilibre. Un jour, il perd ses urines et son médecin l'hospitalise en service de neurologie. Une imagerie cérébrale révèle une «hydrocéphalie à basse pression» ; il s'agit d'une malformation congénitale qui bloque l'écoulement du liquide céphalo-rachidien dans le cerveau et qui entraîne une hypertension intracrânienne. Cette malformation présente avant la naissance a donc évolué sans bruit pendant des années, puis s'est décompensée soudainement. Opéré en neurochirurgie, Serge voit, en quelques semaines, disparaître complètement, non seulement, les symptômes physiques et les céphalées, mais également les symptômes psychiques, l'inertie et l'état dépressif.

Tous les enfants dépressifs ne s'inventent pas des frères imaginaires et toutes les situations dépressives des adolescents ne troublent pas le corps, mais plus d'une situation passe par des sensations de fatigue, par des troubles de l'appétit, par l'hyperphagie* ou par l'anorexie* ; d'autres situations dépressives se présentent sous la forme d'une baisse de spontanéité et d'initiative dans les relations que l'enfant compense en édifiant en lui des idées farfelues ou grandioses ou en s'inventant une image amie.

Les adolescents qui souffrent physiquement ou psychiquement vivent des débordements de détresse qui leur sont des plus difficiles à contenir. Certains souffrent de ce que l'on nomme l'anhédonie* dépressive, c'est-à-dire, l'incapacité à ressentir le plaisir ; lorsque ces adolescents parlent de leur relation aux autres, il sont hypersensibles, ils accentuent et ils dramatisent les problèmes vécus. Rien ne va plus. Ces adolescents dépressifs paraissent terrassés par l'ennui et leur tristesse est des plus difficiles à consoler ; ennui et tristesse sont d'ailleurs les dimensions les plus visibles de la dépression adolescente.

Un enfant ou un adolescent qui refuse d'aller à l'école peut être affecté d'une angoisse phobique et c'est là une situation inquiétante, anormale et nocive dont il faut se préoccuper. Plus d'enfants que l'on ne croit souffrent d'une phobie sociale. Pour moi, derrière l'angoisse phobique, il y a l'échec de l'éducation et de la pédagogie ; c'est pourquoi j'inclus les éducateurs et les enseignants dans le plan de guérison de l'enfant et de l'adolescent. Pour comprendre l'angoisse de l'enfant et de l'adolescent en phase de phobie sociale, il faut de la part de tous les proches une grande capacité de sollicitude et une attention à la fois soutenue, soucieuse et affectueuse ; pour aider l'enfant ou l'adolescent, il faut réellement une solide collaboration entre les parents et les autres intervenants.

Les propos de plusieurs pédopsychiatres convergent vers cette même prémisse que l'enfant construit son organisation interne sur la forme de ses premières représentations, et qu'à la période de latence et de l'adolescence, l'enfant qui est en mode phobique est effectivement bloqué aux premières images acquises au cours de sa petite enfance. On aura compris que, pour que l'angoisse fasse partie d'une évolution positive dans la maturation émotionnelle de l'enfant, elle doit n'être que passagère et ne pas dépasser les capacités d'adaptation sociale de l'enfant, autrement, elle lui est nocive. Michel Lemay (1979) explique que l'enfant est bloqué parce qu'un objet est absent ou parce qu'un objet lui manque ou lui a manqué.

Dans le but de combler une défaillance de l'environnement premier, l'enfant se met à la recherche de l'objet manquant. Tout se passe comme si un blocage occultait, ignorait ou faisait abstraction de certaines informations. C'est comme si l'individu portait en lui la nostalgie d'une image première qui aurait dû lui apporter ce dont il avait besoin pour se construire : une organisation intérieure sécurisante. Pour échapper à une certaine absence d'image et à la dépression, l'individu édifie en lui l'image de la mère qu'il aurait voulu avoir. Devoir s'inventer une image maternelle, c'est devoir se protéger et se défendre et, c'est la preuve d'une défaillance de l'environnement premier. Cette mère, qu'il voit idéale, lui permet d'échapper à l'angoisse ; elle lui permet de créer «un lieu imaginaire d'enracinement», lequel atténue le sentiment d'insatisfaction et la conviction d'être inadéquat ou mauvais.

Aux périodes de latence et de l'adolescence, dit Lemay, l'enfant n'a pas conscience d'être sur la défensive ou d'être déprimé ou d'être phobique et pas davantage, il a le dessein d'entreprendre de se guérir.

Voici, comment j'ai pu remonter à la genèse des symptômes d'Émile, un petit garçon dont l'organisation interne était bloquée aux images premières qui tapissaient sa mémoire.

Émile, 6 ans

La mère disait que son fils lui donnait des tapes et des coups de pieds et qu'il mettait la main dans sa culotte pour se masturber. Émile affirmait que la nuit des cambrioleurs entraient dans sa maison et il se tortillait les doigts manifestant ainsi son anxiété.

En thérapie, Émile donne libre cours à sa haine avec des coups de pieds et des tapes contre moi. Ces pulsions destructrices sont, évidemment, dirigées contre la mère que je représente. Émile m'a raconté qu'en voyage chez ses grands-parents, il a partagé la chambre de ses parents ; au réveil, il a dit à sa grand-maman que son papa et sa maman avaient fait des exercices pendant la nuit.

Croyant que des impressions gravées dans sa mémoire remontaient à la surface, j'ai tenté l'interprétation suivante : «Je crois que quand tu mets la main sur ton pénis, tu imites ce que tu as vu de tes parents quand tu étais petit. Je crois que, quand tu étais petit, tu as vu quelque chose qui t'a vraiment inquiété et que tu l'as gardée cachée au fond de ta mémoire.» Émile m'écoutait religieusement.

Sa mère disait qu'au service de garde et à la maternelle, Émile acquerrait peu à peu une attitude plus conforme à celle des enfants de son âge et il semblait mieux apprécier la présence des enfants, mais sa conduite avec elle restait provocante et contestataire. Même si l'entourage manifestait une certaine satisfaction quant à son comportement général, l'angoisse profonde n'était pas liquidée. De toute évidence, si Émile dormait mieux et était plus coopératif à la maternelle et au service de garde, quelque chose le faisait encore souffrir.

Émile n'aimait pas les activités tranquilles de la maternelle et le soir, ayant été contrôlé et peu actif durant le jour, il n'arrivait pas à s'installer dans le sommeil. Les jeux, je l'espérais, allaient m'aider à comprendre son angoisse. J'étais à l'affût des plus petits indices et j'apportais une grande attention à faire ce qu'il souhaitait que je fasse. Il remarquait cette attention que je lui portais et il semblait avoir une réelle satisfaction à venir jouer dans ma salle de jeu. Il était d'ailleurs devenu assez exceptionnel qu'il se masturbe en ma présence. Mais, j'étais assez d'accord avec les éducatrices, son caractère opposant et agressif laissait encore craindre quelques difficultés.

Malgré que l'angoisse d'Émile était moins grande, il nourrissait toujours des critiques acerbes envers sa mère. Un jour, en jouant à la mère, il l'a critiqué ouvertement et il a osé dire des gros mots contre elle. La fureur d'Émile équivalait, de toute évidence, au niveau de frustration qu'il vivait. J'ai décidé de ne pas ajouter à sa culpabilité déjà grande. Il a remarqué qu'aucune remontrance ne lui a été faite et que rien de fâcheux ou de punitif ne lui est arrivé.

Les parents qui croyaient les troubles d'Émile surmontés virent le comportement agressif réapparaître lorsqu'ils ont déménagé. Émile avait à nouveau un mauvais sommeil et à répétition, il avait des rhumes et des infections à la gorge. Il était à nouveau angoissé et tout comme lors de nos premières rencontres, il extériorisait à nouveau de manière violente et incontrôlée ses affects intérieurs. À travers les jeux, Émile osait de plus en plus exprimer sa réalité de petit garçon contraint et encore, il s'est attaqué à moi. En le prenant fermement dans mes bras, je lui fis comprendre que je ne le laisserais pas me faire mal, mais qu'en revanche, je le laisserais crier et faire sa colère contre les objets. J'allai m'asseoir à mon bureau et je le laissai défouler sa colère. Il brisait des jouets, renversait les petites chaises de bois, lançait les coussins et les poupées et disait des gros mots. Lorsqu'il a eu donné libre cours à sa haine, je lui ai dis ce que je pensais de sa colère.

> *PSY : Je peux accepter que tu frappes et abîmes les meubles et les jouets, mais si je t'ai retenu dans mes bras, c'est que je n'accepte pas que tu m'abîmes, moi.*
>
> *ÉMILE : Tu n'es pas fâché contre moi ?*
>
> *PSY : Non. Je ne suis pas fâchée contre toi. C'est vrai que tu as fait une grosse colère et un gros dégât, mais je ne suis pas en colère contre toi.*
>
> *ÉMILE : Moi non plus, je ne suis pas fâché contre toi.*
>
> *PSY : Est-ce que tu es fâchée contre ta maman et ton papa parce que, en déménageant dans une nouvelle maison, ils t'ont séparé de ceux que tu commençais à aimer : les enfants de la maternelle et les voisins ? Est-ce que tu es fâché contre ta maman de te forcer à aller dans une nouvelle école et dans un nouveau service de garde ? Peut-être qu'il y a longtemps que tu es en colère contre elle ? Peut-être que depuis que tu es un tout petit bébé, tu es en colère contre ta maman ? Est-ce que tu as d'autres raisons de te mettre en colère ?*
>
> *ÉMILE : Je ne suis plus en colère ! Veux-tu que je t'aide à réparer le gros dégât que j'ai fait ?*
>
> *PSY : Si tu n'en as pas envie, monsieur le concierge va réparer le dégât. Il sait réparer les dégâts. Il y a d'autres petits enfants comme toi qui font des colères et de gros dégâts.*
>
> *ÉMILE : Ah oui !*

Visiblement déçu de lui-même, avant de partir, il regardait les dégâts. Malgré cela, à la rencontre suivante, j'ai eu droit à une autre colère de cette sorte, mais cette fois, j'ai senti que cela lui était vraiment désagréable.

> PSY : *Tu n'es pas fière de toi Émile ? Tu voudrais n'avoir pas fait de colère ?*
>
> ÉMILE : *Si tu veux, je vais t'aider à réparer. Mais je sais pas réparer la chaise brisée.*
>
> PSY : *Moi je n'ai pas envie de réparer. Si on jouait plutôt ensemble, ce serait bien plus amusant.*
>
> ÉMILE : *Et la chaise brisée ?*
>
> PSY : *Monsieur le concierge sait réparer les chaises brisées. S'il ne peut pas la réparer, j'irai en acheter une nouvelle pour quand tu reviendras me voir. Tu sais Émile, tu peux imaginer dans ta tête toutes les colères que tu veux. Tu peux imaginer que tu casses la chaise, que tu casses la tête des poupées et même que tu casses la tête de ta maman. Tu peux aussi imaginer de belles choses dans ta tête, par exemple que ta maman est une gentille maman et ton papa est un gentil papa. Tu peux faire tout ce que tu veux dans ta tête : tu peux frapper ta maman ou ton papa, mais tu peux aussi penser que tu leur fais des plaisirs et qu'ils te font des câlins et que tu aimes ça. Dans ta tête, tu peux imaginer tout plein d'images jolies avec tout le monde que tu connais.*
>
> ÉMILE : *Et la chaise neuve, je vais penser dans ma tête que je la casse et elle ne sera pas cassée pour de vrai.*

Émile venait de trouver une façon moins culpabilisante de faire sa colère. À notre rencontre suivante, il y avait une nouvelle chaise. Sans rien dire, il l'a regardée et il l'a prise pour monter dessus et jouer au lavabo.

> PSY : *On joue à quoi aujourd'hui ?*
>
> ÉMILE : *On va jouer à laver.*

PSY : Tu vas laver ma tasse de café ?

ÉMILE : Oui parce qu'elle a plein de rouge à lèvres. Et après, je vais laver le linge sale.

PSY : Si je ne joue pas avec toi à laver le linge, est-ce que tu seras déçu ?

ÉMILE : Non. Je suis capable de laver tout seul.

PSY : Je vais rester assise à côté de toi et te regarder.

ÉMILE : Tu peux lire tes livres à ton bureau et écrire à ton ordinateur, si tu veux.

PSY : Comme tu es gentil avec moi ! Je préfère rester à côté de toi et te regarder jouer à laver le linge. Comme ça, on pourra se parler et si tu as besoin de mon aide, je serai tout près de toi.

ÉMILE : Je n'ai pas envie de faire une colère aujourd'hui. T'inquiète pas ! Je ne vais pas casser la chaise. Je sais faire de gros dégâts dans ma tête.

PSY : C'est très bien de casser des chaises dans notre tête parce que les dégâts que l'on fait dans notre tête, ce ne sont pas des vrais dégâts. C'est bien de casser les choses dans ta tête parce qu'ensuite, tu n'as pas de peine de les avoir cassées.

ÉMILE : Tu sais, dans ma tête, c'est pas à ma vraie maman que je donne des coups de pieds, c'est à une autre maman pas fine.

PSY : Et après que, dans ta tête, tu as donné des coups de pieds à ta maman pas fine, est-ce que tu as de la peine ?

ÉMILE : Non. J'ai pas de vraie peine.

PSY : Est-ce que ta maman est fâchée après toi quand tu lui donnes des coups de pieds dans ta tête ?

ÉMILE : Non. Ma maman elle dit qu'elle aussi fait des colères dans sa tête et qu'elle aime ça que je commence à être un grand garçon dans ma tête.

Peu à peu, Émile a appris à abréagir* dans sa tête et peu à peu, les représentations symboliques à propos de sa mère sont enfin apparues moins frustrantes et moins castrantes ; ce qui lui a permis d'avoir l'esprit plus libre pour les apprentissages préscolaires. Les pulsions destructives d'Émile bloquaient complètement toute curiosité, toute l'énergie et toute l'attention qu'il pouvait accorder aux activités reliées au savoir. Depuis l'événement de la chaise brisée, Émile a eu de moins en moins souvent d'attaques destructrices contre sa mère.

Il faut savoir qu'aux abords de la période de latence, soit entre cinq et dix ans, les tendances au refoulement, à l'angoisse et à la culpabilité sont fortes et que l'enfant ne sait pas seul découvrir les motifs de sa colère, il ne sait que l'expulser. À la période de latence, l'enfant ne sait pas trouver le motif de vouloir guérir et encore moins celui d'entreprendre les gestes qui vont le soigner. Avec Émile, j'ai compris que lorsque l'enfant se sent écouté, l'interprétation que l'on fait des affects a toujours un effet et que, même si elles sont plus ou moins bonnes, les explications données aident à tempérer les conflits intérieurs et la culpabilité. Avec les jeunes enfants, ce qui importe c'est que les explications ne soient pas d'ordre idéologique ou moralisateur et qu'ils sentent que l'on tente sincèrement de les comprendre.

En période de latence, l'enfant est inapte à supporter la souffrance de la séparation des parents et à l'adolescence, il est particulièrement inapte à subir l'échec amoureux. La plupart du temps, le nœud d'angoisse entraîne l'échec des tâches et des relations ; lorsque la souffrance est à son point culminant et que les échecs s'accumulent, il se déclenche une angoisse si intense qu'elle vient bloquer tout l'élan émotif positif. Ce n'est souvent que lorsque l'intensité de la souffrance apparaît intolérable et que les comportements deviennent totalement incontrôlables que les parents prennent les dispositions nécessaires pour soulager l'enfant de sa blessure émotionnelle. L'adolescent en proie à un réel désarroi, s'impatiente et crée un conflit : il brise des objets, il défie l'autorité, il outrepasse les règles. Quand le seuil de tolérance est à son niveau le plus bas et que l'émotion devient intolérable, il y a le risque de passer aux actes suicidaires.

Bon nombre d'enfants bloqués à une émotion primitive occultent leurs mauvais souvenirs et s'inventent des images meilleures ; c'est l'un des moyens de protection qu'ils ont trouvé pour accepter de continuer à vivre. Cette émotion qui leur est inconnue bloque précisément l'accès à de nouvelles informations. Dans des conditions dites normales, le blocage émotif finit habituellement par disparaître. Mais quand l'émotion et la souffrance première restent en place jusqu'à l'adolescence, elles voilent ou faussent les sentiments de façon permanente. Quand tout va bien, l'adolescent se rappelle la situation idéale et il définit son passé comme une période heureuse et quand il est bloqué à l'image première et que tout va mal, il est incapable de cerner les événements de son enfance et il ne se rappelle de son passé lointain que comme une période d'insouciance et de bonheur, alors qu'il n'en était pas ainsi. Bizarrement, le passé lointain est voilé et le passé récent n'est que des faits dont le sujet ne sait ordonner ni la durée ni le contenu.

Tous les êtres humains recherchent la situation idéale et s'ils ne la trouvent pas, ils l'imaginent ; pour conserver l'image idéale, les enfants bloquent tout ce qui les rend malheureux et qui les contrarie, mais paradoxalement, quand ils ont du chagrin, ils ne peuvent se rappeler que ces mauvais souvenirs.

Françoise, 14 ans

Françoise dit avoir oublié les événements de son enfance ; elle dit que quels qu'ils soient, ils ne sont aucunement importants puisqu'elle vit très bien sa vie. Pourtant, à la mort de sa mère adoptive, elle se met en quête de sa mère biologique et de son enfance. Je lui demande alors de me parler de son enfance avec sa mère adoptive. Elle me répond que ça n'a été qu'une suite de malchances.

À travers son mode de vie d'une cohésion apparente, Françoise réorganise les situations et les événements à sa guise. Si je la confronte, elle ne sait raisonner de façon objective, l'analyse de sa situation se modifie selon les sentiments qu'elle éprouve dans l'immédiat et l'histoire devient incohérente. Il est évident qu'elle rencontre une réelle difficulté à évoquer des souvenirs précis et à évaluer les événements passés et présents.

Les comportements de Françoise sont souvent contradictoires et créent maints malentendus dans ses relations interpersonnelles. Françoise se plaint de réagir souvent de manière exagérée et déroutante quand elle est énervée ou émue. Dans les périodes de stress et dans les moments d'émotion, je perds tous mes moyens, me disait-elle. Françoise croit sincèrement qu'à cause des malchances de son passé d'enfant adopté, il lui est impossible de rendre ses projets à terme. Elle se perçoit maladroite en tout et incapable de se réaliser et cela la rend profondément triste.

Un mécanisme à l'oeuvre depuis l'enfance a bloqué toute introspection et continue à faire obstacle. Pour Françoise, le mécanisme de défense a parfaitement fonctionné, son passé et une partie de son vécu présent échappent à sa prise de conscience. Le blocage de ses émotions lui a permis d'amoindrir les chocs affectifs, mais lorsque le mécanisme de défense déforme les souvenirs de l'enfance et que les événements du présent ne réussissent pas à créer une empreinte dans la mémoire, il faut alors constater que le mécanisme de défense a outrepassé son rôle. Pour défaire les mélis-mélos de l'histoire affective et débloquer la situation émotive, il faut absolument parler de la situation et de la souffrance passée. Pour élucider d'où provient le comportement défensif, j'ai suggéré à Françoise de trouver, dans son entourage, un témoin compatissant.

Le comportement défensif d'un enfant n'est pas toujours la conséquence d'un abandon passé ou de violences extrêmes ; l'environnement extérieur et les débats qu'entraîne inévitablement leur entrée dans le monde social sont souvent la principale source d'angoisse que l'enfant doit affronter. Dans ce cas précis, l'enfant vit alors son présent social de façon réactionnelle et son comportement s'organise en vue de se défendre contre ce qu'il ressent comme un rejet social. Son comportement défensif se traduit ordinairement par une protestation agressive vis-à-vis l'autorité et les règles éducatives. La majorité des enfants réagissent par un comportement systématiquement opposant et agressif envers les règles qui les contrôlent alors qu'une minorité réagit par une indifférence complète et par une totale inertie. Le comportement réactionnel dont on ne s'occupe pas peut garder longtemps l'enfant bloqué à des mesures de défenses.

Voici un exemple cité par Françoise Dolto, qui décrit bien ce qu'est un système réactionnel bloqué.

Quand Alain (prénom) Allain (nom de famille) est arrivé en thérapie, il ne voulait rien suivre à l'école ; il était complètement bloqué et ne voulait apprendre ni à lire ni à écrire. Il ressemblait à un arbre sans feuilles. Alain était le fils de «la pauvre Marie.» Le facteur aurait profité de la pauvre fille. Marie, qui jusqu'à huit ans a été bonne élève, après une chute d'une charrette à foin, est devenue figée et mutique. Depuis cet accident, Marie a refusé de marcher et est restée dans sa famille comme une chose. Le médecin affirmait qu'elle n'avait rien de physique. Traumatisme psychologique sans doute, disait-il.

Il y avait au dossier d'Alain, une courte lettre signée du nom d'un monsieur Allain écrit avec deux L. Cette lettre disait que trois mois après sa naissance, Alain avait été confié à une nourrice puis, qu'à dix-huit mois, monsieur Allain, son grand-père, ne voulant pas que l'enfant soit donné à l'Assistance publique, a ordonné à sa fille aînée de l'élever. Le grand-père a déclaré qu'Alain était né de père inconnu. Pourtant, Alain avait comme nom de famille : Allain avec deux L et appelait sa tante, la sœur de la pauvre Marie, maman. Il passait toute l'année chez sa tante et pour les vacances, il allait chez son grand-père ; le grand-père lui faisait partager sa vie et l'emmenait travailler au champ avec lui pendant tout l'été, ce qui plaisait beaucoup à Alain.

On a d'abord cru que Marie avait couché avec son frère et non pas avec le facteur. Puis, à ma demande, j'ai rencontré l'oncle et la tante. L'oncle est venu seul et, à ma question : De qui croyez-vous qu'il est le fils ? Il a répondu : «Je ne serais pas étonné qu'il soit de mon beau-père. Le guérisseur avait dit à mon beau père que sa fille Marie pourrait guérir quand elle serait baisée et qu'elle aurait un enfant. Il a beaucoup souffert de voir sa fille confinée à un fauteuil roulant et devenir mutique. Je pense qu'il a conçu cet enfant par désir de guérir sa fille.» L'oncle ajouta qu'il n'y avait rien d'érotique dans sa relation avec la pauvre Marie et que selon lui, il était vraiment le géniteur de l'enfant.

L'oncle a parlé à Alain et lui a dit qu'il était sans doute le fils de la pauvre Marie. Le petit garçon a dit : «Mais alors, c'est pas Janine ma mère et c'est pas toi mon père.» Avant son départ en vacances d'été chez son grand-père, l'oncle lui a dit qu'il croyait que son grand-père était son père. Alain est parti rayonnant de connaître sa mère et son père. Au retour, il a déclaré à son oncle : «J'ai dit à mon pépé : Je sais que Marie est ma maman et j'aimerais ça que tu sois mon papa.» - Mais je suis ton papa, mais chut, il ne faut le dire à personne, parce que c'est pas bien qu'un pépé fasse un enfant à sa fille ; Il ne faut pas le dire à la mémé, lui a dit le grand-père. Ce sera notre secret d'homme ! Ils ont ri et se sont embrassés.

C'est un secret que seuls les trois hommes ont partagé. Entre le père, le garçon et l'oncle, il y a eu la complicité des paroles et c'est grâce à la parole de ce témoin compréhensif et compatissant qu'Alain a guéri sa tête que l'on croyait malade. C'est grâce au cœur généreux et à l'honnêteté de l'oncle que Dolto a pu comprendre l'enfant et c'est grâce à sa générosité que Alain a pu savoir la vérité cachée et reconstruire son histoire bloquée. Les troubles du garçon s'enracinaient dans le silence de son origine et ce n'est qu'après que Alain a été reconnu comme fils, qu'il a eu droit à l'intelligence du cœur et de l'esprit. Que le grand-père ait été heureux que son enfant le reconnaisse comme son père a permis à Alain, devenu son complice, de lever le voile sur le secret de famille et du même coup, de débloquer son intelligence. Pour Alain, l'oncle, qui avait pris la responsabilité de lui, était le père qui l'avait adopté, mais, le père symbolique était ce grand-père compatissant qui s'était toujours comporté avec lui comme un père envers un fils.

Le père symbolique, c'est celui qu'on admire et qu'on aime quand on est tout petit. Le père et la mère symboliques devraient être ceux qui sont engrammés dans la mémoire des enfants, mais le père et la mère biologiques ne sont malheureusement pas toujours reconnus comme les parents symboliques. Grâce au savoir du cœur et de l'esprit, les enfants ressentent intuitivement que leur mère génitrice n'a pas voulu ou n'a pas pu être leur mère. Les enfants sentent qui est leur mère symbolique. Je pense donc que, quelle que soit la complexité des histoires familiales, il est nécessaire que les secrets soient éclaircis et vital de dire aux enfants la vérité sur leur passé.

Les enfants qui grandissent dans la vérité inconsciente de ne pas avoir été désiré ou d'avoir été abandonné, ressentent une coupure dans la continuité de leur existence et se forgent une protection contre l'éventuelle répétition d'une autre coupure. Je crois vraiment que c'est quelque part autour de ce savoir inconscient que s'installent plusieurs blocages. Cette coupure dans la continuité de l'existence est, une hypothèse capable de rendre compte de toutes les défenses bien organisées des enfants incluant, bien sûr, les manifestations d'abandon. L'organisation défensive de tous les enfants a une fonction de protection des plus utile puisqu'elle vise à combler l'absence, le vide, le manque, l'insécurité, la coupure ou la défaillance qui s'est introduite dans leur environnement premier.

Que l'on considère la conduite réactive de l'enfant comme une fonction de protection ou comme une fonction d'adaptation de l'organisme, un comportement défensif bien organisé contient toujours une souffrance émotionnelle. L'enfant qui a des conduites sociales troubles, qui devient provocateur, contestataire, opposant et agressif est envahi par la peur et la souffrance. L'imaginaire des enfants utilise ce moyen pour rendre leur vie plus vivable et pour entrouvrir les portes de l'invisible secret. De façon générale, les enfants affrontent le monde imparfait qu'on leur impose de manière extraordinairement forte. L'enfant qui grandit devient plus fort et, avec l'aide d'adultes suffisamment bons pour lui, il devient capable d'inventer, d'innover et de recréer son existence. Je crois fermement que pour sortir l'enfant de sa souffrance émotionnelle, il faut qu'un adulte compatissant démystifie les facteurs qui ont bloqué son développement affectif.

Autour de l'adolescence, l'enfant devient une contradiction ambulante, car il y a chez lui des forces qui s'opposent. L'adolescence est la période de la vie où l'opposition et les contradictions sont les plus dérangeantes et où la vulnérabilité et la souffrance psychique sont les plus camouflées ; devant les conduites troubles de leurs enfants, plus d'un parent et plus d'un éducateur, au lieu d'être attentionné à leur souffrance, deviennent hostiles à leur endroit. Comment ne pas devenir déprimé quand on a peur et qu'on se sent tellement incompris !

Quand deux forces apparemment contradictoires agitent l'inconscient, quand deux éléments ne devraient pas être associés à l'intérieur d'une même situation, on dit qu'il y a des forces dissonantes ou une dissonance cognitive. Un élément cognitif est tout ce qui peut devenir objet de connaissance: opinions, croyances, sanctions, sensations, comportements. En dissonance cognitive, l'individu tend nécessairement à réduire les contradictions ou les incongruences qui existent entre les différents éléments cognitifs présents dans son esprit ; aussi, pour un moment, il est nécessairement mésadapté.

Dans sa théorie sur la dissonance cognitive, Festinger a cette proposition fondamentale que dans les mésadaptations répétitives, il y a une douloureuse blessure découlant d'une histoire bloquée depuis l'enfance. Il explique que la dissonance commence à s'installer chez le tout petit enfant au moment où il a besoin d'introduire en lui l'image d'une mère parfaite et d'une relation idéale et que sa mère se dérobe à ses attentes. Une double image s'ancre alors dans son inconscient : celle d'une mère qu'il voudrait parfaite et celle d'une mère qui le frustre douloureusement. Tant et aussi longtemps qu'il n'a pas intégré en lui l'idée d'une mère parfaite, l'enfant se perçoit comme en manque de mère idéale. Si ce fantasme de la mère idéale n'est pas permis à l'enfant, il n'apprend pas à établir un pont entre la mère parfaite du début de sa vie et la mère frustrante de sa vie actuelle. Tant et aussi longtemps que ce processus n'a pas eu lieu, il flotte en lui un objet mauvais. À travers cette dissonance, dont la plupart du temps il n'est en rien responsable, l'enfant cherche à réduire les contradictions et les incongruités qui le font souffrir, ce qui le destine à rater, voire même à échouer, le projet de bien vivre son existence et ses apprentissages.

Les comportements dissonants parlent toujours des difficultés qu'a eu l'enfant à intégrer la bonne mère ; les comportements dissonants démontrent le caractère inéluctable du besoin d'avoir, un petit moment, l'illusion d'une mère parfaite. Dans le but de réparer la douloureuse blessure initiale, l'enfant entretient en lui l'idée d'un mauvais objet et répète des malentendus qui le rendent malheureux. Toutes les histoires de manque de mère idéale ne débouchent pas de façon systématique sur un douloureux blocage cognitif, mais quand le manque demeure inexorablement présent jusqu'à l'adolescence, il suscite toujours une immense tristesse. Il faut changer le plus tôt possible la dynamique des éléments contradictoires, c'est-à-dire, enrayer les cognitions qui font souffrir en y ajoutant de nouvelles cognitions plus valorisantes ; ces nouvelles cognitions viendront renforcer les éléments consonants et par le fait même, diminuer la proportion des éléments dissonants. Donner de nouveaux contenus aux cognitions existantes diminue l'importance des éléments contradictoires et atténue la tristesse.

Le comportement dissonant est généralement accompagné d'un comportement résistant qui bloque l'accès à des comportements et à des apprentissages plus satisfaisants. Le comportement résistant est une force qui vise à la fois à réprimer l'anxiété que représentent les souvenirs douloureux et à protéger l'individu contre les dangers anciens pouvant refaire surface. Le comportement résistant peut prendre la forme d'une opposition systématique ou d'un débordement d'émotions où s'expriment tous les conflits ou, au contraire, prendre la forme d'une opposition passive où l'enfant garde le silence. Quelles que soient les formes que prennent les comportements résistants, lorsque des schèmes de fonctionnement résistants sont maintenus, c'est toujours dans le but d'éloigner les côtés de soi qui sont difficilement acceptables et toujours dans le dessein d'endormir les éléments anxiogènes. Chez l'enfant plus âgé, le comportement résistant se présente fréquemment sous la forme de l'intellectualisation ; en effectuant des liens très logiques et en donnant d'autres versions aux interprétations suggérées par les adultes, il tente de se convaincre qu'il vit bien avec ses comportements.

Les comportements résistants qu'un individu utilise ont pour but de le protéger contre un danger intérieur et de l'aider à survivre. Le mécanisme de défense qu'est la résistance, permet à l'individu de contrôler ses peurs et de fonctionner. Prendre conscience qu'un comportement résistant est insatisfaisant libère d'une trajectoire répétitive et donne accès à des choix plus gratifiants pour la vie future. Laisser tomber des résistances qui, depuis l'enfance, font partie du système protecteur menace l'image que l'enfant ou l'adolescent a de lui-même ; apprendre à délester le comportement résistant est un tournant significatif et cela ne peut se faire sans la présence aidante d'un adulte compréhensif et compatissant. L'adolescent, qui pour se protéger a dû faire appel à des moyens détournés afin de satisfaire au minimum son besoin de mère, utilisera la résistance avec la même intensité dans le cadre d'un processus thérapeutique ; ce mécanisme qui, depuis toujours, a servi à préserver l'intégrité personnelle peut encore faire blocage. La volonté de résoudre un problème de dissonance cognitive n'élucide pas nécessairement la cause du blocage et n'abolit pas automatiquement le comportement résistant, mais soulever le voile des éléments dissonants est un pas de fait ; toutefois, il faut plus d'un mouvement pour dénouer tous les fils des événements pénibles bloqués depuis l'enfance et amorcer le désir de vivre des étapes inconnues de reconstruction de Soi.

Les théories de l'apprentissage expliquent que la survie biologique est faite de schèmes de comportements qui sont répétés et automatisés : c'est par réflexe qu'on respire, qu'on avale et ce, sans même y penser. Les béhavioristes ont émis cette hypothèse que l'organisme résiste à toutes les tensions qui affectent son équilibre. Leurs théories expliquent que, pour s'adapter, l'organisme tend à reproduire des états antérieurs et que les automatismes restent stables tant et aussi longtemps qu'ils permettent une relation satisfaisante et qu'il n'y a pas l'obligation de les remplacer ; si ces états sont longtemps répétés, ils se cristallisent. Ainsi, on pourrait dire qu'un blocage qui existe depuis l'enfance s'est cristallisé en une sorte d'automatisme. On ne peut nier que l'adaptation de l'être humain dépend pour une grande partie de l'apprentissage répétitif néanmoins, force nous est de constater qu'un comportement répétitif devenu compulsif peut entretenir ou aggraver une mésadaptation et en quelques circonstances, menacer la survie de l'individu. Lorsque les schèmes répétitifs font vivre l'enfant dans un état d'insatisfaction permanente, c'est qu'ils ne répondent plus de façon adéquate au besoin d'adaptation.

C'est cet état d'insatisfaction où l'enfant est bloqué, qu'en thérapie je cherche à modifier. Pour arriver à vivre de manière satisfaisante, l'enfant doit apprendre et répéter, de façon régulière, des comportements mieux adaptés et donc plus valorisants. Les comportements résistants prennent plus que quelques rencontres pour être changés. Le comportement répétitif est une façon de communiquer un détriment passé et les résistances ont un sens et sont légitimes. Pour ceux qui en sont témoins, il s'agit de comprendre que ces schèmes répétitifs existent parce que le douloureux sentiment d'avoir été privé de sa mère est resté inscrit au fond de l'être. Sachant que la blessure est profonde, c'est avec douceur et précaution que je tente d'insuffler à l'enfant le désir de changer ses comportements résistants. Plus le passé a été ponctué de périodes anxiogènes et plus longue a été la répétition d'une privation affective ; plus profonde est la blessure et plus il est difficile d'amener l'enfant à réaliser qu'il résiste et qu'une blessure ancienne, plus ou moins consciente, exerce une influence sur sa destinée.

Chaque enfant a son propre seuil de sensibilité à la frustration et il est certain que dans la vie, il y a toujours des circonstances auxquelles l'enfant n'arrive pas à s'adapter de façon satisfaisante ; il faut le reconnaître, toutes les adaptations ne sont pas possibles, mais quand les relations interpersonnelles deviennent un lieu d'insatisfaction et de rejet permanent, c'est le signe que le comportement répétitif devient dommageable à sa santé psychologique. Sachant que derrière le comportement répétitif inadéquat, il a une souffrance émotionnelle, il est des plus urgent qu'on aide l'enfant engagé dans une activité compulsive puisqu'il ne sait pas comment s'en sortir.

Devant certains importants manques affectifs, les mécanismes de défense, de protection ou d'adaptation, tels les comportements résistants et répétitifs sont devenus des mécanismes compensateurs d'une efficacité très limitée. Plusieurs enfants et plusieurs adolescents répètent ainsi les mêmes comportements, même s'ils vivent sans cesse de l'insatisfaction. À ce moment de l'évolution sociale où les comportements répétitifs, ayant été longtemps avantageux, deviennent des comportements compulsifs générateurs d'un sentiment de mal-être, il faut intervenir. Le passé répétitif de l'enfant et de l'adolescent est moins long que celui de l'adulte et je crois qu'ils peuvent changer ou modifier plus rapidement les schèmes comportementaux qui ne leur offrent plus une vie satisfaisante ; cependant, ils ne savent pas, seuls, changer leurs comportements compulsifs insatisfaisants.

De mon point de vue, l'enfant ou l'adolescent n'a pas nécessairement besoin de recourir à une thérapie extérieure car une autre façon de faire est possible : il s'agit d'abord qu'un adulte qui s'occupe de lui fasse l'effort d'instaurer de nouveaux schèmes de comportements envers lui. Lorsque l'adulte significatif change, l'enfant change. Pour l'adulte, il faut une longue phase de verbalisation et de mise en action des nouveaux comportements, mais lorsque l'enfant aura suffisamment confiance en cet adulte, il osera expérimenter de nouveaux schèmes de comportements proposés et le changement s'effectuera rapidement. Dans cette démarche d'expérience corrective, les adultes pourront recourir à l'aide et aux conseils d'un thérapeute pour aider l'enfant.

La description de Watzlawick (1984) m'apparaît une balise des plus valables pour faire comprendre aux parents et aux éducateurs le problème de la répétition des comportements.

La conservation forcenée d'ajustements et de solutions qui peuvent avoir été autrefois les meilleurs, voire les seuls possibles. Les difficultés sont inéluctables parce que toutes les situations changent avec le temps. Et c'est là que commence notre jeu. D'une part, il est manifeste qu'aucun organisme ne peut réagir à son environnement, au petit bonheur la chance, faisant une chose un jour, son contraire le lendemain. La nécessité vitale de l'adaptation fait apparaître des comportements spécifiques dont le but, dans l'idéal, est de permettre la meilleure survie possible sans souffrance inutile. Pour des raisons encore mal élucidées, l'homme, comme l'animal, a tendance à considérer ces solutions comme définitives, valides à tout jamais. Cette naïveté sert seulement à nous aveugler sur le fait que ces solutions sont au contraire destinées à devenir de plus en plus anachroniques. Elles nous empêchent de nous rendre compte qu'il existe, et qu'il a sans doute toujours existé, un certain nombre d'autres solutions possibles, envisageables, voire carrément préférables. Ce double aveuglement produit un double effet. D'abord, il rend la solution en vigueur de plus en plus inutile et, par voie de conséquence, la situation de plus en plus désespérée. L'inconfort croissant qui en résulte, joint à la certitude inébranlable qu'il n'existe nulle autre solution, ne peut conduire qu'à une conclusion et une seule: il faut insister.

Watzlawick décrit la situation répétitive comme une adaptation vitale. Pour moi, les comportements répétitifs inadaptés d'un enfant sont essentiellement une attitude de défense inextricablement bloquée à ses expériences passées. Les comportements inadaptés portent la marque des expériences originelles et lorsque l'on constate qu'un enfant souffre, mais continue de répéter ces comportements, il est nécessaire d'examiner ses expériences passées. Je pense donc que devant la permanence d'un comportement répétitif et devant l'ampleur de certaines influences passées, il faut d'abord tenter de corriger la première édition des expériences.

S'il y a chez un jeune enfant une mésadaptation, c'est qu'il y a en permanence un malaise ; il est essentiel qu'un adulte prenne le temps de rassurer cette petite personne anxieuse, car, de façon presque absolue, elle anticipe la répétition d'une expérience douloureuse. Si avec un adolescent ou un adulte, il peut être de bon aloi de confronter et de favoriser le retour des souvenirs, en thérapie avec un jeune enfant, avant de confronter et de suggérer de nouvelles manières d'éviter les comportements répétitifs, il est indispensable de bâtir d'abord un schéma thérapeutique sécurisant, rassurant et souple. Avec un jeune enfant, il faut s'assurer d'avoir sa confiance avant de poser quelque geste que ce soit ; il faut s'assurer de livrer des messages clairs qui n'amorceront aucune conséquence négative dans son esprit d'enfant anxieux.

Voici ce que Marise a décrit comme les traces originelles de ses mésadaptations répétitives.

L'anorexie : la maladie d'amour

Trop d'amour n'a pas été bon pour moi. Tout le monde aimait cette femme accueillante. Elle était parfaite ; elle savait faire un repas pour dix personnes en un tour de main et elle avait le mot gentil pour tout le monde. Quand j'étais petite, je me disais que j'avais de la chance d'avoir une mère comme elle et j'étais certaine que je ne pourrais jamais être heureuse sans sa présence. J'ai, je crois, trop aimé ma mère.

Ayant perdu son père à deux ans, ma mère a voué un dévouement sans borne à sa mère. Elle m'a appris aussi à l'aimer. Tous les jours, elle téléphonait à grand-mère. Après sa mort, je voyais pleurer ma mère, sa tristesse m'envahissait jusqu'à m'angoisser. Je ressentais sa tristesse. Dans ma tête d'enfant, je me demandais pourquoi grand-mère avait fait ça à ma mère bien-aimée et j'avais alors très peur de perdre ma mère. En grandissant, j'étais troublée dès que je devais me séparer d'elle.

Ma mère m'aidait dans tout ce que je faisais. En classe, j'étais excellente et elle était fière de moi. Elle faisait tout en son pouvoir pour me faciliter la vie ; mes petites amies disaient qu'elles auraient aimé que leur mère leur prépare d'aussi belles collations. À 14 ans, ma mère plaçait encore mes vêtements du lendemain sur le pied de mon lit et un déjeuner m'attendait tous les matins avant d'aller en classe. Puis, sans que je n'aie rien vu venir, elle m'a annoncé que nous allions vivre ailleurs sans mon père. C'était la première fois que je me questionnais sur la présence de mon père dans notre vie. Je culpabilisais et je me disais que j'avais dû faire beaucoup de mal à mon père et que ma mère était triste de devoir partir ; aujourd'hui, je ne crois pas qu'elle était aussi triste que je l'imaginais. De cette époque de notre vie ailleurs, j'ai le souvenir d'un homme avec qui elle partait de temps à autre et je me rappelle que j'étais anxieuse de la voir partir avec lui. Je me sentais insécure seule dans cette nouvelle maison sans elle. J'avais encore besoin d'elle et je pensais qu'elle sortait trop et qu'elle me négligeait à cause de lui.

Elle était toute ma famille et j'étais de plus en plus jalouse de ce monsieur. Elle était tout pour moi, mais si elle me disait de faire la chose d'une façon, je faisais le contraire même si je savais que cela n'était pas bon pour moi. Elle me dit alors : Je ne veux pas que tu souffres, si tu veux retourner à la maison, on va repartir. Et j'ai dit : «Oui». Trois semaines plus tard, nous revenions chez nous et je retrouvais mon père et mes amis du quartier. Pour moi, ce retour a été un désastre. Je savais qu'elle n'avait aucun rapport sexuel avec mon père et qu'ils n'étaient ensemble que pour s'accommoder mutuellement. Ma mère n'était pas heureuse et je m'en sentais immensément coupable.

J'étais mal de lui faire de la peine et c'est à cette époque que j'ai pris la décision de m'occuper de moi, toute seule. Elle a cessé de me préparer des dîners pour apporter au collège et j'ai commencé à mépriser la nourriture. Au repas du soir, je ne pouvais rien avaler de ce qu'elle cuisinait pour moi. Je ne me nourrissais que pour rester en bonne santé et à l'heure du souper, je ne me précipitais plus à la cuisine pour voir ce que nous mangerions. Je me suis alors mise au végétarisme sévère, j'avais un dégoût pour tout ce que j'aimais auparavant et je refusais que ma mère s'occupe de moi.

Un jour, j'ai perdu conscience au collège et on m'a hospitalisée ; ma mère est restée tout le temps près de moi, même si je ne lui parlais pas. Les médecins m'ont dit : «Tu te meurs, nous allons te forcer à grossir.» Le gavage a été un moment affreux. Ma mère me disait, tout le temps qu'elle avait peur pour moi, mais moi, j'avais le sentiment qu'il me fallait la soulager de ma vie. Je ne savais plus comment m'en sortir et je me suis alors dit : D'accord, je ne vais pas mourir, je vais grossir et ensuite, je vais partir. Je pense que j'ai été anorexique parce que j'étais trop concernée par les histoires de ma mère qui pesaient trop lourdement pour moi. Je voulais alléger ma souffrance jusqu'à en disparaître. Pendant ma période anorexique, je ne voulais pas qu'on me regarde et je ne me regardais pas dans le miroir.

Quelques mois après ma guérison, je suis partie étudier à l'université de Toronto. Je m'y sentais seule et, ma mère et moi, nous nous téléphonions tous les jours. Elle répétait avec moi ce qu'elle avait fait avec sa mère. J'aimais ce que j'étudiais, mais ça ne me suffisait pas. Son amour me manquait. À mes visites, lorsque je disais que je trouvais cela très dur, elle me disait : «Sois forte, ne te laisse pas abattre.» Mon père, avec des yeux accusateurs, me disait : «Tu as tout, je paie ton appartement et tous tes frais. Plusieurs étudiants ne demanderaient qu'à vivre comme toi.» Je savais que je n'arriverais pas à être conforme à ce que mon père souhaitait et je savais aussi que, même s'il ne m'en avait jamais fait ouvertement le reproche, il voulait un garçon ; ma mère me l'avait déjà dit. Je souhaitais annuler la vie qu'elle m'avait faite et, pour me venger de mon père, j'ai fait la belle vie à ses frais.

À 19 ans, je suis revenue dans ma ville. J'ai pris un appartement et je me suis donné à fond dans une nouvelle vie. J'ai totalement rompu avec mon milieu familial. J'avais une forte sexualité et je rencontrais beaucoup d'hommes ; je me suis donné pleinement dans l'amour physique. Je découvrais qu'il y avait aussi cette sorte d'amour dans le monde. Aux repas de famille, j'amenais différents hommes souvent plus vieux que moi et ma mère fermait les yeux. Je plaisais, j'étais mince et je faisais attention à ce que je mangeais afin de continuer de plaire. J'avais du plaisir à me maquiller et à être regardé. Je sortais souvent le soir et je prenais plaisir à vivre cette vie nocturne. Je me sentais un peu coupable, mais après tout, je m'étais toujours senti coupable de quelque chose. J'avais encore envie de vengeance et c'est ce moyen que j'ai trouvé pour blesser ma mère. Même coupable, je sentais ma vengeance agissante et j'avais du plaisir à voir la face que faisait mon père. J'étais vivante de vengeance, mais je restais hantée par l'idée que je n'avais pas de temps à perdre et que demain je pouvais mourir.

Plus je la voyais manipuler sous le couvert de la compréhension et de l'amour et plus je devenais intolérante à son égard. Je souhaitais être à nouveau heureuse de sa présence mais, en même temps, je voulais être loin d'elle. Je n'arrivais plus à voir ma mère sous l'angle de la bonté mais sans elle, je trouvais mon quotidien très difficile. Je constatais que personne ne comptait, pour moi, plus qu'elle. J'étais écartelée. Je n'attachais plus beaucoup de prix à ma santé : un certain dégoût pour la nourriture est revenu en moi.

Puis, elle a été très malade. Je me disais que c'était certainement un peu à cause de mon absence qu'elle en était venue là. Encore, je me sentais coupable. Je suis allée la voir à l'hôpital. J'ai voulu lui donner un peu de bonheur et je me suis inventé un amoureux. Je lui ai dit que nous allions nous marier à Noël et elle est morte fin novembre.

Un an après sa mort, je prends du plaisir à être avec mes filles. Je suis présente à elles, mais je ne les couve pas de trop d'amour. Lorsque ma mère était là, je ne voulais pas être mère, car je craignais de n'être pas à la hauteur. Je n'arrivais pas à être à la fois la fille de ma mère et la mère de mes filles. Peu à peu, j'ai appris les gestes bienveillants d'une mère envers ses filles et, petit à petit, j'ai cuisiné pour elles et pour moi. Peu à peu, j'ai pris du poids et, petit à petit, j'ai aimé mes filles. Mes filles vivent leurs histoires de filles ; elles sont aujourd'hui des adolescentes gaies et moi je suis heureuse, même si je ne suis pas disponible pour elles vingt-quatre heures sur vingt-quatre et même si je ne sais pas tout de leurs histoires.

Ma mère était trop présente dans ma vie. Ma mère m'a vraiment trop aimée et j'ai eu du mal à me détacher d'elle et à trouver ma place d'adulte. Il n'existait, dans le monde, qu'une seule personne capable de bien m'aimer. Sans elle, j'étais inapte et inadaptée. Mais le regard d'une mère ne trompe pas : elle m'aimait pour elle. Il arrive que le regard de mes filles me fasse exister comme le faisait celui de ma mère et je ne veux pas tricher avec elle ; aussi, je m'empresse de leur dire qu'ils ont leur destin à vivre. Le mien a été trop lourd pour une enfant et une adolescente.

À mes filles, je parle souvent de leur grand-mère et elles aiment en entendre parler. Même si ma mère ne me sert pas de référence, je dois l'admettre, j'ai eu une enfance facile : elle était une mère attentionnée et tendre envers moi et j'aime leur parler de ce temps-là. Elle est morte sans que notre relation soit achevée. J'ai eu longtemps le sentiment qu'elle était la seule relation essentielle à ma vie et, après sa mort, ma mère m'a longtemps manqué.

Aujourd'hui, j'ai un travail que j'aime. Je me sens libre. Je pense régulièrement à ma mère, mais je suis maintenant convaincue que, malgré son absence, la route est ouverte devant moi et devant mes filles. Certes, il y a en moi un passé douloureux, mais avec mes filles, je ne vis pas l'histoire future comme une fatalité.

Quand je regarde le passé des familles, j'ai le sentiment qu'à chaque génération, il y un enfant qui se trouve chargé des problèmes ou du roman familial d'un parent ; il n'est jamais facile de naître avec un rôle prédéterminé à jouer. Quand je lis des histoires comme celle de Marise, je comprends qu'on ne peut échapper à la saga familiale, concept dont je traite abondamment dans *Le Roman Familial*.

Au-delà des propos quelque peu pessimistes qui parsèment cette section, ce que j'ai retenu de mes recherches sur les enfants à l'histoire souffrante et bloquée au comportement résistant et déprimé, c'est qu'on peut faire confiance en leur capacité de prendre soin d'eux. Tout comme Alain, les enfants portent en eux tous les risques des fragilités génétiques de leur famille et de l'environnement qui les accueille, mais l'être humain a des ressources insoupçonnées et rien n'est jamais définitivement bloqué pour un être intelligent. C'est là le miracle invisible de la vie : tout peut encore se jouer jusqu'à la fin de la vie.

Il semble bien que ce soit à travers l'histoire affective que se substituent et s'évoquent les désordres et les troubles de développement ; il semble que, de la plus petite blessure à l'inadaptation la plus grave, les incidents discordants et répétitifs soient occasionnés par des blessures survenues à l'époque des premières expériences. Ce qui se répète, c'est une partie des histoires qui se sont passées entre les mères et les enfants. Comme Zazzo (1974) l'a écrit, ce que l'individu se forge et répète comme système est «[... le reflet à peu près exact de la façon dominante dont il a expérimenté la relation avec la mère.»

2.5 Le préjugé envers les petits garçons

L'homme est autant dans la société que la société est dans l'homme et par conséquent l'existence de l'un influe nécessairement sur celle de l'autre. (AUTEUR INCONNU)

En écrivant *Aimer et comprendre son enfant*, il m'est apparu indéniable qu'il y a une zone grise dans l'histoire de la prime enfance des petits garçons. Il existe des différences entre la nature profonde du caractère masculin et la nature profonde du caractère féminin et il est incontestable qu'il y a des histoires que les petites filles ont vécues du fait de leur sexe, et à l'inverse, des histoires que les petits garçons ont vécues du fait du leur. Le mouvement féministe a forcé les hommes dominants à écouter les femmes et à prendre soin des petites filles ; peut-être est-il temps pour les hommes d'investir quelques efforts, pour contrer, à leur tour, les situations d'oppression dont plusieurs petits garçons sont aujourd'hui les victimes. Dans les pages qui suivent, je propose de revoir les codes de discipline, les rôles et les règles culturelles qui régissent la chaîne des préjugés éducatifs qui briment la petite enfance, le développement et l'apprentissage des petits garçons ; il y a lieu de nous interroger sur la manière d'intervenir dans les rapports avec les petits garçons.

Il faut d'abord admettre qu'au sein de la famille, les soins donnés aux enfants portent la marque de la psychologie masculine ou féminine, de même que celle de la culture à laquelle les parents appartiennent. Assumer une identification masculine ou féminine a quelque chose à voir avec le rôle sexuel et le rôle social et, à n'en pas douter, avec l'éducation dispensée par les adultes. On ne peut se le cacher, selon que l'adulte qui prend soin de l'enfant est un homme ou une femme, son comportement à l'égard de l'enfant est différent. L'individualité des enfants est donc, pour une grande part, reliée à des phénomènes culturels et sociaux sur lesquels ils sont trop petits pour intervenir.

Plusieurs adultes ont un code précis quant au rôle social dévolu à chaque sexe ; en ce sens, ils sélectionnent les tâches en les identifiant comme des tâches masculines ou comme des tâches féminines. Les petits enfants découvrent bien tôt que des tâches différentes leur sont distribuées selon leur anatomie et le rôle social conféré à leur sexe ; très tôt, ils sont conditionnés à reconnaître que certaines activités conviennent à leur sexe et à leur milieu culturel mieux que d'autres. Le comportement des jeunes enfants est, pour beaucoup, le fruit des apprentissages culturels, éducatifs et sociaux auxquels ils ont été soumis depuis le jour de leur naissance.

L'objectif culturel de plusieurs adultes qui prennent soin des petits enfants est simplement d'identifier l'enfant au sexe qui lui est biologiquement assigné. Parmi ces adultes, certains transmettent insidieusement aux petits garçons ces préceptes stéréotypés que pour devenir un homme, il faut s'endurcir physiquement et psychologiquement et qu'il ne faut pas pleurer ; selon ces mêmes préceptes, certains adultes traitent, par exemple, les petites filles qui s'inscrivent à des activités sportives masculines de «garçons manqués» et les petits garçons qui aiment danser le ballet de «femmelettes». Les petits enfants qui grandissent sont inexorablement modelés par de subtils conditionnements qui modifient leur façon naturelle de se développer ; je crois que certaines paroles et certains gestes qui les conditionnent ainsi, sont à l'origine des difficultés d'adaptation de plusieurs petits enfants. Trop de petits gestes quotidiens passent inaperçus et abîment les petits enfants et trop de petits garçons trouvent ainsi sur leur chemin des embûches inutiles qui briment leur manière de s'affirmer, d'être et de faire.

J'ai observé que cachés au travers de principes éducatifs, d'une génération à une autre, des préjugés se répètent de façon presque traditionnelle. De ce que j'ai ainsi pu observer, des figures d'autorité féminines à qui l'on confie l'éducation des petits garçons ont un préjugé négatif à leur endroit. Pour plusieurs petits garçons, les rapports qu'ils entretiennent avec ces autorités féminines appauvrissent leur personnalité de qualités masculines, ce qui les empêche d'être heureux en tant que garçon. Appauvri de l'énergie de s'affirmer dans leurs désirs masculins, les petits garçons grandissent frustrés d'un sentiment de compétence qui transparaît jusque dans leurs rôles d'homme et de père.

Tous les enfants ont droit au jeu, mais il est fréquent que les jeux et les jouets qui leur sont offerts soient choisis selon les rôles que les adultes s'attendent à les voir jouer et selon les règles qu'ils s'attendent à les voir suivre. Les enfants étant désireux de plaire et voulant être approuvés par ceux qu'ils aiment, préfèrent donc ce que leurs parents préfèrent et ne savent jouer que de la manière qui leur a été enseignée. C'est incontestable, les enfants ne peuvent choisir que dans l'éventail des choix qui leur sont offerts par les adultes et il est très rare qu'ils aient le libre choix de jouer à leur façon. La plupart des enfants ne savent ainsi jouer qu'à ce que les adultes leur ont appris à jouer. Sachant que le mauvais jouet leur sera refusé, les enfants apprennent vite à demander le bon jouet.

Les enfants étant des enfants, l'envie de jouer est un mode d'expression présent chez les garçons comme chez les filles, mais les petits garçons ont plus le besoin de bouger ; ainsi, quand on les laisse choisir leurs jeux sans contrainte, la majorité des petits garçons recherchent des activités plus physiques qu'intellectuelles. L'on doit en convenir, plus de petits garçons que de petites filles sont attirés par les jeux dans lesquels la force physique occupe une place importante. Si les garçons ont envie de jeux différents de ceux des filles, c'est tout simplement, parce qu'ils sont des garçons et non des filles ! Plusieurs petits garçons ont une prédilection pour les efforts musculaires et les activités qui leur permettent d'expulser leur trop-plein d'énergie. Néanmoins, lorsque l'adulte ne leur a rien suggéré, certains petits garçons peuvent passer beaucoup de temps à nettoyer la vaisselle et à servir au restaurant et certaines petites filles peuvent jouer longtemps à construire des maisons et à faire rouler des petites voitures. À partir du moment où l'on a appris à l'enfant comment fonctionne le jeu ou le jouet, il faudrait le laisser l'utiliser librement.

À l'âge scolaire, plusieurs garçons manifestent une vitalité qui paraît démesurée aux yeux de certains adultes ; on interprète ce trop-plein de vie comme un comportement agressif volontaire et parfois même comme de la violence. Alors que la famille et la société qui les éduquent devraient voir dans le comportement agressif des jeunes garçons un comportement sain d'acquisition de l'autonomie, elles exigent qu'ils se soumettent et taisent leurs pulsions agressives. Lorsque l'élan agressif ne blesse personne, on devrait le permettre ; chercher à modifier les comportements naturels des petits enfants est tout aussi inutile que de vouloir changer leurs caractères biologiques.

Autour de la période de latence, certains enfants se perdent dans des agressivités compensatrices mal organisées ; leurs gestes et leurs propos mal maîtrisés incitent les réactions agressives des adultes. Plusieurs éducateurs ont, de toute évidence, de la difficulté à trouver un juste milieu pour contrer adéquatement les comportements impulsifs et irréfléchis des garçons. Quelques fois, ils privent l'enfant de marques d'attention et d'affection auxquelles, malgré son comportement impulsif, il s'attend de droit ; parfois même, la réaction impulsive survenue à l'école est une deuxième fois fermement punie par les parents.

Les petits garçons qui n'arrivent pas à maîtriser leurs mouvements masculins et à se conformer au modèle féminin ne peuvent interpréter leurs exigences que comme un refus de les accepter tels qu'ils sont ; c'est l'effet miroir : l'enfant ne peut interpréter la réaction de l'adulte que comme une réaction de rejet à son endroit. La position autoritaire et contrôlante des parents et des éducateurs est vécue par l'enfant comme de l'agressivité à son endroit et bien sûr, il a la réaction de s'en défendre et il se positionne alors agressivement et parfois violemment devant leur répression.

La majorité des éducateurs et des enseignants conviennent que, de façon générale, les petits garçons vivent leurs conflits intérieurs plus impulsivement que les petites filles, mais peu d'entre eux semblent prendre réellement en considération l'existence de cette impulsion typiquement masculine, qu'ils admettent pourtant. Les adultes qui éduquent les enfants devraient reconnaître que l'agressivité naturelle est un élan vital qui n'a pas de sexe ; mais dans un lieu clos comme l'est une garderie, alors qu'il y a jusqu'à trente enfants qui débordent de vie, par besoin de garder le contrôle ou par peur de le perdre, les adultes oublient cette prémisse à laquelle ils croient pourtant. Je crois que les mouvements agressifs servent à expulser l'angoisse et que, ce faisant, ils sont nécessaires ; je crois donc qu'il y a réellement des demandes inadaptées de la part de la famille et de l'environnement social. Par contre, je pense que trop d'agitation, trop d'agressivité et de trop longs épisodes de nervosité sont des symptômes dont il faut s'occuper avant l'adolescence, mais de façon générale, ce n'est que lorsque les manifestations d'angoisse se constituent en gestes stéréotypés et en tics des plus évidents que les adultes s'en préoccupent.

Les petits garçons que l'on sait, naturellement portés à bouger, subissent plus souvent et avec plus d'intensité que les petites filles les injonctions de se tenir tranquilles. Plusieurs adultes tolèrent mal les jeux physiques et les gestes brusques semblent leur être un ennui perpétuel. Réprimer les enfants dans leurs mouvements et dans leurs jeux, c'est faire obstacle à leur plein développement et qu'on le veuille ou non, contraindre et réprimer, c'est brimer leur intelligence et leur démarche d'identification. Malheureusement, je pense qu'il y a un rapport direct entre l'agitation et la répression de l'agressivité des petits garçons et le fait qu'il y ait plus de garçons que de filles qui prennent du ritalin*.

Les enfants mis en contact avec des règles trop lourdes souffrent beaucoup qu'on leur interdise de s'affirmer. Rares sont les enfants qui, en réaction à des règles et à des contraintes trop exigeantes, n'ont jamais manifesté de comportements d'opposition et d'agressivité. Tous les enfants agités, opposants et agressifs de quatre, cinq et six ans ne se dirigent pas vers la délinquance adolescente, mais parmi ceux qui deviennent délinquants, on retrouve toujours dans leur histoire d'enfant, des épisodes de répression soutenue de la part des personnes qui en ont pris soin.

Parmi les adolescents délinquants, plusieurs ont vécu avec des parents qui ont été présents physiquement, mais non disponibles psychiquement et affectivement. Plusieurs adolescents violents ont vécu des expériences de frustrations et des épisodes de ruptures relationnelles dans leur vie d'enfant : l'enfant qui se voit refuser la présence et l'échange relationnel auquel il aspire ne peut que se sentir frustré dans sa quête affective et il revendique avec force cette affection à laquelle il a la certitude d'avoir droit. Si ces adolescents posent encore des gestes violents, c'est pour démontrer qu'ils aspirent toujours à être vus et reconnus comme tout-puissants ; c'est l'omnipotence et le manque de satisfaction que leur conduite délinquante démontre. À la période où ils auraient eu besoin de se sentir tout-puissants, au lieu d'être entourés avec compassion, plusieurs petits garçons ont été punis et corrigés. Les enfants brimés dans leur besoin de présence maternelle, d'affirmation et de toute-puissance se font une carapace afin de s'éviter d'autres expériences semblablement douloureuses et frustrantes. En grandissant, ces enfants brimés deviennent intolérants à toute exigence sociale et à toute frustration et parfois, ils prennent leur revanche en devenant cruels. C'est le Surmoi faible qui fait des petits enfants rabroués des adolescents violents. À l'adolescence, ces enfants brimés ont la carapace dure.

J'en conviens, il n'est pas aisé de défendre et de prendre le parti des enfants provocateurs et agressifs et des adolescents violents, mais je suis profondément convaincue que pour arriver à contrôler leur conduite impulsive, ils ont absolument besoin de la présence d'un adulte compréhensif et affectueux à leur côté.

Les adolescents violents mettent l'autre au service de leur besoin de toute-puissance et de leur besoin de réparation. Ces adolescents souffrent d'une vulnérabilité narcissique et d'un manque d'estime d'eux-mêmes et c'est pour combler la faille narcissique et pour se refaire une image d'eux-mêmes plus valorisante, que certains entrent dans une bande. Il faut garder en tête que la violence de l'affirmation ne vise pas tant à blesser l'autre qu'à être reconnu à part entière ; aussi, les adultes doivent faire tous les efforts possibles pour ne pas se montrer exagérément répressifs devant les gestes provocateurs ; il faut savoir qu'appartenir à une bande est une façon de lutter contre le sentiment d'impuissance et de réparer quelque peu l'état initial que l'adolescent sait inconsciemment avoir raté. Quand cette difficulté de pouvoir être et de réparer leur enfance paraît impossible, certains dépriment alors que d'autres passent directement aux actes violents ; le présent destructeur vise à retrouver le paradis perdu, l'état idéal, peut-être bien l'état fusionnel.

On se souviendra qu'à une époque pas si lointaine, les maisons d'enseignement n'étaient pas mixtes, que la plupart des écoles de garçons étaient dirigées par des religieux et que les enseignants étaient des hommes. À cette époque pas si lointaine, la naissance des filles causait préjudice aux affaires agricoles, car elles étaient moins fortes physiquement. Elles participaient peu aux travaux de la ferme et on se souviendra qu'alors, les garçons étaient préférés aux filles, qu'ils étudiaient dans les universités, travaillaient à améliorer leurs performances physiques et gagnaient de l'argent, pendant que les filles effectuaient les travaux domestiques sans aucune rémunération. Après une longue période de résistance, un changement social s'est effectué. Si aujourd'hui les femmes ont conservé la charge du travail à la maison et celle d'éduquer les enfants, elles travaillent maintenant à l'extérieur et ce sont elles qui sont majoritaires dans les milieux scolaires. Si à l'aube de l'année 2000 les mères et les pères qui attendent un enfant ne sont plus déçus de la naissance d'une fille, un préjugé semble être solidement demeuré dans les coutumes éducatives : il faut contenir l'énergie des petits garçons.

Hier, il existait ce préjugé que les filles étaient plus difficiles à éduquer que les garçons, aujourd'hui, le même préjugé incompréhensible pèse sur les garçons. Il semble que de plus en plus de parents et d'éducateurs soient fermement convaincus qu'il faut absolument contrôler l'impulsion agressive qu'ils voient chez les petits enfants énergiques. J'ai cette malheureuse impression qu'il est socialement devenu de mise d'éliminer, dès la petite enfance, ce qui pourrait exalter les comportements impulsifs et agressifs. Très jeunes, les tout-petits turbulents sont entraînés à étouffer leur vivante individualité et sont contraints avec hostilité, à réprimer leurs pulsions agressives.

Qu'il s'agisse d'une fille ou d'un garçon, la plupart les exigences des adultes visent à diriger les enfants vers l'excellence. Même si au départ, l'intention n'est pas malveillante, le comportement peu indulgent des adultes envers les enfants est devenu une méthode éducative commune. Cette intolérance, soi-disant éducative, est socialement contagieuse et les exigeantes demandes des éducateurs ont de réelles conséquences sur le développement psychologique des enfants. Dans les grands groupes sociaux que sont les services de garde, il y a de ces enfants au caractère impétueux et indiscipliné et il semble bien que les éducateurs se font un devoir de mettre au pas les petits garçons et les petites filles à l'énergie dominatrice et affirmée. Pas plus que les garçons, les petites filles n'ont la permission de laisser libre cours à la vivacité de leurs pulsions jugées trop masculines. Pour moi, brimer les jeunes enfants dans l'expression de leurs traits de caractère, c'est opérer sur eux une violence psychologique alors que le but concret de l'éducation est, au contraire, de les stimuler à développer leur potentiel.

Dès l'instant où les enfants quittent leur famille et davantage depuis l'avènement de la garderie, ils sont soumis à un modèle éducatif accepté comme légitime. Cette organisation sociale à laquelle ils appartiennent impose ses normes éducatives. Ensuite, aussi aberrant que cela puisse paraître, lorsque les enfants ont l'âge de fréquenter l'école, les maîtres ne valorisent pas davantage l'épanouissement personnel, ils valorisent le savoir ; avec ce savoir, les bons élèves ont la récompense du savoir et plus tard, ils deviennent des adultes avec une image et un statut social. On dit de ces adultes qu'ils sont des personnes raisonnables, rationnelles et intelligentes ayant réussi dans la vie, mais ont-ils réussi leur vie et sont-ils devenus des adultes libres et heureux ?

Tous les élèves, tous n'ont pas souhaité de plein gré ce modèle éducatif et tous ne réussissent pas à refléter parfaitement cette image de la performance. Le modèle scolaire actuel ne vise pas la moyenne, mais bien l'excellence et je pense qu'en son nom, plusieurs enfances et plusieurs jeunes personnalités sont sacrifiées. Il y en a beaucoup à qui l'on a demandé de se surpasser, alors que l'on estime à 4 % seulement les enfants qui sont réellement performants. Les enfants d'aujourd'hui, pas plus que ceux d'hier, n'ont la maturité d'approfondir le bien-fondé des méthodes éducatives qui s'abattent sur eux dès la garderie. Les enseignants auraient-ils oublié que dans les classes de primaires, il devrait être simplement plaisant d'être initié au savoir ?

Tant que l'adulte ne comprendra pas que les impulsions qui mettent le jeune enfant en action sont pour lui un exercice d'autonomie, il est certain qu'il ne verra pas, combien ses gestes de répression sont hostiles à l'enfant. Je crois que ce qui ne va plus, c'est que, voyant en tout de l'agressivité négative, de plus en plus d'éducateurs en garderie et de plus en plus d'enseignants sont en train d'éteindre tout élan naturel d'affirmation et plus particulièrement, l'élan agressif naturel des jeunes garçons. À l'âge de la garderie et des classes de primaire, les petites filles sont trop jeunes pour comprendre qu'elles sont brimées dans l'expression de leurs pulsions féminines et les petits garçons trop jeunes pour comprendre qu'ils sont brimés dans leurs pulsions masculines. La répression envers les petits garçons n'est pas plus agréable pour eux qu'elle ne l'a été, hier, pour les petites filles et pas plus qu'elles ils n'ont la possibilité de refuser les méthodes éducatives répressives qui leur sont imposées. Selon moi, c'est bien malgré eux, que les enfants consentent à intégrer des programmes qui les marquent et des conditionnements qui les font souffrir.

Philippe Chartrand est un exemple bien représentatif qu'une programmation, même partant de la meilleure intention, peut couper un enfant de sa vie et de ses émotions d'enfant. En 1988, après avoir atteint des sommets en gymnastique, il est revenu blessé des Jeux de Séoul. Sans médailles et sans trophées, l'homme conditionné par l'excellence souffrait et n'existait pas ; il a alors connu la dépression et le goût du suicide. Philippe a craqué parce que tellement programmé pour la victoire, il était incapable de vivre l'échec. Dans une entrevue accordée à Michelle Coudé-Lord, le 13 mai 1990, il disait :

On a gelé mes émotions, seul gagner m'importait, c'était une obsession. Je n'avais pas d'identité, pas d'amis. Je n'avais plus rien après avoir donné toutes ces années à la gymnastique. Aujourd'hui, je ne performe plus, je vis.

Je pense que certains préjugés vivaces enracinés dans les coutumes pèsent lourd sur les enfants actuels. Les adultes, les parents, les éducateurs et les enseignants se doivent de remettre en question les méthodes éducatives et de discuter les programmations imposées aux enfants. L'identité des Philippe Chartrand, Josée Chouinard, Mélanie Turgeon, Gaétan Boucher, Alexandre Despaties et de plusieurs élites éduquées et programmées à l'excellence est, à mon avis, une identité empruntée. L'élitisme et l'excellence apparaissent comme les côtés positifs du conditionnement et de la performance, mais à part ces élites, il me paraît évident que l'élan d'agressivité naturelle, que l'on accepte de diriger chez les sportifs, est vu comme un comportement négatif qu'il faut réprimer chez les enfants qui sont sans talent particulièrement évident.

À notre époque, les parents manquent de temps et se sentent anxieux devant l'entreprise d'élever leurs enfants ; ils n'ont le temps de faire que le minimum pour eux. Les mères et les pères les encouragent à plus d'indépendance et d'autonomie ; ils disent leur donner un modèle d'autonomie, mais en fait ils les contrôlent et s'empressent de leur organiser des activités dans le but de les faire grandir. Je suis personnellement convaincue qu'avant d'encourager les enfants à l'indépendance et à l'autonomie, il faut leur avoir permis l'intimité affectueuse de la dépendance.

Les mères et les pères de l'époque précédente, les *babys boomers*, sur qui on accole encore de multiples étiquettes dont celle de permissifs, s'efforçaient d'être indulgents envers leurs garçons et tolérants envers leurs filles qui s'affirmaient à la manière des petits garçons. Pour les parents d'aujourd'hui, les attitudes par trop masculines semblent réellement être considérées comme inconvenantes. L'attitude de l'enfant passif, tranquille et silencieux qui obéit sur-le-champ aux requêtes est, de toute évidence, mieux acceptée. On dirait bien qu'un stéréotype d'enfant tranquille soit ainsi devenu le leitmotiv des parents fatigués de l'époque actuelle. Je crois que l'extrême rigidité des parents et des enseignants rend les enfants tendus. Lorsque cette rigidité est imposée à un adulte, elle est qualifiée de cruelle ; de même façon, lorsque cette exigence s'adresse à un enfant, elle demeure inacceptable.

Je pense que la petite fille agressive a, aujourd'hui, un peu plus de chance que le petit garçon de développer sa personnalité, car elle est vue comme décidée et autonome par les femmes qui l'éduquent alors qu'au contraire, le petit garçon décidé et autonome est vu comme trop brusque, trop robuste et trop agressif. Plusieurs petits garçons, dont le tempérament est vif, sont sans cesse victimes d'interventions répressives et punitives ; plusieurs d'entre eux, en perdant leur agressivité naturelle devant les combats de la vie, perdent aussi leur avidité de vivre. Les femmes étant en plus grand nombre dans les secteurs de l'éducation et de l'enseignement, ce sont elles qui, de façon générale, s'appliquent à modifier les comportements agressifs et violents des garçons. Plusieurs éducatrices reconnaissent qu'elles sont plus exigeantes envers les enfants hypertoniques et plus encore, s'il s'agit d'un petit garçon actif et bruyant.

Comment les petits garçons qui vivent de façon répétitive un conditionnement répressif pourront-ils développer pleinement leur côté masculin ? Comment peuvent-ils avoir envie d'explorer et d'apprendre quand, dès leur jeune âge, ils doivent mettre toutes leurs énergies à livrer bataille contre des adultes et qu'ils en sortent rarement victorieux ? Quand l'agressivité vitale s'éteint, il y a une perte de l'envie de communiquer. Quand on rentre la tête dans les épaules à trois ans, quand on est stressé à quatre ans, quand on a des manies d'ordre ou qu'on est timide et inhibé à cinq ans et qu'on ne veut plus aller à l'école à six ans, c'est que quelque chose ne va pas bien dans sa vie avec les adultes. Aurait-on oublié qu'à trois, quatre, cinq ou six ans, l'enfant n'est pas capable de réfréner ses impulsions, même quand elles provoquent l'embarras et la colère des adultes ?

Kaplan considère que, aussi effrayant que cela puisse être, les accès de colère ne sont pas des signaux de danger, mais au contraire une manière saine de décharger les tensions et de rétablir le calme. Elle précise que, chez le jeune enfant, les pulsions agressives et la colère sont des conséquences orageuses d'une difficulté de rapprochement avec l'adulte et qu'elles représentent un élément normal des relations interpersonnelles avec un enfant. Comment les enfants peuvent-ils aller de l'avant et conquérir le monde quand la libération de leurs émotions et le plein de vitalité leur est interdit ?

La majorité des parents imputent les difficultés d'adaptation de leurs enfants, non à eux-mêmes ou à leur manière effrénée de vivre, mais bien au tempérament colérique de l'enfant. Je reste convaincue que les enfants très tôt réprimés dans leur élan courent le risque de se développer en deçà de leurs possibilités. À force de vouloir et de ne jamais parvenir à pouvoir changer les choses frustrantes de leur environnement humain, certains enfants arrivent à la conviction d'être incapable d'agir efficacement sur leur vie. Avec le temps, ils ne s'impliquent plus dans leur relation avec les adultes, ils renoncent à essayer de nouvelles stratégies et, ce faisant, ils développent l'habitude du détachement et de la résignation envers la vie. En prenant le parti de ne plus réagir à leur environnement humain, il risque que s'installe en eux une sorte d'insensibilité, d'impassibilité et d'apathie.

Certes, le petit enfant est un être social, mais ce qu'il connaît d'abord de la société, c'est son noyau familial ; c'est par les règles affectives de ce noyau familial qu'il est d'abord modelé. L'enfant se soumet d'abord à l'autorité de ses parents et ensuite à celle de ses éducateurs et ses professeurs qui ont chacun leur manière d'agir et de réagir. Ce n'est qu'en grandissant que le petit enfant constate que certaines de ses pulsions sont socialement inacceptables et qu'il apprend, à ses dépens, qu'il n'est pas gratifiant de contester l'autorité de ses parents, de ses éducateurs et de ses professeurs. Ce n'est vraiment qu'après son enfance, qu'il est assez fort pour commencer à chercher son expression individuelle et ce n'est vraiment qu'à l'adolescence, qu'il se permet d'oser contester les règles des adultes et d'oser agir alors selon ses valeurs personnelles. Malheureusement à l'adolescence, ni la famille ni l'environnement n'autorisent le processus d'affrontement ; aussi, il ne reste souvent à l'adolescent qu'à se soumettre à nouveau et à camoufler sa révolte en attendant l'âge adulte.

Ce serait simplifier à outrance que de dire que tous les gestes excessifs d'affirmation de l'enfance et toutes les révoltes de l'adolescence proviennent de facteurs familiaux ; les contextes sociaux et scolaires sont aussi des facteurs qui façonnent les agissements des enfants de façon profonde. Néanmoins, la famille influence profondément l'image que l'enfant va organiser en lui et que si nous en parlons autant dans les thérapies, c'est qu'autour d'elle un changement doit se produire. Peut-être sommes-nous en train d'oublier que, quel que soit l'âge de l'enfant, la première ligne de décision n'est pas la garderie ni l'école ; peut-être sommes-nous en train d'oublier que la première ligne de défense d'un enfant devrait être sa famille.

Voici une histoire que j'ai recueillie au cours de mon travail dans une maison d'hébergement pour femmes victimes de violence. Cette histoire prouve bien que les images intérieures contiennent une grande part de l'environnement familial.

Jerry, 36 ans et Sandra, 36 ans

Jerry a grandi dans une banlieue aisée à quelques maisons de la demeure de Sandra. Les parents de Jerry, deux brillants professionnels, étaient des travailleurs acharnés ; Jerry et sa soeur ont en fait été élevés par des nounous. Les parents de Jerry se plaisaient à raconter qu'à neuf ans, il était déjà un enfant débrouillard : il faisait le gazon, lavait les autos, faisait le ménage des garages voisins. Avec l'argent gagné, il avait acheté un chat à un ami.

Sandra est une jolie femme et elle est d'un abord aimable. Elle a fait des études en service social et travaille auprès des jeunes en difficulté. Sandra a appris par la soeur de Jerry, qu'étant jeune, son futur mari a vendu des outils trouvés dans le garage des voisins et vendu un chat trouvé chez un ami. À son shower, elle a également appris qu'à dix-sept ans, il a présenté sa soeur à un copain en demandant à ce dernier une compensation de cinquante dollars.

Jerry pratique le droit dans un bureau d'avocats reconnu et il y a maintenant quatre ans que Sandra et lui sont mariés. Jusqu'à il y a un an, leur vie à deux était des plus idylliques : ils recevaient beaucoup, sortaient beaucoup et voyageaient souvent tous les deux. Puis, pendant plusieurs mois, Jerry ne raconte plus rien de son travail et leurs quelques moments d'intimité sont régulièrement interrompus par des téléphones urgents. Sandra n'est plus invitée à voyager avec lui et quand il rentre c'est à une heure très tardive. Fréquemment, il reçoit ses amis et il insiste pour que Sandra quitte la maison. Jerry lui emprunte de l'argent qu'il ne lui remet pas et il investit à la bourse des montants que Sandra ne lui connaît pas.

Sandra a appris qu'il enivre les clients qu'il reçoit à la maison pour leur soutirer plus facilement la signature d'un contrat et qu'il courtise ouvertement leurs femmes allant même jusqu'à coucher avec elles. Sandra a voulu discuter de ce sujet, mais Jerry lui a répondu qu'elle n'aurait plus à le surveiller ni à censurer ses dépenses puisqu'il partait aux États-Unis où il avait obtenu un travail plus payant.

L'insulte passée, il a tout de même insisté pour que Sandra l'accompagne. Mais, se souvenant des paroles de la soeur de Jerry et de l'incompréhension qu'elle venait de vivre, Sandra a réalisé qu'il n'était pas l'homme qu'elle croyait et elle a refusé de partir avec lui.

Pendant quelques semaines, il n'a pas donné signe de vie. À son retour, une requête en divorce l'attendait. En colère, Jerry a traité Sandra de tous les noms et l'a accusée d'avoir profité de son argent et de l'avoir laissé tomber ; il l'a accusée d'être jalouse de son succès et d'être une grippe-sou paranoïaque. L'assurant qu'il ne consentirait jamais à lui accorder sa liberté, Jerry l'a frappée si violemment qu'elle s'est évanouie. Lorsqu'elle a repris conscience, Jerry lui serrait le bras en la menaçant de la tuer si elle parlait.

Le nez fracturé, Sandra s'est rendue seule à l'hôpital. Elle a eu peur de rentrer chez elle et elle s'est réfugiée pour quelques jours à la maison des femmes. Sandra a porté plainte.

Je ne connais pas à fond la petite enfance de Jerry, mais je suis convaincue qu'au moins une expérience frustrante d'affirmation, vécue durant son enfance, a eu une influence marquante sur le mode d'action de sa vie d'adolescent et sur celui de sa vie d'adulte. Je crois qu'à l'origine des gestes agressifs et violents, il y a souvent une blessure de l'âme survenue dans l'enfance. Si Jerry est allé jusqu'à infliger des blessures physiques à Sandra, c'est sans doute que ses pulsions violentes n'avaient pas totalement été expulsées par ses choix professionnels et sociaux ; ceux-ci n'ont certes pas été des substituts suffisants pour rompre avec sa souffrance et combler son sentiment d'abandon moral.

L'histoire de Jerry prouve que les enfants sont sensibles à l'absence de gestes d'affection, de protection, de soutien et d'attention des parents ; même s'ils ne savent pas l'exprimer, le manque d'intérêt des parents leur fait vivre des souffrances. Si l'on ne soulage pas leur souffrance, certains individus, pour se venger de l'intolérance douloureuse de leur enfance, deviennent à l'adolescence ou à l'âge adulte, particulièrement cyniques et cruels dans leur exclusion des autres ; certains deviennent extraordinairement partisans et certains autres ont des comportements extrêmes envers ceux qui sont indifférents ou qui sont différents d'eux par leur gestuelle, leurs détails vestimentaires, la couleur de leur peau ou leur culture.

Selon Symonds (1946,1974), c'est l'indifférence intolérable des adultes à l'endroit de leur souffrance qui conduit les enfants à l'agressivité ; cette indifférence est l'une des causes les plus fréquentes de la formation réactionnelle. Il soutient que:

Une intensité si intolérable appelle une solution d'autant plus nécessaire qu'elle est rarement acceptée à l'état fruste dans les circonstances normales de la vie. Une des variantes les plus coutumières de la formation réactionnelle est la peur et l'anxiété qui masquent complètement l'agressivité sous-jacente. Elles engendrent des comportements timorés d'où toute agressivité semble bannie. Mais, que des circonstances exceptionnelles paralysent le contrôle du Moi et on verra le timoré se muer en agressif violent, colérique et impitoyable, parce que le mécanisme a des ratés. La revendication d'affection peut aussi adopter des attitudes participantes dans lesquelles le sujet tente de s'imposer aux autres, de se faire reconnaître par eux, ou encore prend des attitudes caractérisées par le refus de donner ou de céder à autrui.

En relation avec ce besoin de recevoir, le vol est souvent un acte symbolique de revendication pour l'affection ou pour un besoin de protection et de soutien qui ont été ignorés. Les vols enfantins sont typiques de cette situation: l'enfant vole moins pour obtenir l'argent ou l'objet que pour attirer l'attention sur lui et exprimer ainsi son besoin d'affection et de protection. On pourrait dire que la plupart des délits de vols qui marquent la délinquance enfantine et juvénile expriment cette situation de dépouillement affectif et d'absence de support. L'individu exprime par un comportement asocial qu'il se sent terriblement frustré de protection.

Contrairement aux sociétés animales, notre société a fait le choix de ne tolérer aucun mouvement agressif. La science qui étudie le comportement animal, l'éthologie, nous démontre que, dans toutes les sociétés animales, les réactions agressives préviennent et souvent évitent la progression de la violence dans les rapports sociaux. Par son comportement agressif, le jeune animal teste ses limites physiques, avertit l'autre des limites à ne pas dépasser, délimite son territoire et finit par affirmer son pouvoir. Le comportement agressif naturel chez l'animal est un affrontement préventif, une violence qui vise à prévoir le lieu de rupture et de danger et à maintenir un enclos de sécurité ; durant l'enfance, les réactions agressives de l'enfant ne sont pas une pulsion plus dangereuse que celle de l'animal.

Socialement, on condamne tous les gestes de révolte de l'enfance et de l'adolescence. La pulsion agressive et la révolte sont des exigences intérieures qu'il faut assouvir, mais ni l'enfant ni l'adolescent n'ont la permission de se révolter. Les adultes semblent avoir oublié de proposer des manières d'apprendre et d'éduquer qui répondent au principe du plaisir ; ils semblent aussi avoir oublié que la révolte et l'agressivité sont des expériences d'affirmation absolument nécessaires pour garder l'équilibre. Certes, l'enfant apprend à se soumettre aux règles et l'adolescent apprend à taire sa révolte, mais d'aucuns apprennent à élaborer des stratégies et des actions capables de satisfaire leurs besoins d'affirmation.

Pour parler des pulsions, les éducateurs et les professeurs utilisent les termes d'agressivité et de violence ; ils semblent convaincus de la violence du caractère pulsionnel et ils ne permettent plus aux enfants d'affirmer leur pouvoir. Nombreux sont les jeunes enfants qui, dans l'impossibilité de se révolter ou de fuir, ont appris à se soumettre sans avoir eu le droit d'assouvir leurs pulsions et de tester les limites de leur pouvoir. Selon moi, c'est lorsqu'il est devenu impossible à l'enfant de répondre à ses pulsions primitives, par des actions qui lui sont gratifiantes intérieurement, qu'il devient une personne violente et qu'il en vient, à l'adolescence, à poser des gestes nuisibles pour lui ou pour la société. Certains adolescents, frustrés dans leur manière pulsionnelle d'être, ont envie de fuir la réalité et deviennent des aventuriers solitaires, d'autres ont recours à des drogues, d'autres encore développent des comportements violents et, plus radicalement, une minorité d'entre eux vont vers le suicide.

Laborit (1974), guidé par de nombreuses années d'observation des faits biologiques et du système nerveux, présente la fuite de la réalité comme un mécanisme d'inhibition de réponse.

Tout ce qui s'oppose à une action gratifiante qui assouvit le besoin inné ou acquis met en jeu une réaction endocrino-sympathique qui, si elle dure, sera préjudiciable. Cette réaction donne naissance au sentiment d'angoisse et se trouve à l'origine des affections dites psychosomatiques. Si nous sommes dans l'impossibilité de fuir et si nous ne pouvons répondre à un stimulus par l'évitement, alors nous avons une réaction de lutte et d'agressivité défensive. À répétition, la stratégie utilisée sera mémorisée et reproduite dans toutes les circonstances semblables. Il y aura eu habituation et apprentissage.

De nos jours, on parle beaucoup de la violence : bagarres, injures, taxage, vols, agressions verbales, physiques et sexuelles. Sans minimiser le fait qu'il faut contrer la violence à l'école, un trop grand nombre d'événements sont perçus comme de la violence au lieu d'être considéré comme des conduites exploratoires masculines temporaires. Pour les intervenants des institutions scolaires, l'acte agressif semble systématiquement l'expression d'une violence. Les garçons qui bougent, qui parlent fort et qui rient entre eux ne sont ni plus agressifs ni plus irrespectueux que les filles de leur âge, ils sont seulement différemment vivants. Qu'y a-t-il donc de si dérangeant et de tellement agressant dans les conduites masculines ?

La garderie et l'école sont les institutions à qui l'on accorde, implicitement, le pouvoir social d'éteindre les réactions agressives des tout-petits. La majorité des intervenants qui côtoient les enfants ne semblent pas comprendre que l'agressivité des enfants est généralement une défense contre la violence des adultes envers eux. Les refus autoritaires, les décisions tranchantes, les critiques intransigeantes et incisives adressées aux enfants sont des punitions blessantes et dévalorisantes. À mon avis, l'intolérance des adultes provoque l'escalade de la violence chez les jeunes.

J'ai le sentiment que l'école devient un lieu de plus en plus conservateur et de moins en moins adapté à recevoir des garçons actifs et expressifs dans leur agressivité ludique. Dès les premiers jours d'école, les autorités scolaires sélectionnent les enfants selon leurs compétences intellectuelles et sociales ; plusieurs garçons sont ainsi étiquetés trop hâtivement. Les élèves reconnus comme dysphasiques, dyslexiques, en difficulté d'attention ou de concentration, ce qui touche environ un élève sur dix, sont classés comme des élèves limites et plusieurs évoluent dans le cursus scolaire sans tout le soutien dont ils devraient bénéficier ; pour ces élèves classés hors normes, l'échec de leur adaptation et les mauvais résultats scolaires ne peuvent que se confirmer.

À mon avis, l'échec scolaire de plusieurs garçons est causé par le choix même des méthodologies et des programmes pédagogiques ; certes, il y a beaucoup de temps accordé aux difficultés académiques de l'enfant, mais il y a bien peu d'attention portée à sa difficulté et à son individualité d'enfant. Les programmes sont transmis aux garçons par une méthode pédagogique qui ne leur convient pas et par un rythme d'apprentissage scolaire effréné qui ne leur convient pas davantage ; les garçons sont visiblement débordés par tout cet étalage de connaissance. Cette déresponsabilisation pédagogique désorganise la structure interne des garçons et leurs comportements agressifs et violents sont des moyens indirects d'appeler à l'aide. De ce que j'ai observé, pour plusieurs petits garçons, l'école devient un lieu menaçant au lieu d'être un territoire de convivialité entre les professeurs masculins et les petits garçons qui servirait positivement leur apprentissage scolaire. Les maîtres devraient faire un compromis sur le savoir et s'attarder à créer des liens stables et chaleureux pour accueillir les élèves.

De mon point de vue, à l'école comme dans plusieurs autres institutions sociales, le masculin est nié au profit du féminin. L'exemple qui me vient à l'esprit est celui du divorce. Il est des plus fréquents que dans ce dernier cas, la justice renvoie les pères à leur rôle de pourvoyeur et les prive de vivre l'intimité avec leurs enfants ; il est aussi fréquent que les pères soient niés dans leur présence paternante auprès des garçons lesquels seraient pourtant d'âge à profiter davantage d'une présence masculine que féminine.

Tous les pédagogues conviennent que les personnalités féminines et masculines ont, psychologiquement, des compétences différentes et des sensibilités particulières, et biologiquement, des potentiels différents ; il faut donc convenir que les maîtres ne peuvent enseigner aux garçons et aux filles avec une même pédagogie. Pourtant, sans tenir compte de ce qu'ils ont d'unique, dès la maternelle, on sature les petites filles et les petits garçons de savoir et, dès le primaire en visant soi-disant l'égalité entre les garçons et les filles, on enseigne à tous de la même manière. Mes propos pourront paraître caricaturaux pour certains, mais je crois sincèrement que l'académique est en train d'abîmer l'originalité et l'individualité des petits garçons. Pour moi, l'école publique est précisément le contraire du droit à la différence et, devant les problèmes d'efficacité et de participation des petits garçons, je doute que les méthodes pédagogiques prennent en compte leur personnalité et leur potentiel masculin. Je crois sincèrement qu'il est temps de reconsidérer la manière d'être et d'agir qu'ont certains professeurs féminins envers les petits garçons.

Le jeune garçon avec ses attitudes agressives, ses sourires moqueurs, ses réponses trop franches et trop directes, ses casquettes à la mode, ses habillements un peu négligés et sa bougeotte, provoque souvent les enseignants. Contrairement aux filles qui savent minauder et plaire, le petit garçon n'a pas les armes pour séduire ses professeurs féminins ; il ne sait pas faire les nuances et se plier au code relationnel qu'il faut pour se faire aimer et il est souvent mal accepté par elles. Le garçon a le langage de son espèce, c'est ainsi ; toutefois, s'il n'a pas le contact délicat des filles, il n'en est pas moins un enfant sensible et intelligent. Je crois sincèrement que le garçon est pris au piège de sa masculinité et qu'il est plus particulièrement éprouvé quand il n'y a, à l'école, que des femmes pédagogues.

Les parents évaluent l'enseignant à l'évolution des connaissances de leur enfant, mais ils oublient ce que son attitude peut transmettre de dévalorisation à l'enfant. Tous les enfants, peu importe leur sexe, portent la vie et l'avenir en eux et, en ce sens, les conventions scolaires, les règles et les normes devraient s'adapter aux uns et aux autres. Ça ne devrait pas être aux enfants à s'adapter à l'école, mais bien aux adultes qui la composent à se rendre disponibles et à s'adapter aux enfants.

Le professeur détient le savoir et la culture, et la majorité des parents se fient à sa méthode pédagogique et à sa façon d'enseigner. L'évolution des connaissances et des nouveaux programmes est rapide ; cependant tous les enfants n'ont pas la maturité et la capacité de s'adapter à ces nouveaux apprentissages qui leur demandent de plus en plus d'heures de travail. Par exemple, plusieurs enfants d'âge scolaire sont incapables de suivre le rythme accéléré et exigeant des apprentissages en langue seconde ou en informatique qui fait la réputation des bonnes écoles publiques. Dès la maternelle l'enseignement dispensé cultive déjà le goût de l'effort ; cela est très louable, mais de façon subtile, pour ne pas dire quelques fois perverse, c'est surtout les talents des enfants surdoués que l'on cultive.

Les troubles de l'adaptation et de l'attention, la démotivation et les échecs scolaires déjà marquants chez les garçons à la fin du primaire démontrent qu'il y a un manque dans le cours de leur développement. Ils sont empêchés d'être ce qu'ils sont et il y a des conséquences à empêcher un garçon d'être un garçon. L'échec scolaire et la souffrance psychique des enfants sont, à mon avis, des conséquences de l'attitude qu'ont les enseignants envers l'immaturité des enfants. Pour corriger le manque d'accueil et d'ouverture relationnelle qu'ils ne trouvent pas chez leurs maîtres, plusieurs jeunes garçons trouvent compensation dans le sport ; pour se valoriser, ils se jettent à corps perdu dans cette activité et négligent les apprentissages scolaires.

Les difficultés d'adaptation des petits garçons témoignent que la pédagogie n'évolue pas. De sexe masculin ou de sexe féminin, les enfants devraient être respectés. Les choses vont mal pour les petits garçons : un seuil de tolérance est atteint et il devient prioritaire de considérer leurs difficultés d'intégration. Les positions éducatives sont ouvertement répressives envers eux. La vraie cause des échecs scolaires des petits garçons est l'irrespect de leur masculinité.

J'espère que mes observations et mes arguments auront ébranlé les convictions des parents et des éducateurs quant à l'espace vital auquel les petits garçons devraient avoir droit. Ce que je souhaite pour eux, c'est que leurs parents deviennent vigilants quant à la relation possiblement insidieuse et parfois contaminante éducateur/élève.

L'enfant qui a mal, tout autant le petit garçon que la petite fille, supporte toujours mal la neutralité et le silence de ses parents. Les enfants n'ont plus le temps d'être des enfants et cela les conduit tout droit à la contestation, à l'opposition et ensuite à la révolte et à l'agressivité. Ce que je crois, c'est que depuis leur première journée à la garderie, à cause de la non-présence des parents aux moments de leur vie où ils se sentent les plus seuls, les petits garçons se sentent abandonnés et sans pouvoir.

En conclusion voici la vision particulière qu'avait Jung (1962) sur le déterminisme du comportement asocial et sur les causes de la violence.

Dans les grands centres de l'Amérique où, croyant que seule une forte éducation leur a fait défaut, on élève les enfants qui ont mal tourné dans l'espoir de les déshabituer, de les aider à se déprendre du mal. On a fait l'expérience suivante: les enfants qui n'ont versé dans la criminalité infantile que par abandon moral et par disgrâce de leur milieu, transplantés dans une atmosphère morale, en profitent à la satisfaction générale ; les autres en revanche, que la nature paraît avoir dotés d'une vocation au mal se développent médiocrement dans ce climat éducatif. Lorsqu'un être a été élu par le destin pour vivre le mal, personne ne pourra l'en détourner, les méchants devant accomplir la volonté créatrice particulière qui les habite, tout comme les bons doivent réaliser la volonté au bien qui est en eux. C'est pourquoi le danger n'est pas grand qu'un être bon dans son fond verse dans les turpitudes et soit capté par le mal. Car, en réalité, celui-ci lui répugne tellement que, quand il prend conscience de son ampleur, il recule devant son exécution. Qu'il en éprouve un conflit, qu'il en ressente de l'angoisse, c'est possible, mais tout finira par rentrer dans l'ordre pour peu qu'on ait la patience nécessaire. Il y a aussi peu de mérite à être bon, que peu de vice ou de péché à être mauvais. Nous ne faisons en cela que tenir les rôles qui nous ont été attribués. C'est ce que la sagesse orientale exprime en disant: «Tu joueras le rôle d'un roi ou celui d'un mendiant, ou celui d'un criminel, selon la volonté des dieux.»

Il existe dans une population un certain pourcentage de meurtriers réels, en marge desquels, chacun dans un certain pourcentage, tout homme a aussi en partage une certaine inclination au mal. Nous devons donc nous garder de nos vertus, puisqu'elles sont toujours accompagnées de l'ombre que projettent les statistiques humaines. Nous sommes tous des hommes, porteurs du mal, le mal étant une des caractéristiques absolues de l'homme. Chez certains individus prédisposés, le mal peut étendre, hors de proportion, son emprise sur la vie intérieure ; ceux-ci, s'ils lui résistent, sont la proie d'un conflit et s'ils s'y abandonnent, tournent au crime. Il est heureux pour nous médecins que nous n'entrions que rarement en contact avec ces cas des plus difficiles : l'expérience montre, en effet, que chez les êtres prédestinés par leur nature à verser dans le crime, les tendances au mal, qui sont chez eux toutes naturelles, ne déterminent point de névroses.

2.6 Le déficit d'attention et l'hyperactivité

Pour le petit de l'homme, il n'existe pas d'environnement sans la mère. (LOUISE J. KAPLAN)

Au cours des ans, la connaissance autour des problèmes d'hyperactivité et du déficit d'attention a beaucoup évolué. Certains chercheurs, en jumelant leurs observations cliniques aux expériences en laboratoire, ont tenté de comprendre ce qui se passe, au plan neurologique, chez les enfants affectés d'un déficit d'attention-hyperactivité. Des spécialistes en neurobiologie soutiennent que, chez les enfants agités, certains éléments de leur système nerveux ne fonctionnent pas comme ils le devraient. L'ensemble de leurs expériences suggère que le problème du déficit d'attention-hyperactivité se caractérise par un sous fonctionnement du centre inférieur droit du cerveau qui correspond essentiellement à un manque de substance chimique, un fonctionnement qui tend à se résorber avec la maturation normale du système nerveux. J'aimerais faire état de quelques observations et quelques conclusions découlant de leurs expériences.

Weiss et Hechtman (1986) ont estimé que le pourcentage des enfants hyperactifs ayant eu des problèmes à la naissance ou dans leur première année de vie se situe autour de 30 %. Les études de Campbell et de ses collaborateurs (1982) ont révélé que, tout au long de leur enfance, les enfants hyperactifs réagissaient aux mesures disciplinaires par des crises de colère, qu'ils avaient des relations plus conflictuelles avec leurs pairs et la fratrie et qu'ils ne savaient pas prendre plaisir à jouer.

Pour leur part, Shleifer et son équipe (1975) ont remarqué une différence entre un hyperactif vrai et un hyperactif de situation. Dans les activités structurées, les enfants hyperactifs vrais montraient une agitation plus marquée, plus d'inattention et plus d'impulsivité et un niveau d'agressivité plus élevé, alors qu'en situation de jeu libre, ils étaient capables de se concentrer quand l'activité les intéressait et les stimulait vraiment. Ces chercheurs attribuent l'hyperactivité vraie à une cause organique et l'hyperactivité situationnelle à des problèmes psychosociaux. Le comportement des enfants hyperactifs de situation est souvent accentué lorsqu'il y a des visiteurs, lorsqu'ils sont en visite ou lorsqu'ils sont dans des lieux publics. Dans les situations inhabituelles et particulièrement excitantes, leurs pulsions sont plus difficiles à maîtriser et leurs faiblesses plus visibles. Cette distinction peut s'avérer utile lorsqu'il s'agit de planifier les interventions.

Un Hollandais, Beninger, J.R. (1989-1990), à l'aide de techniques qui mesuraient le flot sanguin cérébral, a pu tracer l'intensité de l'activité cérébrale. Muni d'un ordinateur, il a pu convertir le niveau d'activité en couleur ; sur l'écran, on pouvait y distinguer les zones chaudes et très actives, des zones froides et peu actives. Ce test administré à des enfants normaux et à des enfants en déficit d'attention-hyperactivité a démontré que, par rapport aux enfants normaux, les enfants en déficit d'attention-hyperactivité présentaient une activité réduite du secteur inférieur et plus particulièrement du côté droit du cerveau. Les mêmes tests furent refaits après une administration de ritalin et les résultats de l'activité étaient alors comparables à ceux des enfants normaux.

Beninger et son équipe signalent que la bonne dose de ritalin ne pose pas de problème de dépendance, mais ils précisent que la présence de tics est une contre-indication à son utilisation ; ils estiment à 1 % le nombre d'enfants qui peuvent développer des tics à la suite de la prise de ce médicament et soulignent que les enfants évalués comme hyperactifs à l'âge de trois ans, sont aussi ceux qui montrent le plus haut taux d'agressivité dans leurs comportements quotidiens. Leurs tests démontrent que chez certains enfants, la prise de ritalin a eu les effets secondaires suivants : une diminution de l'appétit qui a un lien direct avec le ralentissement de la croissance parce qu'en interférence avec l'hormone de croissance, un endormissement moins rapide, des changements d'humeur, des pleurs, de la tristesse, une sensibilité et une inquiétude accrues, de même que des douleurs abdominales et des céphalées bien réelles, mais souvent difficiles à repérer.

Les chercheurs ont poursuivi leur étude en reproduisant la carte du cerveau de vingt-cinq adultes qui, par le passé, ont été des enfants hyperactifs et présentaient encore certains symptômes. Ils ont remarqué que, comparativement aux adultes normaux, il y avait une diminution de 8% dans l'utilisation des sucres, les réductions les plus importantes étant observées dans la partie qui correspond au cortex préfrontal. Plusieurs études sur l'utilisation des sucres ont trouvé le sucre coupable des comportements agités des enfants, mais l'une d'entre elles démontre le contraire. Cette étude a été menée dans un camp de vacances pour enfants hyperactifs. Le groupe d'enfants a été divisé en deux : un groupe d'enfants recevait une diète sans sucre, l'autre groupe une diète avec sucre ; les moniteurs n'ont vu aucune différence dans les comportements des enfants. Au-delà des études et des nouvelles connaissances, la chimie cérébrale aurait donc encore quelques secrets.

Les observations faites chez le rat révèlent que, lorsque le secteur inférieur du cerveau est endommagé par une injection de substance toxique, on peut provoquer un état d'hyperactivité. Les scientifiques ont démontré qu'en détruisant la même zone chez le singe, par l'administration d'une substance toxique, il se produisait le même état d'agitation. Les observations ont révélé que l'agitation diminuait sensiblement avec la maturation du système nerveux et ce, de la même manière qu'elle diminuait chez l'enfant.

Les scientifiques nomment striatum*, le secteur inférieur impliqué dans l'hyperactivité et l'inattention ; il agit comme centre de relais des sensations auditives, visuelles et tactiles qui viennent de l'extérieur. Le striatum fait partie d'un regroupement de structures du lobe limbique, lequel est intimement relié aux émotions ; le striatum est riche en substance chimique cérébrale, appelée dopamine*. Le rôle du striatum est de filtrer et d'éviter le trop-plein d'informations. Le deuxième secteur concerné dans le déficit d'attention-hyperactivité est la zone préfrontale, laquelle est le siège de la planification et de l'organisation, de l'inhibition et de la censure ; cette zone est riche en substance chimique appelée norépinéphrine*. Tant chez le singe que chez le rat, on a remarqué qu'un appauvrissement de ces substances rendait l'animal moins réceptif et par conséquent moins efficace dans ses tâches d'apprentissage.

Certaines études suggèrent que les jeunes enfants avec un problème d'agitation présentent une incidence plus grande aux allergies, à l'asthme et à l'énurésie*, qu'ils prennent beaucoup plus de temps à s'endormir que la moyenne et qu'ils se réveillent plus souvent au cours de la nuit. Les statistiques tirées de ces études mentionnent que l'on retrouve ces symptômes dans un rapport de six garçons pour une fille. D'autres études portant sur les difficultés d'apprentissage académique révèlent qu'entre 23 % et 35 % des enfants hyperactifs fonctionnent en deçà de leur niveau intellectuel et qu'entre 20 % et 25 % d'entre eux ont, à un moment ou à un autre, des difficultés au niveau de l'écriture ou de la lecture et doivent reprendre une année au primaire. On rapporte une différence entre les garçons et les filles en ce qui a trait au niveau d'agressivité : les garçons auraient un seuil plus bas de tolérance à la frustration. Cela semble étonnant, car de mon point de vue, les petites filles avec un déficit d'attention ont un seuil de tolérance à la frustration tout aussi bas que celui des petits garçons, elles sont tout aussi opposantes qu'eux et elles perdent le contrôle tout aussi fréquemment et tout aussi agressivement qu'eux.

L'ensemble des études que j'ai consultées conclut que malgré les apparences d'un surfonctionnement, l'hyperactivité est un problème d'ordre neurologique provenant d'un mauvais fonctionnement des secteurs cérébraux. Des recherches sur les jumeaux identiques révèlent que l'hyperactivité découle également de facteurs héréditaires. On rapporte que dans 20 à 30% des situations de déficit d'attention, on retrouve un autre membre de la famille immédiate qui a déjà présenté des symptômes d'hyperactivité.

Il faut convenir que l'hyperactivité n'est pas toujours la seule cause de l'inattention des enfants ; elle cause problème seulement lorsque les mécanismes d'adaptation des enfants et ceux des adultes qui en ont soin n'arrivent plus à garder l'équilibre nécessaire à l'évolution normale de l'enfant. Pour modifier les comportements dérangeants de ces enfants et avant d'administrer du ritalin, il faut toujours tenter de réajuster les comportements des adultes qui en sont responsables. Les enfants savent que le problème n'est pas seulement le leur: «C'est ma mère qui m'énerve. C'est ma gardienne qui m'énerve. C'est mon prof qui m'énerve.» Ils ont le plus souvent raison. Certaines fois, l'enfant se perçoit différent des autres et en se comparant, il se croit la source de son problème et définitivement voué à l'échec. Dans ce cas précis, il a besoin de s'entendre dire à quoi tient sa différence.

Après avoir reconnu que leurs comportements sont pour quelque chose dans le problème d'hyperactivité de l'enfant, je pense que pour rétablir l'équilibre rompu, il faut que les adultes changent certaines attitudes et osent envisager d'autres méthodes d'apprentissage. Puisque les enfants hyperactifs ont un seuil bas de tolérance à la frustration, avant de penser à la médication, il faut peut-être penser à diminuer le niveau d'exigences et tenter de transmettre les consignes différemment. Lorsque les efforts entrepris par les adultes ne réussissent pas à améliorer les conduites dérangeantes de l'enfant, il devient alors opportun de rencontrer un éducateur spécialisé et de lui demander conseil, car il y a le risque de voir apparaître des échecs dans les apprentissages.

Les enfants hyperactifs sont, plus souvent qu'à leur tour, les boucs émissaires des tensions familiales et plus souvent qu'à leur tour, leurs professeurs font montre d'intolérance à leur endroit. L'attention étant la première phase de tout apprentissage, il faut que l'enfant réussisse à mobiliser son attention et, pour y arriver, il faut que l'adulte élimine le plus d'interférences et de distractions possible. Afin de maintenir la motivation, de garder la stimulation à un niveau tolérable et garder le contrôle de l'activité, il faut planifier et organiser la tâche pour le mieux ; afin de ne pas devoir punir, il faut tout tenter pour limiter les frustrations et les réactions impulsives qui s'en suivent inévitablement. Les adultes responsables des enfants se doivent donc de structurer leurs activités ; ils se doivent aussi de leur éviter la mésestime d'eux-mêmes et donc, de les soutenir le mieux possible dans l'acceptation de leurs difficultés. Pour améliorer l'estime de soi, il faut que les adultes responsables adoptent le problème de l'enfant comme s'il était le leur et qu'ils lui fournissent des moyens tangibles d'éviter les expériences d'échecs dans ses tâches d'apprentissage.

Milich et al. (1982) rapportent que les enfants à la fois hyperactifs, impulsifs et agressifs sont perçus négativement par leurs éducateurs et de là, ils sont également perçus négativement par leurs pairs. La perception négative des adultes à l'endroit des enfants agités augmente de beaucoup le risque des mésadaptations dans les apprentissages scolaires et dans les relations sociales. Il s'avère nécessaire d'apprendre aux enfants les manières concrètes d'améliorer leurs relations aux autres. La présence de difficultés avec les pairs devrait suggérer aux parents qu'il faut les aider à mieux s'adapter. Il est réellement essentiel d'accorder une attention particulière à ces enfants différents et de leur expliquer ce qui détermine leur comportement hyperactif.

Pour ne pas souffrir, les enfants agités, inattentifs et impulsifs ont besoin d'avoir constamment près d'eux, que ce soit à la garderie ou à l'école, une ressource adulte qui a d'eux une perception positive. Pour faciliter la vie de leurs enfants, les parents doivent prendre soin de vérifier que la perception et les interprétations des éducateurs et des professeurs n'alimentent pas les perceptions des pairs et par conséquent leur exclusion du groupe. Si l'éducateur ou le professeur ne l'aime pas, il faut que le parent demande que son enfant change de groupe. Si le parent ne sait pas comment agir avec l'enfant et comment intervenir auprès de la gardienne ou du professeur, il lui faut alors l'amener en consultation et prendre conseil.

La plupart des études semblent confirmer que les comportements d'hyperactivité rencontrés dans l'enfance ont des retentissements jusque dans l'âge adulte, mais elles font aussi mention que, sauf exception, les enfants hyperactifs ne développent pas de troubles psychologiques graves. Les enfants hyperactifs ont souvent de la difficulté avec l'organisation de la pensée qui touche l'anticipation et à cause de cela, ils ont de la difficulté à prévoir les conséquences de leurs paroles et de leurs gestes ; les punir en leur disant «va réfléchir» n'a qu'un impact très mitigé sur eux. Pour apprendre comment apprendre et pour apprendre comment s'y prendre, ces enfants ont besoin d'un entraînement individuel et d'un encadrement particulier. Avec ces enfants, l'adulte doit être tolérant, pour l'aider à s'ajuster, sans trop de mésestime de lui-même, et doit couvrir ses faiblesses dans les fonctions d'exécution des tâches d'apprentissage.

Parce que les enfants hyperactifs ne savent pas comment s'y prendre pour réaliser la tâche, ils se sentent dépassés par elle. Ce n'est que sous cet aspect de l'apprentissage de la tâche que l'enfant hyperactif est différent des autres et sa sensibilité et son intelligence ne devraient donc pas être sous-estimés. Pour arriver à un niveau d'attention suffisant pour apprendre, l'enfant agité a besoin d'une attention individualisée ; pour cela, il faut que l'adulte fasse l'effort de lui accorder plus de temps et de rendre le moment et l'activité agréables. L'aspect de la découverte et de l'exploration peut aussi rendre à cet égard la tâche intéressante à réaliser. Sachant que les difficultés d'apprentissage risquent de s'intensifier avec le temps, il importe d'accorder à l'enfant, le plus tôt possible, l'attention, le temps et l'aide appropriée afin qu'il parvienne à s'intéresser à la tâche, à y prendre du plaisir et à la rendre à terme.

C'est généralement autour de la troisième année que l'agitation apparaît, mais la maternelle et la première année d'école restent des moments opportuns pour établir un contexte d'apprentissage qui convient à l'enfant. Dans l'idéal, des interventions quotidiennes entreprises par un éducateur spécialisé ou un psychologue scolaire devraient être reprises de façon parallèle par l'enseignant et par les parents ; à défaut d'interventions quotidiennes, des interventions hebdomadaires s'avèrent nécessaires. Une chose est certaine, il faut y voir avant que l'enfant prenne des retards dans ses apprentissages et que les échecs scolaires prennent de l'ampleur et viennent détruire son estime de lui-même.

Dans la première consultation avec les parents d'un enfant agité, je tiens compte de leur déception et de leur susceptibilité. Avant de m'informer des difficultés de l'enfant, je prends soin de m'informer de l'histoire de la grossesse et de l'accouchement, je prends ensuite en note les renseignements concernant les complications pouvant être survenues à la naissance : cyanose, convulsions, jaunisse, difficultés respiratoires ; je m'informe également de l'histoire médicale de l'enfant dans les trois premières années de sa vie : hospitalisation, opération, maladie chronique, accident, difficulté d'alimentation, de sommeil, etc. Comprenant que toutes ces difficultés peuvent avoir un lien avec l'hyperactivité de l'enfant, les parents se sentent moins coupables et deviennent par conséquent, plus sereins, plus ouverts et plus coopératifs. Dans une deuxième séance, je m'informe de la manière dont l'enfant a vécu les débuts de la socialisation, c'est-à-dire les séparations précoces, l'entrée à la garderie et à la maternelle, les changements de gardiennes, les conflits avec les pairs et avec l'autorité. Connaître l'histoire de l'enfant m'importe par-dessus tout, car elle me permet de corriger les erreurs de perception qui se glissent parfois quant au récit des déboires de l'enfant. Pour moi, l'enfant hyperactif n'est pas seulement agité et inattentif, il manque toujours de maturité dans sa manière d'entrer en relation. Le portrait que les parents me tracent du passé de leur enfant m'est plus important que les commentaires et les évaluations des éducateurs. Pour le bien-être de l'enfant, il me faut absolument leur collaboration.

Je pense qu'il y a un biais négatif à l'endroit de l'enfant hyperactif et qu'à cause de cela, l'entourage a de la difficulté à différencier les comportements dus à un problème d'hyperactivité des comportements d'agitation normaux chez tous les enfants de même niveau de maturité. Quand on y regarde de plus près, la conduite des enfants dits «normaux» est dans plusieurs situations, tout à fait similaire à celle des enfants hyperactifs. Malheureusement, les adultes qui entourent l'enfant sont grandement tentés de ne remarquer d'abord que ce qui confirme le diagnostic qu'ils ont déjà posé.

Il faut savoir que par immaturité, l'enfant hyperactif est devenu hypersensible et qu'il ressent l'humeur de l'autre. Si sa mère ou son éducateur est de mauvaise humeur, l'enfant s'accorde à cette humeur. À cause de cette immaturité et de son intolérance particulière à la frustration, il a des réactions amplifiées et excessives. Sachant que les réactions intolérantes et trop de contrôle amplifient les difficultés de l'enfant, les adultes devraient faire l'effort d'être tolérant et de proposer sans imposer et sans menacer de punition. Même si l'agitation, l'impulsivité, la maladresse, le manque d'écoute et le refus d'obéir sont des réactions dérangeantes, les parents et les professeurs devraient lui accorder le droit à autant d'inattention, à autant d'agitation et de réactions agressives qu'ils en permettent aux autres enfants. Au risque de me répéter, c'est à l'adulte de s'adapter à l'enfant et d'adapter l'activité au style de l'enfant et non à l'enfant à s'adapter à l'adulte et à l'activité. C'est à l'adulte de faire le premier effort d'ajustement et cela commence en prenant bien soin de ne pas étiqueter publiquement l'enfant.

Barkley (1981 et 1987) a proposé un programme d'intervention pour aider les parents à gérer les comportements difficiles de leurs enfants. Pour lui, les comportements normaux de l'enfant hyperactif passent trop souvent inaperçus et pour briser le cercle vicieux des interventions négatives, il propose que le renforcement positif soit au premier plan des attitudes parentales. Il suggère aux parents de prêter exclusivement attention aux comportements adaptés de l'enfant, car dit-il, à force d'exercer une discipline stricte sur l'enfant, les parents ne savent plus apprécier les moments où il se comporte de bonne manière.

Certaines interventions me paraissent tout à fait pertinentes pour rétablir le contact avec des enfants hyperactifs : choisir des activités non contaminées, c'est-à-dire des activités où l'enfant est à l'aise, le laisser jouer le plus souvent possible, librement, sans le corriger, sans lui poser de questions et sans lui donner d'ordre et surtout, ne pas souligner, ne pas évaluer et ne pas punir ses écarts de conduite acceptables. Parce qu'il est primordial de briser le cercle des renforcements négatifs, avec l'enfant hyperactif, il importe que les parents nourrissent jusqu'à satiété le sentiment qu'il est capable de bonnes attitudes. Pour réparer un mauvais contact, il faut, dit Barkley, lui manifester en abondance de l'intérêt en lui adressant à profusion ou en surdose des remarques encourageantes.

Avec l'enfant hyperactif, il est primordial de travailler sur une seule consigne à la fois et de s'assurer qu'il l'a bien comprise ; pour s'assurer qu'il l'a bien mémorisée, il est parfois nécessaire de renforcer son attention par un contact visuel et de lui demander de répéter la consigne. Il faut aussi organiser les activités pour que les choses se passent à son goût et s'assurer que la tâche demandée n'est pas trop longue et qu'elle est adaptée à sa capacité. En cours de tâche, il faut évidemment s'assurer de laisser à l'enfant le temps dont il a besoin pour la compléter et rester près de lui pour l'encourager à persister dans ses efforts. Pour que l'intervention soit efficace, il est nécessaire que la gardienne ou le professeur soit à ses côtés lors de toutes les activités afin qu'elle puisse participer activement au renforcement positif entrepris dans la dynamique familiale. Lorsque les renforcements positifs ne suffisent pas, on peut avoir recours à un système plus concret de récompense ; les cadeaux peuvent être une stratégie qui peut arriver à décontaminer des situations devenues négatives.

J'ai la conviction profonde que les interventions tolérantes d'un parent ou d'un grand-parent aimant ou d'un éducateur compatissant peuvent réussir à opérer un changement souhaitable pour l'enfant ; il ne faut toutefois pas s'attendre à ce que les comportements inadaptés, qui durent depuis des mois, disparaissent par magie. J'ajouterais à cela que, pour quelques mois, permettre à l'enfant des activités quotidiennes qui ne sont pas organisées, heure par heure, cinq jours par semaine, peut s'avérer une manière très simple de réparer un mauvais ajustement entre une mère et un enfant. Pour que se dissipe la colère, que les défenses cessent d'interférer et que des changements se produisent, il faut absolument que l'adulte qui est significatif pour l'enfant s'investisse de façon constante dans les activités quotidiennes de l'enfant. C'est pourquoi de longues vacances d'été avec l'enfant peuvent contribuer à faciliter la stratégie de renforcement positif. Parlant vacances, je vous cite un extrait de l'article de Julie Lemieux, du journal *Le Soleil* du 2 juillet 2004.

La scène a quelque chose de surréaliste. Lorsque l'été se pointe, certaines garderies se sentent obligées de placarder des affiches pour rappeler aux parents que leurs enfants ont aussi besoin de vacances... Comme si une partie de la société avait oublié en cours de route que l'être humain, petit ou grand, n'est pas fait uniquement pour travailler et doit se permettre de prendre du repos de temps en temps, question de faire le plein d'énergie et le vide de stress.

C'est connu, certains enfants fréquentent les garderies 52 semaines par année, de 8 h à 18 h. D'autres ne bénéficient que d'un jour ou deux de repos entre la fin de l'école et le début du camp d'été, ce qui ne leur laisse que quelques heures de répit pour vivre sans contraintes, sans jeux imposés, sans bousculade, sans heure de lever et de coucher.

Leurs parents travaillent fort, très fort et sont si fatigués lorsqu'arrivent les vacances qu'ils préfèrent se reposer tout seuls, sans enfants. Ou encore, ils parviennent si difficilement à joindre les deux bouts qu'ils doivent renoncer aux jours de repos et continuer à travailler sans relâche, hiver comme été. Résultat : la société se retrouve avec un nombre inquiétant d'adultes et d'enfants épuisés, déprimés, suicidaires, incapables de voir que la vie n'est pas que fardeau, contraintes et responsabilités.

Un être humain normalement constitué ne peut travailler sans arrêt sous la pression et le stress sans craquer un jour ou l'autre. Le repos n'est pas un luxe mais une nécessité... En bout de ligne, ce ne sont pas seulement les adultes qui paieront le prix de cette obsession du travail, mais aussi les enfants qui n'auront pas eu la chance de savoir ce que veut dire le mot vacances avant de devenir grands.

Sachant ce que de longues vacances demandent d'organisation de la part des parents et sachant aussi ce que cela suppose de temps de présence, d'investissement d'énergie, d'effort et de patience d'être auprès d'un enfant hyperactif, l'adulte significatif pourrait être guidé et supporté dans ses interventions par un thérapeute bien formé aux effets de l'hyperactivité. Durant cette période de temps qu'elle accorde à son enfant, il ne faut pas que la personne significative s'absente, car l'enfant perdrait la quotidienneté de la relation avec elle et croirait avoir perdu son soutien. Si ni la mère ni le père ni personne dans l'entourage de l'enfant n'ont la patience pour accomplir ce travail quotidien d'intervention, il faut confier l'enfant, le plus régulièrement possible, à un thérapeute avant que son histoire sociale et scolaire soit trop profondément marquée d'échec. Une récupération est tout à fait possible, mais il faut agir au plus tôt sur le trouble de l'enfant, car la possibilité de récupération décroît progressivement avec les années ; lorsque l'enfant entre dans l'âge de l'adolescence, la blessure devient de plus en plus difficile à réparer.

J'ai constaté que les adultes assumaient avec un courage remarquable le défi d'avoir un enfant handicapé, défiguré, trisomique, cardiaque, aveugle ou sourd, mais que l'investissement du parent et de l'éducateur était très différent lorsqu'il s'agissait d'un enfant en déficit d'attention-hyperactivité. Pourtant, l'enfant hyperactif est tout aussi intelligent et a tout autant besoin de support émotif et d'aide. La fréquentation de plus en plus généralisée des garderies et des maternelles devrait rendre plus facile la détection précoce des enfants hyperactifs et les éducateurs qui y oeuvrent devraient être en mesure de suggérer aux parents des stratégies d'interventions efficaces ; toutefois, on peut observer que peu d'éducateurs ont cette expertise ou la motivation nécessaire pour entreprendre ce travail de soigner l'enfant et de supporter les parents qui ont à cœur d'aider leur enfant. Plusieurs enfants s'en vont ainsi au primaire sans avoir soigné leurs troubles d'hyperactivité et d'inattention. Il faut le dire, plus d'un professeur incite les parents à soigner l'hyperactivité de leur enfant avec du ritalin, sans plus.

Il semble que les adultes impliqués auprès des garçons hyperactifs sont souvent plus directifs, plus autoritaires et plus répressifs à leur endroit. Peut-être bien que de là provient le fait que les garçons soient plus nombreux à avoir des difficultés à communiquer avec les adultes et à s'adapter aux apprentissages scolaires. Ces petits garçons qui sont la cible des jugements et des blâmes de leurs éducateurs ont pourtant tout autant de sensibilité que les filles et tout autant qu'elles besoin de leur soutien. Le comportement des figures masculines m'est apparu moins négatif envers les garçons, et en conséquence, les garçons ont moins de conflits ouverts et se conforment davantage aux directives des enseignants masculins. Peut-être est-il temps de reconnaître les besoins particuliers des garçons et d'engager davantage d'éducateurs masculins dans les garderies et dans les classes de maternelle et au primaire. Au milieu de tant de femmes, peut-être que les petits garçons sont en manque d'investir leur côté masculin !

Quelques professeurs pensent encore que les attitudes parentales sont la cause des comportements hyperactifs. Certes, il y a un processus dynamique de réciprocité qui s'installe entre les parents et les enfants et certes, il y a des personnalités de mères et des personnalités de pères qui ne réussiront jamais à bien s'adapter à celle de leur enfant. Si les caractéristiques des enfants influencent les réactions des parents, des éducateurs et des professeurs, il est certain que les caractéristiques des parents, des éducateurs et des professeurs influencent aussi les réactions des enfants. Je n'avance évidemment pas que les méthodes éducatives des parents soient les seules responsables de l'hyperactivité des enfants, néanmoins je crois que les parents sont sur la première ligne d'action et qu'ils doivent faire l'effort d'améliorer la vie de leurs enfants et de les rendre plus heureux. Si, pour être heureux, les enfants ne peuvent pas changer de parents, ils peuvent du moins changer d'éducateur ou de professeur.

2.7 Le besoin de présence des enfants et l'individualisme des adultes

Un enfant ne peut exister seul, il fait essentiellement partie d'une relation. (D.W. WINNICOTT)

Bowlby insiste sur le fait que les mères devraient prendre conscience de ce que leur absence ou leur indifférence a de répréhensible pour l'enfant, car affirme-t-il, l'enfant comprend cette absence ou cette indifférence comme une réponse d'hostilité à son endroit. Voici ce que, dans les années quarante, Bowlby a observé du couple parent-enfant.

Pour ces mères, l'enfant constitue une source de satisfaction narcissique et exhibitionniste et non un objet d'amour. Néanmoins, ces mères se sentent coupables et surcompensent donc consciemment en adoptant une douceur acidulée et sirupeuse. Dans leurs relations avec l'enfant, les pères sont cordiaux, bruyants, quelque peu exhibitionnistes, ne connaissant pas de limites, le plus souvent, effrayant l'enfant par leurs agissements facilement brusques en dépit des protestations inquiètes de la mère.

Les enfants eux-mêmes frappent l'observateur par leur facilité de manipulation. Ce qui n'est pas particulièrement surprenant. Je pense ici à un certain nombre de cas où j'ai pu voir des enfants poussés, pour ainsi dire, hors de leur parc de jeux par l'accumulation de jouets offerts par leurs parents qui essayaient d'apaiser leur sentiment de culpabilité par cette surcompensation. Ces enfants sont naturellement extrêmement habitués aux objets inanimés qu'ils manipulent avec dextérité. Mais dans le secteur social de leur personnalité, leur courbe de développement indique un retard manifeste qui est bien en rapport avec le genre de relations humaines qui leur sont offertes par leurs parents. Et au moment où ils entrent dans leur deuxième année, ils ont tendance à être hyperactifs, pas très sociables et destructeurs de jouets. D'autre part, ils ne sont pas intéressés par les contacts avec des êtres humains et deviennent hostiles lorsqu'on les approche. La catamnèse des cas que nous avons suivis me porte à croire que leur personnalité aurait tendance à se développer dans la direction des enfants que j'ai décrits sous le nom d'hyperthimiques* agressifs.*

Le tableau clinique que brosse Bowlby relativement aux conséquences du manque de présence maternante n'est guère reluisant, et de mon point de vue, le tableau des années 2000 n'est pas plus positif. Les jeunes enfants ont toujours ces besoins de dépendance et de présence, et malheureusement, ces besoins entrent en contradiction avec les activités productives que la société exige de leurs parents ; si ces besoins n'ont pas été satisfaits, ils ne peuvent qu'en être touchés et comme le mentionnait déjà Bowlby en 1946, socialement, l'attitude peu protectrice des parents passe inaperçue, mais aux yeux des professionnels elle a des effets sur l'attitude de l'enfant.

Pour plusieurs mères, les congés de maternité sont si brefs que le dialogue entre elle et l'enfant n'a eu que le temps de s'ébaucher ;

pour plusieurs mères, le retour au travail s'effectue bien souvent avant que leur attachement à l'enfant n'ait eu le temps de s'exprimer. À une époque où le travail de la femme est une priorité, plusieurs n'ont que peu de temps pour vivre leur grossesse, la naissance et le maternage. Plusieurs mères sont obligées de vivre des séparations qu'elles n'ont pas souhaitées et de ce fait, plus d'un enfant se sent délaissé ou abandonné. À notre époque, où l'on discute de tout au nom du droit de parole et des droits de la personne, on épouse pourtant sans grand discernement ces habitudes sociales qui briment le droit de l'enfant de s'attacher à sa mère.

Dans notre culture occidentale, l'enfant est beaucoup moins tenu dans les bras que l'enfant du Japon et il dort rarement auprès de ses parents comme cela se fait en Afrique. À cinq mois, plusieurs enfants ont déjà été séparés de leur mère et à cinq ans, certains d'entre eux ont vécu en camp de vacances tous les mois d'été. Si les enfants de cinq mois et de cinq ans avaient le droit de parole, choisiraient-ils d'aller en garderie et en camp de vacances loin de leurs parents ?

L'indépendance et l'autonomie mises de l'avant par les valeurs sociales actuelles ne m'apparaissent pas des valeurs positives lorsqu'elles poussent la mère à se séparer de son enfant et qu'elles obligent l'enfant à se confronter trop tôt au vide et à l'insécurité causés par l'absence maternelle. Pour que l'enfant désire l'indépendance, il faut qu'il ait eu le temps de vivre avec sa mère les moments heureux de la dépendance. Personnellement, je fais une différence entre les valeurs individualistes et le processus d'individuation ; les valeurs individualistes tendent coûte que coûte à l'indépendance alors que l'individuation est construite des moments nécessaires et sécurisants de la dépendance. Socialement parlant, à l'individu que l'on qualifie d'individualiste, on attribue des actes d'autonomie et des pensées libres et indépendantes qui ne vont pas dans le sens de la communauté, mais sont exclusivement centrés sur son bien-être personnel ; en psychologie, pour qualifier un individu individualisé, on se réfère à des qualités personnelles et collectives qui permettent l'authenticité et la réalisation de soi.

Un petit enfant ne peut subir sans conséquence les valeurs individualistes de ses parents. De mon point de vue, la transformation, la modification ou, pour quelques cas, la détérioration de la relation donnante mère-enfant commence lorsque la mère, au nom de l'indépendance sociale et de l'autonomie financière, s'engage dans un travail qui l'éloigne de son enfant ; changer la routine d'un tout jeune enfant qui n'a pas encore ressenti l'attachement de sa mère et lui imposer de s'adapter, du jour au lendemain, à un nouvel environnement sans elle ouvre automatiquement la voie à une fission ou à une rupture dans la relation mère-enfant. Pour l'enfant, il est malaisé d'investir une mère qui a si peu de temps à lui consacrer; pourtant il est un fait : tous les êtres humains doivent s'ancrer ou s'attacher quelque part avant d'entamer un processus de séparation et d'indépendance. Quand les lieux d'amarrage familiers disparaissent trop tôt de la vie des tout-petits, ils ne savent où s'ancrer et à qui s'attacher. Quelles que soient les valeurs sociales, le bébé est centré sur la satisfaction de ses besoins,et il a besoin de la présence et de la disponibilité d'une mère qui accepte de répondre avec dévouement à son exigeant besoin de dépendance.

Dans la tête des mères et des pères actuels, le maternage et la constance émotionnelle ne font plus partie du vocabulaire. Les règles sociales auxquelles adhèrent actuellement la majorité des familles privent plusieurs enfants de la présence stable et affective de leur mère et ces règles, loin de les socialiser, les isolent et entretiennent en eux le sentiment d'être abandonnés par la seule personne dont ils souhaitent la présence.

Dans notre culture moderne, les valeurs reliées au travail semblent avoir pris la place des valeurs reliées à la famille ; il en résulte que plusieurs enfants grandissent sans avoir développé de lien d'attachement à leur mère et sans avoir développé de lien d'appartenance avec leur famille. De mon point de vue, être un enfant indépendant et devenir un adolescent individualiste n'est pas de l'autonomie ; ce serait plutôt la manifestation du désespoir de se sentir abandonné par la première et la seule personne qu'ils aiment inconditionnellement.

Au fil des ans, certains enfants séparés trop tôt de la vie affective avec leur mère résistent à ceux qui veulent agir sur eux et les adultes qui entourent ces enfants ne réussissent plus à les rejoindre, plus rien ne les pénètre, aucun attachement ne les ranime. La vie intérieure des enfants étiquetés irrespectueusement d'enfant «téflon» s'éteint et c'est l'isolement. Dans cet état «téflon», ils ne peuvent plus rien ressentir, car rien ne leur est plus significatif, rien ne les relie plus aux autres. Comment ne pas imaginer qu'une perte de communication aussi désespérante ne soit pas destructrice pour un enfant immature ! Aux abords de l'adolescence, ne se sentant pas concernés par les événements, ces enfants ne font plus l'effort de lutter pour imposer leurs arguments. Cette triste indifférence envers l'environnement humain se transforme parfois en un vide intérieur si profond qu'ils ne se sentent plus concernés par l'environnement humain et c'est déjà le désespoir.

Les professionnels de la santé psychique ont observé que de plus en plus d'adultes ont développé une sorte de distanciation et d'indifférence envers leurs proches ; ils n'interviennent plus dans leurs décisions, ils ne se mêlent plus que de leurs affaires. Je suis convaincue que cet état d'anomie* existe aussi chez les enfants ; ils ne s'ouvrent plus de peur d'être rabroués et d'en être affectés. L'absence de réaction se manifeste comme une sorte de froideur qui fige toute initiative de communication. De jeunes êtres humains normalement constitués ne peuvent pas vivre heureux dans cet état de neutralité.

En privant les jeunes enfants de la présence et de l'intimité avec leur mère et en les mettant trop tôt en garderie, il est clair qu'ils en viennent à éprouver un sentiment de distance entre eux et l'objet qui a été leur seule source d'affection. Peut-être bien qu'à vivre en individualiste, c'est-à-dire séparés les uns des autres, les adultes ne savent plus vivre heureux à proximité de leurs petits. Je crois vraiment que les valeurs de notre société individualiste deviennent de plus en plus aliénantes pour les petits êtres humains.

En n'accordant pas suffisamment de temps à ses enfants, la famille contemporaine ne joue plus son rôle essentiel de support. Subtilement, notre communauté humaine néglige tout ce qui constitue un besoin de soutien et laisse peu de place pour vivre les grandes joies et les douloureuses séparations ; elle ne laisse pas davantage de temps pour vivre les deuils et partager les chagrins et les désarrois en famille. J'aimerais citer en exemple un deuil dont j'ai été témoin. Une mère a porté son enfant neuf mois et l'a perdu quelques heures après sa naissance ; à l'hôpital, elle n'a trouvé que des gens pressés de disposer du corps du bébé et d'en finir avec les formalités de décès, mais aucun professionnel avec qui parler de sa peine et la soutenir. Le soir même, elle est rentrée chez elle, et comme si rien n'était arrivé, quelques jours plus tard, elle reprenait le travail. Un petit enfant meurt, la vie bascule, et sans plus d'égard, les parents enferment leur chagrin.

La mort d'un enfant, si petit soit-il, est-elle un événement si banal qu'il ne mérite qu'on prenne le temps de partager la souffrance des parents ? Perdre un enfant, n'est-il pas une émotion suffisamment douloureuse pour que la société accorde aux parents un moment de deuil un peu plus long que les quelques jours prévus dans la plupart des conventions collectives de travail, quand convention il y a. Aux longues maladies comme le cancer et le sida, on accorde certains égards, mais à la vie écourtée d'un tout petit être, on accorde bien moins de compassion. Comment peut-on socialement rester indifférent à la peine d'une mère ?

Jadis, la tradition avec ses rituels permettait de s'attarder ouvertement sur son chagrin ; aujourd'hui, on est souvent seul pour pleurer la perte d'un être aimé. Les moments de regroupement prévus dans les rites funéraires d'autrefois n'étaient peut-être pas si inutiles puisqu'en permettant de partager les tristesses, les regrets et les espoirs, ils permettaient de mieux supporter les reproches dont on s'accable à la mort de quelqu'un que l'on aime. Les moments de partage aident à se rappeler la personne dans sa réalité sans l'idéaliser, c'est-à-dire, comme un être qui n'était ni totalement parfait ni totalement détestable ; ces moments de regroupement aident à accepter l'idée qu'il ou elle ne sera plus là. Quel que soit le rituel utilisé pour faire diminuer le sentiment de perte et d'abandon, il faut se donner du temps pour pleurer sa peine et oser parler avec quelqu'un de la personne que l'on a perdue ; autrement, on est, en quelque sorte, en deuil tout le reste de sa vie.

Revenons au manque de présence et à l'état de neutralité. Tout au long de son enfance, le petit bébé demande à ceux qu'il aime de lui accorder le temps de présence dont il a besoin pour apprendre à s'attacher et à tisser des liens. Mais à notre époque, les demandes de présence des tout-petits ne sont plus entendues, car malheureusement, le maternage n'est plus parmi les valeurs dominantes de la société actuelle.

Je pense que malgré toutes les possibilités de communication et de réalisation qui sont à leur portée, les enfants actuels souffrent de devoir devenir, malgré eux, des êtres indépendants. Il faut le dire les techniques modernes de communication entraînent les enfants dans la solitude. Pour un enfant de quatre ou cinq ans, choisir la compagnie d'un ordinateur parce que maman et papa sont au travail ou sont occupés, c'est déjà être isolé. Cette manière moderne de communiquer ne fournit pas aux enfants un contact direct, et sans la présence à côté d'eux de personnes leur manifestant de l'intérêt, ils n'apprennent pas à s'intéresser aux autres. N'ayant pas développé en famille l'aptitude à côtoyer les autres, plusieurs jeunes éprouvent un réel malaise à être en présence des autres. Certains autres deviennent «accros» de l'ordinateur et ne savent plus discuter que par internet.

L'isolement est un sentiment très répandu chez les enfants et les adolescents ; malgré qu'il y ait autour d'eux des gens qu'ils côtoient tous les jours, ils en ignorent parfois tout. À l'ère d'internet, les informations sont rendues disponibles instantanément, mais l'affection reste hors de portée immédiate. Échanger quelques conversations sur internet, avec des gens dont on ignore tout, ne cause pas de problème si, dans sa famille, le jeune est entouré de la présence affectueuse, attentive, prévenante et vigilante d'un parent ou d'une personne significative. Consacrer du temps à son enfant et être simplement à ses côtés sont, à n'en pas douter, les premières manifestations de l'affection et de l'attachement que les parents portent à leur enfant. Sans être constamment en sa compagnie, les parents doivent faire l'impossible pour activer chez leur enfant l'aptitude à poser des gestes prévenants, attentifs et affectueux envers les autres.

Plusieurs adultes ont consacré plusieurs mois, voire plusieurs années de leur vie, à s'obliger à apprendre à vivre seuls ; ils reconnaissent aujourd'hui être désespérément en besoin de présence et d'affection. Diriger ses énergies à vouloir tout faire seul et vouloir, à tout prix, garder le contrôle de ses émotions, c'est très certainement un fardeau trop lourd pour l'être social qu'est un jeune enfant. Pour être stimulé et se développer de façon harmonieuse et heureuse, l'enfant, avant que de partager socialement avec les autres, a d'abord besoin de partager l'intimité avec sa mère.

L'individualisme est devenu une valeur à la mode, tellement que, si on ne l'affiche pas, c'est tout simple, on manque d'autonomie. On cherche de moins en moins à toucher autrui et on lui tend de moins en moins la main. Je conviens que pour certains adultes, le mouvement individualiste a répondu à un réel besoin d'indépendance et d'autonomie ; mais il en est tout autrement lorsque l'indépendance et l'autonomie obligent constamment l'enfant à se dépasser. J'ai la mauvaise impression que de plus en plus de jeunes hommes et de jeunes femmes de notre décennie sont devenus indifférents aux difficultés des enfants. L'individualisme que les adultes ont pris l'habitude de vivre étouffe les manifestations de maternage et de sollicitude envers les enfants. À notre époque où tout est à portée de main, je constate pourtant que plusieurs enfants vivent des sentiments d'exclusion et d'abandon. Au nom de la liberté, l'individualisme a fini par nier l'interdépendance indispensable entre les humains et la dépendance essentielle entre un petit être humain immature et sa mère. L'individualisme est tout à fait incompatible avec les besoins de présence et d'affection des tout-petits. Parce que plusieurs parents sont devenus égoïstement individualistes, les enfants sont souvent frustrés de leur soutien et doivent souvent vivre seuls les périodes difficiles de leur enfance et de leur adolescence.

Que l'on soit jeune ou vieux, même celui qui a de multiples talents ne possède pas toutes les aptitudes pour combler la totalité de ses besoins affectifs et sociaux et il ne me paraît donc jamais avantageux d'apprendre trop précocement la liberté. Ce refus d'accepter le besoin d'interdépendance les uns envers les autres et ce faux besoin d'autonomie que les adultes attribuent aux enfants les privent des soins attentifs de leurs parents, alors que pour grandir heureux ils ont grand besoin de quelqu'un de compatissant à leur côté. Est-ce vraiment au nom de la liberté que l'individu moderne oblige ses enfants à l'indépendance ? Sans hésitation, je réponds qu'une grande partie du plaisir de vivre naît silencieusement des moments où nous ne nous obligeons pas à l'effort de l'indépendance et où nous ne nous faisons pas violence.

L'adulte d'aujourd'hui semble avoir perdu le sens de la famille et du don de soi ; il partage si peu de temps avec ses enfants et ses proches qu'ils sont presque des étrangers pour lui. En dehors du temps qu'il consacre à ses nombreuses activités sociales, il ne semble plus trouver essentiel d'entretenir avec les autres des relations intimes. L'adulte ne semble plus savoir comment s'intéresser à l'autre, il ne participe que de loin à la vie des gens qu'il côtoie tous les jours. Dans ses communications, l'adulte ne sait ni discourir de sujets futiles ni de sujets profonds et par conséquent, il ne sait plus comment échanger des mots affectueux et des gestes de tendresse simples et discrets avec ceux qu'il aime. L'adulte moderne a cette curieuse démarche de s'obliger à l'indépendance envers ceux qu'il côtoie ; ce faisant, il en est arrivé à croire que ses enfants n'ont, eux aussi, besoin de personne.

Parce que développée à outrance, cette valeur individualiste tend à remplacer la préoccupation que les êtres humains avaient jadis les uns envers les autres. Dans notre génération individualiste, les gens se privent de liens d'intimité et il n'y a plus ce but commun de s'entraider, de partager, d'être utile et de rendre service à l'autre. À part les téléthons et quelques événements dramatiques, comme la crise du verglas et l'inondation du Saguenay, cette sorte d'implication spontanée est rare. Si autrefois les gens cachaient tout ce qui était étalage de sentiments, du moins ils se regroupaient pour aider quelqu'un qui était dans le besoin. L'homme moderne n'a-t-il vraiment plus besoin des autres ? L'homme individualiste est-il aussi libre qu'il prétend l'être ? En ce début de siècle, on dirait que tout ce qui touche le besoin de lien de filiation et de dépendance est socialement mal vu et ça, c'est inquiétant et insécurisant pour nos enfants et nos petits-enfants.

À la fin de sa vie, Jean-Paul Sartre, qui a été l'un des plus ardents défenseurs de l'individualisme, a révisé sa position.

Dans ma théorie des autres, j'ai rendu chaque personne exagérément indépendante. Je crois maintenant que tout ce qui se passe dans la conscience d'une personne, à un moment précis, est toujours lié à l'existence des autres, qui sont souvent la cause de nos pensées. Ce qui existe vraiment, c'est ma relation avec les autres.

Si l'on reconnaît que l'être humain est d'abord un être social, il devient évident que l'adulte n'est pas uniquement responsable de sa vie mais qu'il est aussi, un tout petit peu, responsable de celle de certains autres autour de lui, et à plus forte raison des êtres humains qu'il met au monde.

Je crois sincèrement que sans un minimum de présence et de liens d'attachement avec sa mère, l'enfant ne saura pas faire l'effort de se socialiser. Bien sûr, aucun amour humain n'est complètement altruiste, mais si au cours de l'enfance il n'a pas fait l'apprentissage de l'amour compatissant de sa mère, l'enfant sera dans l'incapacité de s'intéresser à quelqu'un d'autre autant qu'à lui-même et ne saura pas faire l'expérience préalable et nécessaire d'un lien de camaraderie à l'adolescence.

Se sentir à l'aise, avoir le sentiment d'être détendu et serein en présence de sa mère est un prérequis essentiel au développement du petit être humain ; cela devient un facteur nécessaire pour s'ancrer profondément dans le sentiment de sécurité et pour se sentir ensuite enraciné dans son environnement. Être simplement capable de se reposer aux côtés de quelqu'un, c'est à mon avis la fraternité humaine dans son expression la plus directe. Rendre l'enfant bien avec soi ne demande pas que nous fassions quoi que ce soit de particulier, sinon que d'être affectueusement présent pour lui et d'accepter son immaturité. C'est là l'affiliation dans son sens le plus simple et c'est ce que le petit enfant est en droit de vivre grâce à la présence de la mère. Ce n'est qu'à travers la présence rassurante de sa mère que le jeune individu élargit son être et qu'il apprend cette compétence humaine de prendre soin.

Je ne sais pas bien qualifier cet étrange besoin qui pousse l'homme moderne à paraître indépendant, mais je sais qu'avant de pouvoir socialiser, le petit être humain doit avoir eu son content de présence, d'attention et d'attachement. Dans une relation humaine non aliénante, avant que d'accepter sainement une séparation et de devenir autonome et indépendant, le petit enfant doit avoir pu vivre sereinement une relation de dépendance avec sa mère. Malheureusement, il y a dans notre société une difficulté certaine à accepter ses enfants comme des êtres dépendants. Je pense que l'indépendance et l'autonomie à tout prix aliènent, de plus en plus, l'enfant qui grandit. Dans ce désir d'indépendance, j'y vois une étonnante carence mise sur le dos d'une obligation précoce à la socialisation.

Chapitre 3

Les apprentissages thérapeutiques et réparateurs

3.1 Le thérapeute et le client narcissique

Le travail de thérapie en est un d'identification. (LUQUET)

Avant d'aborder le sujet de la thérapie avec un thérapeute narcissique, il faut d'abord comprendre ce qu'est une personnalité narcissique. La personnalité est généralement définie comme la totalité des tendances qui vont déterminer le comportement d'un individu. La personnalité narcissique pourrait donc se définir comme l'ensemble des traits de caractère, des attitudes et des habitudes qui caractérisent un individu centré sur lui.

Dans le langage psychologique, on dit que le Moi d'un individu à la personnalité narcissique contrôle et cache la partie du Soi qui est l'enfant blessé. Le Moi, c'est l'image que l'on voit, le masque, la coque ou la cage qui donne l'impression d'être fort et invulnérable et qui emprisonne la vraie identité. Le Soi, c'est la vraie identité.

Kernberg (1979), qui s'est appliqué à déterminer les traits cliniques de la personnalité narcissique, soutient que le principal problème de la personne narcissique consiste en une perturbation de l'estime de soi, laquelle serait spécifiquement reliée à des difficultés relationnelles survenues à la période de l'égocentrisme infantile. Il explique que l'individu narcissique paraît très sûr de lui-même, mais que son attitude n'est qu'une façade camouflant une profonde vulnérabilité. Il signale qu'en surface, le sujet narcissique donne l'impression d'une adaptation sociale convenable et d'un bon contrôle pulsionnel, mais qu'un examen plus approfondi révèle que, dans ses relations interpersonnelles, il a un grand besoin d'être fréquemment encouragé et le désir envahissant d'être louangé, admiré, sinon adoré et quelques-uns ont des idées de grandeur.

Chez les personnalités narcissiques, on distingue trois niveaux de fonctionnement, lesquels, dit Kernberg, demandent à être traités différemment. Dans le premier groupe, les sujets font preuve, de par leurs talents, d'une réussite sociale assez remarquable, qui leur permet de recevoir les louanges et l'admiration dont ils ont besoin. Ces individus ne consultent que s'ils développent des symptômes névrotiques ou s'ils connaissent des tensions dans leurs relations intimes. Dans le deuxième groupe, les sujets présentent des perturbations relationnelles assez marquées et éprouvent de sérieuses difficultés à établir des relations affectives et sexuelles durables ; ceux-là peuvent manifester des symptômes névrotiques ou sexuels. Dans le troisième groupe, les sujets offrent un fonctionnement encore plus profondément perturbé et leurs comportements présentent des signes évidents de faiblesse du Moi, soit un manque de contrôle pulsionnel, une faible tolérance à l'angoisse et une carence du développement des voies de sublimation. À cela, peuvent s'ajouter des tendances antisociales plus ou moins prononcées, ou du moins des épisodes où il y a une altération significative du fonctionnement social. Kernberg conclut que : «Tous ces sujets ont, en profondeur, une affectivité qui est déficiente.»

Les auteurs du DSM-III (1988), un système de référence servant à définir les désordres mentaux, ont classé les critères de la personnalité narcissique comme suit :

1. Sentiment grandiose de sa propre importance ou de son caractère exceptionnel ; par exemple, surestimation de ses réalisations et de ses capacités. Focalisation sur le caractère spécifique de ses problèmes personnels ;

2. Préoccupation de pouvoir, d'éclat, de beauté ou d'amour idéal, des fantaisies de succès sans limite ;

3. Exhibitionnisme, réclamation constante d'attention et d'admiration.

Les auteurs du DSM-III considèrent que les personnes narcissiques ne souffrent ni de psychose ni de maladie mentale grave. C'est peut-être là une des raisons qui font que plusieurs psychiatres semblent être dépourvus de compassion à l'endroit des individus à la personnalité narcissique.

Il me semble qu'un nombre de plus en plus grand d'enfants manifestent une vulnérabilité narcissique exagérée ; certes, physiquement et matériellement, les parents prennent soin de leurs enfants, mais c'est l'amour admiratif et la compassion qui semblent leur avoir manqué. Pour compenser cet amour qui a été indifférent à leur demande d'affection et d'admiration, les enfants se préoccupent égoïstement d'eux-mêmes. Le système que Kernberg définit comme déficitaire est celui qui n'offre pas toutes les possibilités de développement. Pour lui, une mère à la personnalité narcissique risque de rendre la période de l'égocentrisme infantile ambiguë, insatisfaisante et déficitaire pour l'enfant.

En psychologie, lorsqu'on utilise le mot déficit, il s'applique toujours à ce qui manque pour équilibrer ; il a toujours comme conséquence un trouble fonctionnel. Pour envisager le déficit narcissique sous l'angle d'un trouble fonctionnel, il nous faut admettre les deux postulats suivants. Le premier est que, comme l'a noté Kernberg, l'individu à la personnalité narcissique a l'air en bonne santé mentale et maintient cette illusion de bonne santé mentale en gardant le contrôle serré de ses sentiments. La deuxième hypothèse est qu'une personnalité narcissique érige des défenses parce qu'elle sent un danger et qu'elle a peur que ses sentiments ne dépassent la limite tolérable.

J'ai pu observer que, dans le passé de plusieurs clients à la personnalité narcissique, la sensation de perdre le contrôle de leurs sentiments a été suffisamment terrifiante pour qu'ils mettent toutes leurs énergies à contenir la tension ; sans cet investissement, cette terrifiante sensation de perte de contrôle les auraient rendus confus. De ce que j'ai vu et entendu à propos de leur manque et de leur déficit narcissique, le contrôle de leurs sentiments a été leur meilleur système de défense contre la peur de la folie. Pour Winnicott (1974), le danger dont les individus narcissiques ont peur est, effectivement, la folie et il proviendrait d'une mort symbolique qui aurait eu lieu alors que la personne n'avait pas la maturité voulue pour en faire l'expérience. Pour lui, le déficit narcissique provient du fait que dans leur esprit, la continuité de leur être a été interrompue.

Il y a réellement un manque de mots dans la littérature psychologique pour circonscrire le déficit narcissique et la surabondance fonctionnelle qui déséquilibrent la personnalité. Lorsque l'on accorde une attention particulière aux manifestations narcissiques, on remarque qu'elles sont souvent accompagnées d'un système que je décrirais comme un surinvestissement narcissique : pour contrebalancer le déficit, il y a, en excès, une surabondance fonctionnelle. À coup de volonté, l'individu s'est forgé une identité apparemment saine, une personnalité apparemment stable et l'apparence d'une bonne santé mentale. Afin de mieux saisir les manifestations du déficit des individus à la personnalité narcissique, voici deux exemples de clients dont la vie professionnelle cachait leurs troubles fonctionnels.

Philippe et Loriane

Au bureau comme dans la vie privée, Philippe et Loriane vivaient en excès. Ils ne se plaignaient jamais du manque de sommeil, donnaient l'impression d'être des personnes infatigables, productives et créatives et passaient rapidement du rire à l'humeur irritable. Après des années de surabondance fonctionnelle, ils se sont retrouvés épuisés physiquement et psychologiquement ; il semble bien que, des années plus tard, une carence narcissique survenue dans l'enfance les rattrapait, causant chez eux des dérèglements incongrus allant jusqu'à la tristesse.

Philippe est venu me consulter parce qu'il avait peur de sa colère et qu'il avait le sentiment qu'il pourrait être très violent. Il m'a confié qu'au travail, il restait en contrôle et savait retenir sa colère, mais qu'il avait la certitude que s'il relâchait le contrôle et la laissait sortir le moindrement, il en serait envahi. Il me disait que pour faire face à sa peur et pour retenir sa colère, il devait mobiliser tant d'énergie et tant de volonté qu'il s'en sentait fatigué. Désamorcer cette peur et vivre un peu de cette colère en exprimant ouvertement sa peur de mourir ou de devenir fou devenait, me disait-il, indispensable à sa survie.

Lorsque Loriane est venue me rencontrer à son tour, elle avait abandonné la présidence de certains comités parce que, disait-elle, «je ne respire plus dans ces locaux fermés». Jour après jour, elle avait la sensation que de plus en plus de tension s'installait dans sa nuque. «Cette pression dans mon cou me devient insupportable. Je vis de plus en plus les rideaux fermés, mes migraines sont si douloureuses que je finis par manquer d'air et par vomir. Je ne peux plus tenir la tête haute, je perds le contrôle, j'ai peur de perdre la tête. J'ai envie de tout lâcher, mais il me faut me cramponner, car j'ai le sentiment que si je lâche maintenant, je vais devenir passive et déprimée comme ma mère. Il faut que je continue pour mon conjoint et pour mes enfants, mais j'ai tellement envie d'abandonner et de ne plus faire d'effort de volonté. Je ne sais pas combien de temps je pourrai tenir encore. J'ai l'impression de ne plus avoir de réserve d'énergie. Je suis tellement à bout. J'ai l'impression que mon crâne va exploser.»

Loriane disait pressentir en elle la menace de la folie. Et elle pleurait ! De toute évidence, elle n'avait plus ni l'énergie ni la volonté de faire face à la crise ; la réserve était vide, le surinvestissement ou la surabondance fonctionnelle l'avaient épuisée.

À travers les expériences de Philippe et de Loriane, on aura remarqué que du seul fait de vivre à l'excès, les déficits et les manques sont restés cachés au plus profond d'eux, pendant des dizaines d'années. Vivre en excès, avec tout ce que cela comporte de succès et de mésaventures, a, en bout de course, quelque chose d'incontrôlable, car cela stimule toutes les fonctions bien au-delà des limites tolérables. Philippe et Loriane en font la preuve, le corps ne peut pas vivre indéfiniment sur ses réserves. La dépense d'énergie finit par devenir trop abondante pour que l'individu puisse rester maître des événements. À un moment ou à un autre, il est victime d'une crise dans son corps, victime d'une fatigue physique extrême, d'un burn out ou d'une crise cardiaque et alors sa volonté n'est plus d'aucune efficacité pour camoufler la blessure narcissique.

Voici brièvement quatre définitions utiles à la bonne compréhension du narcissique.

> *Apport narcissique : toutes les nourritures, tous les soins dispensés par la mère ou son substitut et toutes les frustrations supportables que, par amour, elle impose à son bébé.*
>
> *Narcissisme primaire ou égocentrisme infantile : sentiment d'amour que l'enfant se porte à lui-même ; il ne tolère pas que ses besoins et ses désirs ne soient pas satisfaits.*
>
> *Blessure narcissique : tout ce qui est ressenti à la phase narcissique et donc avant l'Œdipe, comme une insatisfaction ou une frustration insupportable et qui vient rompre l'équilibre psychique ; une blessure narcissique est un narcissisme primaire non satisfait.*
>
> *Narcissisme secondaire ou égocentrisme adulte : sentiment d'amour de soi en exclusivité centré sur soi dont le but premier est la protection et qui apparaît à la suite de l'abandon ou d'une incompréhension affective grave. Le narcissisme secondaire se constitue lorsque l'enfant peut assumer son sexe dans le triangle œdipien. De façon courante, il est défini comme un sentiment d'amour de soi, survenu à la suite de l'abandon d'une relation affective significative.*

Au début de la vie, toutes les nourritures et toutes les stimulations de l'environnement sont distribuées par les soins maternels. Le sentiment de valeur personnelle dépend, pour une très large part, de la manière dont l'exercice des soins a été investi par la mère ou son substitut. Les sentiments d'estime et d'amour de soi qu'acquiert l'enfant sont intimement liés à l'apport des nourritures narcissiques, soit à l'exercice des soins d'une mère vigilante et aimante. La blessure narcissique des premières années et les manifestations d'insécurité qui l'accompagnent sont un point fixe d'où émanent l'égocentrisme infantile et le sentiment d'abandon de l'âge adulte. Même si les gestes d'amour et de haine de l'âge adulte semblent être à mille lieues de l'enfance, les modes d'action des individus à la personnalité narcissique cherchent à compenser les blessures survenues au commencement de leur vie psychologique. Ainsi, lorsqu'on perçoit une blessure narcissique, il est capital de se questionner sur les frustrations narcissiques apportées par l'environnement maternant à la période de l'égocentrisme infantile.

Pour les psychiatres, ce n'est qu'après la castration œdipienne, c'est-à-dire lorsque le conflit est résolu, que le narcissisme secondaire «se montre le nez» de façon évidente. Pendant cette partie de la crise œdipienne, les petits garçons, par leur belle allure, ont peur de séduire leur mère et les petites filles ont, par leurs minauderies, peur de séduire leur père ; par respect pour cette ambiguïté inhérente au début de l'adolescence, il ne faut pas les troubler par ce qui est intimité. Certains enfants vivent dans une si grande confusion avec leurs parents, qu'il devient urgent d'éclaircir la situation et de repérer la blessure. Pour ne pas davantage blesser le narcissisme des jeunes adolescents qu'ils sont en voie de devenir, les parents doivent accepter de garder leur distance. La blessure narcissique, possiblement survenue à la période de l'investissement narcissique primaire, se manifeste souvent par le silence devant les parents. Les parents désirent aider l'enfant, ils voudraient que l'enfant leur parle de ses conflits ; ailleurs, il a un visage expressif, il parle et il séduit, mais avec eux il se tait. Le jeune individu croit ainsi se protéger de la menace de la communication incestueuse. Ce cas extrême qui m'a été rapporté par une collègue peut résumer ce qu'est une communication incestueuse menaçante.

Antonio, 9 ans ½

Antonio est, depuis quelques mois, pensionnaire dans un collège privé. Il est très angoissé, il a mal au ventre et il mange très peu. Cet enfant est beau, il parle un très bon français avec un très bel accent ; il communique facilement avec les autres enfants ; toutefois, à l'école il est incapable de faire des mathématiques. On le dit mésadapté scolaire.

Antonio est le dernier d'une famille de six enfants. Originaires de la République Dominicaine, ses sœurs et ses frères, tous mariés, sont venus, année après année, rejoindre leurs parents ; toute la famille est maintenant installée au Québec. Pour Antonio, le mari de sa sœur aînée est un autre frère arrivé avec elle d'outre-mer. Les deux enfants de sa soeur sont plus vieux que lui et il les considère comme ses grands frères. Afin d'éclaircir l'imbroglio autour de sa famille, ma collègue a questionné Antonio.

PSY : Quel est le nom de ta maman ?

ANTONIO : Je n'ai pas de maman.

PSY : Qui est Mercédès ?

ANTONIO : C'est elle qui s'occupe des enfants et de la maison.

PSY : Quel est le nom de ta sœur ?

ANTONIO : Séléna.

PSY : Quel est le nom de tes neveux ?

ANTONIO : Je n'ai pas de neveux.

PSY : Les enfants de ta sœur sont tes neveux ...

ANTONIO : Ma sœur n'a pas d'enfants.

PSY : Quel est le nom de la mère de ta maman ?

ANTONIO : Ma maman, elle n'a pas de mère.

PSY : Tu es sûr que ta maman n'a pas de mère ?

ANTONIO : Non.

PSY : Tout le monde a une maman et la maman de ta maman, c'est ta grand-maman. Julia, est-ce que ce ne serait pas ta grand-maman ?

ANTONIO : Non.

PSY : Julia ne serait-elle pas la mère de Mercédès ?

ANTONIO : Je ne sais pas ces choses-là. Tu peux demander à Mario.

Le père avait raconté à ma collègue que Julia, la mère de sa femme, était arrivée au Québec en même temps qu'eux-mêmes, sa femme, sa propre mère et lui. Ma collègue a informé la mère qu'elle avait l'impression qu'une confusion existait dans l'esprit d'enfant d'Antonio et lui a demandé, si elle lui avait déjà expliqué les circonstances de la venue de leur famille au Québec et les choses d'avant sa naissance. «J'ai été grand-mère avant d'être sa mère. C'est notre petit dernier. Ça vraiment été une surprise. Antonio est né dix ans après les autres et c'est vrai qu'il nous a toujours appelées Julia et Mercédès.» Antonio ne savait pas se représenter génétiquement et généalogiquement un père, une mère, une grand-mère, un neveu et une nièce ; pour lui, tous ceux qui habitaient avec lui étaient des frères et des sœurs.

Je crois, me disait ma collègue, que ce petit garçon, venu dix ans après les autres, a été regardé par sa mère et par sa famille comme un étranger et que le genre de représentation embrouillée qu'il s'est fait de son environnement familial a pu faire obstacle à son développement intellectuel. Si Antonio se croyait la rencontre génétique de deux sujets qui étaient frère et sœur, cela était nécessairement incestueux dans sa tête d'enfant. Si Antonio se croyait comme le produit d'un frère et d'une sœur, cela était bien suffisant pour qu'il ne veuille plus évoluer. Pour Antonio, son père Mario et sa mère Mercédès vivaient comme frère et sœur et il croyait qu'il n'avait ni père ni mère et donc pas davantage de grands-mères. Étant le plus jeune de la famille, Antonio croyait qu'il n'y avait pas de place pour lui.

Les parents ont été des plus surpris de cette interprétation, mais ils ont accepté volontiers de lui raconter leur histoire familiale, celle de sa naissance et de leur passé en dehors du Québec. À travers le récit de l'histoire familiale, ma collègue est intervenue auprès d'Antonio pour élucider les notions et les rapports de parenté que lui expliquait sa mère.

> *MÈRE : Est-ce que tu veux que j'arrête d'en parler ?*
>
> *ANTONIO : Ah non ! Je veux que tu continues de me parler de ma famille.*

En indiquant le moment de la venue de chacun des enfants, la mère a expliqué à Antonio toute la situation de sa naissance et sa place par rapport à ses frères, sa sœur, son beau-frère, ses belles-sœurs, ses neveux et l'histoire de ses deux grands-mères.

> *ANTONIO : Ah ! Là j'ai bien compris !*

Il est parti en disant à sa mère qu'il avait très faim et qu'il aimerait aller manger une poutine et un jour aller voir les plages et la mer en République Dominicaine. Ce que sa mère lui promit.

Les inquiétudes et les insatisfactions qu'Antonio a vécues à l'époque du narcissisme primaire l'ont sans doute empêché de parvenir à la castration œdipienne. Pour être satisfait de lui-même et ne plus somatiser, il a eu besoin de savoir qui il était et de savoir qu'une mère avait accouché de lui, avait pris soin de lui et l'avait aimé.

Ma collègue m'a également raconté qu'un autre enfant de nationalité roumaine lui soutenait mordicus que son voisin était son frère ; par ailleurs, lorsqu'on lui demandait s'il avait vu sa maman avec un bébé dans son ventre, il savait pertinemment que sa mère n'avait pas accouché de ce frère imaginaire. Comme Antonio, lui aussi entretenait quelques idées fausses autour d'un imbroglio sur ses relations biologiques. Ce garçon avait, lui aussi, une incapacité à faire des mathématiques à laquelle s'ajoutait une légère dyslexie. Antonio et lui avaient encodé une lacune symbolique autour de leur filiation. Tous les deux avaient un bon langage parlé, une bonne mémoire des événements de leur enfance, mais tous les deux avaient de la difficulté à dépasser l'Œdipe parce qu'ils s'imaginaient leurs parents autrement que comme un père et une mère.

Les histoires que m'a racontées ma collègue sur ces enfants m'ont permis de comprendre qu'un petit enfant peut être bloqué intellectuellement parce qu'il ne sait pas la vérité sur sa mère et sur sa famille. Pour ne pas rester bloqué à leur blessure narcissique, il faut que les petits enfants sachent qu'ils ont été, à un moment de leur passé, désirés et aimés par leur mère. Il semble bien que ce qui n'est pas dit n'est pas compris et que, comme par osmose, cette incompréhension se manifeste dans l'état général de l'enfant.

Pour ma collègue, qui s'est beaucoup occupé d'enfants ayant des retards scolaires, derrière ces difficultés, il y a souvent un passé silencieux et un narcissisme incompris, lequel a fréquemment quelque chose à voir avec la façon dont la mère a accueilli sa maternité ou avec la manière dont elle-même a été accueillie par sa propre mère. Un enfant qui est coincé dans un imbroglio en ce qui concerne l'histoire de sa naissance ou de sa petite enfance a de la difficulté à grandir, et pour mettre au point sa réalité présente, il suffit souvent de mettre à jour la réalité de sa blessure narcissique. Les mères doivent briser le silence et expliquer à leur enfant ces choses sur elles-mêmes.

Les individus blessés dans leur narcissisme ont, d'une certaine manière, plus que d'autres, la mémoire sensitive de leur passé. Chaque fois qu'un être aimé est décevant, le coeur ou le corps se souvient et la désagréable blessure de l'enfance revient en mémoire comme lorsqu'ils étaient des petits enfants impuissants. Plusieurs adultes ont été floués ou blessés dans leurs expériences premières et ont combattu leur mauvais souvenir jusqu'à en être angoissé. Je pense que les individus blessés narcissiquement interprètent leurs actions à travers la complexe modalité du langage particulier de leurs expériences d'enfant, lequel frôle, à certains moments, l'esprit peu logique qu'ils avaient à la période de l'égocentrisme infantile.

Pour Louis Corman (1993), quand le milieu est favorable, le Moi permet l'expansion des forces vitales et quand le milieu est blessant et peu valorisant, l'individu risque de rester bloqué à cette époque antérieure de sa blessure. C'est dans le but de se prémunir contre une pareille blessure qu'il investit égoïstement sur lui-même ; à ce moment, toute la force vitale du sujet est soustraite à l'évolution et se concentre à l'intérieur de lui-même. Pour Corman, la majeure partie des symptômes de l'individu à la personnalité narcissique exprime un surinvestissement du Moi et un surinvestissement correspond, le plus souvent, à un blocage de l'élan vital et à une prévalence des forces de conservation et de protection.

À des degrés divers, les individus en déséquilibre narcissique vivent des épisodes d'activités excessives ou d'investissements excessifs de même que des épisodes plus ou moins prolongés d'écrasement ou de déficit, ce qui peut ressembler à une maladie bi polaire. Mais avant tout, la présence de signes de déséquilibre narcissique incite à ne pas se laisser berner par l'apparence des situations. Constater chez un jeune individu un amour de soi excessif, c'est constater qu'il y a eu une blessure narcissique et il faut savoir que le narcissisme primaire est une déficience susceptible d'entraîner des inadaptations et des échecs tout au long de la croissance. Pour Corman, on ne peut parler de narcissisme secondaire que lorsque le conflit œdipien a été résolu et que la relation affective avec la mère a pu être possible et qu'elle a été secondairement abandonnée au profit d'un amour de soi exclusif.

Viderman, cité dans Corman (1993), mentionne que «nous devons éclairer les raisons qui déterminent le renforcement de l'investissement du Moi par toute l'énergie libidinale soustraite aux objets. Au terme de cette réflexion, nous nous apercevons que le narcissisme se révèle à nous comme négativité et manque». Il ajoute que «ce reflux vers le Soi de tout investissement retiré aux objets contribue parfois à déployer des aptitudes créatrices. Parmi les individus en manque narcissique, certains ont des caractéristiques artistiques, et plusieurs entreprennent des projets qu'ils ont d'ailleurs la capacité de réaliser. Cependant il faut admettre que toutes les personnalités narcissiques ne possèdent pas cette force créative pouvant leur ouvrir la possibilité d'une compensation et d'une communication enrichissante. Devant un adulte égocentrique qui nous apparaît encore en mode réactionnel et en constante rupture de relations affectives, il faut regarder de près si des frustrations graves dans sa petite enfance ne sont pas les causes possibles de son narcissisme».

Viderman explique encore que le narcissisme démontre une certaine faiblesse du Moi par rapport à ce qu'a exigé l'adaptation au milieu autour de l'Œdipe. Pour pallier un appauvrissement qui pouvait être dangereux pour l'équilibre vital du Moi, il y a eu une formation réactionnelle, c'est-à-dire une défense contre la rupture de l'équilibre dans les relations affectives. C'est pour échapper aux angoisses et aux souffrances intérieures, qu'à l'adolescence et à l'âge adulte, le Moi blessé suspend ses relations avec l'entourage et que l'individu surcompense l'état dépressif par une affirmation outrée de sa valeur propre. Je pense qu'il est important de retenir que le narcissisme n'est pas un état définitif et que, quelque soit l'âge, avec ou sans la force créative, il y a toujours la possibilité d'une adaptation capable de panser la blessure.

Chez les adolescents et les adultes narcissiques, un trait ne manque jamais, ils ont peu d'intérêt pour autrui ; à cause de ce peu d'intérêt pour l'entourage, ils sont souvent perçus comme des outranciers individualistes. Les individus narcissiques font un usage fréquent de la projection, et en certaines occasions, ils se survalorisent et s'attribuent des capacités hors de mesure avec leurs possibilités réelles. Paradoxalement, les individus narcissiques sont de nature timide et sont généralement maladroits socialement. L'individu narcissique ne sait pas aimer l'autre, il s'aime à travers l'autre, et s'ils parlent, ils ne savent parler que d'eux-mêmes.

À l'âge adulte, ces Moi inachevés dont l'être intérieur est blessé, sont souvent attirés par la profession de thérapeute. Ces Moi inachevés qui choisissent la profession de thérapeute étaient doués pour sentir, de manière intuitive, les besoins narcissiques insatisfaits de leur mère. Étant enfants, ils ont vite appris à scruter le visage de leur mère et à sentir son humeur ; ils ont vite compris que pour survivre, il leur faudrait répondre à certains de ses besoins et mettre, un certain temps, leurs propres besoins en attente. Répondre aux attentes de leur mère et ensuite à celles de leur famille est devenu, pour eux, une source sûre de valorisation ; cette attitude était cruciale puisque la satisfaction de leur besoin d'amour en dépendait. Parce que privés d'un minimum d'attention et déçus dans leur besoin d'être admirés, ces enfants qui grandissent consacrent une grande partie de leurs énergies à jouer le rôle de thérapeute auprès de leur entourage. Voulant comprendre leurs souffrances intérieures, plusieurs deviennent à leur insu, ce que Searls (1977) a appelé un *thérapeute symbiotique*.

De mon point de vue, les enfants qui ont été heureux font de meilleurs thérapeutes, lorsqu'ils sont attirés par cette profession. Ressentir encore à l'âge adulte, l'impérieuse mission de devoir sauver quelqu'un pour se valoriser n'est peut-être pas une motivation suffisante pour combler les blessures de son Moi. Les enfants qui n'ont pas été déçus dans leurs besoins narcissiques sont naturellement capables de sollicitude, de générosité et de réels élans de bonté et de là, mieux équipés pour s'occuper du Moi blessé des autres. Vivre une thérapie avec un thérapeute heureux est plus réparateur et plus libérateur que de vivre une thérapie avec un thérapeute préoccupé à satisfaire ses propres besoins narcissiques.

Selon Winnicott (1985) et Searls (1977), le client, qu'il soit adulte ou enfant, recherche chez le thérapeute un visage et un regard capables de le réfléchir et cela procure au thérapeute narcissique un sentiment réel d'exister. Ce qui est essentiel, dit Miller, c'est que le thérapeute soit conscient de ses blessures narcissiques et qu'il en reconnaisse les effets dans la relation thérapeutique. Un thérapeute blessé dans son narcissisme est automatiquement sensible à la propension qu'ont les clients narcissiques à être facilement déçus. En réaction, afin de leur éviter la déception, ce thérapeute très sympathique peut en faire trop et être ainsi amené à refléter uniquement ce que le client veut entendre.

À l'appui de ces propos, j'ajouterais que, dans une attente inconsciente de gratification, le client blessé peut, à son tour, en faire trop et chercher lui aussi des gratifications ; dans la relation, il peut alors s'installer une complicité qui amène le bon thérapeute et le bon client à s'épargner mutuellement. Le thérapeute se doit de servir de tremplin de développement pour son client ; si le client constate une longue stagnation, c'est peut-être que le rapport thérapeutique trop sympathique ne l'incite à aucune transformation. Maintenir un climat pacifique et agréable ne conduit pas nécessairement à une véritable progression.

Pour Miller (1983), l'aptitude à la sympathie est une condition non suffisante à l'exercice thérapeutique, mais tous les thérapeutes se doivent d'avoir une attitude empathique envers les clients. L'empathie, c'est la capacité de se mettre à la place des autres afin de saisir leurs besoins et cette attitude est essentielle. En thérapie, que le client ait une personnalité narcissique ou pas, il a un minimum de besoin narcissique à satisfaire ; le client s'attend à ce que le thérapeute comprenne empathiquement ce qu'il pense et dit. Si le thérapeute ne se conforme pas à cette attente, le client n'en est pas seulement déçu, il en est profondément blessé.

En cours de thérapie, le client s'aperçoit qu'il n'est pas aussi fort qu'il croyait l'être et il éprouve alors de la tristesse et de la solitude ; il s'aperçoit qu'il est accablé par des pensées et des sentiments douloureux, mais il réalise aussi qu'il ne peut pas vivre comme un être séparé de son passé et libre de ses pensées. Le professionnel a alors le rôle de démontrer au client que la «constance émotionnelle» peut exister. Pendant un moment, le thérapeute se doit de jouer le rôle transitionnel de parent, car pour aller plus loin, le client a besoin qu'on reconnaisse sa valeur. C'est là un rôle que le thérapeute doit jouer avec un client narcissique. À un moment de la démarche thérapeutique, le client se rend compte que, même lorsqu'il se sent démuni et imparfait, il a besoin qu'on l'approuve et qu'on l'admire. Afin de ne pas transférer sur les siens la situation de son enfance, l'individu narcissique doit faire le deuil de cette difficile constatation et vivre jusqu'au bout sa peine, sa révolte, sa colère et sa rage. Accompagner le client narcissique dans cette démarche de renonciation est aussi le rôle du thérapeute.

En somme, la personnalité des individus narcissiques nous convainc moins de l'amour qu'ils se portent à eux-mêmes que de l'amour déçu et perdu qu'ils ont porté à l'objet aimé. Avec ce type de client, le thérapeute doit lui faire prendre conscience que, s'il a encore besoin de se sentir grand, c'est que ses parents n'ont guère été disponibles pour satisfaire ses besoins narcissiques primaires, c'est-à-dire, ses besoins d'admiration, d'attention, de présence et de dépendance affective. Pour renoncer à l'illusion de la grandeur, le client en trouble narcissique doit comprendre que, dans son passé, ayant perdu l'amour de ses parents, il lui a fallu satisfaire lui-même ses besoins. Au cours des rencontres, le client constate généralement par lui-même qu'il a, de sa mère ou de son substitut, une image insuffisamment bonne et que, depuis son enfance, il a tout fait pour s'attirer son affection, allant même jusqu'à nier ce qu'il était au plus profond de lui, soit un tout petit enfant immature.

À travers le rôle transférentiel que le client lui fait jouer, le thérapeute doit renoncer à panser ses propres blessures et doit avoir l'intention de se centrer exclusivement sur la transformation de son client. Pour que le thérapeute puisse être disponible et utile à un client en trouble narcissique, il faut qu'il ait fait le point sur ses propres blessures narcissiques et qu'il ait réglé ses propres problèmes narcissiques. Selon Hélène Richard (1987), le métier de thérapeute en est un «d'abstinence narcissique».

Pour le client en trouble narcissique, la thérapie devrait être un lieu où, pour quelques heures, il aura le droit de se révolter, un lieu où il pourra retrouver son idéal narcissique, un lieu où il aura la satisfaction de se sentir admiré et où il pourra croire qu'il peut devenir l'être heureux qu'enfant il aspirait devenir. Pour le client, la thérapie devrait être le lieu magique où il se permettra de retrouver un peu de la toute-puissance de ces deux ans. Jusqu'à ce que le client soit assez fort pour prendre conscience qu'il doit apprendre à compter sur lui-même, il faut que le thérapeute se sente touché par son trouble et qu'il admire sincèrement les efforts de sa démarche. Parce que je pense qu'il n'est possible d'être aidé que dans la mesure où l'on est conscient des limites auxquelles notre histoire personnelle nous confronte, je crois que c'est seulement après cette phase de retour à l'idéal que le client narcissique peut accepter de renoncer à cet idéal perdu et que le thérapeute peut le confronter au côté obscur de lui-même, le mettre en situation d'apprendre à prendre conscience de ses problèmes et les résoudre.

Comme Mahler l'a expliqué, «dans une thérapie, la *constance émotionnelle* attendue se constitue essentiellement de l'acceptation compréhensive que le client n'est ni un ange ni un démon, mais une personne à part entière capable d'éprouver de l'affection et de la haine.» Je crois que le lien thérapeutique ne se tisse qu'autour de l'affection et qu'avec un client narcissique le thérapeute doit utiliser ce mode de compréhension empathique fait d'une sorte de patience et de tolérance pareille à celle que distribue la mère à son enfant. Si le thérapeute n'a pas eu une mère suffisamment affectueuse, suffisamment tolérante et suffisamment maternante et qu'il n'a pas pris conscience de ce manque, il aura de la difficulté à donner au client ce qu'il attend de *constance émotionnelle* et de la difficulté à se préoccuper de comprendre la nature de ses besoins narcissiques.

De ce que j'ai observé, pour certains clients en carence narcissique, la phase transitionnelle ayant été escamotée, le deuil des blessures d'enfant n'a jamais été fait ; quelques fois ce deuil ne peut se terminer parce que le thérapeute a été incapable «de jouer à la mère» avec son client. Je dirais que le thérapeute qui est incapable d'assumer les besoins de dépendance ou les expressions de rejet d'un client devrait renoncer à recevoir des clients qui ont des troubles à caractère narcissique.

3.2 Le thérapeute, objet de transition et de transfert

Materner est un processus aussi naturel que les tendances spontanées à l'autoguérison. (WINNICOTT)

Dans les conversations courantes, parler de sollicitude maternelle et de courant tendre semble quelque peu «fleur bleue» ; cela est tout aussi vrai dans les conversations thérapeutiques. Même si le maternage n'a pas le privilège d'être parmi les attitudes sociales à la mode, cela ne veut pas dire qu'il faille se défendre contre tout sentiment qui s'y apparente. Les sentiments tendres et les gestes affectueux et maternants semblent devenus une denrée si rare qu'on en a oublié les côtés constructifs.

Selon Winnicott, cité dans Claude Geets en 1981, materner signifie essentiellement ne pas entraver les processus naturels qui persistent tout au long du développement affectif. Pour cet auteur, ce sont les soins maternants qui accueillent d'abord et soutiennent ensuite tout le cours du développement affectif de l'enfant.

Le lien maternel est un lien d'une tendresse particulière que l'on relie généralement à la relation entre une mère et un enfant ; néanmoins, je crois que cette sorte de courant tendre qui sied si bien à la situation de relation constructive où se trouvent une mère et un enfant, sied tout aussi bien aux modalités de croissance où se trouvent un client narcissique et un thérapeute. Materner est tout simplement une manière bienfaisante d'être disponible à l'autre, tout simplement une manière d'installer un climat de sécurité et de créer un lien capable de faciliter le développement de quelqu'un. Le lien maternant et tendre n'est certes pas si négatif que l'on doive le cacher ou le refuser au client qui le demande.

Au début de la relation thérapeutique, le rôle du thérapeute devrait être transitionnel ; aussi, le thérapeute doit laisser à son client le temps, d'avoir au moins l'illusion de *grandiosité*. Même si, de par ses connaissances théoriques, le thérapeute est en avance sur son client, il doit renoncer au pouvoir de certitude de son savoir. De mon point de vue, c'est le premier rôle du thérapeute que de permettre à son client d'accéder à l'illusion d'être grand, car pour y renoncer, il doit avoir eu, à un moment, cette illusion d'avoir été grand et important aux yeux de quelqu'un. Ensuite seulement, le thérapeute pourra dénoncer ce qui se cache derrière ce besoin de se sentir grand. Au début de la relation thérapeutique, le thérapeute doit se comporter comme la bonne mère qui permet à son enfant de prendre ses distances, de s'individuer et de renoncer par lui-même aux illusions les plus grossières. Le thérapeute doit retenir un trop-plein d'explications et de rationalisations, car pour son client à la personnalité insécure et abandonnique, elles pourraient être tout aussi lourdes que les attentes qu'ont eues ses parents durant son enfance et son adolescence.

La perspective thérapeutique de Sydney Jourard (1974) décrit bien la capacité maternante et tendre du Moi des femmes thérapeutes. «[...] préparées par leur éducation pour leur rôle de mère et pour une fonction de réconfort, elles se révèlent plus que les hommes et reçoivent plus de révélations de la part des autres. Elles sont davantage des Moi transparents que les hommes.»

Carol Gilligan (1986) voit, elle aussi, dans la structure du psychisme féminin, la potentialité d'une manière de vivre plus maternante, plus sympathique et plus amicale. Tout comme Miller (1976), elle met de l'avant que les paramètres du développement des femmes ne sont pas les mêmes que ceux des hommes et que le sens qu'ont les femmes de leur propre personne est structuré autour d'une capacité à établir et à maintenir des liens et des relations de solidarité et d'amitié avec autrui. Cette manière d'être conduit les femmes à des sentiments de chaleur et de sécurité qui rappellent, dit-elle, la chaleur et la sécurité éprouvées étant enfant.

Cette autre manière de décrire le développement féminin m'a convaincue que le maternage est une attitude naturellement saine et qu'une relation d'aide plus chaleureuse, plus amicale et plus solidaire que celle ordinairement entretenue par certains thérapeutes masculins est, à n'en pas douter, une attitude aussi adéquate et aussi thérapeutique que la leur. Il est certain qu'un maternage où le thérapeute prend en charge ou laisse aller n'est ni sain ni constructif. Tout comme cela se produit quand une mère au lieu de s'adapter adapte l'enfant à elle ; un maternage où le thérapeute, au lieu de s'adapter au client, l'adapte à lui est tout aussi destructeur. Que ce soit entre une mère et un enfant ou entre un thérapeute et un client, une mauvaise relation maternante peut engendrer une attitude de dépendance nocive pour le client et pour sûr, brimer le processus d'affirmation de soi.

Selon Colette Portelance (1994), dans une saine relation d'aide, dégager une attitude maternante sans prendre la responsabilité des carences de l'autre ne rend pas l'autre dépendant. Pour elle, la dépendance ne vient pas du besoin d'être aimé tendrement ou du besoin d'aimer, mais de l'attitude irresponsable qui met l'autre à la source de ses manques d'amour. Si, comme moi, l'on croit que la capacité d'aimer les autres et d'être aimé est directement liée au développement affectif, il est alors d'une grande importance d'avoir vécu une relation où il y a eu quelques bons moments de bon maternage. Considérant qu'une personne n'est pas un produit statique et achevé, on reconnaîtra facilement que, dans un contexte de relation d'aide, les paroles liantes d'un intervenant chaleureux et tendre peuvent constituer, pour le client à la personnalité insécure et abandonnique, une occasion d'évoluer dans ses relations interpersonnelles et ensuite, dans ses relations sociales. Le premier travail thérapeutique s'accomplit d'abord par l'intermédiaire d'un lien transitionnel momentanément maternant, soit un contact sécurisant et sympathique et ensuite empathique et approbateur, et le second travail s'effectue en apprenant au client à participer à la relation.

La thérapie devrait être le lieu d'apprentissage d'une expérience affective et d'une communication qui, cette fois, ne sera pas suspendue par l'absence ou le silence de la mère. La relation thérapeutique est le lieu d'un investissement personnel et non le lieu d'un monologue. Pour permettre un développement affectif, l'intervenant se doit d'être plus qu'un spectateur des besoins de l'autre, il se doit de permettre au client de vivre une expérience affective authentique ; pour ce, les rencontres se doivent d'être ponctuelles et un lieu composé d'interactions. Lorsque le thérapeute ne fait que chercher à comprendre et ne se permet pas de ressentir, il ne permet pas au client d'accéder à expérience affective authentique ; une expérience affective authentique ne peut être vécue dans une totale neutralité de la part du thérapeute. À travers l'expérience thérapeutique, de par sa présence et de par sa parole, le thérapeute se doit de répondre, pour un moment, au besoin de maternage et de tendresse du client ; pour intervenir de manière efficace, le thérapeute doit devenir, temporairement, pour son client insécure une personne significative ; il m'apparaît donc impossible de rester totalement neutre. Comment rester neutre quand les rencontres ont pour but de stimuler une expérience affective ?

Dans une expérience affective authentique, le client insécure devrait avoir, avec la personne significative qu'est son thérapeute, un dialogue acceptant et une interaction critique. Ce n'est qu'ainsi qu'un client insécure peut apprendre à être attentif à ce qui se passe en lui, apprendre à participer à la relation et apprendre ensuite à communiquer plus authentiquement dans ses autres relations. Le but d'un lien transitionnel n'est pas de combler le vide du passé par une acceptation sans limite. Servir de lien transitionnel n'a pas pour but de devenir l'objet maternant substitutif, mais seulement de créer une atmosphère de rencontre sécuritaire où le client se sentira suffisamment accepté pour oser, après ce moment de transition, verbaliser ses peurs et ses déceptions et effectuer, par la suite, un transfert en formulant ce qu'il ressent de désir et de tendresse.

Dans les premiers temps de la relation d'aide avec des individus à la personnalité affectivement insécure et abandonnique, le thérapeute constitue souvent la seule image d'identification possible ; il se doit donc de témoigner de façon concrète qu'il porte un intérêt réel à son client. Plusieurs d'entre eux vérifient cet intérêt par des appels téléphoniques tardifs et des changements d'horaires inopinés. Dans les moments de grand désarroi et de grande insécurité, de nombreuses provocations viennent mettre la solidité du lien thérapeutique à l'épreuve. Pour ce type de personnes, un horaire rigide est difficilement acceptable et il faut alors que le thérapeute ait cette volonté de se rendre disponible et soit prêt à ajouter quelques fois des rencontres. Sans cette disponibilité, il est impossible pour le thérapeute d'accueillir les affects de son client lorsqu'ils surgissent et de lui faire prendre conscience qu'un réaménagement de l'organisation de ses défenses est souhaitable. Le succès de la thérapie repose, pour une première partie, sur ce mouvement transitionnel.

C'est grâce à l'objet de transition que représente le thérapeute que, pas à pas, le client reconstruit ce que Winnicott appelle «l'espace transitionnel». Cet espace transitionnel se veut un lieu d'apprentissage entre le Soi et le monde, un lieu de transition entre le vieux sentiment d'abandon et le Moi nouveau. Avec des clients à la personnalité insécure et abandonnique, avant de confronter, le thérapeute, de par sa présence attentive, doit d'abord créer un espace transitionnel suffisamment sécurisant ; pour que s'installe l'espace transitionnel, ce type de client a réellement besoin d'un objet de transition qui lui offre la stabilité de sa présence et l'assurance de sa disponibilité.

Pour l'avoir vécu, avec des clients à la personnalité insécure et abandonnique, sans le lien transitionnel «maternant», il ne peut y avoir ni jeux de transfert, ni de lien transférentiel. Sans la présence d'un espace transitionnel temporaire, le thérapeute, en croyant régler les problèmes du client, risque d'éveiller chez lui une frustration qui lui apparaîtra comme un nouvel abandon. La présence de sentiments d'abandon et d'insécurité affective suggère que la relation ne peut pas encore supporter la confrontation ; s'attaquer trop tôt aux illusions du client pourrait donc inutilement provoquer des manifestations hostiles contre le thérapeute et mettre précocement fin à la démarche thérapeutique. L'essentiel est de constituer un univers sécuritaire où la présence maternante du thérapeute suscitera un apprentissage relationnel qui ne créera pas pour le client une charge ou une souffrance inacceptable.

Je crois vraiment qu'une relation d'aide temporairement maternante, au sein de laquelle le client vit une expérience de sécurité affective, peut rendre possible l'exploration en profondeur du Moi et permettre de mener à terme une lourde privation. Une relation d'aide tolérante et un sain rapport maternant peuvent rendre la personne accessible à l'acceptation de sa carence et, de ce fait, entraîner ensuite un désir de réparation et de transformation. Le thérapeute qui louvoie entre l'acceptation et le refus de lien maternant renforce les mécanismes de défense qui, depuis nombre d'années, entretiennent le client dans une représentation insécurisante de son avenir. Le thérapeute qui, dans une relation avec un client insécure et abandonnique, n'accepte pas de jouer, de façon transitionnelle, le rôle de l'objet maternant le renforce dans une même organisation défensive et le maintient dans une même vision insécure de son existence.

Le mode d'interaction, recherché par le sujet à la personnalité insécure et abandonnique, choque souvent les intervenants qui n'ont jamais remis en question la règle de la neutralité. Cette convention de n'être qu'un Moi professionnel est sûrement plus facile à mettre en pratique pour le thérapeute qui a fait de la neutralité sa règle première. Cette règle plus ou moins bien formulée veut que le thérapeute exerce un certain retrait dans son investissement affectif. Ne pas trop s'attacher pour ne pas créer un vide lors du départ du client est à la base de cette règle. Si comme les règles thérapeutiques le mentionnent, une certaine distance demeure nécessaire pour démontrer au client en état d'insécurité que des rapports authentiques sont possibles, je pense qu'il est tout de même nécessaire de lui permettre un certain rapprochement avec le Moi personnel de son thérapeute.

Il est vrai que le besoin d'un espace transitionnel maternant éveille chez le thérapeute un sentiment de stagnation, de doute et d'inefficacité, mais je pense qu'avec des individus insécures, il est nécessaire d'accepter cette phase de transgression des règles avant d'installer une distanciation progressive. Je crois que, devant un sujet à la personnalité insécure et abandonnique, la froideur ou l'indifférence de l'aidant sert de cuirasse contre les grands risques de la responsabilité, de l'intimité ou plus encore, contre celui de se voir ensuite oublié par le sujet que l'on a aidé.

Il est vrai que malgré un investissement affectif, certains individus insécures ne se satisfont pas d'une présence maternante temporaire, mais je crois tout de même que tant que le client souffre de l'insécurité permanente d'être abandonné et qu'il y a en permanence la présence de demandes affectives, le thérapeute doit, pour un moment encore, contourner la règle de la neutralité. Quand dans le cheminement thérapeutique, au nom de la neutralité, je ne répondais pas à la demande maternante du client, je devenais le mauvais objet et le client fuyait la thérapie. Sans ce lien maternant, le client insécure n'acceptait pas d'effectuer des modifications dans son comportement.

Poursuivre une démarche thérapeutique ne dépend pas uniquement des limites d'adaptation ou du degré d'immaturité du client, mais également de la capacité d'engagement et des qualités personnelles du thérapeute, et peut-être même, de ces qualités acquises antérieurement à celles reliées aux connaissances universitaires.

Des expériences que j'ai eues, il semble qu'être là, c'est-à-dire totalement et uniquement présent pour le client, soit l'attente première du client à la personnalité insécure et abandonnique. Les attentes de ce type de client sont d'abord de l'ordre de la réassurance et de la confirmation ; une présence attentive est donc pour moi, le premier acte thérapeutique à poser. Qu'il s'agisse d'enfants ou d'adultes, prendre le rôle d'objet de transition suffit à rendre sécurisante l'atmosphère des premières rencontres.

Ce n'est que lorsque la sécurité est installée dans la relation que le client accepte de reconnaître certaines influences issues de son passé et qu'il peut être interrogé sur sa façon de réagir et d'assumer les situations présentes ; ce n'est qu'ensuite que, par la parole ou par l'écrit, le thérapeute peut inciter son client à se projeter dans des situations à venir et à élaborer des stratégies positives pour son futur. Cette approche qui s'appuie en grande partie sur le besoin transitionnel ne s'oppose pas à l'approche psychanalytique. L'approche psychanalytique s'appuyant sur le transfert fait revivre et intégrer émotivement le souvenir ; l'autre, en visant à reconstruire d'abord un espace intérieur plus sécure, préside à l'action et au discours.

Pour illustrer l'espace et la présence transitionnelle, voici un bref résumé de quelques rencontres avec une cliente à la personnalité abandonnique dont l'insécurité affective était palpable.

J'avais cette impression que sa sécurité passait par la mienne. J'avais cette impression qu'il fallait installer un climat rassurant. Il me semblait que ma façon d'être à l'aise en sa présence la rendait de plus en plus à l'aise en ma présence. Sa sécurité semblait procéder d'abord de la présence externe, c'est-à-dire de l'image du corps. Devant le malaise et l'inquiétude visible de ma cliente, j'avais cette intuition qu'il me fallait être «physiquement» en sa présence, c'est-à-dire être vue par elle afin qu'elle perçoive mes signaux, mes expressions et mes mimiques comme des marques d'intérêt. Quand ma présence physique était peu démonstrative ou plus neutre, c'est-à-dire sans trop de chaleur, sans trop de sympathie, son ouverture restait plus superficielle ; au contraire, quand je contrôlais et adaptais suffisamment ma conduite physique, elle semblait ressentir ma volonté de la sécuriser et elle s'ouvrait un peu plus.

Être présente physiquement à elle, c'était être inlassablement attentive et intéressée à ce qu'elle dévoilait et confiait. Au fil des rencontres, la cliente apprenait à croire en la possibilité d'être comprise et cumulait les expériences sécurisantes. Le contact sécurisant devenu familier s'est transformé en une ambiance d'intimité où la cliente est arrivée, peu à peu, à se sentir acceptée et à s'ouvrir avec confiance, sans crainte et sans honte, sur sa manière interne de ressentir.

Je ne peux nier qu'être constamment présente à rassurer ma cliente devenait de plus en plus exigeant à mesure qu'elle se rapprochait de son «locus interne», de sa blessure première. Mais cette expérience avec elle m'a donné la preuve qu'avant que de chercher à toucher l'expérience affective ou émotionnelle, la présence physique se doit de sécuriser d'abord l'expérience corporelle.

Avant de croire en sa valeur intérieure, cette cliente a dû acquérir suffisamment d'estime d'elle-même. Lui retirer son objet de transition, avant que de la savoir capable de se sécuriser elle-même, aurait pu être perçu comme une autre situation d'échec, une autre expérience de perte, une autre expérience d'abandon et pour sûr, cela aurait voulu dire perdre sa confiance. Avant de la confronter à ses émotions passées, il m'a fallu m'assurer qu'elle était saturée d'expériences de sécurité ; avant de la confronter à ses dissonances intérieures, j'ai attendu que ma cliente ait intégré positivement l'objet transitionnel.

L'objet transitionnel qu'est le thérapeute, a ce rôle de renvoyer au client la valeur positive de ses essais et de ses expériences. Devant un client qui ressent la menace d'un sentiment d'abandon et qui manifeste des insécurités, le thérapeute a ce rôle de le rassurer quant à l'effort qu'il fait pour fonctionner un petit moment dans un cadre qui lui est inconnu et insécurisant ; il a ce rôle de le soutenir afin qu'il accepte le risque de mettre en doute certains points de référence déjà établis et celui de le supporter dans la perspective d'envisager des comportements différents. Le thérapeute sera cette personne significative qui reflétera une attitude d'approbation, jusqu'à ce que le client croit suffisamment en lui, en ses capacités et en ses compétences pour s'accorder la permission de composer et de transiger créativement avec les réalités de sa vie.

Pour Alice Miller (1983), la mère qui se laisse utiliser et qui reflète son enfant lui offre le climat dont il a besoin pour se développer sainement. Pour elle, le rôle du thérapeute est le même, c'est-à-dire celui d'être avec le client dans un rapport maternant dénué d'intérêt narcissique. Ces propos de Miller confirment que le thérapeute, en se laissant investir comme objet de transition maternant, permet au client de récupérer et d'intégrer des éléments de sa personnalité oubliés lors du premier lien avec la mère. Il est clair qu'avant d'oser prendre le risque d'exprimer ses besoins affectifs, le client à la personnalité insécure et abandonnique a ce besoin narcissique primaire et légitime d'être vu, entendu, compris, respecté, cru et pris au sérieux par son thérapeute. Si ce climat n'est pas installé, provoquer une prise de conscience m'apparaît prématuré, car si la personne ne se sent pas complètement acceptée, elle se refermera et ne fera plus aucune introspection. Lorsque prématurée, une critique, même constructive, peut avoir l'effet d'un renforcement négatif et faire augmenter les résistances et le repli sur soi.

Mélanie Klein (1984) explique que si le bon objet originel n'a pu être assimilé et accepté à un stade précoce, cela retentit sur le cours des processus interactionnels, mais que lorsqu'ultérieurement un bon objet peut être investi, une relation bien enracinée avec cet objet peut surmonter des états négatifs transitoires ou passagers. Dans ses rapports thérapeutiques, le client peut vouloir recouvrer le bon objet originel et maternel qui est le prototype de la patience et de la générosité inépuisable. La relation thérapeutique provoque inévitablement des situations où l'individu est remis en question, mais elle ne le rend pas automatiquement capable d'intégrer constructivement les nouvelles prises de conscience.

Il se peut que l'individu ne trouve pas, hors de la relation thérapeutique, le support et la provision d'amour dont il peut avoir besoin pour intégrer positivement les effets du choc qu'il a subi en thérapie. Le simple fait de savoir qu'un objet d'amour existe constitue, pour l'individu, un réconfort et une grande sécurité face à l'angoisse. Comme Klein l'indique, le thérapeute qui ne craint pas de se laisser investir comme objet transitionnel offre à son client la possibilité d'une croissance, très semblable à cette situation constructive où se trouvent une mère et un enfant. Par ailleurs, le thérapeute n'est pas la mère et il tend, seulement pour un temps limité, à assumer la fonction d'objet de transition.

Il m'est devenu évident que provoquer inopinément un transfert est très semblable à entraver volontairement le cheminement personnel de l'individu. Ainsi, avant de confronter brutalement, le thérapeute doit se soucier de savoir si le moment est approprié, sinon il ne fait qu'ajouter une expérience négative que le client ne saura intégrer. Provoquer trop tôt des prises de conscience non souhaitées par le client peut créer des conflits intérieurs dont on ne sait pas s'il y aura des solutions ou des conclusions satisfaisantes. Le thérapeute doit se soucier des sentiments et des émotions qu'un nouveau message oblige à intégrer aux anciennes versions du Moi. Provoquer des examens de conscience et des aveux ne m'apparaît pas être un processus thérapeutique sécurisant, car si l'individu ne se sent pas suffisamment accepté par son thérapeute, il ne cherchera pas à faire la lumière sur ce clair-obscur que représente son émotion du moment.

Certains individus sortent d'une relation d'aide confrontante plus vivants et plus forts, mais sans le support affectif du thérapeute, plusieurs ne parviennent pas à l'intégration. Il arrive qu'une exploration du passé soit valide quant à la dynamique psychique, mais qu'elle n'amène pas les changements souhaités dans l'histoire actuelle de l'individu. De mon point de vue, il n'est certainement pas professionnel de forcer des changements sous le couvert de la relation d'aide et pas davantage professionnel de terminer une démarche thérapeutique sans que l'aidé ait pu y trouver un petit investissement affectif de la part de son thérapeute.

Sans dériver quelque peu des techniques et des règles thérapeutiques, il me semble difficile de réussir une relation de transfert avec des clients à la personnalité insécure et abandonnique ; ce qui a manqué à l'époque de leurs relations objectales doit d'abord leur être minimalement restitué. Il m'est aussi devenu évident que la capacité d'établir des relations interpersonnelles et sociales est inextricablement entremêlée à la relation objectale mère-enfant et que, pour modifier l'histoire de leur relation à l'objet et de leur blessure affective, la relation transitionnelle est essentielle. Avec ce type de personne, sans relation transitionnelle, il n'y a pas de relation de transfert possible.

Winnicott (1981) conçoit ainsi la tâche du thérapeute.

Pour avoir un effet catalysant, le thérapeute doit chercher d'abord à comprendre la signification de ses propres carences et de ses propres besoins. Ce qui importe, c'est que l'analyste ne soit pas déprimé, qu'il ne demande pas au patient d'être sage, propre ou docile et qu'il n'éprouve pas le besoin de lui apprendre quelque chose. Afin que l'autre puisse se trouver, il importe d'aménager un lien où une découverte personnelle de l'amour, de la haine, de la culpabilité peut s'élaborer.

Le message est clair : le thérapeute commet une faute en essayant d'assurer trop tôt son rôle transférentiel ; mais si cette faute est commise, elle n'est toutefois pas irréparable. Il importe d'aménager un lien ou une relation où l'objet transitionnel manquant peut être temporairement fourni. Il reste vrai que le transfert occupe une place centrale dans la thérapie puisqu'il permet à la personne de s'approprier et de revivre ses sentiments et ses émotions passées. Il faut avouer qu'en présence d'un client qui le hait, la tension supportée est grande et ces moments sont pénibles pour le thérapeute. Il est établi que dans une relation thérapeutique, le client, qu'il soit un enfant ou un adulte, reproduit sa situation existentielle ; par ailleurs, il ne peut y transférer et y répéter la première relation à sa mère que, si préalablement, il a senti le support et la présence affectueuse de son thérapeute. Il est également établi que c'est grâce à cette expérience de transfert que le client peut amorcer le désir du processus de changement et réaliser son souhait de repersonnaliser son Moi de ses qualités provisoirement éclipsées.

J'ai cru longtemps que le client très narcissique n'arrivait pas à établir un transfert. Aujourd'hui, je sais que pareil aux clients à la personnalité insécure et abandonnique, le transfert est possible lorsqu'on lui a d'abord permis de passer par la relation satisfaisante à un objet transitionnel et de transférer sur le thérapeute les attitudes émotionnelles qu'il entretient dans sa vie quotidienne. Il est entendu que dans le contexte d'une relation de confiance aux côtés d'un objet transitionnel, le client a la possibilité de comprendre ce qui a été vécu dans l'enfance ; non seulement il a la possibilité de revivre ses émotions, mais il peut aussi apprendre comment les exprimer de façon positive. En ne se dérobant pas aux sentiments du client, en les accueillant avec une attitude patiente et compréhensive et en lui donnant l'occasion d'exprimer sa colère et de ressentir enfin sa haine, le thérapeute l'aide à trouver les traces de ses carences originelles, à surmonter des états négatifs qu'il traîne peut-être depuis l'enfance et à faire qu'enfin un bon objet soit intégré.

Devant les colères des clients, le thérapeute peut choisir de rester neutre et de retenir son affection ; dans cette attitude, le thérapeute se sent techniquement professionnel, mais l'individu blessé qui reçoit ce message l'entend inévitablement comme un refus d'acceptation et comme un autre abandon. Je pense que dans une relation thérapeutique, un lien transférentiel critique, respectueusement confrontant, mais empathique et acceptant, peut être un complément capable de donner une forme plus achevée au travail déjà commencé par la relation protectrice, confirmante, maternante et sympathique fournie par l'objet transitionnel.

Une éducatrice spécialisée me racontait que, pour la première fois, Julien qui aura bientôt quatre ans s'intéressait à un objet transitionnel : un moelleux oreiller de peluche blanc qui avait les doux yeux noirs, le nez et la bouche d'un dauphin. Julien l'amenait partout où il avait à faire des dodos, entre autres pour ses siestes à la garderie. En dépit de ce fait positif, malheureusement pour Julien, la bonne relation qu'il était en train d'intégrer avec sa gardienne a été rompue. La nouvelle gardienne ne s'autorisait pas à renoncer à ses fonctions de surveillance avec les autres enfants et à lui donner un peu plus de temps. Avec cette gardienne, la relation de personne à personne était moins exclusive et moins maternante et elle le confrontait ouvertement et le punissait souvent ; l'orgueil de Julien en prenait un coup et cela a engendré des effets nocifs sur son comportement avec elle et avec les pairs.

Sans l'action sympathique et protectrice de la gardienne, il ne profitait pas de ce qu'il avait acquis avec sa gardienne précédente.

Sans cette relation de soutien et sans l'intervention confirmante de la gardienne, Julien ne profitait ni socialement ni intellectuellement des apprentissages préscolaires dispensés. Sans la présence stable et l'affection exclusive d'une personne maternante à ses côtés, Julien n'arrivait plus à régler ses conflits avec ses pairs et les comportements colériques et agressifs ont refait, à nouveau, surface.

Cet exemple démontre que le simple fait de vivre la confrontation à travers l'affection d'une personne compatissante ou d'un parent maternant peut être suffisant pour que s'effectue un réaménagement de la personnalité. Il suffit qu'un adulte significatif se tienne près de l'enfant. En manifestant son sincère intérêt pour ses explications pour qu'il parle de son univers intérieur et extérieur. Un rapport positif avec un adulte significatif suffit à augmenter le courage de l'enfant devant l'épreuve de la réalité. Avec un tout-petit de six ans et moins, il peut être utile de lui offrir un objet transitionnel qui servira à lui rappeler l'adulte significatif et à apaiser son angoisse dans les moments de tension ou de solitude ; il ne faut pas cesser les attentions avant qu'il sache bien se servir de l'objet transitionnel.

L'exemple de Julien m'a convaincue qu'il est impératif de réviser l'approche éducative envers les enfants des garderies qui vivent des conflits. Je pense qu'à la garderie, les jeunes enfants ont réellement besoin, en permanence, d'un objet transitionnel pouvant se substituer à leur mère. La garderie, les services de garde et la maternelle sont justement des lieux transitionnels et les tout-petits devraient pouvoir y trouver, pour remplacer leur mère, un objet transitionnel stable qu'ils pourront utiliser. Les enfants perturbés par de nombreuses ou de précoces séparations ont un Moi fragmenté, faible, fragile et insécure et à cause de cela ils réclament, dans toute situation de groupe, la présence attentive et exclusive d'une gardienne qui les apprécie sincèrement. Malheureusement, dans plusieurs garderies, le ratio enfant/éducateur ne permet pas de donner aux enfants l'attention exclusive dont ils ont besoin pour structurer leur Moi faible. Les gardiennes, de plus en plus épuisées par de plus en plus d'enfants perturbés, s'absentent plus souvent, laissant là des enfants qui se sont attachés à elles.

Les jeunes enfants qui perdent leur protectrice sont brimés dans leur besoin de stabilité, désorientés et menacés à nouveau dans leur adaptation. Imposer sans cesse aux enfants de nouvelles adaptations en sachant très bien que l'adaptation initiale n'a pas eu lieu avec son objet maternel, c'est mal connaître les besoins d'attachement des enfants. Il ne suffit pas de garder des enfants pour leur permettre de grandir sainement ; pour les éduquer sans les rendre malheureux, il faut aussi connaître leurs besoins psychologiques. Sans la présence attentionnée et protectrice d'un substitut maternel stable et compatissant, les jeunes enfants entrent à l'école sans avoir pu réparer leur Moi blessé. Pour grandir psychologiquement, les enfants laissés tôt en garderie ont nécessairement besoin de la présence stable et maternante d'un adulte à leurs côtés. Je ne peux que souhaiter que les dirigeants des garderies, lorsqu'ils embauchent des intervenants, en viennent à reconnaître la nécessité pour l'enfant d'avoir à ses côtés son objet transitionnel, c'est-à-dire un éducateur qui a pour lui un parti pris positif.

En somme pour que des échanges transitionnels et transférentiels aient lieu, il est primordial que le thérapeute ait pu différencier ce qui se passe pour lui de ce qui se passe pour le client. Il va de soi que, dans un contexte de relation d'aide saine, le thérapeute sera à la fois investi en tant qu'objet de transition et en tant qu'objet de transfert.

3.3 La thérapie corrective avec les enfants

La manipulation, l'exploitation de l'entourage, les mouvements impulsifs, le jeu, les mises en scène montrent à quel point le conflit psychologique est grand. (ANONYME)

Depuis ma première maternité, animée d'une sympathie pour tout ce qui touche l'âme enfantine, j'ai consacré beaucoup d'efforts à comprendre les enfants. Mon empathie envers leurs difficultés et mon intuition de ce qui pouvait troubler leur psychisme m'ont conduite à affiner mes manières de les aborder et d'interpréter leurs comportements et leurs jeux. Je suis toujours surprise de l'accueil qu'ils font aux interprétations que je leur soumets et de l'effet profond qu'a sur eux une explication, une histoire ou un conte, même si sur l'instant, ils ne paraissent pas l'assimiler consciemment.

Avant de parler de jeux et d'interprétations, je tiens à mentionner combien la métaphore m'a été utile dans le contexte des thérapies avec les enfants. La métaphore thérapeutique a été popularisée par le psychiatre Milton H. Erickson (1901-1980). Le préfixe méta signifie : changer d'état, au-delà de. Avec les enfants la métaphore a servi à déjouer les mécanismes de défense et à rejoindre leurs mécanismes inconscients ; la métaphore a permis de rejoindre leur symbolique inconsciente.

Pour Erickson, le terme inconscient est une sorte de réservoir dans lequel, entre autres, deux potentiels, adaptatif et rééducatif, sont emmagasinés et prêts à être mis au service d'un apprentissage. Pour lui, la technique de la métaphore favorise l'évocation de situations quelques fois difficiles à expliquer et la découverte de solutions et stimule l'apprentissage et le changement. À travers des marionnettes, des films, des jeux de rôles, la métaphore peut aider les enfants à exprimer leurs sentiments refoulés. D'une façon analogique, la métaphore permet d'illustrer la réalité externe et interne de l'enfant ; le chemin étant frayé, les suggestions souvent répétées deviennent peu à peu des idées vivantes. Cette atmosphère métaphorique qui l'environne n'entraîne habituellement pas de résistances ou de refus de sa part.

Le thérapeute doit avoir une attitude de disponibilité, d'écoute des signaux que déclenche la métaphore. Durant les échanges, le conteur peut entrer dans une zone privilégiée et sensible, il doit observer les indices non verbaux comme le changement du timbre de la voix ou du rythme respiratoire, les agitations ou les rougeurs de la peau. S'il y a des mots et des gestes qui blessent dans cette zone, il en existe qui peuvent soigner et redonner vie. Lorsque l'enfant entre dans l'histoire ou dans le conte et est captivé par le contexte métaphorique, il est ici et en même temps, il est ailleurs ; ce mouvement spatio-temporel peut être mis à son service ; dans ce contexte ou dans cette mise en scène, l'enfant peut, par exemple, canaliser son agressivité et s'approprier un contrôle qui jusqu'alors lui semblait impossible. Mais, il n'est pas tout de raconter une histoire ou un conte, encore faut-il l'adapter à l'enfant afin de créer le contexte désiré. On raconte qu'Albert Einstein utilisait souvent la métaphore pour illustrer ses concepts.

Dans une thérapie avec un enfant qui a souvent vécu des expériences de perte, le thérapeute doit avoir la patience de lui garder son attention, car un enfant qui a vécu des séparations et des abandons est, à cause d'eux, très sensible à la présence de l'autre. Ce type d'enfant se sent souvent exclu par les adultes et il goûte, tout particulièrement, le plaisir d'avoir toute l'attention d'un adulte qui l'aime. Si l'on veut obtenir une amélioration dans le comportement de l'enfant, il n'est pas sans intérêt de lui donner les marques d'affection et d'encouragement qui ont pu lui manquer. Pourvu que la relation avec un thérapeute soit suffisamment longtemps stable et que sa mauvaise humeur première soit tolérée patiemment, l'enfant à la personnalité abandonnique répond généralement bien à la relation thérapeutique et fait de réels progrès dans sa réalité sociale.

Les difficultés psychologiques d'un enfant rendent plusieurs parents coupables et parfois même honteux. Pour la majorité d'entre eux, la thérapie de l'enfant devient la preuve évidente de leur responsabilité des difficultés ou de la maladie de l'enfant. Sachant cela, il n'est pas surprenant de constater le peu d'empressement des parents à consulter. Pour la majorité des parents, le caractère difficile de leur enfant est considéré comme une réelle source de contrariété ; ils mettent beaucoup de temps à reconnaître que les symptômes de l'enfant sont graves et qu'ils perturbent sa vie quotidienne peut-être plus encore que la leur. Même s'ils admettent la nécessité de traiter l'enfant, il leur est toujours désagréable de voir les détails de leur vie familiale étalés au grand jour.

Avant tout, les parents doivent avoir confiance au thérapeute. J'aimerais les convaincre que les rapports de confiance entre l'enfant, les parents et le thérapeute sont de première importance ; j'aimerais également les convaincre que lorsque la culpabilité de l'enfant diminue et que sa confiance en lui s'accroît, ses relations avec ses parents et ses pairs s'améliorent. Pour arriver à gagner la confiance des parents, le thérapeute devrait expliquer la nature de la thérapie envisagée et quels peuvent en être les effets. Afin de ne pas soutenir les comportements opposants et négatifs de l'enfant, les interventions thérapeutiques devraient être le plus neutre possible, l'éducation parentale plus passive qu'active et le climat familial le plus tolérant possible. Il est souhaitable que tout au long de la thérapie, les parents s'abstiennent, le plus possible, de punir l'enfant et de le questionner sur ce qui s'est passé et dit au cours des rencontres. Lorsque l'attitude des parents envers l'enfant se corrige, en même temps, son caractère s'améliore et ses difficultés d'adaptation s'allègent. Pour que le travail de thérapie agisse sur les symptômes de l'enfant, la coopération des parents m'apparaît essentielle.

En cours de thérapie, certaines mères s'inquiètent de la résistance que leur enfant met à venir aux rencontres. L'expérience démontre que des moments de grande résistance vont habituellement de pair avec un transfert, de la relation avec la mère et de la relation avec les pairs, sur le thérapeute ; après cette étape, un lien positif s'installe généralement avec le thérapeute, et peu à peu, il se transfère à la relation avec sa mère. Quelques mères sont parfois jalouses des compétences et du lien de confiance qui se tisse entre l'enfant et le thérapeute ; en travaillant à calmer leur inquiétude et leur jalousie, les mères se montrent habituellement plus accessibles aux conseils du thérapeute et elles s'impliquent davantage dans la thérapie. Si les parents ont des informations importantes quant au comportement de l'enfant, je les invite à me les transmettre en dehors de la présence des enfants.

Avec les jeunes enfants, si l'on veut obtenir des informations sur leurs comportements ou leurs difficultés passées, il faut passer par leurs activités. Que les dessins de l'enfant soient pauvres ou que ses jeux soient complexes, ce qu'il faut retenir, c'est qu'ils sont les seuls supports visibles du thérapeute. Afin d'inciter l'enfant à mieux adapter ses comportements, il importe qu'il comprenne l'enfant et cela ne se fait pas sans l'analyse de ces supports visibles que sont les jeux et les dessins ni non plus sans rencontrer les parents et les éducateurs qui l'ont côtoyé et le côtoient quotidiennement.

Freud a décelé que par le jeu, les enfants refont l'événement désagréable en vue de triompher de leur réalité pénible. Pour lui, le jeu est une fonction essentielle par laquelle les enfants déplacent à l'extérieur d'eux les peurs intérieures et transforment en plaisir ce qu'ils ont subi de frustrations et de déplaisirs. On pourrait dire que pour les enfants l'agir remplace le dire et que par le jeu, ils visent à atténuer et à maîtriser leur angoisse.

Pour expliquer le jeu et les dessins, les théories de Freud et de Karl Abraham ont été mes principaux guides. Leurs analyses m'ont éveillée au fait que le jeu est une manifestation primitive de l'activité fantasmatique et leurs interprétations m'ont beaucoup appris beaucoup sur le symbolisme. Tous les auteurs qui ont traité du jeu démontrent à leur manière que le jeu traduit, sur un mode symbolique, les fantasmes, les désirs et les expériences vécues.

Je suis toujours étonnée de tout ce qu'un enfant peut exprimer de son être par le jeu. Pour comprendre ce que l'enfant exprime ainsi par les jeux, il faut d'abord admettre que pour lui, jouer, c'est introduire un élément imaginatif dans sa vie. Les auteurs s'accordent à dire que les jeux utilisent le même mode de langage archaïque* et phylogénétique* que celui du rêve. Pour comprendre la symbolique exprimée par le jeu, il faut aussi convenir qu'il comporte une façade et que, pareil au rêve, c'est seulement par une analyse plus profonde qu'on peut infiltrer son contenu latent. Pour comprendre les rapports qu'a le jeu avec les comportements d'un enfant, il ne suffit pas d'interpréter les symboles comme on le fait pour le rêve. La manière qu'a l'enfant de jouer et les rôles qu'il attribue aux objets, à ses compagnons de jeux et à lui-même, les raisons qui le poussent à changer de jeux ou à répéter la même activité, ne sont pas l'effet du hasard. Que les éléments soient réels ou symboliques, les jeux de l'enfant et sa manière de jouer nous livrent une grande partie de la signification de ses comportements.

Quand je parle de thérapie avec les enfants, il n'est nullement question d'une thérapie analytique habituelle ; le caractère immature de l'enfant implique nécessairement des aménagements particuliers. Sachant que les enfants n'ont pas la même distanciation que les adultes devant leurs refoulements, pour bien les comprendre, il faut obligatoirement se soucier des réalités courantes de leur vie d'enfant. L'enfant ne sait pas bien dire, mais il sait agir. Pour l'enfant qui ne sait pas encore bien utiliser les mots et bien s'expliquer, jouer est le seul moyen d'exprimer ses refoulements et ses frustrations. Dans les thérapies avec des enfants, sachant que le transfert ne s'effectue pas avec la même acuité que chez l'adulte, le jeu et les dessins, et lorsqu'ils savent raconter, les rêves remplaceront adéquatement les associations libres.

Les activités de l'enfant ne sont jamais dépourvues de sens. Le recours au jeu, quel qu'il soit, est un mécanisme de sublimation. Le jeu que l'enfant met en scène est généralement une expérience d'abréaction. Puisque l'enfant a recours au jeu pour mettre en scène ses expériences, on doit attacher une grande importance au caractère répétitif d'un jeu. Dans ce type de jeux, les fantasmes inassouvis, les frustrations et les pulsions coexistent et se confrontent à la réalité présente. Un enfant qui reprend inlassablement le même jeu manifeste qu'il y a une anxiété dans les couches profondes de son psychisme immature. Ainsi, un jeu où, jour après jour, le personnage d'une maman sévère se répète pourrait illustrer que le petit enfant n'arrive pas à plaire à sa mère et que les règles éducatives qui lui sont imposées, et qu'il n'arrive pas à satisfaire, lui font croire qu'il perd l'amour de son objet aimé.

Avec un jeune enfant qui, aux moments difficiles de ses adaptations, n'a pas eu, si je puis dire, une mère «donnante», le contact thérapeutique est parfois difficile, car plusieurs d'entre eux n'aiment ni parler ni être touchés ni dessiner ; certains de ces enfants ne veulent absolument pas jouer en notre présence. Un enfant qui ne joue pas souffre d'une inhibition que l'on doit chercher. Pour faire contact et créer des liens, il faut d'abord offrir aux enfants la possibilité de prendre plaisir à s'exprimer ; avec certains, j'ai choisi d'utiliser des activités comme le théâtre de marionnette, l'invention de comptines, le mime, la chanson, les jeux de pâte à modeler, les jeux de sable, et pour les plus actifs, la danse et les sauts sur matelas. Avec quelques tout-petits, particulièrement turbulents, pour les inciter au calme et à quelques commentaires lors de la période de discussion, certaines éducatrices mettent en toile de fond, en sourdine, la musique de Mozart. Sachant que cette initiative avait un attrait capable de réduire le niveau d'agitation physique et d'excitabilité émotionnelle, dans certaines thérapies correctives, après les activités, j'ai également utilisé la musique comme objet de relaxation.

Rachel, 5 ans

Lorsque Rachel entrait dans mon bureau, elle restait silencieuse et je la sentais inconfortable. Je l'invitais à choisir le jeu avec lequel elle aimerait jouer ou l'activité à laquelle elle aimerait participer avec moi ; elle regardait sa mère assise en retrait près de la porte et me répondait : «Je ne veux pas jouer avec toi.» Je lui disais alors qu'elle pouvait ne pas jouer si elle n'en avait pas envie et que moi je mettrais de la musique et que je ferais du rangement dans la salle de jeu. J'ajoutais que si elle en avait envie, elle pourrait prendre les instruments et faire toute la musique qu'elle voudrait.

J'ai mis du Mozart et elle m'a dit : «C'est une belle musique, mais est-ce que tu as de la musique d'enfants ?» J'ai répondu : «Non. Mais, si tu connais des chansons d'enfants, tu peux les chanter et j'irai voir au magasin de musique s'ils ont ces chansons.» Bien évidemment, Rachel était encore trop timide pour s'exécuter, mais je lui ai dis que je connaissais quelques chansons d'enfants et qu'elle pourrait m'accompagner à l'instrument de musique qu'elle préfère. J'ai fredonné Au clair de la lune, Fais dodo, Promenons-nous dans le bois pendant que le loup y é pas, Trois fois passera, Partons la mer est belle, À la claire fontaine… *et d'autres, qu'elle m'a dit connaître. Rachel ne chantait pas, mais quelques fois, elle grattait la guitare.*

À notre troisième rencontre, elle semblait plus confortable et, lorsque je lui ai demandé ce avec quoi elle aimerait jouer, elle me dit : «Je veux jouer avec les bulles de savon que ma maman m'a achetées.» Je faisais les bulles et Rachel les poursuivait. Elle y prenait du plaisir et il m'importait qu'elle prenne plaisir à jouer en ma compagnie. Au bout de quinze minutes de ce jeu, elle me dit : «Je veux faire pipi.» Sa mère lui dit : «Viens avec moi.» Elle se tourna vers moi et me dit : «Viens me montrer ta toilette.» J'ai voulu prendre sa main et elle l'a retirée. En chemin, je me suis mise à chanter Un éléphant ça marche, ça marche *et Rachel a complété : «Ça marche énormément !» À la porte de la salle de bain, en faisant stop de la main, elle me dit : «Attends-moi, je suis capable toute seule.» Me permettre de l'accompagner était un pas vers la* confiance. Pour moi, les plus petites améliorations importaient. Et nous sommes revenues en chantant.

Cette atmosphère émanant de la voix devint sa source de confort. La chanson faisait partie du rituel de nos rencontres. Il y avait une chanson pour jouer aux bulles, une chanson pour la marche du pipi, une chanson pour jouer à la maman et une autre pour le moment du départ. En discutant avec la mère de Rachel, j'appris que pendant les quatre premiers mois de sa vie, Rachel n'est pas sortie de sa chambre ; elle lui donnait le bain et le biberon dans son lit. La mère disait que sa fille ne l'aimait pas et qu'elle ne voulait pas être touchée par elle. Pour «réparer» un peu la carence symbiotique de l'enfant, je devais redonner sa place au principe maternant en réapprenant à la mère comment donner à sa fille des preuves physiques de son amour.

Rachel percevait le son et l'intonation neutre de ma voix comme apaisant. En ma présence, la voix de sa mère était haute et mielleuse ; elle était sur stimulante et prenait souvent un ton d'autorité, ce qui engendrait immédiatement chez sa fille, une source d'inconfort et de provocation. Rachel devenait alors bruyante, opposante et agressive et, si la mère insistait, il y avait des cris et des jouets volaient à travers la pièce. À la fin de la quatrième séance, je demandai donc à la mère d'attendre à l'extérieur. Lorsque la mère n'était pas dans la pièce, l'agressivité destructrice dirigée contre elle de même que le niveau d'anxiété diminuait, ce qui rendait son fonctionnement en ma présence plus confortable.

Lentement Rachel a tenu pour acquis que mon ton ne changerait pas, même si elle refusait d'emblée toutes les activités que je lui proposais. Peu à peu, je suis devenue pour elle un objet fiable et une source de protection et, de moins en moins, elle était agressive envers moi. Quand je la sentais belliqueuse, je formulais mes commentaires en chanson, ce qui réduisait l'intensité de sa colère. Pendant une colère, j'ai voulu la prendre dans mes bras, mais ce moyen physique de garder le contact avec Rachel a échoué. Elle refusait toujours de se faire toucher.

À la septième rencontre, elle a choisi à nouveau le jeu des bulles de savon. Comme c'était l'été, nous sommes sorties dehors et elle me permit de courir après elle et de souffler les bulles sur ses bras nus, puis sur ses jambes et sur son cou. À la fin de ce jeu, comme à tous ses départs, je lui ai chanté Au revoir et je lui ai demandé si j'avais droit à un baiser. Rachel s'est enfuie à *toute jambe. Même si ma présence lui devenait de plus en plus signifiante, elle ne savait pas encore recourir à un geste physique pour me le démontrer.*

À une autre colère, j'ai pris Rachel par en arrière en l'enserrant de mes bras et, pendant qu'elle se débattait contre moi, j'ai verbalisé en chantant ses émotions.

> *RACHEL : Tu n'es pas fâchée ?*
>
> *PSY : Non, je ne suis pas fâchée. Si je t'ai serré fort, c'est que je ne voulais pas que tu te fasses mal et que tu me blesses avec les objets que tu lançais.*
>
> *RACHEL : Rachel est méchante ?*
>
> *PSY : Non, je trouve que tu es une petite fille gentille. Je pense que si tu t'es fâchée, c'est que tu as eu de bonnes raisons. Je pense qu'il se passe des mauvaises choses avec ta maman et que ça fait mal à ton coeur. Je pense que tu es furieuse contre ta mère et que c'est pour ça que tu lui lances des objets et que tu la frappes. Il peut aussi se passer des mauvaises choses entre toi et moi, comme cette colère, mais maintenant que je te connais, je t'aime et je resterai près de toi, même pendant tes colères. Même si tu t'attaques à moi, je resterai près de toi, tout comme le fait ta maman quand tu lui donnes des coups.*
>
> *RACHEL : Maman, elle s'en va quand je fais des colères.*

À la fin de la rencontre, Rachel me demande ceci :

> *RACHEL : Pourquoi est-ce que tu gardes ta chatte Noirceur toute sa vie ?*
>
> *PSY : Parce que je la connais bien, parce que je la trouve gentille et parce que je l'aime.*
>
> *RACHEL : Elle est méchante des fois Noirceur ?*
>
> *PSY : Oui, quelques fois. Mais je la garde chez moi, parce que je l'aime quand même.*

RACHEL : Moi mon chien Caramel, il est retourné dans sa famille parce qu'il n'était pas gentil avec moi et que ma maman à moi, elle ne l'aimait pas.

PSY : Mais ce n'est pas pareil pour les chiens et les chats que pour les enfants. Les enfants restent tout le temps dans leur famille même quand ils sont souvent pas gentils. Les enfants, ils vont réfléchir dans leur chambre et ensuite les mamans et les papas ont pardonné.

RACHEL : Quand les enfants ont réfléchi et sortent de leur chambre, les mamans et les papas ont pardonné ?

PSY : Oui. Les papas et les mamans pardonnent toujours à leurs enfants.

RACHEL : On pourrait envoyer Caramel réfléchir dans ma chambre et lui pardonner après.

PSY : C'est vrai que tes parents auraient pu envoyer Caramel dans ta chambre, mais ça ne donne rien d'envoyer les chats et les chiens dans la chambre parce que les chats et les chiens ne savent pas réfléchir et ils ne savent pas parler pour dire excuse-moi. C'est pour ça qu'on les retourne avec leur maman chien et leur famille quand ils ne sont pas gentils avec les enfants.

Après mes interprétations sur ses manifestations d'agressivité, sa capacité à jouer à des jeux symboliques a fait un pas en avant. Rachel ne me frappait plus et elle paraissait beaucoup plus heureuse. Je me suis alors attardée à guider et à encourager la mère à prendre une attitude de tolérance avec son enfant. Pas à pas, le lien de type symbiotique qui avait été gravement perturbé s'est reconstruit ; la mère se reconnut des attendrissements naissants et l'envie d'échanges plus protecteurs. En discutant des débuts de la vie de Rachel, la mère prit conscience de ses propres émotions et reconnut avoir mis beaucoup d'efforts à compenser la privation émotionnelle de sa propre enfance. En reconnaissant ses émotions, elle reconnut celles de sa fille et en y mettant des efforts sincères, la distance émotionnelle et physique entre elle et sa fille s'est peu à peu réduite.

Peu à peu, Rachel est devenue moins sensible au ton qu'elle interprétait jadis comme une critique contre elle, et avec le temps, le support de l'éducatrice et le mien, la mère a appris à mieux s'y prendre avec son enfant. La mère de Rachel a réalisé qu'elle pouvait réparer l'insatisfaction narcissique de sa fille tout simplement en la laissant jouer aux jeux qu'elle voulait et de la façon dont elle le désirait. Pour Rachel, cette liberté de jouer était une preuve que sa maman avait moins de réticences à jouer son rôle symbiotique et maternant.

Avec Rachel, j'ai mis sept rencontres pour établir un petit lien symbiotique. Certes, la relation entre Rachel et sa mère n'est pas toujours idyllique, mais la mère trouve, plus de gratification à être auprès de sa fille. À l'une de nos dernières rencontres, Rachel chantait dans son coin une chanson de sa composition sur l'air de Mozart *Ah vous dirais-je maman*. Lorsque Rachel a quitté la thérapie, pour les vacances de Noël, elle a démontré un peu de déception et j'ai même eu la permission de lui donner un bisou sur la joue. Rachel a ajouté : «Est-ce que tu donnes un bisou à ma maman ?» Les mots que j'ai entendus dans sa chanson sur l'air de Mozart et cette demande m'ont été de belles récompenses.

L'espace de quelques rencontres, j'ai été pour Rachel un objet maternant comblant un peu de l'expérience maternante qui lui avait manqué, et pour sa mère, j'ai servi de modèle d'objet transitionnel. J'ai été, pour ainsi dire, le pont entre les préoccupations symbiotiques de la fille et le réinvestissement stable et maternant de la mère. Depuis cette expérience avec Rachel et sa mère, je crois que rien ne peut être réalisé avec des enfants sans un lien symbiotique ; je crois aussi qu'une action thérapeutique supportante peut aider les mères réticentes à apaiser leur culpabilité.

Gilles, 7 ans ½

De façon générale, Gilles a une petite voix de fillette ; il mange ses mots et son langage hésitant est difficile à comprendre. Il se tient la tête penchée, ce qui lui donne un air timide et craintif.

Souvent, lorsqu'il dessine, il prend une grosse voix pour me demander lequel je préfère : je lui réponds, chaque fois, très doucement, que je n'ai pas de préférence. Et de sa grosse voix, il répète cette question à toutes nos rencontres.

Lorsque Gilles prend une grosse voix, que veut-il me dire ? Cette grosse voix ne peut imiter que quelqu'un de pubère, probablement un homme. Quand le père est venu chercher Gilles, j'ai constaté qu'il avait, comme Gilles, une toute petite voix. À qui s'identifiait donc Gilles ?

> *PSY : Gilles prend une grosse voix pour me parler. Qui croyez-vous qu'il imite ?*
>
> *PÈRE : Ma femme a une voix grave et quand elle le gronde, Gilles pleure à tout coup.*
>
> *PSY : Est-ce qu'il y a mésentente entre vous et sa mère ?*
>
> *PÈRE : Je travaille de soir et je ne suis là qu'occasionnellement à l'heure du repas. C'est l'heure où sa mère revendique. Elle en a ras-le-bol des oppositions de Gilles et elle dit qu'elle va le dresser. Ça se passe généralement à table et ça dure depuis que Gilles a deux ans.*
>
> *PSY : Est-elle agressive physiquement envers Gilles ?*
>
> *PÈRE : Elle est agressive verbalement avec nous deux. Avec moi, elle n'est pas agressive physiquement, mais avec Gilles, sans le frapper, elle lui serre les bras et le punit sans cesse.*
>
> *PSY : Gilles penche la tête en avant et un peu de côté comme vous le faites.*
>
> *PÈRE : Ah oui !*
>
> *PSY : Je crois qu'il aime beaucoup son père et que vous devriez, la tête haute, dire à votre femme que vous aimez cet enfant et que, si elle a quelque chose à vous reprocher, elle devrait attendre que Gilles*

n'en soit pas témoin. J'ai le sentiment que Gilles est un enfant très sensible et qu'il n'aime pas entendre son père se faire engueuler.

PÈRE : Vous croyez qu'il m'aime beaucoup ?

PSY : Vous en doutiez ? Je crois qu'il vous imite et que comme vous, il plie la tête devant sa mère. Je crois sincèrement qu'il vous aime, que vous êtes son modèle et qu'il compte sur votre soutien.

PÈRE : Pour moi, cet enfant est un cadeau, mais pour elle, il a révolutionné sa vie. Il aurait fallu que Gilles soit parfait, mais au contraire, depuis sa naissance, il n'a fait que lui compliquer la vie.

PSY : Dites-le à votre fils. Expliquez-lui la vie de sa mère et les débuts de sa vie avec elle. Faites-le lorsque vous êtes seul avec lui. Je crois que Gilles comprendra et que ce sera mieux que de le laisser dans le vague parce que, même s'il ne sait pas, Gilles a toujours ressenti les émotions de sa mère envers lui.

PÈRE : Est-ce qu'il ne vaudrait pas mieux que ce soit sa mère qui lui parle d'elle ?

PSY : Pour qu'il aille mieux, il faut que quelqu'un ait le courage de lui dire la vérité. Pourquoi est-ce que ce ne serait pas d'abord vous, son père, dont il est sûr de l'amour ? Lorsqu'il entendra que son père, lui, est heureux qu'il soit là, Gilles sera plus heureux et peut-être moins souvent malade. Bien sûr, l'amour d'une mère est indispensable à tous les enfants et je pense que Gilles est malade de trop vouloir être aimé de sa mère. Le désir d'être aimé de sa mère ne cesse jamais et Gilles semble y être bloqué. Et une mère ne peut être aimante qu'après avoir avoué son non-désir. En lui disant combien vous êtes heureux qu'il soit né et qu'il soit dans votre vie, vous aideriez Gilles à supporter mieux la relation avec sa mère.

Lorsque Gilles imitait la grosse voix de sa mère, il voulait sans doute lui dire qu'il souhaitait être aimé d'elle ; lorsqu'il prenait la voix douce de son père, cela voulait sans doute dire qu'il appréciait avoir son père comme objet maternant. Aujourd'hui, Gilles a choisi comme profession une voie où il a besoin de sa voix.

Raymond, 8 ans

Raymond a un problème d'énurésie, un comportement très agité et il réagit de façon très impulsive. Ses professeurs ne cessent de le rabrouer et de le mettre à l'écart. Raymond a les traits fins, il est beau et il paraît plus jeune que son âge. Le dossier de Raymond démontre qu'il a des capacités intellectuelles dans la norme et des acquis scolaires moyens.

Quand je lui demande s'il sait pourquoi il est ici, il me répond qu'il fait pipi dans ses culottes et qu'il se bagarre tout le temps au service de garde.

D'après ses dessins, il semble y avoir une incompréhension pour ce qui est de la connaissance de son corps. D'après le test projectif de «Patte noire», Raymond semble percevoir l'image maternelle comme écrasante ; le test révèle un état névrotique, c'est-à-dire qu'il est malmené par des angoisses précoces.

Je demande à Raymond de bien vouloir me dessiner un ou des bonshommes. Le premier bonhomme porte un casque militaire, une veste d'homme et a une lance dans la main. Un autre bonhomme, qui est à gauche de la feuille, a des seins de femme et la bouche d'un bébé est accrochée à un de ses seins. Ce bonhomme avec des seins a aussi un sexe masculin, il porte un pantalon et à ses pieds, il y a une flaque. Raymond chiffonne son dessin en me disant qu'il ne veut pas que je voie ça. Je lui demande de m'en dessiner un autre qu'il voudra me montrer. Le troisième bonhomme a lui aussi une lance et une veste d'homme. Ce bonhomme a également deux seins de femme et une langue sort de sa bouche.

> *PSY : Je vais faire une enveloppe pour mettre tes dessins, je vais indiquer ton nom sur l'enveloppe et la placer dans mon tiroir, sous clé, jusqu'à ce que tu veuilles me montrer tes dessins. Tes bonshommes, ils parlent de toi et, quand tu voudras me parler de toi, on ouvrira l'enveloppe. Ce sera un cadeau de toi, pour moi.*

Lors d'une autre séance, je lui ai demandé de raconter sur un dessin, l'histoire d'une gomme à effacer. Le père et la mère sont à droite de la feuille. Le père est un crayon pointu, la mère a deux gommes à effacer à la place des seins. À gauche, il y a un petit enfant qui a deux seins en forme de gomme à effacer et un autre enfant qui a un sexe masculin en forme de crayon pointu. Puis, en bas à droite, un nouveau-né qui est sous le père avec des formes féminines ambiguës et un pénis en forme de crayon bien pointu.

> PSY : *Es-tu sur ce dessin ?*
>
> RAYMOND : *Je suis sur les deux.*
>
> PSY : *Je sais des choses sur le début de ta vie parce que ta maman m'en a parlé et qu'elle souhaite que je te dise ces choses qu'elle m'a dites.*
>
> RAYMOND : *Je sais ce qu'elle t'a dit ma mère. Elle veut que je devienne un petit homme et moi, j'aimerais mieux être une petite fille et être la chou chou à l'école.*

Ce que j'ai appris dans une rencontre avec la mère, c'est que Raymond avait subi une opération à sa naissance. Il avait été hospitalisé à deux reprises pour compléter la première intervention qui a permis de réparer un testicule. Il n'était donc pas surprenant que Raymond ait des angoisses par rapport à son schéma corporel et que ses dessins démontrent l'ambiguïté et l'incertitude quant à son sexe. J'ai donc décidé d'attendre à une autre séance pour parler de ce que je savais sur son passé.

> PSY : *Tu ne te rends pas compte quand tu as envie de faire pipi ?*
>
> RAYMOND : *Je me rends compte juste quand je suis mouillé. Ma mère ne me croit pas. Ma mère aimerait mieux que je reste à l'hôpital. Mon père me traite de pisseuse. J'suis pas une pisseuse !*
>
> PSY : *Tu aimerais mieux être une fille ?*
>
> RAYMOND : *Oui. Les filles ne sont pas obligées de se bagarrer et elles ne se font pas punir.*

PSY : Est-ce que tu aimerais que ta maman entre dans mon bureau et vienne te dire les choses qu'elle m'a dites à propos des premières années de ta vie ?

RAYMOND : Est-ce que tu restes ici ?

PSY : Oui. Je resterai là tout le temps à côté de toi et si ta maman dit des choses difficiles à comprendre, je vais te les expliquer.

Pendant que sa mère racontait l'opération, il l'interrompait et hurlait qu'il voulait être une fille. À la séance subséquente, je lui demandai de me faire à nouveau le dessin de la gomme à effacer. Il a refait à peu près le même dessin qu'au premier test ; il y avait au centre une forme féminine et un enfant dessiné à gauche de la feuille avec un sexe féminin qui, cette fois, était rayé.

PSY : Qui est là au centre de ton dessin ?

RAYMOND : C'est toi.

PSY : Je suis contente d'être sur ton dessin. Tu m'as dessinée en garçon ou en fille ?

RAYMOND : Tu es une fille bien sûr comme ma mère.

PSY : Et toi, où es-tu sur ton dessin ? Es-tu l'enfant de gauche avec un sexe féminin que tu as rayé ou celui sous le père avec un sexe masculin ?

RAYMOND : Je suis le garçon et avec mon pénis, je fais pipi debout comme mon père.

Le secret révélé par la parole de la mère a fait son effet. Grâce au tandem mère/thérapeute, Raymond a rayé le sexe féminin. Il est maintenant capable de parler de la souffrance que lui causent ses pipis au lit, son petit testicule et son petit pénis ; il peut maintenant me dire sa tristesse d'entendre des enfants se moquer de lui à l'école. La psychothérapie avec Raymond a duré près de seize mois à raison d'une heure par semaine. Raymond a vécu plus d'un an l'ambivalence homme/femme.

Dans mes rencontres avec des enfants mal en point symbiotiquement, il a fallu une période prolongée d'expérience corrective pour qu'ils acceptent de participer spontanément et de répondre à mes demandes. Les discussions autour des dessins, des modelages et des jeux parlent des zones de conflits, des insatisfactions et des confusions installées dans leurs pensées d'enfant. Avec eux, le rythme des rencontres se doit d'être souple et les conversations et les interprétations doivent être adaptées au stade de leur développement. On doit respecter l'enfant qui choisit de ne pas faire de confidence et attendre son moment pour interpréter et lui faire part des secrets qui se révèlent par ses dessins. Les informations du thérapeute doivent tenir compte de la dynamique psychique de l'enfant et doivent l'aider à comprendre les ambiguïtés et les conflits intérieurs et non pas seulement le provoquer.

Dans ce type de rencontres, j'ai remarqué une grande sensibilité à l'humeur de l'adulte et une grande intolérance à la frustration ; j'ai aussi constaté qu'il est rare que le problème de manque symbiotique des enfants ne concerne pas aussi leur mère. Ainsi, en restaurant la dignité de l'enfant, on restaure celle du parent et, en restaurant la dignité du parent, on restaure celle de l'enfant ; l'une ne va pas sans l'autre. Le thérapeute s'infiltre entre le parent et l'enfant afin de recréer la relation intime et positive qui a manqué dans leur processus d'attachement ; en repérant, en repensant et en réparant les principales erreurs du processus d'attachement, cela répare aussi le sens de la parentalité et modifie, en même temps, les comportements inadaptés du parent et par ricochet ceux de l'enfant. Il va de soi qu'avec les enfants bloqués dans leur processus d'attachement, l'apprentissage correctif se doit d'être plus bienveillant et maternant que pédagogique et éducatif.

À ce stade, il m'apparaît opportun de donner quelques explications sur la formation des instances psychiques et sur le mécanisme de sublimation. Lorsque nous avons traité du stade oral, nous avons vu que le plaisir et ensuite la satisfaction prenaient leur point de départ dans le sentiment de constance et de confiance que réfléchit la mère sur son enfant. Selon Freud, au début de la période orale, l'enfant recherche déjà un plaisir par la stimulation et l'apaisement de la zone buccale. Pour lui, la bouche qui est pour l'enfant un moyen de connaître et d'explorer le monde extérieur, devient ensuite l'occasion de satisfaction et de plaisir ; par la suite, s'ajoute le désir et le plaisir d'incorporation de tout ce qui est extérieur et principalement celui d'incorporer sa mère. Je ne crois pas que la bouche soit la seule occasion de satisfaction et de plaisir, mais comme Freud, je crois que pour réussir à sublimer les difficultés de l'âge, il faut avoir appris dans la petite enfance ce qu'est le plaisir et la satisfaction. L'enfant qui n'a pas eu la satisfaction orale et le plaisir d'incorporer sa mère n'a pas appris à sublimer ses difficultés et accède plus difficilement au plaisir d'incorporer le monde et donc, d'apprendre la confiance.

Les approches théoriques présentent quelques divergences dans la façon dont elles rendent compte des mécanismes de plaisir et de sublimation, mais la plupart des théoriciens voient dans la sublimation une voie d'expression et de satisfaction en conformité avec les normes sociales et morales. Pour eux, la sublimation a toujours pour résultat de pousser l'individu vers des comportements moralement approuvés et socialement valorisés. La plupart des théoriciens croient qu'une bonne partie des sublimations sont des réponses à certaines interdictions survenues au cours de cette période et que la majorité des ripostes de la période de latence prennent leur source aussi loin que dans les débuts de la période d'identification, soit au stade oral, là où l'enfant apprend à reconnaître ce qu'est un objet d'amour et de confiance, là où il apprend à éprouver la constance émotionnelle, la sécurité et le plaisir.

Dans les tout premiers stades du développement, le Moi ne pouvant pas tolérer l'angoisse et la peur, le petit enfant cherche à se protéger en scotomisant* et en niant la réalité psychique. À la période de latence (six à douze ans), le Surmoi est généralement parvenu à terme et le Moi ayant lui aussi atteint plus de maturité, l'enfant peut alors se mettre en harmonie avec les objets réels de la vie extérieure. Dans cette période, l'enfant démontre une meilleure adaptation à la réalité et il recherche des sublimations qui seront acceptables par les adultes.

Certains éducateurs et certains parents croient que lorsque l'enfant démontre plus de maturité, il faut être plus sévère à son égard pour l'éduquer. En thérapie, j'ai observé le contraire : l'enfant souffre de constater que ceux qu'il aime se sont tellement identifiés à son agressivité et à sa mauvaise conduite qu'ils ne croient plus en lui. Les parents et les éducateurs doivent tendre, avec stabilité et fermeté, à faire accepter les règles, mais ils doivent néanmoins laisser à l'enfant la chance de prouver son désir de les satisfaire.

À la période de latence, l'enfant démontre un meilleur équilibre psychologique, mais malgré ses efforts, il ne pourra dominer son angoisse que s'il a obtenu l'approbation de sa mère d'abord et ensuite celle de son père et de ceux qu'il aime et qui sont en autorité sur lui. À cette période, l'enfant se sent toujours sans arme, s'il n'a pas l'appui de sa mère. Sans le sentiment que sa mère est de son côté, l'enfant n'arrive pas à diminuer son angoisse et son sentiment de culpabilité et il n'arrive pas à une adaptation réciproque du Ça et du Surmoi. À l'éveil de la puberté, les pulsions du Ça, c'est-à-dire les pulsions de plaisir redeviennent plus présentes et le Surmoi intensifie ses exigences ; le Surmoi et le Moi font alors alliance et s'opposent fortement au Ça.

Toujours à la période de latence, pour réduire leurs pulsions agressives, la plupart des enfants font l'effort d'adopter des comportements meilleurs ; leurs sentiments hostiles se transforment en gestes plus serviables, en attitudes plus compréhensives, en mots plus gentils. De façon générale, la majorité des enfants ont à cette période, des comportements socialisés, mais si les pulsions agressives sont réellement réduites, la sensibilité à l'humeur de l'autre reste et les frustrations ne sont pas nécessairement toutes liquidées. Si dans la période de latence, l'enfant paraît malheureux et que ses comportements anxieux prennent la forme d'un mécanisme de défense, en l'occurrence la formation réactionnelle, c'est qu'il n'a pas trouvé de sublimations satisfaisantes et qu'il est toujours submergé par les conduites parentales agressives ou par les conduites abusives d'éducateurs autoritaires.

Dans les jeux, il y a la trace des introjections, lesquelles correspondent à la formation du Surmoi et des relations objectales ; dans ces jeux, l'enfant cherche une réfutation aux peurs et aux angoisses intériorisées. Lorsque des mécanismes de défense sont utilisés par l'enfant, l'adulte peut, par une présence acceptante et maternante, l'aider à mieux faire face aux menaces fantasmatiques contre lesquelles il se défend ; à travers les jeux, l'adulte peut remplacer les mauvais objets introjectés par de bons objets. Si l'on admet que l'acte de sublimation demande un minimum de sécurité physique et psychologique, on peut supposer que l'enfant qui use d'un mécanisme de défense depuis son enfance n'a pu sublimer ses anxiétés.

Au-delà des instances psychiques et de la sublimation, il reste à démontrer comment, en liant imagination et réalité, les activités ludiques réussissent à compenser et à corriger des difficultés d'adaptation. La majorité des enfants qui sont amenés en thérapie y viennent habituellement après la petite enfance ; ils viennent généralement en thérapie à la période de latence, à cause de difficultés d'insertion dans les situations de groupe. J'ai observé que les enfants qui paraissaient les plus insatiables dans leurs besoins symbiotiques étaient ceux qui avaient vécu une insertion prématurée et mal préparée en garderie ; ils étaient de ceux qui étaient systématiquement intolérants à tout type de relation autoritaire. Dans le cadre du jeu, certains de ces enfants laissaient entrevoir un évident besoin de mère ; ces enfants ont besoin qu'une expérience correctrice vienne combler leur besoin de protection. Les enfants qui jouent à la mère et qui n'ont pas eu suffisamment longtemps leur mère ont envie qu'on les materne par des marques corporelles d'affection et de consolation. Avec les enfants dont le besoin de mère est resté insatisfait à l'âge de leur entrée en garderie, l'expérience thérapeutique consiste à corriger l'insertion nocive.

Il m'apparaît que c'est la contribution de la thérapie que de faire une sorte de cartographie des failles des expériences passées, de rendre compte de la persistance des interactions précoces et des mauvais souvenirs et de les mettre en des mots que l'enfant comprend. Pour bien comprendre l'enfant, il faut ressentir sa vérité. Pour l'enfant, avoir cette certitude que quelqu'un accueille ses sentiments négatifs et le console, c'est être enfin compris ; savoir que quelqu'un console ses parents, c'est voir poindre l'espoir de n'être plus figé dans la répétition de scénarios négatifs.

Les jeux réussissent généralement à compenser les besoins symbiotiques. Les jeux avec des poupées et le jeu du docteur sont, en quelque sorte, la manifestation du besoin d'être apaisé, consolé et soigné. En cajolant la poupée, l'enfant tente de se prouver qu'il a une mère aimante, et ce faisant, il redoute moins d'être abandonné. Les jeux actifs, les sports et les jeux de combat et de guerre où l'enfant a à lutter contre des ennemis et où il vainc les rivaux, l'aident à se persuader de sa puissance ; en jouant à se défendre, il se prémunit contre la peur des situations anxiogènes. Malgré le plaisir et les satisfactions qu'apportent les jeux de combats, ils ne réussissent pas toujours à dégager l'enfant des sentiments d'angoisse et de culpabilité qui l'habitent. Pour y arriver, il faut d'abord repérer les éléments discordants qui entourent sa réalité quotidienne ; pour cela, le thérapeute a besoin des informations de la mère, de la gardienne, de l'éducatrice et du professeur. Pour moi, une expérience de reconstruction symbiotique ne peut se faire sans leur aide.

Pour réhabiliter l'enfant en difficulté d'adaptation et tenter de corriger les éléments discordants, il faut d'abord prendre le temps de soutenir la mère et de l'entraîner la mère à se renouveler et à assumer une part de l'expérience corrective. En vue de favoriser le développement d'une relation qui apparaîtra à l'enfant consolante et sécurisante, il est essentiel que sa mère devienne son protecteur et son soutien. Si pour la mère, la situation thérapeutique n'est pas acceptée, la reconstruction symbiotique ne sera pas possible ; il faudra alors insister pour qu'une mère substitutive, une grand-maman, une tante, une éducatrice ou un professeur, consente à une relation maternante exclusive avec l'enfant. Parce qu'elle est quotidienne, l'idéal est que la relation symbiotique ait lieu avec la mère, mais même si elle n'est pas faite avec la mère, elle peut tout de même être corrective. Bien qu'elle puisse paraître régressive, une relation symbiotique exclusive est une expérience gratifiante pour l'enfant en difficulté d'adaptation, car cette relation maternante exclusive donne à l'enfant la conviction qu'il a un allié. La relation thérapeutique peut servir temporairement de lieu de reconstruction symbiotique.

Samuel, 4 ans

Samuel affirme que son frère s'appelle Denis même s'il n'a pas de frère. Son voisin d'en face, son aîné de cinq ans, s'appelle Denis et il l'a côtoyé quotidiennement au cours de ses quatre premières années de vie.

Quelle qu'en soit la raison, il est certain qu'un désir caché turlupine Samuel. Pour un enfant de cinq ans, les personnages et les amis imaginaires comme les frères et les sœurs peuvent exprimer une frustration ; ils peuvent vouloir dire que l'enfant supporte mal les absences d'une personne significative dans sa famille et qu'il est en manque de relation gratifiante. L'ami, le frère ou la sœur imaginaire peut apporter à l'enfant la satisfaction de ne pas se sentir seul ; s'imaginer un frère plus grand et plus fort peut lui donner la conviction qu'il a un allié pour lutter contre les attaques vraies ou fantasmatiques, dont il pense être l'objet. Pour l'enfant, l'existence d'un personnage imaginaire est généralement un heureux substitut pour compenser une frustration relationnelle.

> *PSY : (jouant le rôle du petit garçon) Moi, je vais changer de famille. Je vais aller manger avec mon grand frère Denis.*
>
> *SAMUEL : (jouant le rôle de la maman) Oui. Moi aussi, je vais aller manger chez Wella.*
>
> *PSY : Non, toi, tu es une maman trop «disputante». Je vais te couper en petites bouchées et je vais te mettre dans le grand chaudron des trois petits cochons. Moi, je vais aller manger chez Noella et pas toi.*
>
> *SAMUEL : Ah ! Ah ! Ah !*

Le naturel joyeux de Samuel semblait sublimer en partie sa souffrance. S'inventer un frère imaginaire pouvait représenter pour lui l'amour inconditionnel qu'il souhaitait avoir dans ses relations avec sa mère ou, simplement, sublimer une existence d'enfant solitaire ou sans ami. Jouer à être une mère pas «disputante» ou inventer un jeu où il a un frère ou une sœur peut servir à compenser une réalité, pour le moment, intolérable.

Le petit enfant qui ressent les demandes et les règles de disciplines comme trop exigeantes et qui souhaite des gestes de compassion peut s'inventer une maman maternante comme Wella ou un grand frère consolant comme Denis. Un frère qui est plus parfait que lui et qu'il imite est très positif puisque cela peut lui valoir l'affection et la tendresse auxquelles il aspire. Par exemple, l'enfant dont la mère dirait régulièrement qu'il l'exaspère, devient plus sensible qu'un autre à ses propos et cela suscite chez lui l'envie d'avoir une autre mère ; à travers une mère, un frère ou une sœur imaginaire, l'enfant sensible peut alors exprimer le motif de son incompréhension et de ses inquiétudes et se libérer de l'exigence d'être le centre de l'exaspération de sa mère. C'est à la manière de ce frère ou à travers cette mère qu'il imagine, qu'il souhaite être aimé.

Pour jouer, l'enfant n'utilise pas seulement son imagination, il utilise aussi des objets ; c'est pourquoi dans ma salle de jeu, il y a des objets d'utilisation courante comme une débarbouillette, un lavabo, un poêle, un frigo, des ustensiles, des verres, un grand coussin servant de lit, des blocs, des ballons mous, des livres, du papier et des crayons pour gribouiller. Il est rare qu'un enfant ignore tous les jouets et qu'il n'en manipule aucun. Les diverses utilisations que l'enfant fait des jouets et des objets et les divers rôles qu'il distribue en disent long sur les rapports parents-enfants et éducateurs/enfants. Le jouet ou l'objet particulier que l'enfant choisi livre un peu de ce que contient son inconscient.

À travers leurs activités ludiques, les enfants ont une tout autre attitude que les adultes à l'égard des mots ; ils leur donnent la valeur qu'ils accordent aux images et aux fantasmes qui sont en eux. Tout ce qui est jeu nourrit le travail du thérapeute. Je pense que lorsque nous ne leur prêtons pas trop de mots et de pensées, les enfants nous offrent un contact direct pour rejoindre leur inconscient. Grâce aux activités ludiques auxquelles s'adonnent les tout-petits, il est plus facile de découvrir la situation originelle qui les trouble que de découvrir ce qui trouble un adulte. Pour comprendre la vie intérieure des enfants et investiguer leurs processus mentaux, contrairement aux jeux d'associations que l'on fait dans les thérapies avec les adultes, ce sont les images et les fantasmes qu'il convient de reconstituer.

À certaines périodes, le choix des jeux semble régressif. Les parents se doivent d'accepter les moments d'ambivalence et de retour en arrière, car la communication thérapeutique ne crée pas automatiquement la modification positive dans le comportement de l'enfant. Ainsi, pour exprimer son besoin d'être materné, un enfant de six ans peut jouer au bébé qui met tout dans sa bouche et qui vomit les aliments ; vomir pourrait bien lui mériter la compassion. Jouer à laver la vaisselle peut, symboliquement, signifier qu'il se sent sale et qu'il veut se nettoyer ; faire de la propreté pourrait bien lui mériter l'admiration de sa mère. Lorsque l'enfant s'imagine, un moment, sous les traits d'un voleur cruel et puissant, il peut être en train de se donner du pouvoir pour contrer les frustrations et les craintes que lui inspirent son père ou sa mère ; le jeu du voleur pourrait aussi vouloir dire que l'enfant a peur d'être dépossédé de ce qu'il est de l'intérieur. Le voleur que l'enfant met en prison, ce pourrait bien être le parent trop punitif.

Dans l'examen du comportement de jeu de l'enfant, plus d'une interprétation est bonne. Ce qui est visé par l'interprétation, c'est de lui éviter le refoulement et la culpabilité, de réduire son angoisse et de faire qu'il progresse sans inquiétude et s'adapte mieux à sa réalité. Le petit enfant immature psychiquement ressent l'angoisse avec plus d'intensité que l'adulte, il faut donc s'attaquer systématiquement à soulager sa souffrance intérieure ; on se doit de rester vigilant devant les symboles indirects que l'enfant manifeste dans ses gestes et dans ses comportements de jeux. La voie à suivre est d'accéder en douceur à son imaginaire et de comprendre les mouvements agressifs qu'il utilise pour ensuite traduire ses pulsions intérieures à travers des jeux de rôles.

À la différence des adultes, les petits enfants sont trop immatures pour pouvoir dire ce qui ne va pas et changer leur condition de vie, et en ce sens, jouer les libère d'une grande partie de leur souffrance affective. Les mécanismes archaïques qu'utilisent les petits constituent la trame de leur comportement. Les accès d'agressivité ou de violence qui surviennent en cours de jeux peuvent être utilisés pour comprendre le comportement souffrant ; ces accès sont des preuves que, tout comme chez l'adulte, les lointains symptômes se transfèrent dans la situation thérapeutique. Une simple mise en scène peut réussir à mettre à jour des difficultés qui troublent son inconscient d'enfant et la plus simple des interprétations peut faire qu'ensuite, il se sente plus heureux dans son milieu de vie.

Conrad m'a été référé parce que son éducatrice craignait que, dû à son tempérament agité et à son refus systématique à prendre des crayons, il soit incapable de travailler en classe. À notre première rencontre, j'ai expliqué à Conrad pourquoi il était là. Je considère qu'il est nécessaire d'expliquer à l'enfant ce qu'il fera chez l'éducatrice spécialisée, chez le pédopsychiatre ou chez le thérapeute, car l'adhésion minimale de l'enfant est importante dans l'engagement thérapeutique. Pour les parents, il importe que les visites chez le psy ne soient pas vécues comme une démonstration de leur incompétence et il est tout aussi nécessaire que le thérapeute leur explique les objectifs de la thérapie.

Conrad, 5 ans ½

> *PSY : Tu es ici parce que ta maman, ton papa et Patricia ton éducatrice veulent savoir pourquoi tu ne veux pas dessiner. Je suis sûre que tu as vraiment une bonne raison de ne pas vouloir t'asseoir à la table à dessin. Est-ce que tu veux me la dire ?*
>
> *CONRAD : Non. C'est un secret.*
>
> *PSY : Tu viens me voir aussi parce que ta maman et ton papa pensent que tu ne devrais plus mouiller et salir ta culotte. Moi aussi je crois que quelque chose ne va pas pour toi. Tu pourrais réfléchir à ce que tu décideras de me dire de ton secret et tu me le diras la prochaine fois que tu viendras à mon bureau.*

CONRAD : *D'accord. Un autre jour, je vais te le dire, un petit peu.*

PSY : *Aujourd'hui, on ne va pas chercher pourquoi tu ne veux pas dessiner et pourquoi tu mouilles et salis tes culottes. On va seulement jouer ensemble. On va jouer à ce que tu veux que l'on joue ? C'est toi qui choisis le jeu.*

CONRAD : *On va jouer à faire un party.*

PSY : *Est-ce que je suis invitée à ton party ?*

CONRAD : *Toi, tu vas être à la table et moi, je suis le papa qui sert les invités.*

PSY : *Monsieur, vous avez dû travailler toute la journée pour préparer un aussi bon repas ?*

CONRAD : *Oui. Je fais le travail de papa : cuisinier, mais pendant la journée, je fais aussi le travail au bureau.*

PSY : *Monsieur le papa cuisinier qui fait aussi un travail au bureau, est-ce que vous avez un petit garçon ou une petite fille ?*

CONRAD : *Oui. J'ai un petit garçon.*

PSY : *Le petit garçon va-t-il venir manger à table avec nous ?*

CONRAD : *Non. Il est trop tard pour le petit garçon. Il a déjà mangé.*

PSY : *Où est-il votre petit garçon pendant que vous me servez votre bon repas ?*

CONRAD : *Il a la permission de dormir dans la chambre de ses parents.*

PSY : *Avec ces invités qui parlent fort, est-ce qu'il peut dormir votre petit garçon ?*

CONRAD : Non. Il ne dort pas.

PSY : Est-ce qu'il entend ce que disent les invités ?

CONRAD : Il entend un peu, pas beaucoup. Ils parlent pas fort, ils se disent des secrets.

PSY : Tu as entendu un peu. Qu'est-ce qu'ils disent leurs secrets ?

CONRAD : La madame elle dit que c'est bien de faire des activités sans les enfants.

PSY : Et la madame, est-ce qu'elle dit autre chose ?

CONRAD : La madame elle dit qu'elle ne veut pas d'autres enfants dans sa maison.

PSY : Est-ce que tu la connais cette madame ?

CONRAD : On joue à un autre jeu.

PSY : Je pense que tu sais qui c'est la dame qui ne voulait pas d'enfants dans sa maison. Je pense que ce que cette dame a dit t'a fait beaucoup de peine et que tu ne veux pas me le dire.

Les enfants assistent souvent à des conversations qu'ils ne comprennent pas et qui les troublent. Aussi, à la visite suivante, j'ai reparlé du jeu des invités.

PSY : Tu te souviens du jeu des invités où tu étais le papa cuisinier et moi l'invité ? Est-ce que tu veux que je joue la dame qui ne voulait plus d'enfant dans sa maison ?

CONRAD : Non.

PSY : Est-ce à cause de cette dame que tu ne veux plus jouer au papa cuisinier ?

CONRAD : C'est un secret.

PSY : Est-ce que ce serait à cause de cette dame que tu ne veux pas dessiner ?

CONRAD : C'est un secret.

PSY : Les personnes assises à table, est-ce qu'elles ont parlé de toi ?

CONRAD : C'est un secret, bon !

PSY : Ces personnes assises à la table, elles t'ont fait de la peine ?

CONRAD : J'sais pas.

PSY : Je pense que ta maman t'a fait de la peine et tu sais, lorsque l'on dit la peine qu'il y a dans notre coeur, la peine s'envole dans le ciel.

CONRAD : M'en souviens pas de ma peine !

Je pense que Conrad se souvenait et n'avait justement de mémoire que pour cette peine qu'on lui avait faite. Je pense que s'il ne voulait ni dessiner ni en parler, c'est tout simplement parce qu'il ne souhaitait que l'oublier. Qu'importent les mots qui ont été dits et qui les a dits, il est certain qu'ils lui ont fait très mal. Les enfants ressentent même les mots qu'ils ne comprennent pas et plus encore ceux qui sortent de la bouche de leur mère. Cette femme qui ne voulait plus d'enfant dans sa maison était certainement quelqu'un de fort important pour lui. Sachant que par extension l'enfant rejoue un événement antérieur, pour déceler l'adaptation qui a été défectueuse chez Conrad, il serait utile de trouver le lien entre le jeu, le fantasme et la réalité de se remettre à salir sa culotte.

Les parents dont l'attitude a manqué d'équilibre transmettent leurs émotions qui, comme par osmose, s'installent dans le bagage affectif de l'enfant. Parce qu'il est jeune et vulnérable, il ne sait pas opposer de résistance à ce transfert émotionnel ; aussi, mettre en lumière la responsabilité des parents, à l'égard de cette osmose émotionnelle, se révèle soulageant pour l'enfant. La situation thérapeutique est dérivée de la situation familiale et les jeux les plus farfelus, les histoires et les inventions les plus régressives disent quelque chose de la relation parent/enfant.

Après quelques séances de jeux avec l'enfant, afin que les parents et les éducateurs puissent adapter leurs attitudes et modifier, s'il y a lieu, les exigences qu'ils ont envers l'enfant, je les informe de ce que je comprends du comportement de l'enfant. Il est essentiel que les parents acceptent de ne pas se montrer intrusifs quant au déroulement des séances, car le petit enfant a besoin de savoir que le lieu thérapeutique est un espace d'intimité et d'exclusivité où il peut se libérer de ses émotions et de ses craintes sans représailles de la part de ses parents. La thérapie par le jeu a ce but premier d'aider l'enfant à ne pas être submergé par la tristesse et par l'angoisse ; l'enfant doit donc pouvoir tout dire de sa vie avec ses parents et continuer de croire que sa maman et son papa demeureront ceux qui le protègent contre la souffrance.

Les petits qui ont raté leur expérience symbiotique ont une conscience émotionnelle des plus sensibles ; par exemple, si on leur présente une image sans son, ils disent du premier coup d'oeil que le petit enfant qui regarde sa mère est triste et si on leur fredonne une chanson sans mots, ils savent si la mélodie est joyeuse ou triste. Parce qu'ils l'ont expérimenté eux-mêmes, les enfants en manque symbiotique entendent les silences et savent voir dans les yeux quand les autres sont tristes. Pour déchiffrer les souvenirs physiques et affectifs et pour mettre à jour les événements occultés et réprimés et guérir enfin l'enfant d'une tristesse bloquée, on ne peut se passer des émotions vécues dans le jeu ; lorsqu'ils sont joués et reconnus, les souvenirs bloqués cessent généralement de faire écran ou ombrage et d'être traumatisants ou culpabilisants.

Toute émotion qui submerge l'enfant et qui est sans rapport avec la situation présente est un souvenir affectif. Toute douleur soudaine, envahissante, brutale, sans rapport direct avec une cause physiologique identifiable, est un souvenir physique ; le corps n'oublie jamais. Il semble qu'à cause de cette mémoire du corps, le souvenir peut être amplifié et déclencher sans raison des émotions comme la colère, la peur, la honte, la tristesse, la déception et le désespoir ; ce souvenir amplifié peut devenir panique, dépression et même pensées suicidaires. Pour accéder aux données enregistrées dans l'inconscient de l'enfant, il s'agit d'observer ce qui est accessible à la conscience, c'est-à-dire les symptômes ; à travers les jeux, les gestes et les images, les symptômes s'expriment et on peut ainsi observer et explorer les souvenirs physiques et les souvenirs affectifs.

Pour Cramer, si l'on ne permet pas à l'enfant de s'exprimer en parole ou de jouer ses émotions, les souvenirs affectifs et les souvenirs physiques peuvent se complexifier. Selon lui, pour guérir un enfant de son passé, il ne suffit pas qu'il exprime ses sentiments négatifs et qu'il les joue, il faut encore qu'ils soient traduits et que quelqu'un soit témoin de sa détresse. Un professionnel peut être ce témoin qui permettra le jeu qui conduira progressivement les sentiments négatifs à la surface.

Je persiste à croire que les jeunes enfants qui, à la période de latence, ont besoin d'une expérience symbiotique corrective n'étaient pas prêts à quitter leur mère et encore moins prêts à intégrer un groupe ; avec eux, une expérience symbiotique exclusive est la base même de la thérapie corrective. Corriger une mauvaise expérience symbiotique est parfois plus simple qu'il n'y paraît. Dans le jeu, l'enfant s'abandonne à l'émotion et alors l'histoire cachée, les manques et les blessures se révèlent. Déchiffrer l'épisode de manque et le rejouer différemment avec l'enfant lui donne accès à un nouveau rapport avec les événements et avec les gens. En jouant, l'enfant revit au présent la scène, la situation ou l'événement qui s'est déjà passé tout au début de sa vie, ce qui lui permet d'exprimer sa frustration et sa déception.

Le thérapeute qui comprend les causes de la douleur de l'enfant joue la scène différemment et l'enfant comprend, à son tour, qu'à travers le jeu, l'événement qui s'est passé jadis et qui l'afflige dans sa façon d'être peut aujourd'hui se passer différemment. Pour réparer la situation passée, il suffit de répéter, quelques fois, cette nouvelle histoire pour que l'enfant comprenne qu'il peut la vivre maintenant. Pour que le comportement de défense en vienne à disparaître et que la nécessité intérieure de construire de nouvelles expériences apparaisse, il suffit parfois qu'une meilleure expérience se passe au présent. Jouer l'événement différemment en y ajoutant la vérité sur le manque affectif est vraiment un processus nécessaire, car il permet de remplacer l'épisode du manque par une nouvelle expérience plus satisfaisante.

Voici des exemples où les jeux répétitifs de la période de latence démontrent ouvertement les tendances réactionnelles.

Isabelle, 7 ans

Isabelle échouait à intégrer les connaissances mathématiques. Elle jouait au marchand qui vendait de la nourriture et elle se plaçait toujours dans la situation du vendeur, ce qui sublimait en partie la situation d'échec. Elle avait un bon motif de répéter inlassablement ce jeu du marchand, car en prenant cette position de supériorité, psychologiquement, elle se trouvait à compenser, pour un moment, ses difficultés ; non seulement elle compensait, mais elle intégrait, en douceur, des apprentissages scolaires.

Conrad, 6 ans

L'enseignante de Conrad disait qu'aucune matière scolaire, autre que le sport, ne réussissait à l'intéresser et à capter son attention. À la maison, sa mère se plaignait de ses colères et de ses fréquentes masturbations au milieu du salon, sans égard aux invités.

Pendant des semaines, pour établir le bon contact, j'ai joué avec lui aux petites voitures qu'il lançait avec force, sur la piste. «Je vais me mettre en quatrième vitesse.» D'un point de vue scolaire, cela était assez étonnant puisque Conrad était plutôt à faible vitesse, mais d'un point de vue psychologique, comme le faisait Isabelle, il compensait ses difficultés scolaires.

Après le jeu des voitures, Conrad est passé à celui de l'évier ; il y lavait les vulves des poupées filles et les pénis des poupées garçons. Après avoir joué pendant plusieurs séances à ce jeu, il a raconté l'histoire d'un monsieur qui entrait dans la salle de bain et qui menaçait de frapper la poupée garçon qui prenait son bain s'il ne le laissait pas laver ses fesses. Dans sa mise en scène, Conrad parlait de la gardienne et de son mari. De toute évidence, l'affection qu'il portait au couple masquait la peur de Conrad envers eux.

En jouant à laver les poupées Conrad m'a raconté que le mari de la gardienne l'avait invité à prendre son bain avec lui. Puis, dans le jeu, Conrad a déshabillé deux poupées garçons dont l'une a découvert un pénis extraordinairement gros. J'interprétai alors son jeu en lui disant que la toute petite poupée garçon était terrifiée et qu'elle ne pouvait rien faire d'autre que d'obéir à ce monsieur qui lui, était très grand et très gros. J'ai insisté sur le fait que les petits garçons sont trop petits pour se défendre contre les grandes personnes et trop petits pour faire cesser les gestes qui leur font très peur ; j'ai répété qu'il fallait que les petits enfants demandent l'aide d'un adulte qu'ils aiment. Cet événement dont Conrad parlait, sa mère me disait ne pas le connaître.

C'est au jeu du bain que Conrad a livré la plus grande partie du matériel verbal pouvant expliquer sa logique mentale. Les jeux des mesures (les traits au mur indiquant la grandeur, le dessin des mains et le bras de fer), mêlés à mes interprétations ont convaincu Conrad qu'il ne pouvait rien contre cet homme. À force d'explication, sa culpabilité et son angoisse se sont un peu dissipées et Conrad a compris : «La poupée garçon a eu très peur de déplaire au monsieur.» Les masturbations de Conrad cachaient une grande angoisse, une réelle culpabilité et un énorme besoin d'être aimé. Après quelques répétitions des jeux dont quelques variantes du jeu du bain, j'ai attendu quelque temps et j'ai tenté cette autre interprétation : «Le petit garçon avait tellement peur de déplaire que, même s'il n'avait pas envie de toucher au pénis du monsieur, il lui a obéi.» Après quelques visites, Conrad a manifesté moins d'irritabilité et moins d'accès de colère et les masturbations, sans toutefois cesser, devinrent moins fréquentes.

Les jeux répétitifs paraissent souvent dénués de contenu, mais à la condition de les considérer comme des productions authentiques et de prêter, aux petits indices, une attention suffisante, ils ouvrent une fenêtre sur l'inconscient des enfants. En période de latence, participer aux jeux que les enfants proposent et tolérer leurs erreurs avec sollicitude est une bonne façon d'établir le contact avec les fantasmes inconscients et de comprendre ce qui les rend inutilement coupables. Quel que soit le jeu, il faut soulager les enfants de leur sentiment de culpabilité, mais il faut doser les interprétations, car il ne faut pas heurter trop brusquement le Moi qui se fortifie. Mettre le matériel du jeu en lien avec le symbolisme est le premier des moyens pour commencer un travail d'analyse avec un enfant en difficulté.

Le but de la thérapie avec un enfant en période de latence est essentiellement de parvenir à calmer son Surmoi invasif. Le thérapeute compétent ne confronte pas un enfant, il joue patiemment avec lui, car c'est à travers le jeu qu'il exprime ses expériences les plus misérables et ses désirs les plus fous. Jouer en maternant et en rassurant est la seule manière d'accompagner qui ne soit pas troublante pour un petit enfant déjà plein de mauvais souvenirs.

La thérapie des enfants a été pendant longtemps un domaine peu exploré ; plusieurs thérapeutes se dirigeaient vers des thérapies avec les adultes, car ils doutaient de la possibilité de réussite d'une analyse avec de jeunes enfants. Après que Freud, en 1909, ait obtenu un grand succès avec l'analyse du petit Hans, Hermine von Hug-Hellmuth (1921), dont je remets en question la technique de jeu directif, a, elle aussi, analysé des enfants. Depuis eux, c'est par Anna Freud et Mélanie Klein que la psychanalyse infantile a été explorée de façon plus intensive ; grâce à elles, les techniques de l'analyse freudienne ont été positivement modifiées.

À mes premières expériences, je croyais qu'il valait mieux ne pas importuner les enfants et leurs parents avec les analyses et les interprétations. Aujourd'hui, je crois toujours que l'analyse traditionnelle ne s'applique pas à de jeunes enfants, mais je sais que l'analyse et l'interprétation leur font du bien. Après quelques expériences avec les tout-petits, je suis arrivée à cette conclusion que le thérapeute ne doit pas se substituer aux parents, mais bien les inclure dans la thérapie.

Le jeune enfant est psychiquement immature et donc incapable de supporter les frustrations et les pulsions, mais une fois ses pulsions libérées, il ne sait pas comment les contrôler et les dominer ; la faiblesse de l'enfant et sa dépendance quant à la satisfaction de ses besoins exigent qu'on prenne, à tout prix, les moyens de réduire les grosses frustrations qui le gênent. En thérapie, le travail le plus pressant est d'élucider le problème de frustration qui fait que sa conduite est agressive. Atténuer les mouvements pulsionnels, agressifs et violents d'un enfant frustré ne peut se faire que conjointement avec les parents et les éducateurs. La thérapie par le jeu n'offre des avantages au jeune enfant que si tous les partenaires s'efforcent à la tolérance et s'abstiennent de trop de discipline dans leurs interventions.

Il me faut dire que la thérapie avec les enfants m'a appris que dans une relation vraie, on ne sait pas à l'avance ce que l'on dira ; lorsqu'on aime l'enfant, on dit des choses dont on ne savait qu'on les savait.

3.4 La thérapie à l'âge de la puberté

Derrière tout adolescent malheureux se cache un enfant dont la mère a été mal aimée. (ANONYME)

À la différence de la période de latence où il se livrait aisément, aux abords de la puberté, l'accès à l'inconscient est plus restreint et l'enfant se sent grandement menacé lorsque l'on cherche d'où provient son angoisse. Vers la fin de la période de latence, soit autour d'onze ou douze ans, en raison d'une forte tendance au refoulement, l'enfant devient profondément hostile envers ce qui touche les pulsions et les déceptions. Au cours de la petite enfance, le Ça prend toute la place et toute l'énergie disponible va à satisfaire les besoins impérieux du Ça. Aux abords de la puberté, le Moi prend une grande place et prend le parti de libérer l'enfant des premiers objets d'amour qu'il a eus.

Après l'enfance, s'il ne joue plus comme il le faisait tout-petit, l'enfant ne sait cependant pas encore se prêter à des associations verbales comme le fait l'adulte. Il faut donc adapter la démarche thérapeutique à son esprit entre deux âges. Vers la fin de la période de latence, pour démasquer l'angoisse, il faut encore passer par des activités de jeux. Jusqu'à la puberté l'enfant s'accroche à sa réalité et il aime jouer des rôles qui prennent une forme davantage rationnelle qu'imaginaire ; jouer un rôle le conduit indéniablement à une certaine compensation et il en ressent du soulagement. Il est fréquent que ces mises en scènes proches de la réalité se poursuivent jusqu'à ce que la situation inquiétante ou angoissante ne soit plus dissimulée, quelques fois jusque dans l'adolescence.

Freud a écrit qu'à la puberté réapparaissaient les pulsions destructrices et agressives de la première enfance, et que la puberté marquait une étape décisive dans le développement de la névrose. Hemmung, dans *Symptom und Angst* (1926) précise que :

C'est à la période du premier âge de l'enfance qu'on peut observer beaucoup plus clairement les prémisses des futures maladies et des troubles du développement. Chez les individus qui tombent malades à la puberté ou plus tard, on découvre qu'ils ont souffert de grandes difficultés dans la première enfance, mais que dans la période de latence, ils étaient bien adaptés, asymptomatiques, dociles et même trop soumis aux normes éducatives.

Pour Hemmung, la personnalité d'un adolescent qui a eu le soutien de sa mère, tout au long de la période de latence et qui n'a pas souffert dans la prime enfance, est généralement épanouie. À la fin de la puberté, à la condition qu'au cours de la période de latence l'appui indispensable des parents lui ait permis d'arriver à une issue heureuse dans sa lutte pour se libérer de l'angoisse, l'adolescent élargit alors son univers. Pourvu que cela ne lui soit pas imposé et que cela corresponde à ses propres valeurs intérieures, l'adolescent se met à l'affût de tout ce qui est objet nouveau. Malheureusement, si à la période de latence, l'angoisse n'est pas transformée de manière correcte, il en résulte, dit Hemmung, un Moi faible et à la puberté, alors qu'il faudrait à l'enfant trouver des objets nouveaux, il n'a pas la liberté intérieure de se détacher de ses objets d'amour premiers.

Le processus qui conduit l'adolescent à se détacher de ses premiers objets d'amour est décrit ainsi : au début de la puberté, le garçon fait le tri de ce qu'il veut copier chez sa mère et il entreprend ensuite de rejeter ou de s'approprier ce qu'il souhaite copier chez son père ; ce dernier tri ne lui sera possible qu'à la condition que sa mère ne soit plus le centre de tout. Il fait partie de la fonction protectrice des mères d'accepter ces moments de mises à distance.

À cette période des difficiles choix de l'adolescence, les garçons sont tiraillés entre l'envie de séduire leur mère et celle d'établir un écart avec elle.

À la même période, les petites filles dont le corps se sexualise deviennent plus méfiantes envers leur mère. Dans la majorité des cas, le comportement anorexique qui apparaît à cette époque semble démontrer que l'adolescente cherche à rompre le lien avec sa mère. Certes, les filles veulent se détacher de l'emprise de l'enfance, mais à mon avis, ce comportement confirme plutôt que l'affection de la mère leur a été confisquée ; parfois, la petite fille, encore amoureuse de son père, se défend d'un désir secret de liaison sexuelle avec lui et c'est par culpabilité qu'elle développe un comportement anorexique. Quelques adolescentes, tiraillées à la fois par l'envie de se différencier de leur mère et par celle d'éviter la relation sexuelle avec leur père, se mettent en attente d'un bébé ; d'autres veulent faire disparaître les regards des hommes sur elles, c'est alors que l'anorexie est désirée, souhaitant faire disparaître les formes féminines qui se pointent.

À l'adolescence de sa fille, la mère doit lui permettre de se différencier et de se distancier d'elle, mais l'adolescente se sent complètement abandonnée si sa mère la prive de marques d'affection. Afin de permettre à sa fille adolescente ou son garçon adolescent de trouver sa propre identité, la mère doit n'être qu'un repère affectueux. Les mères doivent cependant prendre une voie qui ne dépossède pas totalement leur garçon ou leur fille de la dimension affective dont elles l'ont investi jusque-là, parce que malgré leur besoin de distanciation, tout adolescent et toute adolescente qu'ils soient, ils ont quand même besoin d'une mère. Envers sa fille, le père a le rôle de reconnaître son désir de séduire, mais il ne doit pas s'embarquer dans des jeux sexuels avec elle ; il doit seulement lui retourner qu'elle est une fille désirable, séduisante, féminine et capable de plaire aux jeunes hommes qui l'entourent. Une mère qui avance trop ses propres désirs met sa fille dans une position particulièrement compliquée, car les adolescentes refusent généralement d'organiser leur image sur le modèle de leur mère.

À l'adolescence, la mère et le père se doivent d'être réservés dans leurs paroles et dans leurs gestes d'affection. Les parents ne sont ni des compagnons de jeux ni des amis intimes et avec leurs garçons comme avec leurs filles, ils ont le rôle de tenir l'interdit sexuel. L'adolescent a la difficile tâche d'apprendre à vivre avec la frustration de perdre sa mère et de ne pas être comblé par elle et l'adolescente, celle d'apprendre à vivre avec la frustration que son père ne comblera pas ses désirs sexuels ; une autre femme doit prendre la place de la mère et un autre homme doit prendre la place du père. Laisser aux enfants l'espace de trouver d'autres modèles qu'eux, tout en leur transmettant l'idée qu'ils seront toujours disponibles et aimants, est l'un des plus beaux gestes de tendresse que peuvent faire les parents, l'autre étant, à mon avis, celui de les assurer sans relâche que leur avenir sera heureux.

Plusieurs enseignantes acceptent mal les moments de conflits et d'ambivalence de l'adolescence ce qui renforce l'opposition des adolescents et des adolescentes envers l'autorité féminine. Quand les femmes en autorité mettent trop d'interdits, les petites filles agitent leur corps et leur voix et mettent toute leur énergie à défier et à contrer cette autorité féminine ; pareil à elles, les petits garçons s'agitent, mais en plus, ils se sentent fragilisés dans leur manière masculine d'être. Les femmes de l'entourage doivent accepter de ne pas détourner les garçons de leurs colères et de ne pas flouer les filles de leurs combats féminins libérateurs.

Les difficultés du temps de l'adolescence peuvent raviver les douleurs de l'enfance et fixer la haine. Il faut savoir que dans cette période de grand remaniement qu'est la puberté, la dépression existe. Selon ce que j'ai pu observer, la dépression qui se manifeste à l'adolescence s'est déjà manifestée au cours de l'enfance, sans avoir été soignée. Même si la dépression existe, il faut tout de même se garder d'attribuer trop vite aux difficultés d'adaptation des adolescents, le diagnostic de dépression ou celui de maladie psychologique. La suite de l'histoire de Conrad illustre bien la prégnance d'une défaillance possiblement installée depuis l'enfance et le fait que la dépression adolescente est généralement latente.

Conrad, 14 ans

D'après les photos que sa maman nous a apportées, Conrad a été un bébé de petit poids et un petit enfant maigrichon et blême. Sa mère racontait qu'il refusait de prendre le sein, qu'il dormait peu et qu'au temps de la garderie, il a vécu de brusques épisodes d'accès et de mouvements agressifs entrecroisés de périodes d'agressivité passive. Elle nous a aussi rapporté qu'il n'a parlé franc qu'après trois ans. Conrad n'avait pas de retard langagier, mais son débit rendait ses propos quelque peu difficiles à saisir.

À son entrée à la maternelle, Conrad a vu une éducatrice spécialisée pour des difficultés d'adaptation et parce qu'il mouillait et salissait sa culotte. À l'âge de cinq ans, lorsque l'éducatrice insistait pour qu'il fasse un dessin, Conrad abandonnait très rapidement les activités de crayon et ses dessins n'étaient que des lignes pauvres en couleurs. Conrad ne dessinait jamais des personnes et ne me croyait absolument pas quand je lui disais que je trouvais ses dessins beaux et que j'allais les garder dans mon tiroir de bureau. Il avait un sentiment évident de non-valeur vis-à-vis tout ce qu'il produisait. À sa première année, il a consulté à nouveau pour des difficultés d'acquisition en écriture et en lecture. La lecture et l'écriture étaient marquées par de nombreuses inversions. Le professeur rapportait que Conrad n'avait d'intérêt ni pour les activités scolaires ni pour les activités sportives, ni pour les arts.

C'est à cette époque, soit en début novembre, que l'école nous a référé Conrad dans le but d'apaiser ses inquiétudes. Il était de bon contact avec nous et ne donnait pas l'impression d'être un enfant insécure. Mais ma collègue et moi étions d'avis que Conrad ressentait une profonde tristesse du fait d'être incapable de satisfaire les attentes de ses parents et de ses professeurs. Nous avions convenu qu'il fallait nous appliquer à renvoyer à Conrad une image plus valorisante de lui-même et lui redonner confiance aux gens qui l'entourent.

Dans ses jeux, Conrad organisait souvent des réceptions où il servait le repas et où les enfants étaient toujours à l'écart. S'il y avait un enfant dans sa mise en scène, c'était le papa qui tenait l'enfant sur ses genoux.

> *PSY : Pourquoi les mamans n'ont pas leur enfant sur leurs genoux ?*
>
> *CONRAD : Les mamans ne veulent pas prendre leurs enfants.*

À cette époque, lorsque je voulais parler de sa maman, Conrad coupait court à la conversation ou me provoquait verbalement et parfois physiquement et, si j'insistais, il me menaçait de partir.

Dans le transfert qui s'effectuait dans les mises en scène, Conrad mettait en acte sa propre problématique. Il était visible que dans sa pensée, l'image maternelle était dévalorisée et que l'image de lui-même l'était tout autant. Manquait-il d'un réconfort narcissique de la part de sa mère ? Sa mère était-elle, elle-même, suffisamment valorisée dans sa capacité maternante et affective ? L'attitude souvent provocante de Conrad envers sa mère passait à la tristesse lorsqu'il y avait eu une chicane entre eux ; il avait toujours le sentiment d'être responsable de la chicane. Le père et la mère de Conrad s'obstinaient souvent en sa présence et, à cette époque, l'intolérance de la mère rendait l'enfant triste et agressif.

Aux abords de la puberté, lorsque Conrad est revenu nous voir, son comportement passif traduisait la difficulté qu'il avait à s'investir et à s'adapter dans ce nouvel univers des études secondaires. À son désintérêt pour les activités scolaires, sportives et artistiques s'ajoutait un désintérêt pour les gens. Les premières éjaculations et l'apparition des caractères sexuels secondaires semblaient avoir fait ressurgir chez Conrad, l'image négative qu'il avait de lui-même à quatre, cinq et six ans. Sa morosité était manifeste. Il vivait les bouleversements corporels de l'adolescence comme des transformations inquiétantes et il semblait craindre de ne pas pouvoir les maîtriser. Il se sentait coupable de déplaire à ses objets d'amour et honteux de ne pas réussir ses études, mais ce qui le rendait souvent malheureux, c'était de ne pas maîtriser ses pulsions violentes. Conrad avait peu d'estime de lui-même.

Ma collègue et moi, avions convenu qu'il faudrait en connaître plus sur les comportements des parents envers Conrad de même que sur leur passé d'enfants. La mère s'attendait à une grossesse et à une naissance facile ; à ses yeux, Conrad a été un bébé difficile et n'était un enfant en rien semblable à l'enfant qu'elle avait imaginé. À deux ans, Conrad se disait ouvertement un enfant méchant. Entre deux et six ans, Conrad a vécu la présence de sa mère comme une critique et une persécution permanentes. Pour éviter de le contraindre et de trop interdire, la mère, consciente de son agressivité envers lui, a fui la présence provocante de son fils. Elle n'avait aucun plaisir à être à la maison avec lui et n'avait non plus, aucun plaisir dans son travail. L'enfant imparfait qu'était Conrad rendait sa mère très coupable ; elle se reprochait de ne pas savoir être tolérante à son endroit. Elle avait hâte que son fils grandisse, et pendant ce temps, en entendant son père faire des reproches à sa mère, Conrad continuait de développer une image de mère à rejeter. Autour de la période de latence, Conrad réprimait avec grand effort ses réactions violentes envers sa mère.

La rencontre avec le père m'a appris qu'entre trois et cinq ans, il a été, pour une longue période, en chômage et très présent pour son fils, mais qu'après cette période, il avait été très absorbé par son travail et totalement absent de la vie de Conrad. Selon le père, la tristesse de Conrad a commencé à cette époque et c'est au cours de cette période que sont apparus les tics. Pour lui, la tristesse de Conrad était sans aucun doute en étroite relation avec leur absence à tous les deux.

Le corps adolescent que Conrad exposait aujourd'hui à la vue d'autrui, était aussi maigre que celui de l'enfant qu'il avait été et cela le peinait. À l'approche de la puberté, l'image maigrichonne de son corps de garçon était vécue comme mauvaise. Jusqu'à la puberté, il se promenait entre des épisodes anxieux et des épisodes agressifs ; à la puberté, il a tenté sans succès de compenser ce corps par un excès d'agitation.

Jusqu'à la puberté, la carapace agressive contenait, tant bien que mal la tristesse de Conrad, mais lorsque je l'ai rencontré, l'anxiété qu'il vivait le rendait maladivement actif et souvent épuisé psychologiquement et physiquement. Ma collègue et moi pensions que la mauvaise estime de lui-même était sans doute l'une des sources de sa dépression. Je pense qu'en répétant les infections récidivantes de son enfance, Conrad revivait la souffrance psychologique intense qui masquait une blessure narcissique importante survenue dans l'enfance. Il répétait, à l'adolescence, des réactions dépressives latentes.

Conrad avait l'image d'une mère punitive et d'un père permissif capable de tout. Pour l'aider à prendre ses distances vis-à-vis de son père et de sa mère, il m'a fallu aider sa mère à être moins restrictive et convaincre son père d'être plus respectueux avec sa mère et plus discret dans ses critiques envers elle.

La vérité sur les origines des difficultés de Conrad n'a pas été facile à entendre pour les parents et les sentiments de culpabilité leur ont fait la vie dure. La compréhension de la dépression de Conrad passait par la compréhension de leurs propres comportements de parents et les remaniements familiaux qu'ils ont accepté de faire ont grandement atténué la souffrance de leur fils.

Tous les comportements de tristesse des jeunes adolescents ne sont pas assimilables à une dépression, toutefois il importe de considérer qu'une tristesse prolongée ou des maladies fréquentes peuvent favoriser la venue d'une réelle maladie dépressive. À la suite d'un événement marquant ou signifiant, il n'est pas rare que l'imagination négative de l'adolescent le rende mal dans sa peau, déprimé psychologiquement et parfois même malade physiquement. Il est fréquent qu'au moment de l'adolescence, les sentiments de dévalorisation et d'abandon de l'enfance se raniment ; il arrive que les défaillances psychologiques installées dans la petite enfance débordent à la fin de l'enfance et contribuent à accroître un sentiment de tristesse.

À cette période où la simple proximité physique peut être perçue comme possiblement incestueuse, un éloignement affectif de la part des parents peut être vécu comme un abandon et raviver des réactions psychologiques telles l'agressivité, la colère, l'angoisse et la phobie. Sans les marques d'affection de sa mère, l'adolescent peut croire qu'il lui a fait tellement mal qu'elle ne veut plus de lui ; parce qu'il a peur de rajouter à son mal, il devient alors anxieux du malheur qu'elle peut ressentir et il s'isole tristement.

Il est rare qu'un adolescent reconnaisse qu'il vit une dépression et il est rare qu'il demande de l'aide ; il peut donc être utile aux adultes d'apprendre à en reconnaître les signes avant-coureurs notamment la crainte d'une anomalie corporelle, des douleurs somatiques, les pertes d'appétit, l'anorexie, la toxicomanie, l'insomnie, la sensation de fatigue, le ralentissement psychomoteur marqué et la difficulté d'enchaînement dans les réponses aux questions. L'adolescent livre rarement ses secrets, cependant sans trop insister, en prenant comme point de départ un fait concret comme le manque d'appétit ou la baisse du rendement scolaire, le parent ou la personne significative peut, en douceur, l'amener à consulter un professionnel.

À l'approche de l'adolescence, l'enfant sent que pour aller vers l'indépendance, il doit renoncer au sentiment de sécurité que lui conférait son statut d'enfant ; l'adolescent sent qu'il doit apprendre à renoncer à son objet d'attachement infantile et à vivre sans lui, mais en même temps, il a de la difficulté à s'en détacher ce qui lui est, quelques fois, profondément angoissant. Sans la tendresse et le soutien de sa mère, il craint de s'effondrer. L'adolescent a peur de ce que lui réserve l'avenir, il est mal dans son corps, mal dans son cœur et mal dans sa tête. Il est fréquent qu'en ces phases de malaise, une dépression restée longtemps silencieuse se révèle en même temps que l'éclosion d'une maladie physique ; pour que ce mal-être retrouve un sens, il lui faut encore vivre des moments de soutien affectif avec ses parents.

L'adolescent craint les transformations qui se produisent dans son corps et il ne sait ni calmer ses souffrances affectives ni ses frustrations relationnelles, ce qui contribue à raviver les conflits de l'enfance. Ainsi, un certain niveau d'angoisse est toujours présent à l'adolescence : la crainte de devoir abandonner la dépendance, l'anxiété devant l'avenir, la peur de se retrouver seul et la difficulté de contrôler tout ce qui grandit en soi. Une issue satisfaisante à ce conflit est primordiale pour l'avenir psychique du jeune individu.

Les enfants qui deviennent adolescents cherchent à se définir en tant qu'individus. Comme ils se définissent d'abord par rapport à ce qu'ils rejettent de cette femme qui est leur mère, pour les filles comme pour les garçons, la mère devient interdite d'amour, et l'un et l'autre mettent toutes leurs énergies à la défier. À cause de cela, l'adolescence n'est pas une période des plus harmonieuses entre les mères et les enfants. Le réaménagement psychique est souvent vécu comme une véritable perte ; ce passage oblige que les enfants se départissent de leur Surmoi infantile et des interdits parentaux, mais il reste essentiel qu'un adulte significatif les soutienne dans les passages difficiles de leur vie. À cette période d'ambivalence et de conflit, les mères, même si elles ne sont plus le centre de tout, doivent rester maternantes.

Rêve de Gabriel, 14 ans

Je suis dans la rue, je vois des maisons et des magasins que je ne connais pas. Je dois partir de là et aller quelque part ailleurs, mais je ne sais où. J'ai quelque chose à faire, mais je ne sais pas quoi. Je me demande: qu'est-ce que je fais dans cette ville étrangère ? Je pense à ma mère et à mon père et je les vois collés l'un sur l'autre. J'ai peur qu'ils ne meurent de froid avant que j'arrive. Je me dis qu'elle est méchante et qu'elle peut bien mourir ! Je porte une chemise qui appartient à mon père. Je demande à des gens où trouver la gare d'autobus ; ils ne semblent ni m'entendre ni me voir. Je reste pétrifié sur place. Je voudrais bien me retrouver chez moi.

Ce rêve parle du malaise qui existe dans la relation entre Gabriel et ses parents. Le rêve relate l'impasse dans laquelle Gabriel se trouve vis-à-vis d'eux. Il souhaite prendre de la distance et il se retrouve ailleurs, mais en même temps, il a peur d'être loin de la maison et il pressent le danger de s'éloigner de ses parents. Dans la maison, il fait froid ; son père se colle à sa mère et le prive de la chaleur de son premier objet d'amour. Comme tous les garçons, Gabriel convoite sa mère, mais il sait qu'il doit prendre ses distances et devenir moins dépendant d'elle. Comme tous les petits garçons, Gabriel a été amoureux de sa mère, mais seul le père peut encore avoir l'objet aimant. Il pressent que la mort pourrait venir à cause du froid. Pour arriver à quitter une personne qu'on a aimée, il faut la haïr un petit moment ; il se dit donc que sa mère est méchante. Le rêve de Gabriel souligne ce fait qu'il a l'envie secrète de laisser sa mère mourir de froid. Il sent que pour être sexué masculin, il lui faut accepter de renoncer à une certaine relation privilégiée avec sa mère.

Ce premier deuil fait, Gabriel se réapproprie les éléments masculins. Mettre la chemise de son père peut signifier qu'à travers lui se transmettent les legs, les héritages qui concernent sa masculinité ; en portant cette chemise, il s'habille aussi de la protection paternelle. Gabriel souhaite grandir, mais en petit garçon qu'il est encore, peut-être fait-il, inconsciemment, le souhait de prendre la place de son père dans le couple. Pour accéder à la masculinité, Gabriel sent qu'il aura un trajet laborieux à faire et il demande l'aide d'étrangers. Puisqu'il a fui hors de la maison, loin des parents et que personne ne semble le voir et l'entendre, il devra le faire sans que personne ne l'aide,

Beaucoup d'adolescents rêvent de trouver une femme pareille à celle qu'ils ont tant aimée ; ils se sentent donc, vis-à-vis de leur mère, dans un jeu incestueux. Aussi, tous les adolescents cherchent la façon de se donner une nouvelle consistance sans la mère qu'ils vont perdre. À cause du sentiment de haine qui effleure leur pensée, ils se sentent profondément angoissés. Même si les pensées incestueuses ne sont pas jolies et qu'elles les troublent profondément, elles existent et pour s'éviter ces pensées amoureuses envers leur mère, ils se rappellent la mauvaise mère de l'enfance ou de la période de latence. C'est le versant maléfique du travail de deuil que doivent faire tous les adolescents en recherche d'identité. Il serait trop difficile de faire le deuil d'une mère parfaite, c'est pourquoi il y a la production d'un univers maléfique.

C'est pour se protéger de leurs pensées incestueuses que les adolescents prennent leur distance avec leur mère et c'est aussi pour protéger leurs adolescents contre trop de pensées incestueuses que les mères doivent accepter de prendre leur distance. À cause des fantasmes narcissiques et homosexuels qui accompagnent les activités masturbatoires, plusieurs vivent le plaisir de la masturbation comme une menace pour leur nouvelle identité masculine. Pour trouver leur identité et se constituer en tant qu'homme, les adolescents ont besoin qu'un modèle masculin soit présent, mais ils n'ont pas nécessairement besoin que le modèle d'identification soit le père, ce peut être un professeur, un oncle, un coach ou un ami.

Au cours de cette période de fragilité intérieure qu'est l'adolescence, les sentiments d'infériorité et d'autodépréciation sont renforcés par l'obligation de devoir se distancier de l'affection parentale et par la culpabilité de ne pas satisfaire les attentes des parents. Au cours de cette période de renoncement nécessaire, plusieurs adolescents et adolescentes ont ainsi des comportements de tristesse. C'est à cette époque que survient généralement un désinvestissement pour les activités scolaires et sociales qui, auparavant, leur tenaient à cœur. Ce désintérêt ne va pas sans la perte de l'estime de soi et la tristesse peut alors devenir des plus envahissante.

Dans cette période vulnérable de l'adolescence, le divorce des parents ébranle profondément la structure délicate du psychisme. Entre un jeune adolescent et une mère séparée ou divorcée, il arrive fréquemment que l'enfant reprenne les mêmes thèmes dépressifs que sa mère ; cette identification n'est pas nécessairement saine. Il est important que l'adolescent ne serve pas de support au parent déprimé et qu'il ne s'identifie pas à lui, car, si dans cette situation il se sent dépassé ou rejeté, les effets risqueraient d'être destructeurs et de le conduire non seulement à la déprime, mais peut-être aussi à des tentatives de suicide. Après un divorce, dans l'impossibilité pour le parent de même sexe d'assumer une présence auprès de l'adolescent, il est essentiel qu'il puisse s'identifier à un adulte de son sexe qui est solide et empathique à sa cause.

Pour certains médecins, le ralentissement psychomoteur, les attitudes de retrait comme le repli sur des conduites auto-érotiques et tout ce qui réduit l'individu à l'apragmatisme*, ont un apport biologique et ils jugent approprié de prescrire un traitement médical. Que l'on soit d'accord ou pas avec un tel traitement, l'apparition d'un ou de plusieurs signes avant-coureurs d'une dépression, comme il a déjà été mentionné, justifie une rencontre avec un thérapeute. Le thérapeute est parfois la seule relation que l'adolescent ait avec un adulte, et parce qu'étranger à la cause, il arrive qu'il serve momentanément de parent et qu'il puisse le réconcilier avec sa nouvelle image et lui redonner confiance en lui. Il est reconnu, qu'à cette période de la vie où l'enfant prend ses distances avec ses parents, que le thérapeute peut servir d'écoute à sa solitude.

En thérapie avec un adolescent, qui m'a accordé sa confiance, je préfère ignorer les commentaires des parents, car cela a souvent pour effet de ralentir ses progrès. Mais, si je me rends compte de lacunes importantes dans leur rapport ou dans l'éducation de l'adolescent et qu'elles sont susceptibles de nuire à son évolution psychologique, je me permets de les contacter, sauf si je perçois que cela risque de les heurter profondément, évitant ainsi les répercussions sur l'enfant.

Une attitude opposante et provocante envers la mère est une constante pour l'adolescent angoissé. Le but de la rencontre thérapeutique avec l'adolescent est d'abord de lui prouver que malgré son attitude opposante et provocante, il est possible qu'un adulte entretienne une relation continue avec lui. Ce n'est qu'après ce transfert de confiance que l'adolescent peut comprendre le sens de ses gestes agressifs et retrouver une image de lui plus positive ; ce n'est qu'ensuite qu'il peut songer à reconstruire son histoire relationnelle et à créer une solide alliance. En thérapie avec des jeunes personnalités adolescentes, c'est dès la première minute de la rencontre que le processus de confiance ou de résistance s'enclenche. Shean (1985) explique que dans la majorité des thérapies :

[...] il y a d'abord la phase «lune de miel» où la confiance semble régner, où l'individu semble en accord avec tout ce qui est dit. Cette période qui est généralement brève est suivie d'une crise où plus rien ne va. C'est «l'entre-deux» où les résistances surgissent de manière évidente et où la personne tente, de façon flagrante, de contester tout ce qui est dit. Cette phase de résistance peut se poursuivre, plus subtilement, en un comportement coopératif ou au contraire en un comportement où la personne joue le rôle de l'incompris.

À la période pubertaire, l'angoisse et les affects ont une recrudescence plus grande encore qu'à la période de latence. Les garçons et les filles ont mille et une idées sur les gens et mille et une passions ; ils souffrent de ne pas pouvoir réaliser leurs grandes idées et davantage encore de se sentir incompris. Les adolescents savent qu'ils souffrent et qu'ils résistent, mais ils ne savent pas que leur résistance a comme cause une blessure à l'intérieur d'eux-mêmes ; ils sont convaincus que leur souffrance vient du monde extérieur, aussi il n'est pas simple de les impliquer dans un projet d'introspection qui les aidera. La capacité d'élaboration de leurs conflits psychiques étant faible et les projections défensives étant à leur paroxysme, il leur est particulièrement difficile d'entrer en contact avec leur souffrance. Certains d'entre eux font donc tout pour fuir la relation, thérapeutique ; ils paraissent insensibles et indifférents à toute forme de soin, cependant leur comportement résistant n'est jamais lié à la mauvaise volonté.

Pour effectuer une démarche thérapeutique avec des adolescents qui résistent, provoquent et créent des tensions, il faut un thérapeute bien au fait de leurs projections défensives. Je pense que le rôle du thérapeute est d'écouter et d'accepter les dissonances entre la conception que l'adolescent a de lui-même et les comportements qu'il adopte. Son rôle est de reconnecter cet adolescent à son propre mode de fonctionnement en l'aidant à prendre conscience de sa blessure affective et de sa façon d'y réagir ; c'est peut-être le pas le plus positif qu'un thérapeute puisse espérer. Le thérapeute se doit d'avoir suffisamment de maturité pour vivre en bouc émissaire de puissants transferts de nature narcissique ; il doit être prêt à être considéré comme «un mauvais objet » et il se doit d'avoir une solide identité et d'être au fait de sa propre histoire psychique. Selon moi, pour prendre en charge des garçons violents qui sabotent leurs relations, il vaut mieux être un thérapeute masculin.

À la puberté, les comportements des garçons se trouvent souvent modifiés par la perception qu'ils ont des héros, des chanteurs ou des sportifs auxquels ils s'identifient. Il est des plus sain pour l'identité masculine de s'identifier à des héros masculins, toutefois une admiration sans borne peut être l'indice que l'adolescent a un fort besoin de compenser le peu d'admiration qu'il a pour lui-même. Qu'il s'agisse d'un sentiment excessif d'admiration ou de la réduction des activités ou de la limitation des intérêts à une activité unique comme des jeux de rôles ou des jeux d'ordinateur, cela est, d'ordinaire, l'indice qu'un trouble ou un fantasme refoulé limite la personnalité. Un intérêt ou une activité unique n'est jamais une sublimation saine et une passion trop envahissante peut être le symptôme qui prédit une obsession.

Durant l'adolescence, le désir de rivaliser est grand et ce mécanisme de compensation est par ailleurs des plus utiles, mais il arrive que, sous le couvert des défis et des révoltes, l'adolescent se cache à lui-même son angoisse et que certaines activités qui semblent être là pour compenser l'angoisse servent, au contraire, à la dissimuler ; la compensation dissimule, quelques fois de façon presque parfaite, des sentiments de haine, d'agressivité, d'angoisse et de culpabilité. Si l'adolescent s'identifie à des modèles positifs, la compensation est réellement utile, mais s'il se tourne vers des modèles et des activités violentes, l'identification peut devenir destructrice. Dans la vie de plusieurs adolescents, le sport tient une grande place et cela est généralement des plus bienfaisant puisque, tout en leur permettant d'expulser l'agressivité, il leur fournit l'occasion d'entrer dans une saine rivalité avec les autres.

Pour atténuer leur angoisse, certains adolescents qui n'aiment pas le sport choisissent malheureusement de défier les règles et deviennent hostiles envers l'entourage.

Lorsque nous examinons les couches profondes du psychisme, nous découvrons qu'il y a des différences entre le complexe de castration* de la fille et le complexe de castration du garçon. Je ne sais pas bien l'expliquer, mais les garçons plus que les filles sont ensevelis sous le poids d'un passé qu'ils ne connaissent pas. J'ai observé que l'angoisse, l'agressivité et la culpabilité des adolescents sont souvent liées à l'ignorance qu'ils ont de leur passé d'enfant ; il semble que, plus que les filles, les garçons ont besoin de savoir qu'ils ont été aimés.

Dans les couches profondes du psychisme féminin, les choses se passent autrement que dans le psychisme masculin. Pour certaines adolescentes, le complexe de castration passe par la menstruation. Ce qui est expulsé par la menstruation devient la preuve que quelque chose se détruit en dedans de leur corps. L'angoisse et la culpabilité de plusieurs jeunes adolescentes découlent de la peur inconsciente de la destruction de leur corps ; certains psychanalystes disent qu'inconsciemment, elles ont entretenu, enfant, un désir de destruction envers le corps de leur mère. Selon cette hypothèse, sans que les adolescentes le sachent consciemment, elles peuvent alors vouloir s'identifier à leur père et refuser tout ce qui les conduit à la féminité. Je pense qu'une identité féminine confortable prend du temps à se constituer et que, pour qu'elle se constitue, il faut la présence d'une mère suffisamment aimante pour atténuer l'angoisse et amoindrir la culpabilité inconsciente de même que la présence de modèles féminins adéquats.

À l'adolescence, la jalousie entre frères et sœurs est une chose fréquente ; la jalousie est ordinairement le signe qu'il y a une difficulté à partager l'amour de la mère. Sans se l'expliquer consciemment, les adolescents et les adolescentes ont le sentiment que leur mère donne à l'autre une meilleure attention, symboliquement une meilleure nourriture affective. L'attitude hostile envers la mère et la jalousie vont souvent de pair avec des rapports familiaux particulièrement difficiles, la nourriture peut alors servir à combler cette déception vis-à-vis de la mère. Quand la nourriture vient jouer un rôle de compensation, l'adolescent peut devenir boulimique et l'adolescente peut devenir anorexique. La privation ou l'excès de nourriture dus aux relations décevantes entre la mère et l'enfant s'étend alors à toutes les sphères d'activité.

Dans les périodes de solitude, certains adolescents et adolescentes défient les règles et se montrent presque complètement indifférents à l'opinion des parents, des enseignants ou du thérapeute alors que, pourtant, ils demandent leur attention. Mais il ne faut pas croire que tous ces adolescents et adolescentes sont totalement exempts de honte et de culpabilité ; la majorité ne font que se conduire, pour un moment seulement, comme les mauvais enfants qu'ils croient avoir été. Un petit nombre seulement semble à l'abri de la honte et de la culpabilité ; seuls ceux et celles qui refusent totalement la responsabilité de leurs actes risquent de devenir des individus antisociaux.

Pour assurer avec succès le passage à la puberté et à l'adolescence, il faut mettre au clair les premiers sentiments envers la mère. Dès que l'enfant est en mesure de comprendre, il peut s'avérer des plus utile qu'elle lui raconte son passé d'enfant et les difficultés qu'elle a pu vivre au temps de la grossesse et de la naissance. Certains adolescents sont adolescents d'âge, mais sont restés au stade du développement phallique. Pour améliorer leur adaptation sociale, il est essentiel de s'intéresser avec sincérité à leur passé de culpabilité, à leurs blessures d'enfant et à l'angoisse latente. S'il n'en faut pas beaucoup pour que les adolescents et les adolescentes se sentent abandonnés, il n'en faut pas davantage pour que se produise la distanciation avec leur passé et qu'ils se sentent à nouveau aimés. Quand les garçons et les filles parviennent à ne plus être fixés au désir de plaire à leur mère, ils arrivent alors à devenir indépendants, et peu à peu, deviennent capables de juger par eux-mêmes ce qu'ils peuvent se permettre de dire ouvertement de leur mère sans se juger trop sévèrement, sans se sentir coupables et sans croire qu'ils seront punis d'abandon.

En même temps que par besoin de distanciation, ils entrent en furie contre leur mère. Il importe que les adolescents et les adolescentes sachent qu'il y a eu, avec leur mère dans leur passé d'enfant, un rapport basé sur l'affection. Ce n'est qu'en étant en paix avec leur mère qu'ils peuvent arriver à assumer leur sexualité et leur personnalité masculine ou féminine et parvenir à la puberté psychique. Selon moi, c'est le fait de se sentir privés de l'affection maternelle qui pousse plusieurs d'entre eux à l'angoisse et au désespoir. Aussi, leur parler de leur passé d'enfant est, réellement, pour eux une marque d'attention et d'affection capable de contrer le désespoir. De ce que j'ai observé, il leur est vraiment des plus satisfaisant de savoir ces choses de leur passé.

Si, à l'adolescence l'émotion et l'inconscient s'expriment avec une puissance plus grande qu'à la période de latence, il faut savoir que l'angoisse s'expulse, elle aussi, avec la même virulence. Même quand elle est difficilement visible, il est essentiel de l'apaiser rapidement. La culpabilité et l'angoisse refoulées pèsent sur leur personnalité tout entière de même que sur leur développement intellectuel. Il y a quelque chose dans la relation avec leurs parents qu'il faut remettre en bon état afin de diminuer la culpabilité et l'angoisse présentes à l'intérieur d'eux-mêmes et que tant qu'ils ne feront pas ce pas, les résistances vont continuer d'exister et risquer d'augmenter et d'envenimer leurs rapports avec leurs parents, leur famille ou leur entourage social. Avec eux, j'ai pris le parti d'interpréter rapidement le matériel qu'ils me fournissent et d'aller droit à l'angoisse ; avec eux, je m'empresse de trouver l'interprétation vraie du matériel invisible et inconscient parce que je sais que les adolescents et les adolescentes ont des réactions de type «presto» et que leur désespoir peut éclater soudainement et brutalement.

Le lecteur aura remarqué que, dans la relation thérapeutique avec un adolescent ou une adolescente, l'accent a été mis sur les attitudes et les motivations développées à travers les relations parentales. En parlant de sa relation avec ses parents ou avec ses substituts, le garçon ou la fille, en même temps qu'il se donne accès à son mode relationnel, donne des informations sur les principales influences qui touchent l'organisation de son monde affectif. De ce que j'ai observé, le type d'adolescent bloqué dans son monde affectif est resté sous l'impression d'avoir fait du mal étant enfant ;

l'organisation relationnelle de son monde adolescent a quelque ressemblance avec celle de son enfance et plus significativement encore, avec la relation qu'il a eue avec sa mère. Lorsqu'en situation thérapeutique, l'adolescent évoque ses désirs et ses misères d'enfant, il révèle le réseau d'interactions signifiantes qui ont construit son univers intérieur. Les difficultés des adolescents sont souvent liées à ces difficultés d'adaptation et d'apprentissage de leur enfance. Pour moi, la relation parent-enfant a une influence majeure sur la manière dont l'adolescent acquiert et assume son identité masculine ou féminine.

Parce que je crois que certaines difficultés de l'enfance peuvent être des souvenirs qui font écran, je tiens toujours en compte les difficultés de l'enfance et la relation que l'adolescent a eue enfant avec ses parents ; lorsqu'il y a une culpabilité et une angoisse évidentes, c'est qu'un souvenir d'enfance fait toujours écran. Caché sous les couches profondes du psychisme, un souvenir douloureux remonte à la surface sans que l'adolescent en ait pleinement conscience et ce souvenir refoulé fait monter l'angoisse.

L'angoisse et la culpabilité peuvent donc n'avoir aucun fondement réel dans le présent, mais être l'empreinte et la manifestation des difficultés survenues dans des relations antérieures. C'est pourquoi des enfants, qui jusqu'à l'adolescence étaient considérés comme «normaux», se suicident pour une cause en apparence des plus mineures. Il peut donc être efficace d'amener l'adolescent à faire l'effort de retourner dans ses souvenirs d'enfance afin qu'il se rappelle l'insatisfaction première et que le souvenir qui, inconsciemment, le hante ne fasse plus obstacle dans son évolution. Ainsi, en parlant du sport qu'il pratique ou de la passion qui l'anime, l'adulte qui a un bon contact avec l'adolescent peut parler avec lui des sentiments agressifs qui l'habitent ou de la culpabilité ou de l'angoisse qu'il ressent.

L'angoisse, la culpabilité et l'agressivité que l'adolescent manifeste parlent de quelque chose de difficile à dire et c'est ce quelque chose qui reste à découvrir. Les interprétations du matériel exprimé visent expressément à amener l'adolescent à prendre conscience de son angoisse. Mettre à jour les difficultés d'adaptation vécues dans l'enfance semble élargir l'horizon et alléger sa vie d'adolescent. Mais, même si plus d'une difficulté d'adaptation de l'adolescence découle des difficultés d'adaptation de l'enfance et de la petite enfance, les difficultés de tous les jours ne sont pas à négliger. En interprétant les difficultés passées et actuelles, l'adulte significatif ou le thérapeute doit cependant tenir compte du stade de développement et des mécanismes de défense que l'adolescent utilise pour cacher son angoisse et surtout, il doit s'astreindre à ne pas exercer sur lui des méthodes disciplinaires ; il faut savoir que si l'on empêche les pulsions du Ça de s'exprimer, on empêchera l'adolescent de parvenir jusqu'aux fantasmes primitifs qui sont à la base des associations et de l'introspection.

En somme, une thérapie avec un adolescent, si brève soit-elle, peut lui épargner une névrose plus sévère ; les interprétations améliorent généralement sa condition de vie et constituent un geste préventif. Le but de la thérapie avec un adolescent est de le soulager d'une histoire affective étayée de blessures et d'améliorer son environnement familial et social.

Chapitre 4

Les apprentissages créatifs et régénérateurs

4.1 L'imaginaire, les symboles et l'intuition

L'imagination est plus importante que la connaissance. (ALBERT EINSTEIN)
L'intuition est en chacun, il ne reste qu'à la découvrir. (JAMES REDFIELD)

Les écrits sur les mythes, les contes et les légendes laissent à penser que les langages irrationnels faisaient autrefois partie des dimensions imaginaires de la vie et que les individus d'alors les jugeaient dignes d'être considérés. Dans toutes les cultures, l'univers des symboles et du monde imaginaire a intrigué et dérangé mais dans la nôtre, la majorité des gens ont tendance à considérer ces langages irrationnels comme farfelus. À notre époque, peu nombreux sont les gens qui font l'effort de considérer tout le symbolisme qui se cache derrière les langages des symboles et de l'intuition.

Dans *La Synchronicité, l'âme et la science,* Hubert Reeves émet l'hypothèse qu'il existe un monde que l'on imagine et dans lequel l'esprit organise et coordonne l'univers selon un plan précis. Pour lui, la conscience ou l'esprit est organisé parce qu'il emprunte toujours des éléments connus et qu'il se nourrit toujours d'une mémoire sociale ; cette conscience ou cet esprit organisé qui réagit comme une connexion ou comme une résonance, c'est peut-être ce que certains nomment l'intuition et que certains autres nomment le destin.

Comme on le constate, l'univers des symboles et de l'imaginaire a été étudié par des gens sérieux. C'est à eux que l'on doit les symboles clairs et faciles à comprendre qui existent dans notre vie quotidienne et dont nous reconnaissons volontiers la simplicité et l'utilité. Par exemple, tous les jours de notre vie, nous nous fions aux panneaux de la signalisation routière, aux dessins sur les portes des toilettes publiques, aux indications sur les contenants recyclables et aux signes écrits sur les contenants de produits chimiques dangereux. Certains symboles sont un peu plus complexes à déchiffrer, notamment ceux de la chimie et des mathématiques, néanmoins nous les acceptons sans sourciller ; mais les symboles anciens, dont l'analogie est pourtant moins difficile à saisir, sont perçus comme non significatifs et rarement acceptés sans réserve. Je pense vraiment que si les individus modernes mettent si peu d'effort à décoder et à chercher la signification cachée d'un signe ou d'un symbole ancien, c'est tout simplement qu'ils ne les perçoivent plus.

À ce propos, voici une expérience rapportée par Seutjens H. en 1961.

Avec la complicité du pharmacien en chef d'un hôpital militaire des U.S.A., le directeur imagina de livrer à l'hôpital des médicaments qui, sous le même aspect de présentation que les médicaments normaux, ne contenaient que des principes absolument neutres comme l'eau ou l'amidon. Le personnel médical et hospitalier de l'hôpital ignorait cette substitution. Les faux médicaments sont administrés à la moitié des malades et les vrais médicaments à l'autre moitié, selon un choix basé sur la lettre alphabétique de leur nom. On a évidemment éliminé les cas qu'une expérience de ce genre pouvait mettre en danger. Les résultats de cette cure furent étonnants : on obtint le même pourcentage de guérison totale, d'amélioration ou d'échec pour les deux types de médicaments. Conséquence plus inattendue encore, les intolérances, les allergies et les malaises que peuvent provoquer certaines drogues sont encore plus prononcés pour le faux médicament que pour le vrai. Le placebo - c'est ainsi que le directeur avait nommé cette opération - s'est révélé aussi agissant ou aussi inopérant que les médicaments authentiques.

Les résultats de cette expérience révèlent que l'étiquette pharmaceutique a agi comme un signe. Les individus ont eu foi dans le signe, ils ont cru d'emblée à l'exactitude de la formule scientifique inscrite sur le contenant ; ils se sont fiés aveuglément à ce que signifiait le signe extérieur, sans porter attention à ce qu'ils ressentaient à l'intérieur d'eux-mêmes. Cet exemple témoigne que tous les individus ne décodent pas bien les signes extérieurs et que, sans un sens critique développé, ils croient à toutes les étiquettes. Un sens critique plus aiguisé aurait prodigué plus de confiance en ce qui se passait en eux et donc permis à ces patients de garder un contrôle efficace sur leurs soins médicaux et d'appréhender correctement les signes de guérison ou de non-guérison. Pour Seutjens H. (1961), être capable de sens critique, c'est être capable de considérer tous les aspects d'un fait, tant dans ses aspects moins visibles que dans ses aspects extérieurs. Sans l'écoute de soi et sans sens critique, l'individu devient un consommateur facilement influençable et il semble que les gens de la publicité savent fort bien les manipuler.

Pour Laborit (1976), la vie imaginaire est à la base de tous nos jugements et de toutes nos actions. Pour lui, la mise en jeu de l'imaginaire est une fonction basée sur le principe du plaisir et donc de la gratification. L'imaginaire est une expression de compensation et de gratification. Dans l'imaginaire, les pulsions de révolte et de plaisir sont des pulsions qui ne dérangent personne et la façon la plus plaisante de vivre les pulsions est de les vivre dans ce monde imaginaire.

En se permettant d'imaginer, l'enfant ou l'adulte peut, en associant des objets à des faits et à des gens dont il se souvient, ajouter à sa vie des souvenirs qui lui sont tout à fait uniques et qui, dans les moments douloureux de l'existence, peuvent le consoler de ses difficultés de vivre. Pour l'enfant, comme pour l'adulte, la vie imaginaire a ces avantages d'être hors de portée des punitions et de procurer des gratifications où la révolte a droit de cité. L'imaginaire est une fonction spécifiquement humaine qui permet à l'Homme, contrairement aux autres espèces animales, d'ajouter de l'information et de transformer le monde qui l'entoure. L'imaginaire est le seul mécanisme d'évitement de l'aliénation environnementale et sociologique.

Pour moi, une intuition est une disposition naturelle qui facilite la vie de tous les enfants. Tous les enfants ont cette facilité d'expression, mais certains sont devenus des adultes dont on a pourtant l'impression qu'ils ont été des enfants sans imagination. Je pense que l'intuition n'apparaît de façon spontanée et fiable que chez les enfants parce qu'ils sont naturellement ouverts à ce qui se vit à l'intérieur d'eux. À cause de l'ouverture d'esprit particulière qu'ils ont, l'intuition leur est ainsi plus facilement accessible qu'aux adultes. En se fiant à leur intuition, plusieurs enfants ont su organiser leur quotidien de façon à ne pas se laisser envahir par leur profond sentiment d'abandon. Dans les périodes difficiles, pouvoir se servir spontanément de la connaissance intérieure de son intelligence intuitive est sécurisant. Se gratifier dans son imaginaire et pouvoir se fier à son intuition, quelle belle perspective !

De ce que j'ai observé, certains adultes qui ont vécu des exclusions, des rejets, de la solitude ou des abandons dans leur enfance ont vu une partie de leur potentialité bloquée et à cause de cela, ils ont été moins disponibles pour développer sainement leur structure imaginaire. Parce que privés de l'éveil affectif qu'ils étaient en droit d'avoir enfant, certains de ces adultes ont sublimé leur besoin de mère en compensant par d'insatiables demandes, par des appétits charnels ou par des extases religieuses, comme par exemple une adoration sans borne à la Vierge, au Saint-Cœur de Jésus, à Saint-Joseph, à la Sainte-Famille ou à Sainte-Thérèse. Il n'est pas toujours possible de régénérer un état affectif qui a été rompu, mais on peut du moins choisir de se porter volontaire pour reconstruire dans son présent, un environnement affectif tangible et un monde imaginaire plus sain. Pour cela, il s'agit simplement de s'entourer de gens capables de sollicitude, de compassion et de s'autoriser délibérément à vivre ses sentiments tendres. Personnellement, cela m'apparaît plus facilitant et plus valorisant que de s'entourer d'icônes. Pour rétablir l'équilibre entre les fantasmes perdus dans l'enfance et l'histoire adulte, il suffit simplement de s'accorder le temps qu'il faut pour recadrer ses anciens souvenirs et remeubler, en quelque sorte, son imaginaire.

La majorité des adultes qui ont été privés d'expériences heureuses dans leur enfance sont moins capables de supporter les contraintes de la vie et moins capables de se gratifier dans leur imaginaire. Parmi eux, certains sont devenus apathiques et rares sont ceux qui ont pu, sans environnement affectif, trouver une voie de sublimation. Il y a cependant des exceptions à toute règle et quelques-uns, en devenant plus sensibles que la moyenne, ont développé une manière des plus originale, des plus artistique, des plus créative et des plus constructive de faire face aux complexes situations de leur vie et aux complexes paradoxes de la société.

Il existe un système de référence, le DSM-IV, qui s'est imposé comme élément de contrôle strict pour déterminer ce qui est normal ou anormal. À travers ce système, notre société moderne s'est dotée d'une vision des gens et des choses et selon cette vision des plus réaliste, l'esprit se doit de se comporter d'une façon bien ordonnée. Selon les définitions que l'on trouve, ce système de référence exclut, en presque totalité, ce qui est par trop imaginaire ; ces expériences originales et inventives qui relèvent de l'imaginaire sont considérées comme des désordres mentaux ou comme des exercices mystiques, ésotériques, fantaisistes ou pathologiques. C'est pourquoi de nombreuses thérapies ne tiennent compte que des expériences ayant lieu à l'état de veille.

Il est vrai que d'un premier abord, la compréhension des expériences intérieures reste vague et que les réponses qu'elles contiennent ne viennent pas à l'esprit comme une révélation. Pour connaître toute la teneur des expériences intérieures et en comprendre le symbole, il s'agit de réveiller les circuits intuitifs existants et de s'entraîner progressivement à affiner ses sensations, son attention. Pour que la vérité apparaisse, il faut apprendre patiemment à se connaître le mieux possible et accepter les biais perceptifs. Devenir un adulte capable d'exercer des analyses critiques ne se fait que grâce à une intuition fiable, mais ni l'intuition ni l'imagination ne sont des dons ; ils sont des fonctions irrationnelles qu'il est possible de développer à la condition d'y consacrer du temps. La capacité d'analyse des langages symboliques et la capacité d'analyse critique sont toutes deux des fonctions qui se développent. Pour les apprivoiser, il s'agit d'apprendre à se laisser aller doucement entre la veille et le sommeil tout en permettant aux images et aux sentiments de venir en soi, sans les censurer.

Pour profiter de son imagination et de son intuition et afin que la solution ou la réponse soit engendrée de façon appropriée, il faut seulement être une personne neurologiquement et physiologiquement «normale». Pour que l'intuition soit fiable, il faut d'abord être certain d'imaginer le monde qui nous entoure de façon correcte et être sûr d'avoir une parfaite intégration des messages reçus par les voies sensitives. Sachant que la porte d'entrée de toute information et de toute compréhension passe par la perception, l'analyse et la synthèse de la pensée, avant de réagir à son intuition, il faut savoir reconnaître ses filtres perceptuels et avoir bien examiné les détails.

La résilience des adultes découle des capacités intuitives et imaginatives qu'ils avaient étant enfant. En dépit des déconvenues et des abandons de leur enfance, plus d'un individu imaginatif a bénéficié de son intuition pour composer de façon suffisamment efficace et suffisamment productive avec son quotidien. La sagesse de leurs capacités intuitives a mis leurs émotions d'enfants abandonnés en veilleuse et leur a permis de s'adapter avec inventivité à leurs tâches quotidiennes en canalisant leur énergie positive de façon appropriée à la tâche à accomplir ; leur capacité d'intuition a pu les empêcher de sombrer dans l'impuissance. L'imagination est une activité intrinsèquement gratifiante permettant de s'abstraire au tourbillon d'émotions négatives. Les capacités imaginative et intuitive procurent une zone confortable à partir de laquelle les adultes qui ont été des enfants abandonnés ont pu entrevoir l'espoir de relations réparatrices.

Philippe et Loriane, dont nous avons parlé dans un précédent chapitre, sont une illustration des plus éloquentes du pouvoir de l'imagination et de l'intuition. En dépit des revers de leur vie d'enfant, ces capacités imaginative et intuitive leur ont permis d'acquérir des compétences dans leur domaine de travail, de donner le meilleur d'eux-mêmes, de renforcer leur sentiment d'efficacité personnelle et de grandir en maîtrisant bien leur vie. Grâce à leur imagination fertile et à leur intuition sûre, Philippe et Loriane ont pris des risques et ont exploité au mieux leur potentiel inventif. Pendant de longues années, utiliser leur intuition les a amenés à contrôler leur anxiété naturelle et c'est grâce à leur vie imaginative qu'ils ont pris plaisir à vivre. C'est encore leur intuition qui les a amenés à réaliser qu'ils avaient besoin d'aide pour modifier certains éléments de leur environnement et certains de leurs comportements.

Notre intuition quant au futur, nos représentations mentales d'un avenir possible sont, en réalité, des rappels fulgurants de notre vision première a dit, James Redfield.

4.2 La thérapie par le rêve et la thérapie par l'écriture

Les rêves viennent à chacun. Ce sont des oracles, toujours prêts à nous servir de guides silencieux et infaillibles. (SYNÉSIOS DE CYRÈNE)

Nos rêves et les coïncidences qui marquent notre vie ont pour but de nous garder dans le droit chemin et de nous remémorer le destin que nous avons choisi, a dit James Redfield. Les médecins d'hier supposaient que les rêves, au même titre que l'intuition, fournissaient des renseignements essentiels sur la nature des maladies. À une époque lointaine, lorsque les devins étaient au bout de leur science, ils consultaient les «médecins des rêves». Dans ces temps reculés où la dimension irrationnelle de l'homme était valorisée, le rêve était considéré comme un message valable et on lui accordait un grand pouvoir. Ces médecins, qui se sont regroupés en secte dans la vallée du Jourdain, sur les rives de la mer Morte, ont recueilli et conservé un grand nombre de rêves ; on dit que Saint-Jean-Baptiste a été l'un des leurs.

Les tablettes étudiées par les médecins de l'antiquité témoignent que le besoin de raconter un rêve au souvenir intense existe depuis longtemps ; aujourd'hui, on ne sait trop pour quelles raisons, les messages des rêves sont très souvent boudés par les médecins et les thérapeutes. Avant de partager l'émerveillement qu'a suscité chez moi les propos de Jung et de Freud, il me semble pertinent de présenter, de façon très succincte, l'historique de quelques théories sur les rêves.

Socrate, qui cite Platon, prétend que les rêves sont la langue parlée par la voix de la conscience et qu'il est de la plus haute importance de prendre cette voix au sérieux. Goethe met l'accent sur l'accroissement de puissance de nos facultés rationnelles durant le sommeil et Aristote avance que durant le sommeil, nous sommes capables de plus de perspicacité et de plus de subtilité qu'à l'état d'éveil. Voltaire est d'avis que les associations et les représentations qui jaillissent du rêve sont purement fantaisistes et totalement étrangères au sens du réel et que, dans nos rêves, nous n'avons ni visions ni inspirations sacrées. Les rêves, dit Kant, trouvent leur seule cause dans «les désagréments de l'estomac.»

À l'instar de ces «médecins des rêves», Jung avait l'intuition que les rêves contenaient des matériaux capables de révéler les complexes et d'aider à comprendre les causes de certaines difficultés. Freud avait lui aussi l'intuition que les rêves étaient la «voie royale» et privilégiée de l'inconscient lequel ne trompait jamais. Pour lui, tous les rêves sont l'expression de la nature irrationnelle et asociale de l'homme ; il a postulé que s'il existe une envie ou un souhait refoulé, il s'exprime dans le rêve. Il a aussi affirmé que l'énergie nécessaire à la création du rêve provient de l'intensité de l'expérience infantile et que le rêve ne vient jamais à l'existence si aucun événement récent n'a ravivé l'expérience ancienne.

Pour Jung, les données du rêve sont des révélations d'une sagesse inconsciente dont la signification a une valeur particulière au rêveur. Les rêves, dans le langage symbolique, traitent judicieusement des faits essentiels et spécifiques à l'individualité du rêveur et visent à le rendre apte à faire face à ses difficultés intérieures. Jung est convaincu que l'esprit inconscient du rêveur est capable de faire preuve d'une volonté bien supérieure à la capacité d'appréhension consciente et délibérée et qu'il l'aide à progresser plus harmonieusement dans sa vie. Pour Freud et Jung, dans le contenu des rêves, ni le temps ni l'espace n'ont de valeur ; tous les deux considèrent que les rêves véhiculent une énergie qui, pareille à l'intuition, signale certains aspects de la vie consciente et suggèrent les ajustements psychiques les plus judicieux.

Des contemporains comme Nietzsche et Bergson pensent que nous choisissons, dans le magasin immense des souvenirs, ceux qui correspondent aux excitations du système nerveux. Pour eux, le contenu des rêves est principalement constitué des souvenirs occultés. Emerson est certain que l'homme porte en lui les traces de l'humanité et de son histoire et qu'il y a, dans le langage allégorique des rêves, un reliquat archaïque. Pour lui, une connexion invisible existe entre le caractère de l'individu et ses rêves ; en cela, tous trois rejoignent Freud.

Le rapprochement entre les motifs et les thèmes mythologiques ont permis à Nietzsche de présumer que : « La pensée onirique* est une forme ataviste* de notre pensée ; une forme d'hérédité dans laquelle l'individu hérite de caractères ancestraux qui ne se manifestaient pas chez ses parents immédiats, réapparition d'un caractère primitif après un nombre indéterminé de générations. Notre corps et notre esprit conservent les traces de leur développement phylogénétique. Nous n'oublions rien et ce dont nous nous souvenons n'est qu'une parcelle infime de la totalité de la mémoire.»

La majorité des auteurs qui se sont intéressés au rêve reconnaissent qu'il y a des rêves types et que de nombreux motifs se retrouvent avec une signification analogue dans les rêves de plusieurs personnes. Il faut bien dire qu'en thérapie, nous ne pouvons jamais apprécier la valeur d'une attitude ou d'un comportement en ne considérant que les points de vue historique, collectif et phylogénétique présents dans le rêve. Dans ma pratique thérapeutique, le contenu des rêves et les associations qui s'y sont faites se sont avérées des pistes efficaces pour expliquer les traumatismes et les complexes affectifs qui se manifestaient à travers les attitudes et les comportements des clients. Dans le but d'étudier le caractère individuel et de reconstruire les personnalités abandonniques et insécures, c'est la méthode associative de Jung que j'ai privilégiée. Les postulats de Freud, pour la plupart axés sur la sexualité, m'apparaissaient un peu réductifs ; c'est pourquoi j'ai choisi de retenir l'essentiel de la conception de Jung (1962).

Durant le sommeil, le rêve surgit et nous plonge dans une inconscience apparente. Les rêves éclatent dans l'état de conscience crépusculaire dû au sommeil comme les complexes dans la pleine conscience. Ce parallélisme, constaté entre les rêves et les complexes, et qui incite à les rapprocher les uns des autres, s'illustre aussi par la forte affectivité qui marque fréquemment les images oniriques et qui, nous l'avons vu, est également un attribut des complexes. Ceux-ci, lorsqu'ils nous assaillent, ne se présentent jamais à notre esprit dans leur forme complète ; seuls quelques-uns de leurs lambeaux atteignent la conscience. Si le souvenir d'un événement nous poursuit, ce sont par exemple des bribes de conversation qui nous reviennent à la mémoire. C'est ainsi qu'un complexe échafaude un dialogue tel qu'il s'est ou qu'il aurait pu se produire dans la réalité ; de même, après une dispute, on en débat seul encore pendant des heures opposant thèses et antithèses.

Il n'y a pas loin de là à la démarche propre du rêve qui en partie, à l'aide de matériaux précédemment acquis, ébauche ses constructions après que certaines règles oniriques, par le jeu de leur interposition, sont venues introduire dans la vie diurne une discontinuité, une rupture qui ouvre la porte à une chatoyante diversité. A-t-on vécu dans la journée un épisode impressionnant, on peut alors être sûr, quand l'état psychique est bon, que l'on rêvera la nuit -si rêve il y a- de tout autre chose. Ainsi, on a constaté que des fiancés rêvent rarement l'un de l'autre ; si cela se produit, c'est souvent l'indice d'une situation problématique, les rêves évinçant en général les images qui suscitent de trop fortes impressions.

On a constaté durant la guerre que tant que les soldats rêvaient de chez eux, tout se passait bien ; en revanche, on savait qu'il était bon de les retirer des premières lignes dès qu'ils se mettaient à rêver de guerre et d'explosions. En fait, la plupart des combattants, tant que leur état psychique demeurait satisfaisant, rêvaient de leur foyer, de vie civile et jamais de guerre. Ces exemples témoignent de la discontinuité qui s'oppose normalement à la prolongation pure et simple dans le rêve des événements et des complexes vécus dans la vie consciente.

Le rêve est un univers où nous vivons et pensons différemment, mais malgré que son contenu soit parfois bizarre, il nous fait toujours découvrir une facette lointaine et bien camouflée de notre vie. Le rêve ose parler de cette autre face de nous-mêmes, des défauts que nous voyons toujours avec acuité chez les autres et que, souvent, nous refusons de voir en nous.

Dans les thérapies avec des personnalités insécures et abandonniques ; le rêve est un outil des plus utile pour installer le dialogue et démêler les fils qui remontent à la petite enfance. Bien sûr, j'ai ma manière de percevoir et d'agencer les matériaux du rêve du client et je la lui présente, mais je reste convaincue qu'il n'y a que le client lui-même qui sache vraiment bien ce que signifie son rêve ; lui seul connaît parfaitement bien son histoire et c'est donc lui qui sait le mieux ce qu'il lui faut faire avec les données de son rêve. Le but de l'analyse du rêve est pour une grande part de repérer les traumatismes oubliés. Mon rôle n'est donc pas d'imposer mon interprétation du rêve, mais bien d'évoquer les représentations qui s'y trouvent ; pour ce, je me dois de bien saisir ce qu'elles signifient pour mon client. Il m'importe donc de connaître la conception que le client a du thème ou de l'objet dont il a rêvé et de connaître les associations qu'il en fait ; sa manière d'interpréter son rêve est donc essentiellement celle qu'il m'importe d'abord de retenir. Si son interprétation s'avère faussée, son inconscient le relancera et l'incommodera suffisamment pour qu'ensemble nous reconsidérions l'analyse.

Exception faite des interprétations réussies par hasard, la compréhension d'un rêve n'est pas un phénomène purement intellectuel et aléatoire. Une infinité de choses, incomprises intellectuellement parlant, peuvent influencer l'individu de façon décisive. Le rêve et les images qu'il ordonne possèdent leurs propres lois et nous ne pouvons leur imposer nos interprétations. Il n'est pas indifférent que le rêve choisisse un élément plutôt qu'un autre et il n'est pas indifférent qu'il suggère une solution plutôt qu'une autre.

Tous les rêves ont une relation complémentaire avec les données conscientes, c'est-à-dire avec les situations et les événements qui arrivent ou sont arrivés dans la vie éveillée. À travers ses symboles particuliers, le rêve dévoile les composantes personnelles qui peuvent empêcher de participer de façon consciente, pleine et entière, à la vie éveillée. Le rêve se comporte généralement comme la compensation de la situation consciente qui l'a vu naître. Il est impossible d'analyser le rêve de façon satisfaisante sans une connaissance approfondie de la situation éveillée et momentanée qui lui correspond. Le rêve a cette fonction essentielle de constituer un contrepoids aux activités humaines et de réguler le psychique. Grâce à cette vie secrète, nous pouvons réorganiser nos comportements extérieurs et ajuster nos attitudes intérieures aux situations conscientes.

Quelle que soit la problématique, quel que soit l'âge, le rêve ramène le rêveur à des symboles et à des explications sur le commencement de son existence. Toujours les rêves font écho aux premières expériences et aux premiers dialogues qui ont régi l'évolution de la vie. À travers les rêves, il est facile de percevoir si les débuts de la vie ont été bons, si les exigences de la petite enfance ont été écrasantes ou étouffantes ou si elles ont été des apprentissages viables et épanouissants. À travers les rêves, les complexes parlent tout haut et, sans que nous en ayons une conscience claire, ils disent les liens familiaux tissés dans l'enfance, les rivalités, les craintes, les amours, les tristesses, les déceptions et les ambitions. Par delà les efforts logiques d'expliquer les comportements complexes et les traumatismes oubliés, les rêves donnent toujours une conscience claire et une explication immédiatement appropriée que nous mettrions, en état d'éveil, peut-être des semaines ou des années à acquérir.

Pour Jung, les rêves sont essentiellement des manifestations qui correspondent aux complexes. Les perturbations et les manifestations émotives conscientes ou inconscientes sont appelées complexe affectif*. Le complexe affectif est un contenu psychique qui a une tonalité affective et quiconque se trouve sous son emprise comprend et conçoit tout ce qui entre dans sa vie dans le sens de ce complexe. Puisqu'ils révèlent la face inconsciente et complémentaire du caractère et de la personnalité et qu'ils renferment des contenus essentiels qui ajoutent à l'explication de la situation psychologique, je me suis donc appliquée, dit Jung, à chercher ce que les rêves expliquent des complexes affectifs.

L'image émotionnelle et vivace d'une situation psychique arrêtée, image incompatible, en outre avec l'attitude et l'atmosphère conscientes habituelles, est douée d'une forte cohésion intérieure, d'une sorte de totalité propre et elle a un degré relativement élevé d'autonomie: sa soumission aux dispositions de la conscience est fugace et elle se comporte dans l'espace conscient comme animée d'une vie propre. Au prix d'un effort de volonté, on peut réprimer un complexe, mais aucun effort de volonté ne parvient à l'annihiler et il réapparaît à la première occasion avec sa force originelle.

Si l'attitude consciente est à peu près suffisante, le rêve aura une signification purement compensatrice et contribuera à informer et à gouverner l'individu. C'est la règle générale pour le rêveur qui mène une existence suffisamment valorisante et qui a une vie intérieure satisfaisante ; malheureusement, peu nombreuses sont les personnes dont l'attitude consciente cadre parfaitement avec le caractère intérieur. Quand la personne dans son attitude consciente, tant objective que subjective, devient inadaptée affectivement, la fonction de l'inconscient, d'habitude purement compensatrice et informative, gagne en importance et prend rang de fonction dirigeante. Sachant que cette fonction dirigeante est susceptible de suggérer et d'imprimer à l'agir conscient une façon de réagir plus adaptée, les propos du rêve devraient donc être pris en considération par tous les thérapeutes.

Une jeune femme de vingt-trois ans m'a été référée. Elle avait été, auparavant, la cliente d'un thérapeute masculin qui m'a dit : «J'ai rarement entendu clairement ce qu'elle disait et elle n'a jamais acquiescé à mes nombreuses interprétations. J'ai voulu qu'elle rencontre une femme parce que je crois qu'avec une femme, elle osera dire quelque chose. Peut-être que Gisèle est schizophrène et que vous devrez la référer à un psychiatre, mais j'en doute.»

C'était au tout début de ma pratique et j'étais mal à l'aise de demander à Gisèle de répéter ; elle parlait à voix si basse que j'entendais à peine ses phrases, et lorsqu'elle répétait, je ne comprenais pas davantage ce qu'elle disait. Pour tenter de mieux saisir ce qu'elle disait, je regardais donc cette jeune femme avec intensité : elle était vêtue sans aucune coquetterie, elle avait de longs cheveux frisés et emmêlés, comme ceux d'une enfant, et les traits délicats de son visage lui donnaient l'air angélique. Mes rencontres avec un ange silencieux n'étaient guère gratifiantes ni pour elle ni pour moi. Puis, j'ai entendu clairement Gisèle me dire qu'elle avait rêvé d'un ange. En voici un court résumé.

J'ai rêvé d'un ange qui me ressemble. Je suis à l'étage, je descends un escalier intérieur, il y a sur le vitrail qui longe l'escalier, deux femmes qui combattent. L'une a des ailes et est blessée à une aile. Je suis fascinée par cette image. Je crois que je suis la femme à l'aile blessée et que l'autre femme, c'est ma soeur.

Les rêves suivants ont été des rêves où Gisèle faisait une quantité extraordinaire d'excréments ; cette fois, elle me racontait ses rêves d'une voix sûre et sans aucune retenue. Dans des termes très crus, Gisèle a interprété ce rêve où sa sœur était présente comme le besoin qu'elle avait d'expulser de sa vie la soeur qui lui avait donné le sentiment d'être sans consistance. Nous avons parlé de cette lutte entre cette petite fille angélique qui, comme l'ange du vitrail, n'avait jusque là aucune assurance ni détermination. Au cours de cette rencontre, Gisèle m'a dit tristement qu'elle vivait, chez ses parents, à la ferme et qu'elle avait une sœur plus jeune qui, elle, vivait en ville et réussissait tout ce qu'elle entreprenait. J'ai appris qu'elle n'était entrée à l'école qu'à sept ans et demi, car elle avait dû attendre que sa sœur cadette entre en maternelle. Son narcissisme d'enfant avait été profondément blessé. L'ange du rêve était blessé à l'aile et elle, était blessée à son «elle».

Je pense que le thérapeute masculin a eu une bonne intuition de référer Gisèle à une femme. C'est une femme qui l'a castrée et l'a bloquée dans la peur de dire et c'est une femme qu'elle avait besoin d'annuler. Après le deuxième rêve d'excréments, Gisèle avait les cheveux coupés aux épaules, elle était bien coiffée et très bien vêtue. Après le troisième rêve d'excréments, elle m'a annoncé, de façon très audible, qu'elle avait un amoureux et un travail en ville et qu'il faudrait changer l'heure de sa séance. Ma présence silencieuse aura permis à Gisèle de n'entendre que ce que la voix de son inconscient lui disait tout bas. Être une femme et être là, simplement à la regarder, à l'écouter et accepter sa petite voix et ses silences avaient été suffisant pour annuler sa peur de dire tout haut ce qu'elle se disait tout bas.

Les rêves de Gisèle étaient des rêves de transfert. Sa vie nocturne, en l'occurrence ses rêves, l'a informée sur la manière dont se sont effectués ses premiers conflits avec sa sœur et ses premières séparations ; les relations conflictuelles qu'elle revivait dans ses rêves lui ont donné la possibilité d'élargir sa connaissance émotionnelle d'elle-même, de même que la possibilité de transformer et d'enrichir sa vie. Je pense qu'elle avait accumulé de la haine envers sa sœur et que cette haine lui bloquait la parole : sa voix s'est éteinte. Sans que j'en sois consciente, ma gêne de la faire répéter et mon peu d'interprétation l'ont forcée à s'analyser elle-même. Peut-être fallait-il que je n'entende pas et qu'elle seule entende ! Gisèle a reconnu, elle-même, qu'elle était l'ange blessé, sans sexe et à l'état zéro. Ce que j'ai retenu des rencontres avec elle, c'est que le rêveur est vraiment le meilleur analyste pour lui-même.

De même que le corps réagit de façon habituellement adéquate à une blessure, à une infection ou à un mode de vie temporairement anormal, les fonctions psychiques et les rêves sont des moyens de défense qui réagissent, eux aussi, aux troubles perturbateurs et dangereux. Pour avoir entendu plusieurs récits de rêves, je dirais que cet assemblage symbolique de matériaux entassés dans l'inconscient possède assez d'énergie pour se manifester durant le sommeil et qu'il est indéniablement assez puissant pour introduire dans la conscience des solutions fort convenables.

Il est des plus usuel que les personnes fassent des rêves en réaction directe avec la situation du moment. Si par exemple, la frustration d'une dispute avec le patron a inspiré de la vengeance, dans le rêve, le patron sera généralement hideux ou encore il sera poursuivi pour assouvir une vengeance. Dans ce type de rêve, le personnage est vraiment celui contre qui il y a une réaction de colère ; ce rêve réactif est précisément là pour dissoudre l'émotion ; cela fait partie des réactions défensives utiles, saines et appropriées.

Si tous les rêves portent en eux une signification, tous n'ont pas une signification profonde. Dans certains rêves, les personnages connus ne sont là que pour symboliser une des composantes psychiques du caractère. Ce genre de rêve est purement informatif ; il s'agit alors des personnes telles que nous les percevons ou telles que nous les avions perçues par le passé. Ces personnes sont là pour montrer l'évolution intérieure ou extérieure à laquelle nous aspirons ou l'évolution que nous avons effectuée. Les personnages connus disent s'il y a eu stagnation ou s'il y a eu affranchissement, maturation et autonomie ou si un conflit paralyse encore l'évolution psychologique.

Il y a cependant des rêves où l'on doit chercher au-delà du personnage connu et de la situation du moment. Les rêves réactifs semblent simplement mettre en image un épisode affectif de la vie présente, mais, on constate que, maintes fois, ce qui est vécu dans le rêve, de manière symbolique, met à jour une charge affective lointaine qui avait échappé à première vue. Lorsque l'on fait une analyse plus poussée des rêves réactifs, on remarque qu'à travers chaque rêve, on peut retracer une parcelle de l'histoire passée de l'individu et qu'elle ravive des émotions intenses appartenant à une situation déjà vécue. Pour comprendre le fait psychologique et attribuer au rêve une signification utile, il faut donc retracer l'histoire passée.

Grâce aux souvenirs du rêveur, pour chacune des parties prégnantes de l'image onirique, l'explication du fait psychologique exige qu'on fasse la lumière sur les antécédents et qu'on recherche avec sérieux de quelles réminiscences vécues peut être composé le rêve. Le rêve réactif révèle des expériences qui devaient être repérées, rappelées à la conscience et reproduites ; ce type de rêve traduit la capacité de l'individu à gérer son angoisse et à débarrasser son psychisme des émotions négatives. Selon la méthode des associations libres et avec la participation du client, il s'agit de réunir les souvenirs ou de regrouper les matériaux psychiques utiles à l'explication et de se limiter à étudier, en exclusivité, les souvenirs et les matériaux absolument indispensables.

La bonne et la mauvaise image, dont a parlé Mélanie Klein (1969), fournissent un éclairage utile quant aux préoccupations qui surgissent régulièrement dans les rêves. Dans les rêves, l'enfant est un thème récurrent et compensateur qui exprime généralement le besoin d'affection, les blessures et les sentiments douloureux éprouvés dans l'enfance. Dans le but de bien illustrer ce qu'est la récurrence et la compensation, je vous présente un extrait des rêves de Gérard, 51 ans.

En rêve, je revois fréquemment mon père. Dans l'un d'eux, il ressemble à une torche humaine ; il court dans tous les sens comme dans les spectaculaires cascades qu'on voit dans les films d'action. Je me réveille le cœur battant et très triste.

Dans un autre rêve, j'entends mon père me dire de venir prendre mes vacances à la maison. Heureux de l'invitation, je saute dans l'automobile. En cours de route, je rebrousse chemin en me disant que mon père n'est plus à la maison depuis longtemps. Je me réveille très triste.

Il y a plusieurs années, Gérard a perdu son père dans l'incendie de son garage. Il a vu son visage noirci, il a vu ses vêtements enflammés, il l'a vu courir et il l'a entendu hurler de douleur. Gérard a réussi sa vie professionnelle et il a une vie affective satisfaisante, mais la blessure d'avoir perdu un père aimant est toujours présente. Ce père mort a très certainement laissé un vide affectif qu'aucune autre personne n'a réussi à combler ; ce rêve répétitif rend évident le fait que l'émotion générée par le traumatisme d'avoir vu mourir son père exige d'être évacuée.

Constatant qu'il y avait dans les rêves de Gérard, la présence récurrente d'une zone inconsciente qui refusait la confrontation et qui niait la vérité, j'ai insisté pour qu'il revienne à cet accident. Il n'a pas été facile pour lui de parler de ses souvenirs d'enfance et de cet accident traumatisant. Après avoir examiné plus à fond la pulsion régressive, Gérard a constaté de lui-même que dans ses rêves le réveil se produisait toujours avant qu'il ait pu rencontrer l'objet du rêve, soit son père. Gérard a enfin consenti à parler de la tombe fermée et a enfin pu évacuer l'envahissante culpabilité d'avoir été un spectateur impuissant. À travers des rêves récurrents, le psychisme de Gérard a su mettre au point son propre système d'évacuation.

Tant que Gérard restait fonctionnel et suffisamment heureux dans sa vie affective, ses rêves remplissaient leur fonction d'évacuation et ne recélaient rien d'inquiétant ; mais, advenant qu'ils se soient transformés en cauchemars, ils auraient alors été l'indice que son psychisme n'arrivait plus à contourner l'événement traumatisant.

Pour amener des personnes comme Gérard à comprendre l'origine des émotions que leurs rêves leur font ressentir et pour leur permettre d'intégrer les événements traumatisants, l'insistance et l'assistance d'une personne expérimentée peuvent s'avérer stimulantes.

Certes, le travail du rêve cadre souvent mal avec les postulats rigoureux de notre esprit logique et son analyse n'est pas scientifique, mais quand on s'y attarde, on s'aperçoit qu'il propose généralement une façon de voir la vie intérieure qui est susceptible d'apporter des transformations profondes à la réalité extérieure. Comme on l'a vu pour Gérard et Gisèle, pour peu que l'individu en tienne compte, le travail nocturne parvient à élucider des situations qui contreviennent à l'amélioration de l'équilibre fondamental de la vie quotidienne.

Les hommes et les femmes de toutes les ethnies et de toutes les cultures rêvent. Par delà leurs différences, tous les membres de l'espèce humaine ont le même point de départ, soit leur naissance. Tous les hommes et toutes les femmes ont été des enfants et tous ont eu une mère dont ils se sont servis pour explorer le monde. Il est un fait vérifié et vérifiable, même ceux et celles qui n'ont pas de souvenirs de leur mère recherchent leurs origines dans les rêves. Tout au long de leur vie nocturne, les humains dialoguent autour des images de leur premier objet d'attachement et ils rêvent de ces événements qui ont forgé leur première relation ; tous retournent, à un moment ou à un autre, à l'archétype de la maison de leur enfance. Les rêves, comme un escargot qui transporte sa coquille sur son dos, transportent les images du premier attachement durant la vie entière.

Les rêves nous font quelques fois évoluer loin de la maison et nous transportent dans des lieux inconnus et étranges qui nous disent ce que nous sommes et ce que nous pouvons devenir ; ils nous informent sur la manière dont nous accueillons les gens ou les rejetons de même que sur la manière avec laquelle nous allons de l'avant. La maison dont nous rêvons est meublée d'images et d'événements, c'est le centre de notre unité ; c'est notre maison intérieure, là où nous sommes confrontés à nos moments d'insécurité et d'abandon et là où nous sommes conviés à des retrouvailles et à des fêtes.

Les objets qui meublent la maison, nous les déplaçons selon nos envies ou nos besoins ; nous les jetons, nous les prêtons avec générosité, nous les reprenons et nous les donnons selon nos moments d'attachement, de détachement, d'infidélités ou de déceptions. Ces objets, qu'ils soient bien rangés dans des placards ou bien en vue sur des étagères, rappellent des souvenirs passés, des moments de bonheur, de conflits ou de rancunes, des présences oubliées ou des pouvoirs perdus. Les objets récurrents qui se transforment en trésors, nomment nos bons sentiments et font de nos rêves des allusions magnifiques visant à nous réconcilier avec les exigences de la vie extérieure. Les objets récurrents qui se transforment en démons et font de nos nuits de terribles cauchemars nous informent néanmoins sur les difficultés qui nous tenaillent, sur les activités quotidiennes ou sur les sentiments et les émotions qui nous déchirent dans nos relations.

À travers le langage des images du rêve, les événements heureux de l'enfance se manifestent par une aile blanche, un champ de blé, un ciel bleu, un chandail de laine douce, une chaise berceuse, une musique bienfaisante ; les événements tristes et mélancoliques se manifestent par un toit qui s'effondre, une chute dans le vide, une jambe cassée, un coffret magnifique, mais vide, un lit aux draps malpropres, un rideau décoloré, un jardin fané. Les images symboliques et les dialogues qui les accompagnent ne sont que des paraphrases qui ont pour but d'expliquer les modalités de la vie d'enfant ou de trouver des solutions aux difficultés de la vie présente. Les rêves interpellent pour nourrir et montrer le chemin de notre individualité et toujours ils nous rappellent que, malgré les métamorphoses, il faut préserver l'intégrité physique et psychique.

Deux raisons font que certains individus ne se rappellent pas leurs rêves. La première, parce que l'organisme est parfaitement équilibré et que les émotions ressenties au cours de la journée ont été intégrées. La seconde parce que, dès le réveil, il y a, inconsciemment, coupure et refoulement de ce qui a été perçu dans le sommeil. Dans le cas d'un refoulement, comme l'étaient les cas de Gérard et de Gisèle, les rêves se répètent jusqu'à ce qu'ils aient été intégrés ; pour mettre à jour l'origine d'un refoulement, l'aide d'un thérapeute peut être utile.

Pour que le rêve puisse être retenu, il faut, avant de s'endormir, préparer le subconscient à se souvenir des images et des propos les plus significatifs. Au réveil, afin de ne pas couper brusquement le fil qui nous relie à nos rêves, il faut s'accorder un petit moment pour sortir du sommeil en gardant, quelques instants, les yeux fermés. Avant d'ouvrir les yeux, il faut se poser quelques questions et les poser au présent afin de ne pas laisser l'esprit rationnel prendre des distances avec le rêve. Quelles sensations j'éprouve dans mon corps ? Avec qui suis-je ? Qu'est-ce que je fais ? Est-ce que je peux faire ce que j'ai fait en rêve ? Ces questions peuvent aider à distinguer à quelle catégorie de rêve on a affaire et à quelle dimension du rêve, il sera utile de se référer. Par la suite, il faut raconter ou inscrire tous les symboles dont on se souvient et préciser toutes les émotions afin de ne pas les oublier et, chose importante, il faut se demander à quel aspect de soi ces émotions correspondent. Si on y consacre un peu de temps, si on s'y applique et si on y réfléchit avec le sérieux que cela requiert, les rêves révèlent des secrets d'une profondeur et d'une valeur inestimable, des secrets dont on ne peut que profiter.

De façon concrète, on peut diviser le travail de consignation des rêves en quatre parties. Dans un premier temps, on inscrit les images, les objets, les couleurs, les chiffres, les personnages, les gestes et les conversations tels qu'on s'en souvient. Dans un deuxième temps, on inscrit les émotions, les réactions et les symboles qu'ils suggèrent. On y inscrit ensuite le contexte de la veille et les événements récents qui ont pu provoquer le rêve. En dernier lieu, on inscrit les hypothèses les plus évidentes, les associations qu'elles inspirent et les conclusions qui apparaissent les plus plausibles et les plus spontanées. Le fait de consigner les rêves par écrit permet d'y revenir et de voir s'il y a eu une stagnation ou une évolution.

À propos d'évolution, Léon Kreisler (1974) souligne que la vie onirique n'attend d'ailleurs pas que nous soyons des individus adultes et conscients pour entreprendre son travail d'évolution. La neurophysiologie a montré que l'activité cérébrale correspondant au sommeil paradoxal se manifeste déjà dans la vie intra-utérine. Kreisler relate que c'est dans les premiers mois de l'existence extérieure, alors que le nourrisson est un être entièrement dépendant, que l'activité onirique est la plus intense. À cause de cela, il s'élève avec force contre l'usage de somnifères pour les bébés : «Le sommeil médicamenteux peut amputer le sommeil du bébé de ses phases paradoxales et donc d'une part des phénomènes indispensables à la constitution et à la maturation de son système nerveux central.»

Le rêve m'apparaît comme la manifestation d'un processus complexe de compensation, de sécurisation et de maturation. Tout en obligeant à un retour sur soi, l'analyse du contenu du rêve contribue à améliorer l'attitude consciente ; les solutions qu'il suggère contribuent à rectifier la situation, à se remettre en accord avec soi et avec les autres et parfois même à prévenir l'avenir. Les solutions présentées dans les rêves permettent à l'individu d'adopter une ligne de conduite capable de mettre de l'ordre dans sa vie. Les solutions que les rêves proposent ne méritent pas d'être rejetées avant d'avoir été expérimentées, car elles suggèrent toujours ce qui convient le mieux à l'être intérieur. Après avoir fait l'analyse de plusieurs rêves, j'ai tout lieu de croire que l'individu qui accorde un peu de temps à ses rêves parvient toujours à trouver, seul, les meilleures solutions à ses problèmes.

Dans une démarche thérapeutique qui vise à reconstruire les relations des individus, le rêve est un matériel symbolique sain et le jeu des images, des suggestions des plus utiles. Sachant que le contenu d'un rêve ne saurait être dissocié de l'histoire passée et sachant que les images du rêve n'éclatent pas au premier coup d'œil, il convient de se méfier de certaines techniques trop rapides ; l'utilisation des dictionnaires donnant la clé des songes m'apparaît, tout au plus, des pistes de recherche. Connaissant la subtilité des pièges et des résistances que l'inconscient d'un individu est capable de générer, il peut être opportun de recourir à une personne qualifiée pour analyser certains rêves ; en procédant ainsi, le client apprend à découvrir par lui-même une cohérence dans ses préoccupations : peur d'une situation, quête d'affection, impression de rejet, de solitude et d'abandon, etc. Pour dégager les éléments compensateurs, l'analyse du contenu manifeste du rêve est tout aussi nécessaire que l'analyse du contenu latent ; ainsi, pour le thérapeute, la compréhension du rêve nécessite toujours de se familiariser avec les habitudes de vie présentes et avec les comportements du rêveur.

Les clients insécures et abandonniques démontrent souvent un trouble de la communication, aussi ont-ils besoin qu'on leur signifie, autrement que par la communication verbale, qu'ils peuvent se fier au thérapeute. Avec eux, en quelques occasions, j'ai eu recours à l'écriture, l'originalité de cet univers reste pour moi un outil privilégié de communication et une façon d'aborder leur réalité affective, sans confrontation. Dans les premières rencontres avec ce type de clients, il s'avère élémentaire de ne pas les questionner sur leur vie et de ne pas faire intrusion dans leurs rêves et dans leurs secrets. Sans autre obligation de leur part, je leur demande de mettre par écrit, spontanément, au moment et à l'heure qui leur convient, sans se censurer, ce qu'ils veulent bien me confier de leur vie.

Cette façon différente et délicate de prendre contact permet aux clients insécures de dévoiler ce qu'ils tairaient, en face à face, sous le regard inquisiteur du thérapeute. À travers leurs réflexions, leurs pensées, leurs projets, leurs désirs ou leurs rêves, sans résistance excessive et sans qu'ils doivent constamment s'expliquer ou se défendre, j'apprends lentement à connaître leurs sentiments et à les comprendre. Sans les entraîner où ils ne sont pas prêts à aller, je m'implique, comme eux, dans l'expérience d'écrire ; je commente leur récit en écrivant avec sincérité et respect mes premières impressions sur ce qu'ils m'ont confié. La correspondance avec un thérapeute, en même temps qu'elle apprend aux clients qu'il est possible d'avoir des rapports authentiques, leur permet de devenir eux-mêmes leur propre thérapeute.

L'expérience d'écrire les événements dérangeants, parce que fait spontanément et sans trop de délais, évite le refoulement et conduit à une réelle décharge des émotions. Pour le client, le simple fait de devoir écrire ce qu'il vit demande déjà un travail d'introspection, une prise de conscience du malaise et une véritable réflexion sur la situation qui se joue dans le présent, et par référence, une réflexion sur ce qui se joue et s'est joué en dehors de cette situation. Il y a donc, dès la mise en mots, un certain niveau de compréhension.

Écrire à quelqu'un permet un lien, un ancrage réel et efficace à l'extérieur de soi. Avec les clients particulièrement rébarbatifs à se raconter, l'écriture est une expression qui, en brisant la solitude, ouvre sur un langage vivant et libérateur ; l'écriture devient le véhicule de la parole. Les échanges écrits avec un thérapeute n'effacent pas le passé, la situation ou les gestes douloureux, mais ils permettent de les articuler. Le travail de l'écriture et le poids des mots, sans trop de confrontation, viennent réveiller ce qui a été enveloppé de silence ou qui a été condamné à l'inconscient. Mettre en scène une histoire, à laquelle on peut participer et dans laquelle on se sent épaulé, peut donner un nouveau sens à la vie.

Les écrits des adultes insécures que j'ai rencontrés ont souvent raconté l'histoire d'enfants abandonnés souhaitant faire réapparaître une mère lointaine. La femme à la fenêtre en est un exemple.

J'ai été une enfant perdue. Pendant très longtemps, je n'ai pas reconnu cette enfant. Elle a longtemps habité mes rêves, toujours incomprise et laissée pour compte, dans des maisons qui n'étaient pas la sienne. Cette enfant demandait qu'on l'embrasse et qu'on la berce doucement. Dans mes rêves, cette enfant était hantée par le souvenir d'une jeune femme qu'elle entrevoyait derrière les carreaux d'une fenêtre. Peu à peu, une grande tendresse m'est venue pour cette enfant qui ne se lassait pas de rêver d'elle et d'espérer un sourire. Au réveil, je prenais plaisir à inventer cette femme à la fenêtre, mais aucun souvenir n'arrivait à rendre la douceur du regard auquel je rêvais. Pareille à moi, cette enfant de mes rêves était prisonnière d'un regard qu'elle savait être de son histoire.

Dans mes rêves, il y a des mères nues qui accouchent dans des salles très blanches. Dans mes rêves, des nouveau-nés sont endormis dans une blanche pouponnière et je les regarde avidement croyant reconnaître près d'eux le regard et le sourire que j'espère. Dans mes rêves, il y a des lampes qui s'allument et s'éteignent sur des visages de femmes penchées sur des berceaux d'enfants. Il y a des seins nus qui disparaissent alors qu'on emporte leurs enfants. À chaque séparation, brutalement, l'éclair laisse les mères livides et les enfants comme morts. Dans mes rêves, ces enfants crient chaque fois qu'il y a un orage.

Dans ces intervalles du temps que sont les rêves, les mots et les images quels qu'ils soient semblent n'avoir d'autres desseins que d'ouvrir une brèche dans la tristesse de l'abandon qui me hante ; ils semblent n'avoir d'autres desseins que d'ouvrir une brèche dans la trame de mon histoire lointaine. Dans l'obscurité de mes rêves, tout devient signe et message et je me sens condamnée à explorer sans limite les images et les mots qui diront mon histoire inconnue. À travers les scènes et les mots répétitifs est exprimé le désarroi des images qui m'obsèdent et que je réinvente à chaque récit. Une enfant ne peut jamais quitter une mère qu'elle n'a pas suffisamment connue. Ces images, je ne peux les oublier, peut-être parce qu'elles n'ont pas été.

Dans l'écriture, je déverse patiemment les mots qui comblent les trous de ma mémoire et me font une identité. Sans en comprendre tout le sens, j'espère que les mots qui sont ma seule issue et ma force de survie, écriront l'histoire de ma blessure et de ma fixation primitive. J'espère, qu'au plus profond du silence de la nuit, les mots me libéreront de ma souffrance et me révéleront, en pleine lumière, le mystère de mon premier jour. J'espère que mes rêves et mes mots me réveilleront d'entre les enfants abandonnés sans passé et mortellement livides de désespérance et d'insécurité. Il me fallait commettre cet acte d'écriture pour oser parler de ce qui reste, pour moi, inexplicable et impardonnable.

Tous, sans exception, avons été à un moment ou à un autre un enfant abandonné par une mère et tous, en tant qu'enfant, avons fabriqué des histoires autour d'elle. Plusieurs enfants négligés, délaissés ou abandonnés ont survécu grâce à des images qui, je le présume, leur conservaient l'espoir de retrouver l'énigme de l'abandon maternel. L'écriture peut servir à sublimer la hantise d'une mère qu'on aime par-dessus tout et qui est à la source de ce qu'on est et de ce qu'on ne sera jamais sans elle. Écrire le récit de son histoire permet de comprendre au présent, à un autre niveau, ce qui a été fragmenté dans l'inconscient. Le récit de Marie-Thérèse, cinquante ans, en est un bel exemple.

Elle est une toute petite fille de trois ans et tous les après-midi, elle va faire la sieste. Tous les après-midi, elle est invitée à dormir dans le lit d'un oncle qui a soixante-huit ans de plus qu'elle. Il lui parle avec douceur et lui promet des sous et des gâteries si elle est gentille avec lui.

L'oncle a inventé le jeu du bâton magique et de la fontaine. Il soulève les couvertures et la petite fille se glisse sur le côté, face à lui. L'oncle met la main de la petite fille sur le bâton magique et place sa grosse main par-dessus. À chaque mouvement, il lui répète que c'est grâce à elle si le bâton grandit magiquement. Quelques fois, l'oncle dit que si elle donne un bisou au bâton magique, il grandira de façon encore plus magique. La petite fille refuse disant que le bâton sent mauvais. Quelques fois, il la tourne dos à lui, baisse sa petite culotte et frotte le bâton magique entre ses fesses. Quand la fontaine a jailli, il retourne la petite fille à sa chambre avec son secret.

À cinquante ans, Marie-Thérèse a l'impression que dans tout, elle a de la difficulté à prendre sa place et à se faire respecter ; elle constate chez elle des dégoûts qui lui apparaissent sans lien avec les éléments de sa vie sexuelle actuelle. Jamais elle n'a eu de problème dans sa vie sexuelle jusqu'à ce que son mari essaie une certaine position. Dans cette position, elle se sent utilisée, n'a plus de désir et se sent agressive envers lui. Dès le début de ses avances, comme par réflexe, elle ressent une stupeur telle, qu'elle reste figée et passive. Marie-Thérèse croyait s'habituer, mais dans ces moments-là, des visions de son enfance refont surface, et après l'amour, elle sanglote sans trop en saisir la raison.

À cinquante ans, le récit des événements entourant ce secret de ses trois ans a fini par révéler à Marie-Thérèse l'immense effroi qui s'était, autrefois, installé en elle et qui s'amplifiait de jour en jour. Peu à peu, elle s'est souvenue de tous les gestes qui l'ont blessée et l'événement a pris alors des proportions inouïes, jusqu'à occuper toute la place dans sa tête, dans son corps et dans sa vie sexuelle.

L'événement passé est devenu la raison de ses frustrations, de ses ambivalences, de ses craintes, de ses gênes inexpliquées et de ses peines exagérées.

Marie-Thérèse avait six ans quand l'oncle est mort en emportant leur secret. L'oncle l'a abandonnée sans avoir reconnu la nature abusive de leur relation et elle a grandi en se doutant implicitement que, pour sauvegarder sa dignité, elle ne devait pas raconter le secret de sa vie d'enfant. Marie-Thérèse obéissait à une consigne impérative : il valait mieux garder le silence que d'être jugée, rejetée ou abandonnée, et c'est justement ce silence qu'elle ne pouvait plus supporter.

Notre culture occidentale paraît insensible à tout langage irrationnel ; aussi, j'ai mis du temps à considérer le rêve et l'écriture comme des formes d'expressions capables de faciliter l'intégration dans une démarche thérapeutique. C'est donc dans un quasi-silence que je leur ai fait une place dans ma pratique. Les rêves et les récits de mes clients m'ont toujours inspirée, et si j'en ai traité dans le présent ouvrage, c'est qu'ils ont été non seulement des sources d'inspiration, mais surtout des sources d'évolution dans leur vie.

4.3 Le langage de la création et de l'artiste

C'est quand je suis tout à fait moi-même, tout à fait seul et de bonne humeur que les idées me viennent le plus facilement et avec le plus d'abondance. D'où elles me viennent et comment, je ne saurais le dire. Je ne puis davantage les forcer. L'oeuvre ne m'est pas non plus donnée par fragments, mais dans son entier. Il me faut peu de temps ensuite pour la transcrire, car elle est terminée dans ma tête. Sa transcription diffère rarement de ce que j'ai entendu. (MOZART).

Pour Freud, la création artistique est une énergie qui consiste à dériver la pulsion vers un objet ou un but qui puisse satisfaire l'individu, alors que l'objet ou le but initial de la pulsion n'était pas accepté sur le plan social. La création artistique est une énergie psychique instinctive investie dans une voie non sexuelle et transformée ; la création artistique est une énergie transformée en un comportement plus socialisé. Pour Reeves, la créativité est cet esprit, cette conscience qui accumule des informations si particulières qu'elles apparaissent sans fondement dans la réalité.

Comme l'artiste, l'enfant se laisse toucher par la pulsion qu'il ressent ; comme lui, il voit au-delà des choses et il se laisse émouvoir par ce qu'il voit. Tous les enfants sont dotés d'une imagination débordante et d'une perception aiguisée ; grâce à elles, les enfants ont la capacité d'échapper au banal quotidien et la possibilité d'effacer, momentanément, les contraintes du monde extérieur. En cela, ils font un authentique travail de création. Pour les enfants, les objets inanimés préférés deviennent humains. En la compagnie de leurs objets préférés, ils ne se sentent pas seuls ; entre eux et leur monde intérieur, il n'y a pas de frontière et les objets qu'ils ont installés dans leur mémoire leur font oublier les frustrations de leur petite vie. En tant qu'adultes, nous envions souvent cette faculté qu'ont les enfants de savoir supprimer les frontières entre l'imaginaire et la réalité. Comme l'artiste, l'enfant sait se créer un environnement imaginaire parfait et comme l'artiste, l'enfant crée même s'il ne sait pas qu'il crée.

Dans mes réflexions sur le langage de l'artiste, il me semblait reconnaître une certaine ressemblance entre la personnalité artistique et les personnalités abandonniques. Je n'ai jamais su définir à quelle ressemblance je me référais, mais il m'apparaissait impératif d'amener l'exemple de Cézanne et de rechercher des comparaisons possibles entre sa personnalité d'artiste et la personnalité des individus abandonniques. J'avais l'intuition qu'en analysant avec sérieux la personnalité artistique de Cézanne, je découvrirais de quoi était faite cette ressemblance. En lisant l'ébauche de ce chapitre, des collègues m'ont dit qu'ils ne voyaient pas la pertinence d'analyser la personnalité de cet artiste et encore moins celle d'examiner des oeuvres en particulier ; ils me suggéraient plutôt de rester dans les limites des généralités sur l'art. Comme j'ai la bonne habitude de croire en mes intuitions, sans toutefois pouvoir prévoir ce qui allait en surgir, j'ai décidé de laisser agir l'irrationnel et de persévérer dans la poursuite de ma recherche, sachant très bien que les conclusions seraient incertaines.

Au départ, j'avais cette intuition que la pensée artistique de l'être humain pouvait difficilement se passer de résonances affectives ; il m'apparaissait évident qu'à travers les symboles qu'il affectionne, l'artiste évoque son état affectif et que c'est à cet état affectif qu'il donne une forme artistique. J'aimais croire qu'une émotion profonde servait de point de départ à la forme d'art et que l'œuvre de l'artiste tirait ses sources de l'affectivité de son créateur. J'ai donc fait mienne l'hypothèse que l'inspiration est une sorte d'état d'âme et de pensée artistique qui précède le geste de création.

Sir Herbert Read (1955) a soutenu que «[...] l'artiste anticipe sur la plus récente expérience scientifique et intellectuelle de la race.» Comme lui, je crois que l'artiste a des antennes et que, bien souvent, il exprime les conflits sociaux à venir avant même qu'ils aient émergé de la société ; quel que soit son art, l'artiste a, non seulement une intuition d'où jaillit une réelle vision de l'avenir social, mais il a, de par sa sensibilité particulière, une réelle communication avec le passé. Je dirais que les artistes et leurs oeuvres portent en eux l'empreinte des visions qui modèlent leur existence passée, mais aussi des visions qui modèleront leur existence à venir.

Devant certaines créations, je pense ici aux portraits de Picasso, on a quelques fois l'impression que le monde qui y est représenté exprime de son auteur une tendance quelque peu schizoïde, c'est-à-dire un repli sur soi. Peut-être bien que les personnages déchirés qu'il a peints dénonçaient une possible aliénation de l'existence humaine et une mauvaise adaptation des humains aux réalités extérieures. Sa perspective préparait peut-être le terrain pour nous montrer la nouvelle dimension que prendrait l'expérience humaine à travers les nouvelles données de la technologie. Sa façon particulière de déformer les visages anticipait peut-être déjà, d'une manière bien individualiste, les nouvelles possibilités de l'ordinateur.

On a dit de la peinture de Picasso qu'elle était provocante et de celle de Cézanne, qu'elle était mythique. Cézanne a peint des ormes aux branches disproportionnées en rapport à la dimension réelle des arbres. Quelle était la signification symbolique de ces arbres ? Les branches puissantes annonçaient-elles, comme les visages de Picasso l'ont fait, la forme disproportionnée que prendraient, à notre fin de siècle, le rationnel et la volonté ? Peut-être que cette puissance suspendue dans l'air représentait déjà toute l'importance que prendrait l'environnement au tournant du XXème siècle ?

Quand je regarde les images d'arbres, de branches, de pierres, de roches et de montagnes, j'y vois, de manière symbolique, la présence immense et puissante du désir de tous les hommes de se dépasser et d'aller au-delà des limites apparentes de leur condition humaine. Pour moi, les toiles de Cézanne et de Picasso disent simplement ce désir de tous les hommes d'habiter un nouvel espace et d'utiliser toute leur puissance créative. Un artiste est un être sensible qui a la capacité de se brancher sur son être intérieur et la sensibilité rare de pouvoir se représenter le monde sous ses aspects profonds et authentiques. Cette sensibilité puissante qu'a l'artiste est une qualité humaine purement intuitive.

Composés de formes blanches et triangulaires, les tableaux de Cézanne, avec beaucoup d'acharnement, ont élaboré une symbolique universelle que Jung fait remonter aux mythes et aux archétypes. Il a trouvé, dans de nombreux rituels païens et chrétiens, des preuves de l'expression du regret de la mère. Pour Jung, le dessin d'un arbre est d'abord la représentation d'un élément masculin et un symbole viril, mais du fait qu'en tout homme, il existe une composante féminine, l'arbre est aussi un symbole bisexuel. Pour lui, le bois est un symbole maternel et les nombreuses branches qui s'entrecroisent représentent l'union et les nombreuses descendances de la mère ; les arbres qui s'enlacent sont des mères qui enfantent et les branches qui s'unissent au tronc traduisent l'union entre la mère et l'enfant, union qui symbolise, plus particulièrement, le désir infantile d'être confondu avec la mère et de jouir de sa protection. Pour Jung, le symbolisme de l'arbre témoigne, de façon allégorique, de la gradation qui amène l'être humain à passer progressivement de l'union symbiotique avec la mère au regret de devoir se séparer d'elle.

Cette courte réflexion sur l'art et les artistes n'a pas la prétention de prouver qu'il y a une ressemblance entre les personnalités abandonniques et les personnalités artistiques, mais que l'on croie ou non que Cézanne et Picasso aient des personnalités abandonniques, il reste qu'ils nous ont enseigné que nous pouvons et devons vouloir être grands et puissants. J'aime à penser que déjà, à travers les formes particulières où se trouvait enracinée leur propre vie, ils avaient une appréhension de la vie future et de l'environnement humain. Cézanne et Picasso ont été des artistes qui ont aimé le monde et des visionnaires qui ont été pleinement liés à leur univers ; je vois dans leur art un degré de conscience qui m'émeut. J'aime à croire que par leur art, ils ont intuitivement participé à l'état de l'humanité.

L'analyse de Jung tend à confirmer, à tout le moins, que grâce à la puissance de leur esprit artistique imaginaire, certains adultes à la personnalité abandonnique sont devenus des survivants ou des «résilients» comme les a qualifiés Boris Cyrulnik. Parmi les adultes à la personnalité abandonnique et narcissique que j'ai reçus en thérapie, j'ai pu observer qu'à un moment de leur vie adulte, ils ont pris conscience du traumatisme de leur première séparation et qu'alors leur nature passionnée, leur talent, leurs rêves, leur rapport original à la vie et leur intuition les a poussés à vivre moins dramatiquement le traumatisme de leur passé. Les associations complexes dont leur esprit artistique était capable m'ont permis de comprendre comment, grâce à leur côté artistique, ils ont pu passer de la relation d'enfant abandonné à des relations interpersonnelles et sociales convenables. Il m'est apparu que le côté «artiste» de leur personnalité les avait aidés à prendre réellement conscience d'eux-mêmes.

Pareils aux artistes, les réflexions, les actions, les rêves de ces individus en lutte contre leur passé les ont conduits à une certaine clairvoyance quant à leur avenir ; pareil aux artistes, très souvent, leurs conflits et leurs crises présidaient à des gestes créatifs et ils semblaient porter sur leurs épaules les conflits de leur époque. Tout comme les artistes, ces adultes à la personnalité abandonnique avaient une sensibilité à fleur de peau, et pour la plupart, ils étaient plus conscients que la moyenne de leur angoisse de vivre.

Dans ses *Pensées* (Pensées, IX, 27), le clairvoyant Pascal exprimait ainsi les sentiments d'incommunicabilité, de solitude et d'abandon qu'il pressentait de son époque.

Considérant la cécité et la misère de l'homme, voyant muet tout l'univers et l'homme abandonné à lui-même, pour ainsi dire à l'écart en son coin de l'univers, ignorant qui l'a mis là et pourquoi il s'y trouve, je commence à prendre peur, comme un homme que l'on a transporté pendant qu'il dormait dans une effrayante île déserte, et qui s'éveillera sans avoir aucun moyen de quitter l'île.

4.4 Les langages de l'émotion et l'intelligence du corps

Notre quête n'a pas de fin et quand nous parvenons à son terme, nous retournons à notre point de départ et l'apercevons pour la première fois. (T.S. ELIOT)

Le langage émotionnel est un concept relativement nouveau ; il prend appui sur la notion d'intelligence émotionnelle développée par Goleman, vers 1997, qui a pour idéal d'harmoniser l'intelligence du coeur à l'intelligence rationnelle. Il soutient que dans le cadre d'une relation authentique, un dialogue convenablement instauré entre les capacités du coeur et les capacités intellectuelles permet de reconstruire un sentiment de sécurité et d'estime de soi. Pour lui, l'intelligence émotionnelle contient les caractéristiques suivantes : «[…] l'empathie, l'aptitude à se motiver ou à persévérer dans l'adversité, l'aptitude à maîtriser ses pulsions et à attendre avec patience la satisfaction de ses désirs, la capacité de conserver une humeur égale, la capacité de ne pas se laisser dominer par le chagrin et celle d'espérer.»

J'ai tenu à traiter de l'intelligence émotionnelle parce que je crois que grâce à elle, il est possible d'éduquer les enfants à voir venir et à contrôler les pulsions qui leur sont négatives. Pour peu que quelqu'un se donne la peine de les aider, les enfants peuvent, tout autant que les adultes, acquérir des aptitudes émotionnelles ou les améliorer. Lorsque le parent ou une autre personne compatissante comprend la manière dont s'opèrent l'apprentissage et l'acquisition des habitudes psychologiques, il est possible de rééduquer émotionnellement un enfant.

En thérapie, la première étape est d'abord de calmer les sensibilités et les susceptibilités, les craintes et les insécurités ; la deuxième étape consiste à convaincre l'enfant et ses parents que les gaffes les plus terribles ne sont pas irréversibles et que les erreurs sont corrigibles. En faisant l'effort de revenir sur les réactions qui ont conduit à des émotions douloureuses, l'état émotif de l'enfant est améliorable. Il faut prouver à l'enfant que, si son esprit a été capable d'ériger des obstacles déstabilisants, douloureux et destructeurs, il ne tient qu'à lui de changer sa réalité intérieure et de vivre ses pensées d'une autre manière. En étant le plus souvent possible aux côtés de l'enfant, il s'agit, pour le parent ou l'intervenant, de lui donner les moyens de comprendre ses comportements et de le conforter suffisamment pour qu'il trouve le courage d'affronter les émotions que le font souffrir. Convaincre l'enfant de la valeur de ses réactions émotives en les lui expliquant est une étape importante ; il est essentiel de lui redonner le sentiment d'avoir prise sur ce qui lui arrive dans le présent. Une fois le sentiment de contrôle et de puissance rétabli, il est nécessaire de reprendre le récit des événements affectifs qui ont paralysé la voie normale de l'émotion et de recadrer, point par point, les perceptions négatives et les programmations erronées qui ont entraîné l'enfant dans des conduites souffrantes. Transformer les pensées brutes qui font échouer les meilleures intentions et les plus beaux projets de l'enfant, c'est déjà entamer un changement positif. Recadrer les mauvaises répliques de la situation dont l'enfant est le metteur en scène et lui suggérer une perspective nouvelle et des arguments nouveaux, font partie des efforts à faire pour améliorer l'état émotif de l'enfant.

Judith Lewis Herman (1992), soutient qu'en acquérant une compréhension nouvelle et plus réaliste des souvenirs et des émotions qui les accompagnent, le cerveau émotionnel en vient à déclencher des réactions de moins en moins négatives. Lorsque l'on comprend le rôle des émotions, les symptômes qui resurgissent, occasionnellement, deviennent de moins en moins gênants et les sentiments associés aux souvenirs de manque d'affection, de perte, de rejet ou d'abandon sont de mieux en mieux supportés. Il est certain que des corps malades et des esprits tristes perçoivent le monde comme une source de difficulté, mais pour changer les perceptions des enfants malades ou tristes, il ne suffit pas de leur faire avaler un comprimé d'aspirine ou de ritalin. Quand la verbalisation est difficile, tourner son regard vers l'émotion peut s'avérer un moyen de soulagement efficace.

On peut illustrer l'effet des émotions mal contrôlées, en analysant la réaction de deux personnes assistant à un même numéro de trapèze. L'une est apeurée par la scène qu'elle voit et les hormones du stress réduisent son plaisir et ses réponses immunitaires ; l'autre y trouve du plaisir et sécrète des substances chimiques qui renforcent son système immunitaire. Tout est une question de point de vue. La réalité extérieure se structure inévitablement autour des impressions et des émotions qui l'animent intérieurement. Certaines situations et certains souvenirs d'enfance nous attristent alors que ces mêmes souvenirs ont un résultat contraire sur notre sœur ou notre frère. Par delà la volonté consciente, la réalité émotive d'une personne n'est pas la réalité émotive de l'autre et, à cause de cette différence de perception, les effets physiques et psychologiques prennent un sens positif ou négatif. Chacun de nous est un être unique qui a sa propre réalité intérieure ; malgré cette évidence, l'individu moderne semble ignorer que ce qui est perçu avec le coeur influe sur l'intelligence rationnelle.

Selon Antonio Damasio (1994), neurologue à la faculté de médecine de l'Université de l'Iowa, les circuits responsables des émotions sont façonnés par les expériences vécues au cours de l'enfance et à nos risques et périls, nous laissons ces expériences entièrement au hasard. Par delà la volonté consciente, des émotions comme la peur, la honte, la culpabilité et les sentiments d'abandon modèlent donc les réponses de chaque individu. Le cerveau émotionnel porte des cicatrices affectives qui laissent leurs empreintes dans le corps, dans les relations sociales et dans les relations intimes.

Face aux émotions inconfortables, le corps se fait l'auxiliaire des mécanismes internes et développe des comportements inadaptés et des maladies ; les symptômes sont, en ce sens, des informations très utiles sur les causes des douleurs, des insécurités et des conflits intérieurs. Des gens croient que la maladie est crée par le stress de la vie, la pollution de l'air, les pesticides, les OGM, les produits chimiques, pour ma part, l'élément déclencheur de certains types de maladie est, tout bêtement, une émotion profonde déclenchée par un souvenir douloureux.

Chez certains de mes clients, j'ai été à même de constater qu'une souffrance émotionnelle, une tristesse envahissante, un vide indéfinissable provoquaient une insécurité maladive et un sentiment d'abandon qui les rendaient, périodiquement, psychiquement et physiquement fragiles aux stress de leur vie. Mais il serait trop simple d'affirmer que la souffrance émotionnelle conduit indéniablement à une souffrance physique ou qu'une quelconque blessure ou blocage psychologique dérègle la chimie interne du corps et provoque, inévitablement, une maladie physique.

Dans mon livre intitulé *Les souvenirs occultés et la maladie*, j'ai amorcé une réflexion sur les liens entre les souvenirs traumatisants, la souffrance psychique et la maladie physique. J'y rapporte qu'il y a souvent dans la maladie physique un désir de fuir une souffrance psychologique insupportable et que les émotions négatives peuvent réellement faire naître des souffrances psychologiques. Depuis ce livre, je suis particulièrement sensible à la souffrance quelle qu'elle soit, car je ne crois pas qu'il faille nécessairement passer par la souffrance pour avoir envie de transformer sa vie ; depuis, j'ai acquis la conviction profonde que la souffrance psychologique et physique ne fait pas partie des comportements innés chez l'homme et je demeure des plus attentives à la perception que l'individu a des sentiments et des émotions qui le font prisonnier de son corps et de son esprit.

Damasio (1994) considère que la connaissance de nos émotions nous permet d'évaluer certaines options comme valorisantes et nous met en garde contre certaines autres ; la connaissance de nos émotions est indispensable, car elle nous oriente dans la prise de décision. Pour lui, la connaissance des émotions intervient dans le raisonnement et c'est grâce au cerveau émotionnel que la logique peut être utilisée au mieux. Si des personnes font des choix désastreux, si leurs décisions sont erronées, c'est parce qu'elles n'ont plus accès à leur connaissance émotionnelle ; ce faisant, malgré un potentiel intellectuel évident, il y a une mauvaise maîtrise de la vie affective et par ricochet, une mauvaise maîtrise de la vie sociale. Pour Damasio, l'émotion est le langage premier, la réaction première et c'est grâce à cette intelligence émotionnelle première que s'instaure le premier accord verbal et le premier rapport concret de sympathie mutuelle entre un enfant et sa mère. L'émotion est une sorte de consonance qui détient le pouvoir de rendre les rapports humains sécurisants.

Shakti Gawain (1986), dans son guide sur la transformation personnelle, assure que lorsque l'individu se permet de ressentir ses émotions négatives, l'énergie bloquée est rapidement libérée ; elle mentionne que se retirer dans le silence et la bouderie à chaque fois que l'on vit un malaise ou une émotion négative, c'est se fermer à l'expérience déclenchée par l'intelligence émotionnelle et au contraire, s'occuper de façon responsable de ses émotions, c'est s'occuper intelligemment de soi.

Lorsqu'il y a la crainte de certains sentiments comme la colère ou la tristesse, nous nous freinons émotionnellement et, ne voulant pas les ressentir, nous n'arrivons pas non plus à nous en libérer. En voulant nous éviter de ressentir ces sentiments douloureux et en leur faisant résistance, nous nous causons une réelle souffrance émotionnelle ; au contraire, en nous autorisant à les ressentir nous rendons les sensations intenses sans que la douleur ne dure. Accumuler des émotions négatives, c'est être envahi par elles et être empêché d'entendre la voix calmante de l'intuition ; à l'opposé, être en contact avec ses émotions, c'est combler son besoin affectif et se donner la sécurité d'être toujours là pour prendre soin de soi, sans la peur d'être abandonné.

Dans les années vingt, E.L. Thorndike a été le premier à soutenir que l'intelligence émotionnelle faisait partie du quotient intellectuel d'un individu. C'est à lui que nous devons d'avoir vulgarisé ce qu'il appelait alors «l'intelligence sociale» ; il la définissait comme «la capacité de comprendre autrui et d'agir avec sagesse dans les relations humaines.» Selon ce concept, un rapport humain authentique se doit d'être émotionnellement sympathique avant d'être empathique. L'être humain étant un être social qui a besoin d'être reconnu par ceux qu'il aime, donner l'opportunité à l'individu de vivre des relations émotionnellement sympathiques et empathiques, c'est lui apprendre à faire confiance à son processus interne d'évolution.

En 1990, dans son essai à l'université Laval, Raymonde Plante avançait que c'est par plus de communication, d'intimité et d'authenticité que nous apprenons à faire confiance à nos émotions. Reconnaître ses émotions et se permettre de les éprouver a un effet de contagion quant aux réponses émotionnelles. Lorsque nous développons l'habitude de faire confiance, les autres ont tendance à agir de même envers nous et cet effet contagieux conduit inévitablement à des relations affectives plus sereines et plus authentiques. Chaque fois que nous exprimons nos sentiments et nos émotions, nous changeons intérieurement. L'autre étant notre miroir, si nous changeons, il va également changer ; l'autre nous reflète alors de façon plus positive et les choses qui auparavant étaient bouleversantes perdent, peu à peu, leur charge émotive et insécurisante.

Après eux, les recherches de Paul Ekman et Richard Davidson (1994) ont montré que :

Au cours des toutes premières secondes de la perception, nous savons non seulement ce qu'est quelque chose, mais aussi si cela nous plaît ou non ; notre inconscient cognitif ne se contente pas de préciser l'identité de quelque chose à notre conscience, il lui donne aussi une opinion. Nos émotions ont leur propre esprit, un esprit qui a ses idées à lui, tout à fait indépendantes de celles de l'esprit rationnel.

Pour moi, le sentiment d'abandon est la manifestation d'une lointaine et puissante émotion et c'est pourquoi il m'est apparu impératif de parler de l'émotion comme d'une forme d'intelligence qu'il est possible de rééduquer. Croire en son intelligence émotionnelle rend plus enrichissante l'émotion de vivre.

4.5 L'environnement non humain

L'homme doit se mettre en relation spirituelle avec le monde et ne faire qu'un avec lui... En réalité, la question est de savoir quelle est son attitude envers le monde et envers toute vie autour de lui. L'homme n'est moral que si toute vie, comme telle, est sacrée pour lui, celle des plantes et des animaux comme celle des autres hommes. (ALBERT SCHWEITZER)

On ne peut traiter de l'environnement non humain sans se référer aux idées de Konrad Lorenz, connu pour ses recherches en matière de psychologie animale et Prix Nobel de médecine en 1973. Ses travaux sur le comportement animal dépassent largement le domaine de la zoologie et si je m'intéresse plus particulièrement à cet auteur c'est que, tout en renforçant mon attachement pour les animaux, ses travaux ont fourni à ma pratique thérapeutique avec des personnes qui vivaient un sentiment d'insécurité et un état d'abandon, un nouvel éclairage quant à la compréhension du caractère troublant de la séparation.

Voici un texte que j'ai écrit il y a quelques années.

Une préoccupation toute maternelle

Depuis longtemps, il y a des chats dans notre famille. Avec le temps, j'en suis venue à penser que les chats avaient la capacité de comprendre les gestes humains et celle d'exprimer des sentiments.

Lorsque mon petit-fils est né, j'ai été très attentive aux mimiques et aux expressions de mes chattes en sa présence. Lorsque je le berçais, une chatte se collait à côté de moi et l'autre s'étendait sur mes genoux, pelotonnée contre lui. Lorsque bébé dormait dans son moïse, la chatte tigrée était de garde. Lorsqu'il commençait à s'éveiller, c'était incroyable, les deux chattes accouraient avant même que j'aie entendu le premier son. S'il pleurait, c'était l'opération de sauvetage: d'un commun accord, les deux soeurs se précipitaient vers le berceau et, patiemment, marchaient de long en large autour de nous jusqu'à ce que le bébé soit consolé. Difficile d'élever la voix ou même de montrer de l'impatience quand une panthère et une tigresse ne quittent pas d'une semelle ce petit oiseau qu'elles semblent avoir pris sous leurs ailes.

C'était touchant de voir avec quelle constance les chattes s'attachaient à la personne du bébé. Déjà, je ne pouvais imaginer qu'elles puissent lui faire du mal et les scènes auxquelles j'ai assisté par la suite m'ont enlevé toute inquiétude. On aurait dit le vieux réflexe d'origine ancestrale d'une chatte qui prend soin d'un plus faible et qui défend ses petits. Le percevaient-elles de la catégorie des chatons à protéger ? Auraient-elles généralisé à l'humain ce caractère héréditaire qui s'exprimait à l'origine comme une fonction de protection de l'espèce ? Quel instinct lointain les transformait soudainement en mères poules ? Quelle perception extraordinaire les poussait à entourer ce nourrisson de tant d'égards ? De toute évidence, ce bébé était un objet digne d'attention.

Le bébé a grandi et leur présence auprès de lui n'a jamais failli et n'a jamais été malveillante. Pendant nos courtes promenades dans les rues et nos visites au jardin, une ronde tigresse et une panthère élancée au poil noir brillant suivent le bruit de nos pas ; elles se vautrent dans l'herbe, se frottent aux branches de sapin, batifolent derrière nous et bondissent devant nous comme de petits elfes. Les petites chattes se roulent contre la terre poussiéreuse du jardin où le petit, à quatre pattes, les poursuit comme un petit animal heureux. C'est ravissant de les voir ensemble. C'est le plus joli spectacle de jeux qu'il m'a été donné de voir entre des animaux et des humains.

Au dehors, mes douces chattes perdent un peu de l'inhibition aimable qu'elles ont dans la maison. Lorsqu'elles sont dehors, elles sont sur leur territoire de chasse et elles n'obéissent plus à mes règles, je prends alors soin de garder bébé, inconscient du risque et du danger, à distance et de leur laisser cet espace où elles redeviennent momentanément de petites bêtes sauvages. Lorsqu'elles sont dehors, je garde bébé sous haute surveillance, car je ne voudrais pas qu'à cause d'un moment de distraction, la belle amitié qu'elles ont envers lui se change en disposition de tigresse frénétiquement abominée ou de panthère meurtrière que je devrais punir.

Lorsque, empreintes de l'odeur délicieuse de sapin et d'aventure et, quelquefois de l'odeur déplaisante du combat ou de l'amour, elles reviennent se mettre en boule et ronronner sur mes genoux, leur heureuse mimique me récompense largement de leur avoir ouvert les portes à des parties de chasse en toute liberté. À chacune de leurs escapades, je les attends avec cette peur de les retrouver blessées et, plus encore, j'ai, au creux de l'estomac, cette angoisse qu'elles ne rentrent plus à la maison.

Depuis huit ans, ces chattes m'accompagnent dans ma vie de tous les jours et tous les jours, elles trottinent derrière ou devant mes pas, si bien que, lorsque je ne suis pas avec elles, je ne sais par quel mécanisme psychologique, je ressens parfois leur présence et les imagine qui s'attachent à mes pas et vagabondent à mes côtés comme de gais fantômes.

Moi qui vis avec elles, j'ai parfois eu l'impression qu'elles lisent dans mes pensées. Sans pouvoir le dire avec des mots, mes chattes savent prouver leur affection. Chaque fois que je suis triste ou malade, elles réagissent à mes symptômes et elles me signifient leur sympathie en restant près de moi. J'ai maintenant l'expérience de leur comportement et je considère que la relation attentive qu'elles ont envers moi dénote un sentiment instinctif très proche du sentiment de sollicitude humaine.

Une nuit où mon petit-fils était fiévreux à cause d'une infection, comme si elles comprenaient l'inquiétude, elles ont suivi tranquillement mes pas et veillé avec moi la nuit entière. Ce geste de surveillance se répète depuis la première nuit de ce bébé dans notre maison. À leur manière, ces petites bêtes prennent soin de ceux que j'aime et tout cela de façon totalement désintéressée, sans espoir de récompense. Cette attitude de veille est une attitude dépourvue d'égoïsme, elle est entièrement gratuite. Pendant près de deux ans, le stratège a continué, là où était bébé, les chattes y étaient. D'un point de vue humain, leur sollicitude se rapproche étrangement d'une réaction maternelle ; les chattes accourent de la même manière qu'une mère devant un appel au secours de son bébé.

Mes chattes acceptent beaucoup de choses de la part de ce petit enfant. Même s'il leur est souvent tombé dessus de tout son poids, je dois le reconnaître et c'est tout à leur honneur, jamais elles ne l'ont griffé ou mordu. Quelquefois, la chatte tigrée, plus joueuse, se cachait contre un mur ou se lovait sous un meuble et, lorsqu'il passait près d'elle, lui donnait un léger coup de patte ou se jetait à bras le corps sur la jambe du petit à quatre pattes qui criait de surprise et de plaisir. Puis, coupable de ce relent de chasse, d'attaque ou de jeu, elle disparaissait un moment ou, simplement pour jouer encore, d'un bond, démarrait en flèche dans l'espoir que son compagnon de jeu la poursuivrait. C'était d'un drôle de la voir préparer son embuscade et attendre patiemment qu'il apparaisse à sa vue. Lorsque le petit à quatre pattes, pour se mettre en position debout, s'agrippait à un point quelconque de son anatomie, la chatte noire baissait les oreilles contre la tête et ne bougeait pas un poil, mais je devinais sa douleur puisque, aussitôt l'emprise relâchée, elle disparaissait de sa vue pour un moment.

Avec le temps et les années, à travers les jeux et les caresses, il s'est installé entre eux une tolérance réciproque. Loin de le mettre à l'écart ou de lui être indifférent, la chatte noire lui permettait de partager ses repas ; alors qu'elle mangeait, la chatte le laissait poser sa tête sur son dos et remuait aimablement la queue et depuis, en guise d'affection, mon petit-fils partage, à tous les repas, sa nourriture avec elle. Quelle patience elles ont eue envers ce tout-petit qui m'est cher ! Quelle sensibilité particulière les a instruites que ce nouvel indi-

vidu qui s'installait dans notre famille n'était pas un intrus et qu'il était le bienvenu ?

D'ordinaire, les chattes n'ont pas peur de bébé, seules la joie ou la douleur perçante de ses cris les intimide encore. De façon générale, elles ont su se soustraire à ses premières attentions trop brutales et cela a eu, je le crois, une certaine valeur éducative sur leur compagnon de jeu. Il en a d'abord été frustré, mais il a vite compris qu'il lui faudrait se conduire envers elles avec un peu plus de délicatesse et de gentillesse, s'il voulait avoir le plaisir de leur compagnie. Après toutes ces années de vie commune, craindre que l'une d'elles fasse du mal à ce tout-petit était absurde. C'était plutôt le contraire que je craignais.

J'arrive à prouver mon affection avec les êtres que j'aime, mais dans mes rapports avec mes chattes, je pense que leur préoccupation animale est une affection plus pure que la mienne. Mes chattes m'aiment plus que je les aime et cela m'emplit quelquefois de honte d'être un humain.

Vous aurez compris que pour moi, ces chattes ont été des compagnes fraternelles. J'ai toujours pris au sérieux leur fidèle présence, car pour moi la fidélité est précieuse ; le lien qui nous unit est, de toute évidence, un lien aussi durable que l'amitié entre les humains. Mes chattes m'aiment et elles aiment qui j'aime et l'amitié entraîne une certaine responsabilité.

La présence des chattes dans ma famille a été pour mes enfants et petits-enfants l'occasion d'apprendre la tendresse et le respect d'autrui. Encore aujourd'hui, j'éprouve une certaine émotion lorsque, au matin, je les trouve endormies à attendre mon réveil à la porte de ma chambre. Lorsque mes petites chattes ne seront plus là, elles laisseront une empreinte durable dans mon souvenir. Peut-être qu'après un certain temps de deuil, je les remplacerai parce que j'aime la compagnie des chats, mais elles m'ont suivie si fidèlement et avec tant d'amour que je leur devais bien de m'écarter un peu des considérations psychologiques abstraites et sérieuses pour consacrer quelques lignes à leurs activités animales qui, selon moi, démontrent une préoccupation maternelle très voisine de celle des humains.

H. Searles (1960) a examiné, en ces termes, la parenté de l'homme avec le monde non humain.

Je suis convaincue que la relation que chaque être humain a avec le milieu non humain exerce une plus grande influence qu'on ne le croit sur le développement de sa personnalité. Je crois que, dans la vie d'un individu atteint psychiquement, sa capacité ou son incapacité à entretenir avec son entourage non humain une relation constructive peut contribuer de façon non négligeable à soigner ses souffrances ou, à l'inverse, constituer un facteur réel de sa maladie.

Hubert Montagner (1988) et son groupe de recherche ont étudié les interactions entre des enfants et leurs chiens. Voici comment, ils décrivent l'attachement particulier qui s'établit entre un jeune enfant et son animal familier.

À l'origine de 80% des interactions, l'enfant a tendance à privilégier les contacts corporels, parmi ceux-ci les contacts de type agonistique tels les coups, le tirage de poils, le chevauchement. Bien que les chiens présentent une fréquence élevée de comportements de détournement, de retrait et d'éloignement, quelle que soit la race, le chien ne répond que très rarement par un comportement de menace ou d'agression. Le chien apparaît attentif au comportement de l'enfant et il a tendance à flairer le visage de l'enfant. L'enfant, après une entrée en contact agonistique, peut ensuite passer avec l'animal à un autre type d'interaction où les sourires, les rires, les caresses, les enlacements, les sollicitations et les offrandes prennent le pas sur les comportements agonistiques.

Les recherches de Montagner et de son groupe concluent que tous les jeunes enfants ont d'abord des contacts de type agonistique avec leurs animaux de compagnie et qu'en grandissant les gestes d'attachement à l'animal se spécifient ; cela ne veut pas dire que parce qu'ils sont petits, il faut laisser les enfants maltraiter ou brutaliser leur compagnon de jeu. Selon moi, tous les enfants ont une affinité profonde avec la nature animale, une affinité qui leur permet de devenir naturellement gentils avec les bêtes ; il leur faut seulement le temps d'apprendre l'attachement. Il est profitable à un jeune enfant de grandir en présence d'un animal, car par un processus d'habituation il conservera ce registre d'attachement dans ses interactions avec les personnes.

Dans le champ thérapeutique comme dans le champ du développement personnel, en dehors de la parole, peu d'outils d'introspection non humains sont utilisés. La littérature théorique ne traite que très rarement d'éléments comme la musique, le décor ou la présence d'animaux. Même si devant ces outils d'intervention, ils m'apparaissent tout de même susceptibles de favoriser le lien thérapeutique.

Dans ma pratique, c'est avec des femmes insécures que j'en suis venue, pour la première fois, à exploiter l'environnement non humain comme support thérapeutique ; il me fallait trouver un moyen d'apaiser leur crainte et les inciter à s'associer à moi dans une démarche thérapeutique. Pour que ces femmes puissent accepter l'aide d'une intervention et ne fuient pas la thérapie, je pressentais qu'il me faudrait les convaincre qu'il n'y aurait ni agression ni acharnement de ma part.

Au cours de mes conversations avec des femmes en maison d'hébergement, plusieurs m'ont dit avoir eu peur d'entreprendre une thérapie parce qu'elles craignaient que se répète une relation basée sur la persuasion ; en présence de leur thérapeute, elles souhaitaient se sentir bien psychologiquement, mais aussi à l'aise physiquement. Dans le but de faciliter l'établissement du lien de confiance, j'ai demandé à ces femmes de me dire ce qui les calmait le plus dans leurs moments d'insécurité et de m'expliquer ce qui les gênait le plus dans le bureau d'un thérapeute ? À ma première question, elles ont répondu : «Je peins, j'écris à mon ami, par Internet, je me prépare une bonne bouffe, j'invite des amies, je jardine, je vais marcher dans le boisé avec mon chien, je brosse mon chat, je vais au cinéma, je regarde des livres d'horticulture, je vais jouer au golf, je berce mon bébé et je lui invente de belles choses, je vais magasiner, je me lance dans des travaux de décoration, j'écoute de la musique dynamisante, je prends un bain moussant, je chante à tue-tête dans la douche, etc.» À ma deuxième question, elles ont amené des éléments tels que le sentiment de froideur des bureaux aux murs blanc ou gris, le sentiment d'être prisonnière d'une pièce sombre ou sans fenêtre, l'inconfort des fauteuils ou des lumières trop vives et trop souvent, l'impression désagréable de monologuer.

Ces femmes craignaient les paroles persuasives et demandaient une présence basée sur l'échange, il m'apparaissait ainsi essentiel de ne pas raviver, dès les premiers instants de notre relation, les raisons qui avaient pu les conduire à la Maison des Femmes. Leurs activités de détente étaient des gestes capables d'apaiser leur insécurité psychologique, il me fallait donc trouver une ouverture, un passage où les rencontrer en toute sécurité ; il me fallait les mettre suffisamment à l'aise pour qu'elles aient envie d'échanger et communiquer avec moi. Avant de tenter de les joindre dans leur intimité, je devais donc essayer de les rejoindre dans un espace sécurisant où elles se sentiraient apaisées et désireuses de parler.

Ce n'est qu'à cette étape de mon expérience que je me suis mise à la quête d'études et de recherches qui reconnaîtraient l'environnement non humain comme un constituant de la vie psychique saine. Grâce à ces femmes, j'ai réalisé que dans les premiers moments d'une thérapie, la première impression est souvent cruciale et qu'il est fréquent qu'un individu à la personnalité insécure et abandonnique ne puisse exprimer par des mots les expériences qu'il a vécues. Grâce à elles, j'en suis venue à constater que l'être humain ne réagit pas qu'aux mots et ne s'exprime pas que par des mots. Selon une étude effectuée par Mehrabian A. (1971), l'expression globale d'une personne est composée de 7% d'expression verbale, de 38% d'expression vocale et de 55% d'expression faciale. D'autres recherches sont également arrivées à des résultats semblables et suggèrent que les deux tiers du langage est non verbal. Il n'y a donc pas que les mots pour exprimer l'intensité de l'émotion, des sentiments et des expériences et il peut certainement être facilitant d'utiliser des outils qui laisseront parler le non verbal.

Dans les institutions psychiatriques, un espace neutre et un environnement facilitant existent ; le patient participe à des activités ergo thérapeutiques tels le travail du bois, le travail de la ferme, le jardinage, le tissage, l'art thérapie, la zoothérapie, etc. Dans les bureaux de pratique privée, cet espace neutre et ces outils facilitants n'existent pas encore, sinon très peur ; il n'est pas encore bien vu de recevoir les clients au jardin et il ne fait pas très professionnel de les recevoir dans un bureau où l'on prend le thé et où «minou» a ses entrées.

Afin de gagner la confiance de ces femmes et de rendre l'ambiance apaisante et agréable, il me fallait aménager un espace physique où elles se sentiraient bien ; j'ai donc pris le temps d'aménager un espace bureau où le cadre physique serait attrayant et j'ai voulu les accueillir dans un lieu propice à les mettre à l'aise physiquement et psychologiquement. Ces femmes dont l'identité personnelle était incertaine avaient besoin de repères affectifs, mais aussi d'être entouré d'objets significatifs et sécurisants. Pour me rapprocher d'elles, pour encourager leurs confidences et permettre aux émotions de se dire en toute confiance, à partir de leurs suggestions, j'ai ajouté au décor des objets familiers et agrémenter l'environnement physique de nos rencontres de l'ambiance apaisante de la musique de Mozart. Pour les clientes qui aimaient la présence des animaux, avec leur assentiment, mes chattes ont fait partie des rencontres.

Je crois sincèrement que pour les personnalités insécures et abandonniques, à tout le moins celles ayant un sens affirmé de ce qui est artistique, un environnement accueillant, bien que secondaire à l'attitude du thérapeute, peut faciliter la naissance d'un lien de confiance. Je ne prétends pas que la qualité de l'ambiance environnementale a préséance sur l'alliance thérapeutique ; bien sûr, l'attitude du thérapeute prévaut ; néanmoins, je crois sincèrement que l'environnement thérapeutique peut prédisposer, certains clients au bien-être physique et les conduire ensuite à désirer un bien-être psychologique. Avoir le souci d'aménager les lieux physiques de manière à ce que le client s'y sente bien, c'est déjà bien l'accueillir. Pour avoir le courage de «se recevoir» dans toute sa vérité, il faut peut-être que le client se sente bien reçu par son thérapeute. Je conviens toutefois que pour que le lien relationnel se crée, il ne suffit pas qu'un environnement thérapeutique soit agréable ; il faut obligatoirement que le thérapeute soit capable de se mettre dans un état de disponibilité et de réceptivité, qu'il se sente lui-même à l'aise dans l'environnement physique et psychologique.

L'environnement non humain n'est qu'un autre outil de communication, un autre langage permettant à l'individu d'exprimer ce qu'il ressent et ce qu'il aurait de la difficulté à dire sans cette ambiance plus personnalisée. À travers cet environnement d'outils sensoriels, affectifs, émotionnels, cognitifs et intellectuels que j'ai composé, il s'est opéré des synthèses et il s'est effectué de profondes transformations. À travers ces outils, tout autant irrationnels que rationnels, il s'est expliqué des sentiments de transfert, de déplacement, de projection et d'identification et il s'est intégré des expériences et consolidées de saines relations.

Au cours des ans, l'individu s'est affairé à accroître son potentiel intellect et les théories scientifiques l'ont quelque peu détourné de ses affinités avec l'univers non humain et l'espèce animale. Il semble bien que l'adulte n'ose pas se servir des outils irrationnels à sa portée et qu'il ne se reconnaisse plus guère de connivence avec le non humain ; on dirait qu'il ne se rappelle plus la complicité qu'il avait, enfant, avec son petit chien, son petit chat ou son toutou en peluche. «Les animaux ne connaissent que l'amour: les chats, les perruches n'ont de fraternité que le pelage. Pour trouver des frères, ils sont obligés d'aimer les hommes. La fraternité est ce qui distingue les humains, disait Jean Giroudoux.

Parce que je crois la réalité humaine plus simple que ce qu'elle s'est efforcée de devenir, j'ai choisi d'utiliser des outils d'intervention simples qui sont un intermédiaire, une convergence, une médiation entre ce qui est humain et non humain.

Aujourd'hui, grâce à l'ouverture d'esprit des femmes que j'ai rencontrées au début de mes expériences professionnelles, il y a dans mon bureau mes chattes, des plantes, de la musique, des chaises confortables et un coin au fond du jardin avec un banc où, par beau temps, je peux recevoir les clients. Cet environnement particulier me conduit à des échanges où la sensibilité des êtres m'étonne encore. J'ai appris à faire confiance à ce contact initial qu'est l'environnement non humain. Depuis mes rencontres thérapeutiques avec les femmes, j'ai compris que la vie psychique, affective ou émotive n'est pas isolée du monde de la nature, des animaux, des objets, des sons et des couleurs ; avec elles, j'ai acquis la conviction que l'environnement non humain participe étroitement à la vie physique et psychique saine. Je le sais maintenant, il n'est pas toujours possible d'aider psychologiquement quelqu'un qui se sent mal à l'aise dans l'environnement physique.

Conclusion

La terre est peuplée de milliards d'individus qui bon gré mal gré, à travers les événements ordinaires de leur vie d'enfant, ont vécu des moments de frustrations. Il est logique de croire qu'à l'âge adulte, les individus ont dépassé ces frustrations infantiles ; pourtant, dans l'accession à l'identité, nombreux sont ceux qui se sentent toujours tourmentés par des frustrations qu'ils ont mal supportées. La présence de l'insécurité à l'âge adulte témoigne qu'une histoire d'abandon vécue dans l'enfance a laissé sa trace.

La pratique thérapeutique corrobore que les agirs des adultes ne sont autre chose qu'une facette déformée et plus complexe des comportements adoptés vis-à-vis les événements de leur vie d'enfant ; elle atteste également que les expériences de frustrations et de séparations mal réglées imprègnent les comportements. Malgré ces constats, ils sont nombreux ceux qui croient inutile de revenir au récit des premières frustrations et des premières séparations. Je ne crois pas qu'il soit puéril de reconnaître l'enfant abandonné que l'on a été ; un individu qui se sent abandonné est insécure et s'adapte mal, tant que les personnes qui ont été responsables de lui au cours de son enfance n'expriment pas la vérité sur les blessures qu'il a subies. Il n'est jamais ridicule de chercher des explications à une vulnérabilité indissoluble et à une sensibilité inéluctable.

Au début de leur vie, pour ne pas se sentir abandonnés, les enfants sollicitent une attention pressante et une présence constante ; la mère est alors l'objet de leurs demandes insistantes et continues. Au début d'une relation entre une mère et son enfant, pour se connaître et s'adapter et ensuite s'attacher l'un à l'autre, ils ont besoin de temps. La sollicitude envers l'enfant n'apparaît pas automatiquement : pour la mère, ce n'est que lorsque l'intolérance des premiers moments d'adaptation disparaît que la sollicitude maternelle apparaît. Pour le petit être humain, avoir la certitude d'être affectueusement protégé par la sollicitude maternelle est une sécurité dont il ne peut se passer. Aussi, l'enfant qui, au temps des demandes et des sollicitations, a vécu des frustrations ou l'absence est en manque et tant qu'il n'a pas obtenu la sollicitude à laquelle il s'attend de la part de l'objet de son amour, il a de la difficulté à s'adapter. La présence constante de la mère compatissante est un besoin vital pour le petit enfant. Ce n'est que grâce à sa présence rassurante que les explorations et les adaptations difficiles des processus d'attachement et de croissance peuvent avoir lieu.

Pour l'enfant, la mère est le premier objet affectif et un manque de présence et de sollicitude brise le processus d'attachement, fragilise le dynamisme psychique et complique les situations de croissance et d'adaptation. L'existence des processus d'attachement et de croissance est inextricablement liée à la présence de la mère et sans un temps de présence satisfaisant, l'équilibre psychique de l'enfant reste précaire. Pour moi, un enfant qui a le sentiment d'être abandonné a manqué de la présence et de la compassion de sa mère et à cause de cela, il est enclin à l'instabilité et à souffrir de problèmes d'adaptation qui le privent de jouir de toutes ses potentialités. Les difficultés d'adaptation d'un enfant ne peuvent être comprises qu'en admettant cette réalité que des situations de frustration et- ou des mauvaises expériences de séparation ont pu perturber les moments sensibles du processus d'attachement entre lui et sa mère. Peut-être bien que ce n'est pas à l'enfant immature de s'adapter à son environnement, mais bien à l'environnement maternel de s'adapter à l'enfant.

Les petites consciences des enfants n'évoluent que par écho à la sollicitude maternelle et j'espère avoir touché le cœur des mères en leur parlant de leur bienfaisante présence auprès de leurs enfants. Comme Freud l'a si bien et si bellement dit : «Une relation sans sollicitude ressemble à une passion sans le *courant tendre* et les partenaires d'une telle relation risquent de ne pas trouver suffisamment de bénéfices.» Il est essentiel d'installer un climat de tendresse, de sollicitude et de tolérance dans les relations avec un enfant, car sa confiance en l'amour, en lui-même et en l'avenir en dépend.

Lorsque je regarde en arrière, j'ai le triste sentiment qu'en ce qui a trait au bien-être psychique et au bonheur des enfants, nous perdons le terrain que nous avions gagné ; je dois l'avouer, j'ai une certaine nostalgie du temps où les parents avaient le temps de prendre le temps d'être tendres et où les enfants avaient l'opportunité de n'être simplement que des enfants. Si les conditions faites à l'enfance me désolent, ce n'est pas tant que je regrette le passé, mais bien que trop d'enfants sensibles ont été précipités sans précaution et sans tolérance dans une vie trop exigeante pour leur niveau de maturité psychologique.

J'ai observé que les parents les mieux intentionnés avaient tendance à écourter le temps de présence auprès de leurs jeunes enfants et que plusieurs d'entre eux semblaient déterminés à rendre leurs enfants soumis et obéissants. La majorité de ces parents sont infiniment plus indulgents envers leurs amis et leurs collègues qu'ils ne le sont envers leurs enfants ; ils apprécient la diversité des caractères et des tempéraments chez les adultes, mais la disqualifient lorsqu'il s'agit d'enfants. Le caractère difficile d'un enfant ne signifie aucunement qu'il soit psychologiquement en difficulté ni qu'il soit socialement inadapté. Les enfants au caractère difficile ont tout autant que les adultes le droit de se sentir frustrés et tristes d'être traités sans respect de leur condition d'enfant.

Selon les critères actuels, un enfant bien adapté est celui qui fait bon ménage avec tous les enfants et les adultes de la garderie, qui est soumis et qui se conforme docilement à toutes les règles huit heures par jour, cinq jours par semaine. Si les enfants ne sont pas encore rentrés dans «le moule» à la fin de la maternelle, ils sont, en quelque sorte, étiquetés hors norme. Toutes les décennies, des nouvelles théories apparaissent sur l'art d'élever et d'éduquer les enfants ; malheureusement celles qui ont le plus cours présentement ne font pas de place à l'immaturité et au naturel des enfants. Aimeriez-vous être un enfant aujourd'hui ?

Après quelques années à réfléchir sur la relation maternante, j'en suis venue à ces constats qu'à l'époque de travail trépidant dans laquelle nous vivons, rares sont les éducateurs qui ont le temps de prendre en compte les adaptations difficiles des jeunes enfants et rares sont les parents qui admettent que, sans la présence maternelle, leurs petits ressentent un sentiment d'abandon. Y aurait-il quelque chose dans notre société qui fausserait les intentions des meilleurs parents et des meilleurs éducateurs ? Il est temps de s'occuper de ces enfants imparfaits que nous avons mis au monde et de leur créer un climat psychologique et éducatif plus indulgent et plus respectueux de leur vie d'enfant. Les enfants actuels sont-ils heureux ?

Devoir quêter son droit à l'enfance n'est pas un obstacle secondaire pour les jeunes enfants fragiles et sensibles, car vivre l'enfance n'est jamais sans histoires et sans accidents émotionnels. Il est nocif de les précipiter dans un processus d'indépendance et d'autonomie sans qu'ils aient connu le plaisir de la dépendance et la liberté de l'enfance. C'est l'attitude peu compatissante des hommes et des femmes à l'égard des adaptations de l'enfance qui menace l'avenir des petits.

Nous ne serons jamais suffisamment interpellés par les troublantes manifestations d'insécurité et par les comportements inadaptés des enfants quittés trop tôt par leur mère. Je le comprends maintenant qu'un enfant qui s'est senti abandonné par sa mère passe sa vie à vouloir expliquer qu'une mère n'abandonne pas son enfant.

Avec le temps, j'en suis venue à croire que nous sommes socialement en train d'oublier de respecter les enfants dans leur besoin de mère et que nous ne savons plus entendre leur besoin de vivre leur temps d'enfance sans souci et sans anxiété.

Dans cet essai, l'accent a été mis sur les attitudes maternelles et les motivations développées au temps du processus d'attachement. En m'instruisant davantage sur les blessures premières, j'ai acquis la certitude que lorsqu'il s'agit d'améliorer des comportements, comprendre la manière dont ont été vécus le premier attachement et les premières séparations n'est pas une vaine sensiblerie, mais bien au contraire, l'élément central de la relation thérapeutique. Le travail de thérapie corrective consiste justement à rétablir ou à réveiller les liens affectifs qui dorment depuis la première relation et à les transformer en une expérience d'attachement heureuse. Pour moi, un individu ne devient disponible pour vivre une expérience affective heureuse que dans la mesure où il n'éprouve plus, en permanence, l'insécurité de se sentir abandonné.

À travers les expériences qui ont précédé cet essai j'ai appris que l'enfant est totalement perméable à la parole et que quelques fois, il y a un moment de grâce où la parole le touche et fait naître un sourire, un éclat de rire et un regard de confiance ; j'ai appris, qu'avec les petits, on prononce parfois des mots apaisants dont on ne sait pas d'où ils viennent. J'ai aussi appris que la parole des mères et des pères est celle qui a le plus de valeur aux yeux de l'enfant et qu'il faut parler aux parents de ce que l'on comprend de l'enfant. Les parents ont droit au respect, et si l'on ne respecte pas ses parents, l'enfant le ressent et ne se sent pas respecté. Dans cet essai, j'ai voulu transmettre, un savoir que j'ai appris.

On dit que nous sommes à l'ère de l'enfant roi, moi je crois qu'au contraire, l'enfant est victime des méthodes éducatives : on le retire à sa mère pour le confier à des gardiennes à qui on laisse tous les pouvoirs et à qui on accorde toutes les compétences. L'amour maternel est irremplaçable et les mères ne devraient plus accepter de déléguer leurs responsabilités et leur pouvoir. La garderie, avant trois ans, est-elle un passage obligatoire ? Est-ce le besoin de l'enfant ou celui de la collectivité qu'on privilégie quand on prive l'enfant de la présence de sa mère ? La garderie et la classe de maternelle sont-elles des lieux maternants ? Dans les garderies et les services de garde, prend-on le temps de comprendre les jeunes enfants et de les rendre heureux ? L'environnement pré scolaire et la pluie de savoir déversée au primaire encouragent-ils l'enfant à s'épanouir ? Quand, dans une école, il y a un seul psychologue peut-on dire qu'on se soucie des enfants en trouble d'adaptation ? L'enfant peut-il croire que c'est bon pour lui d'être jeune et qu'il sera bon pour lui de devenir une grande personne ? Je souhaite que chaque mère devienne une présence maternante et affectueuse et que chaque gardienne devienne une maternante de remplacement.

Je souhaite de tout cœur qu'on laisse les enfants grandir auprès de leur mère et qu'on cesse de mépriser leur vulnérabilité, leur sensibilité et leur immaturité, car il leur faut peu de temps pour se voir comme les autres les voient et pour se sentir des petits êtres humains marginaux. Le papillon ne peut exister que par l'intermédiaire de la chenille, il devrait être dans l'ordre des choses d'aimer les enfants malgré leurs erreurs.

Glossaire

Abréagir : réapparition à la conscience d'une émotion oubliée ou maintenue dans le subconscient par des barrages psychiques. Brusque libération émotionnelle.

Allocentrique : allo : élément initial, qui appartient au centre. Qui repose sur quelqu'un qui dépend de, syndrome d'arriération affective. Au début, la pulsion se déploie anaclitiquement, c'est-à-dire, en s'appuyant sur une satisfaction du besoin essentiel de survie.

Aminoglycosides : famille d'antibiotiques qui agissent en brouillant le code génétique des ribosomes bactériens ce qui entraîne la production de protéines anormales et l'arrêt de la croissance des bactéries. Ils sont toxiques pour le rein et l'appareil auditif. Cette famille comprend essentiellement la streptomyocine, la gentamycine, la kanamycine, la dibékacine, l'amikacyne, la tobramycine, la néomycine et la framycétine.

Anaclitique : anaklitos : étendu en arrière, s'appuyer sur.

Anhédonie : absence de plaisir.

Anomie : variété d'aphasie consistant en la perte de la faculté de désigner les objets.

Anorexie : refus de la nourriture, perte ou diminution de l'appétit.

Apathie : absence ou baisse de l'affectivité, absence de réaction aux stimulations psychiques et inertie physique. Elle peut être constitutionnelle ou acquise et de cause variable.

Apragmatisme : incapacité à réaliser une action, même élémentaire, dans un but défini à l'avance.

Archaïque : antérieure aux époques classiques.

Asthénique : dépression de l'état général, entraînant à sa suite des insuffisances fonctionnelles multiples. L'asthénie diffère de la fatigue car c'est une impression d'épuisement avant tout effort. Asthénie psychique : affaiblissement de la mémoire, difficulté à fixer l'attention, ralentissement conscient du travail intellectuel.

Ataviste : réapparition chez un descendant d'un caractère quelconque des ascendants, caractère demeuré latent pendant une ou plusieurs générations intermédiaires. L'atavisme est le plus souvent direct, c'est-à-dire du grand-père au petit-fils.

Athétosique : athétose : mouvement involontaire, incoordonné, de grande amplitude, affectant surtout les extrémités des membres et de la face; leur lenteur et leur caractère modulant les distinguent des mouvements chroméiformes.

Castration : opération ayant pour but de priver un individu de la capacité de se reproduire.

Catamnèse : renseignements obtenus sur un malade, après son hospitalisation et permettant d'étudier l'évolution de sa maladie et d'en établir le pronostic.

Cénesthésique : sentiment vague que nous avons de notre être ; grâce à la sensibilité organique vague et faiblement consciente à l'état normal, qui dérive de tous nos organes et tissus y compris les organes des sens.

Clastique : qui présente des traces de fractures ou de cassures.

Cochlée : organe de l'oreille interne qui contient les cellules de l'audition.

Communication égocentrique : système non verbal de communication. Sorte de sensibilité télépathique.

Complexe affectif : contenus psychique à tonalité affective. Face inconsciente du caractère et de la personnalité.

Coprophagie : action de manger des excréments.

Dépression anaclitique : dépression du petit enfant par manque soudain de support affectif maternel.

Diacritique : krinein : à travers, distinguer. Signes destinés à empêcher la confusion entre des mots.

Dopamine : acide aminé, médiateur chimique dont la synthèse est faite dans certains groupes de neurone ; elle est présente dans diverses régions du système nerveux central. Sa disparition de certaines régions du cerveau (corps strié, locus niger) est en rapport avec la maladie de Parkinson et son précurseur, la L-dopa, est utilisé dans le traitement de cette affection ; d'autre part, des anomalies de la dopamine intracérébrale semblent liées au développement de la schizophrénie.

Égocentrique : qui se considère comme le centre de l'univers.

Engramme : trace laissée dans les centres nerveux par diverses stimulations antérieures ou bien par les activités passées.

Énurésie : encoprésie : émission involontaire et inconsciente d'urine survenant en l'absence de lésion de l'appareil urinaire, en général la nuit, chez un enfant de plus de cinq ans.

Épistémophilique : l'épistémologie est l'étude critique des sciences destinées à déterminer leur origine, leur valeur et leur portée pour l'esprit humain. L'épistémologie entre dans la catégorie de la connaissance.

Éthologiste : science des caractères et du comportement des animaux.

Hyperphagie : ingestion d'une quantité excessive d'aliments.

Hyperthimique : ayant un trouble de l'humeur caractérisé par une exacerbation de l'activité accompagnée habituellement d'une certaine euphorie.

Intussusception : pénétration par endosmose des éléments nutritifs à l'intérieur des cellules des êtres organisés.

Mélancolique : état de tristesse, état d'asthénie dépressive, forme de dépression associée à la douleur morale.

Mérycisme : phénomène assez rare caractérisé par le retour volontaire ou involontaire des aliments de l'estomac dans la bouche, où ils peuvent être à nouveau mastiqués.

Névrose d'abandon : terme introduit par des psychanalystes suisses Charles Odier et Germaine Guex pour désigner un tableau clinique où prédominent l'angoisse de l'abandon et le besoin de sécurité. (dans J. Laplanche et J.-B. Pontalis, Vocabulaire de la psychanalyse, Presses universitaires de France, 1967).

Névrotique : une affection caractérisée par des conflits affectifs intérieurs, qui inhibe les conduites sociales.

Norépinéphrine : c'est un médiateur chimique qui stimule les récepteurs adrénergiques. Secrétée surtout par les cellules sympathiques des glanglions parachidiens, à partir de la dopamine.

Ontogenèse : développement de l'individu.

Pensée onirique : modifications d'ordre génétique qui se produisent au sein d'une même espèce.

Personnalité abandonnique : se dit d'une personne qui a le sentiment d'avoir été négligée ou rejetée dans ses demandes narcissique redoute l'abandon. La personne réagit à cette empreinte en manifestant un égoïste besoin d'approbation et une permanente quête d'amour.

Phlébotomie : incision d'une veine pour extraire ou évacuer une certaine quantité de sang.

Phylogénétique : développement de l'espèce.

Ritalin : le méthylphénidate communément appelé le «ritalin» est l'une des substances de remplacement fréquemment utilisées pour les jeunes enfants en déficit d'attention-hyperactivité.

Scotomisant : phénomène par lequel est effacé du souvenir un épisode désagréable de l'existence.

Spasmus Nutans : (latin) spasmes en flexion.

Striatum : amas de substance grise faisant partie des noyaux basaux et comprenant le noyau caudé et le noyau lenticulaire. Ce sont des faisceaux de fibres myélinisées qui lui donnent, à la coupe, son aspect strié.

Traces mnémoniques : facilite l'acquisition et la restitution des souvenirs.

Vaticination : prédiction de l'avenir. S'exprimer dans une sorte de délire.

Volitive : phénomène actif de l'encéphale qui conduit à une volonté.

Bibliographie

ABRAHAM, (1925). Psycho-Analytical Studies on Character-Formation.

BATESON, Grégory & Mary Catherine, (1989). La peur des anges, Éditions du Seuil, Paris.

BIGRAS, J., (1971). Les images de ma mère, Éditions Robert Laffont, Paris.

BIGRAS, J., (1979). Le psychanalyste nu, Éditions Robert Laffont, Paris.

BIGRAS, J., (1980). Le choc des oeuvres d'art, Éditions Hurtubise, Ville La Salle.

BIGRAS, J., (1986). La folie en face, Éditions Robert Laffont, Paris.

BOWLBY, John, (1978). Attachement et perte, 2, Presses Universitaires de France, Collection Le fil rouge.

BRAZELTON, T. Berry, (1983). La naissance d'une famille, Éditions Stok-Laurence Pernoud, France.

CAMPBELL, J., ÉLIADE, M., ÉLIOT, A., LAUF, D.-I., (1976). L'univers fantastiques des mythes, Les presses de la connaissance, Paris.

COLETTE, Albert, (1974). Introduction à la psychologie dynamique, Éditions de l'Université de Bruxelle, Belgique.

CORMAN, LOUIS, (1993). Amour et narcissisme, Éditions Jacques Grancher, Paris.

CRAMER, Bertrand, (1989). Profession bébé, Éditions Calmann-Levy, Paris.

DOLTO, Françoise, (1971). Psychanalyse et Pédiatrie, Éditions du Seuil, Collection Points, 1976.

DOLTO, Françoise, (1981). Au jeu du désir, Éditions du Seuil, 1981, Collection Points, 1988.

DOLTO, Françoise, (1981). La difficulté de vivre, Interéditions, Paris.

DOLTO, Françoise, (1984). L'image inconsciente du corps, Éditions du Seuil, Paris. Séminaire de psychanalyse d'enfants, tome 2, en collaboration avec Jean-François de Sauverzac, 1985.

DOLTO, Françoise, (1987). L'enfant du miroir, Éditions Rivages, en collaboration avec Juan Davis Nasio.

FREIRE, Paulo, (1974). Pédagogie des opprimés, Éditions du Cerf, Petite collection Maspero, Paris.

FREUD, Sigmund, (1915). Essai de psychanalyse, Éditions Payot, Collection Petite bibliothèque Payot, Paris.

FROMM, Eric, (1953). Le langage oublié, Éditions Payot, France.

GAWAIN, Shakti, (1986). Vivez dans la lumière, Guide de transformation personnelle et planétaire, Éditions Le souffle d'or, France.

GEETS, Claude, (1981). Winnicott, Éditions universitaires, Paris.

GILLIGAN, Carole, (1986). Une si grande différence, Éditions Flammarion, France.

GLASSER, William, (1971). La thérapie par le réel, Éditions EPI, Paris.

GOLEMAN, Daniel, (1997). L'intelligence émotionnelle, Éditions Robert Laffont, Paris.

JOURARD, Sidney, (1974). La transparence de soi, Éditions Saint-Yves, Québec.

JUNG, Carl, Gustave, (1962). L'homme à la découverte de son âme, Éditions du Mont-Blanc, Genève.

JUNG, Carl-Gustave, (1964). Dialecte du moi et de l'inconscient, Éditions Gallimard, Paris.

KAPLAN, Louise J., (1978). Symbiose et séparation, Éditions Robert Laffont, Paris.

KLEIN, Mélanie, (1969). L'amour et la haine, Éditions Payot, Paris.

KLEIN, Mélanie, (1984). Envie et gratitude, Éditions Gallimard, France.

LABORIT, Henri, (1976). Éloge de la fuite, Éditions Robert Laffont, Paris.

LABORIT, Henri, (1989). La vie antérieure, Éditions de l'homme, Paris.

LANG, Ronald D., (1979). Le moi divisé, Éditions Stock, Paris.

LEMAY, Michel, (1979). J'ai mal à ma mère, Éditions Fleurus, Paris.

LORENZ, Konrad, (1970). 1954. Psychologie et phylogenèse, In: Essais sur le comportement animal et humain, Seuil, Paris.

LORENZ, Konrad, (1970). Le compagnon dans l'environnement propre de l'oiseau, Éditions du Seuil, Paris.

LORENZ, Konrad, (1974). Évolution et modification du comportement, Éditions Payot, Paris.

LOWEN, A., (1976). Le plaisir, Éditions du jour, Montréal.

LOWEN, Alexander, (1983). La peur de vivre, Éditions EPI, Paris.

MASLOW, Abraham, (1986). Vers une psychologie de l'être, Éditions Fayard, France.

MELLODY, Pia, (1992). Vaincre la dépendance, Éditions J'ai lu, Flammarion, France.

MILLER, Alice, (1983). Le drame de l'enfant doué, Édition Les Presses Universitaires de France, Paris.

MILLER, Alice, (1987). Images d'une enfance, Éditions Aubier Montaigne, Paris.

MONTAGNER, Hubert, (1988). L'attachement, les débuts de la tendresse, Éditions Odile Jacob, Paris.

MONTAGU, A., (1979). La peau et le toucher, un premier langage, Éditions du Seuil, Paris.

MUCHIELLI, Roger, (1971). La dynamique des groupes, Éditions E S F , Paris.

PELLETIER, Denis, (1981). L'arc-en-soi, Éditions Laffont/Stanké, Paris.

PORTELANCE, Colette, (1994). La communication authentique, Éditions du Cram, Montréal.

PRIGOGINE, I., (1980). La nouvelle alliance, Éditions Gallimard, Paris.

ROGERS, Carl, (1968). Développement de la personne, Éditions Bordasm, Paris.

RUESCH, Jurgen, BATESON, Gregory, (1988). Communication et Société, Éditions Seuil, Paris.

SEARLES, Harold, (1960). L'environnement non humain, Éditions Gallimard, France.

SEARLES, Harold, (1977). L'effort pour rendre l'autre fou, Éditions Gallimard, France.

SEARLES, Harold, (1979). Le contre transfert, Éditions Gallimard, France.

TOFFLER, Alvin, (1970). Le choc du futur, Éditions Denoël, Paris.

VANDELAC, L., & all., (1985). Du travail et de l'amour, Éditions St-Martin, Montréal.

WATZLAWICK, P., (1972). Une logique de la communication, Éditions du Seuil, Paris.

WATZLAWICK, P., (1975). Changements, Éditions du Seuil, Paris.

WATZLAWICK, P., (1984). Faites vous-même votre malheur, Éditions du Seuil, Paris.

WINNICOTT, D.W., (1957). L'enfant et sa famille, Éditions Payot, Paris.

WINNICOTT, D.W., (1969). De la pédiatrie à la psychanalyse, Éditions Payot, Paris.

WINNICOTT, D.W., (1975). De la pédiatrie à la psychanalyse, Éditions Payot, France.

WINNICOTT, D. W., (1978). Processus de maturation de l'enfant, Éditions Payot, France.

WINNICOTT, D.W., (1985). Le visage de la mère en tant que miroir, Le narcissisme, l'amour de soi, Éditions Payot, Paris.

ZAZZO, René & al. , (1979). Colloque sur l'attachement, Texte de base en psychologie, Éditions Delachaux & Niestlé, Paris.

Articles

BENINGER, J.R., Dopamine and Learning: Implications for attention deficit disorder and hyperkinetic syndrome, In Sagvolden T. & T. Archer Éditions.

BOWLBY, John, Forty-Four Juvenile Thieves, Londres, Baillère, Tindall & Cox, 1946.

FÉNICHEL, Otto, Psychanalyse, Vol.XII, 1926.

FÉNICHEL, Otto, Pregenital Antecedents of the Œdipus Complex, International Journal of Psycho-Analysis, Vol. XII, 1931.

FERENCZI, Sandor, Contribution to Psycho-Analysis, Stage in the Development of a Sense of Reality, 1913.

FERENCZI, Sandor, Contribution to Psycho-Analysis, Boston, 1916.

FERENCZI, Sandor, Contribution to Psycho-Analysis, Psycho-Analytic Observations on Tic, 1919.

FERENCZI, Sandor, Contribution to Psycho-Analysis, On Forced Phantasies, 1924.

FREUD, Anna, H. Hartmann, M. Kris, The Psychoanalytic Study of the Child, New York, International Universities Press, 145,1964.

GINZBERG, Eli, Ed. The Nation's Children, New-York: Columbia University Press, New York, 1960.

GREENACRE, Phyllis, L'enfance de l'artiste: La phase de développement libidinal et le talent, The Psychoanalytic Study of the Child, vol. XII, New-York, International Universities Press, 1957.

HARLOW, Harry F., et ZIMMERMANN, R.R., Le développement de la réponse affective chez l'enfant singe, dans Proceedings of the American Philosophical Society, vol. 102, 1958.

HARLOW, Harry F., L'affection chez les primates, Londres, Découverte, janvier 1966.

JAMES, William, cité dans New-York Dover Publications, 1950.

KAGAN, Jerome, L'enfant et la famille, dans The Family, 1977.

KENISTON, Kenneth, Les non-engagés, New York, Harcourt, Brace & World, 1955.

KLEIN, Mélanie, The development of a Child, International Journal of Psycho-Analysis, vol. IV, 1923.

KLEIN, Mélanie, Les stades précoces du conflit œdipien, Éditions I .J.P., 1928, traduit en français en 1968.

KLEIN, Mélanie, Personification in the Play of Children, International Journal of Psycho-Analysis, vol. X, 1929.

KLEIN, Mélanie, Infantile Anxiety-Situations Reflected in a Work of Art and the Creative Impulse, Internationsl Journal of Psycho-Analysis, vol. X,1929.

KLEIN, Mélanie, Sur la théorie de l'angoisse et de la culpabilité, Éditions I .J.P, 1948, traduit en français en 1966.

LEZINE, I., (1956). Recherches sur la psychologie du premier âge. Schweiz. Z. Psychol. Und ihre Anwendungen, 15.

MAHLER, Margaret S., Le syndrome du tic, 1943.

MAHLER, Margaret S., Conflit chez les jeunes patients psychotiques, 1948.

NUTTIN, J., (1968). La motivation, Traité de psychologie expérimentale, Tome V, P.U.F., Bulletin de psychologie, numéro spécial, 1969.

PRIGOGINE, I., Order out chaos, New-York, Bantan Books, 1984.

READ, Herbert, Image et Idée: la fonction de l'art dans le développement de la conscience, Harvard University Press, 1955.

SAINT-SEINE, Découverte de la vie, Revue des Questions scientifiques de Bruxelles, (Père catholique), (1950).

SARTRE, Jean-Paul, Newsweek, le 28 avril 1980.

SEARL, M.N., The Flight to Reality, international Journal of Psycho-Analysis, vol. X, 1929.

SHEAN, H. S., Resolving resistances in psychotherapy, New-York, 1985.

SPITZ, R.A., La perte de la mère par le nourrisson, L'enfance, vol. 5, 1948.

SPITZ, R.A., La première année, 1965.

STÄRCKE, August, The Reversal of the Libido-Sign in Delusions of Persecution, International Jouornal of Psycho-Analysis, vol. VII, 1926.

WHITE W., Competence and psychosexual stages of development, In: M.R. Jones Nebraska symposium on motivations, Lincoln: University of Nebraska Press, 97-141, 1960.

WINNICOTT, D.W., Transitional Objects ant Transitional Phenomena. Int. J. Psycho-Anal., 34, (1953).

ZAMETKIN, A.J., NORDAHL, T., GROSS, M., et al. Cerebral glucose metabolism in adults with hyperactivity of childhood onset, New England Journal of Medicine, 323, 1361-1366.

Thèses

GREENACRE, Phyllis, (1945). Thèse de doctorat. The biological economy of birth, The Psychoanalytic study of child, 1, Cité par Blum G.

FODOR, N. (1949).Thèse de doctorat. The search for the beloved, N.Y., Hermitage, Cité par Blum G.

FOX, N.A., Thèse de doctorat. L'attachement des enfants du kibboutz israéliens.

Essai

PLANTE, Raymonde, (1990). L'identité et l'intimité, Essai non publié, Université Laval, Québec.

Colloque

BOWLBY, John, Soins maternels et santé mentale, Organisation mondiale de la santé, 1951.

DOLTO-TOLITCH, Catherine, Dialogue haptonomique pré et post natal, Communication faite au congrès d'haptonomie en novembre 1995.

HILGARD, E.R, L'oeuvre inachevée de William James, communication présentée à la convention annuelle de l'Association américaine de psychologie, Washington, D.C., sept. 1967.

ZAZZO, R., & all., Textes de base en psychologie, Le colloque sur l'attachement, Éditions Delachaux et Niestlé, Paris, 1979.

Ouvrages de référence

CÉZANNE, Paul, (1839-1906) p. 1231, Dictionnaire Larousse, 1965.

La première édition
du présent ouvrage
publié par
Les Éditions du CRAM inc.
a été achevé d'imprimer
au mois de janvier
de l'an 2005
sur les presses
de l'Imprimerie Transcontinental (Québec)